교육과
정치로
본

프랑스사

교육과 정치로 본 프랑스사

초판 1쇄 인쇄 2014년 12월 10일 ＼**초판 1쇄 발행** 2014년 12월 15일
기획 한국프랑스사학회
지은이 이영림, 민유기 외＼**펴낸이** 이영선 ＼**편집 이사** 강영선 ＼**주간** 김선정
편집장 김문정 ＼**편집** 임경훈 김종훈 김경란 하선정 ＼**디자인** 김회량 정경아
마케팅 김일신 이호석 김연수 ＼**관리** 박정래 손미경

펴낸곳 서해문집 ＼**출판등록** 1989년 3월 16일(제406-2005-000047호)
주소 경기도 파주시 광인사길 217(파주출판도시) ＼**전화** (031)955-7470 ＼**팩스** (031)955-7469
홈페이지 www.booksea.co.kr ＼**이메일** shmj21@hanmail.net

이영림, 민유기 외ⓒ 2014
ISBN 978-89-7483-703-7 93920
값 18,000원

이 도서의 국립중앙도서관 출판시도서목록(CIP)은 e-CIP 홈페이지(http://www.nl.go.kr/ecip)에서
이용하실 수 있습니다.(CIP제어번호: CIP2014034481)

교육과
정치로
본

프랑스사

한국프랑스사학회 기획
이영림, 민유기 외 지음

서해문집

"교육은 백년대계다." 누구나 수긍하는 문구다. 하지만 현실은 그리 간단치 않다. 교육이 초미의 관심사인 우리 사회에서 교육정책과 운영의 주도권을 장악하고 있는 국가는 늘 갈팡질팡한다.

다른 나라에서도 마찬가지다. 교육은 사회를 반영하는 동시에 그 사회의 비전을 담고 있기에 현실 정치와 복잡하게 얽힐 수밖에 없다. 앙시앵레짐을 무너뜨리고 새로운 사회 건설에 착수한 프랑스 혁명가들이 가장 고심했던 문제들 중 하나도 교육이었다. 프랑스에서 교육이 '국민의 정체성 형성'이라는 기능적 차원에서나 제도적 차원에서 정치와 직접 결합하고 충돌하며 긴밀한 상호관계를 맺게 된 것은 바로 그때부터다.

그러나 엄밀히 말하자면 교육과 정치의 관계에서 무게중심은 늘 정치에 있다. 역사가도 교육이 정치에 미친 영향보다는 정치적 구조의 변화나 구체적인 정치 상황이 교육에 어떻게 작용했는지에 더 관심을 보인다. 2013년 4월 한국프랑스사학회가 '교육과 정치'를 주제로 개최한 제4차 전국학술대회 역시 중세 이래 현재까지 프랑스의 정치적 변화 과정에서 교육이 어떤 역할을 했는지, 그리고 어떻게 바뀌었는지에 초점을 맞추었다. 그 결과물을 모아 이 책을 만들게 되었다.

앞서 언급했듯이 프랑스 대혁명은 교육사에서도 분기점을 이룬다. 공교육을 자유와 평등의 필수 조건으로 간주한 혁명 세력이 1791년 '공교육위원회'를 설치하고 최초로 만인을 대상으로 한 보편교육의 전체적인 밑그림과 구체적인 시행 계획안을 제시했던 것이다. 그렇다고 해서 혁명 이전에 보편교육의 시도가 없었던 것은 아니다. 교육을 기성세대가 다음 세대에게 필요한 지식을 전달해주는 행위 전체라는 광의의 개념으로 받아들인다면 사회 구성원 전체를 포괄하는 교육 이념을 처음 제시하고 실천하려 한 것은 종교 세력이었다. 에라스무스로 대표되는 크리스트교 인문주의에서 출발한 보편교육의 이념은 비관주의적 인성론을 강조한 개신교 교리에 의해 더욱 확고해졌다. 종교개혁이 고조되고 개신교와 가톨릭 양측의 대립이 점차 종교전쟁에서 종교교육 경쟁으로 바뀌면서 보편교육은 급속도로 확산되었다. 교육은 신자 확보를 위한 장기적 무기였던 것이다.

실제로 프랑스에서 교회가 신자 전체를 대상으로 일상적 삶에 필요한 읽기, 쓰기, 셈하기 등 기초교육의 필요성을 인식하고 시도한 것은 가톨릭 개혁 이후다. 신실하고 순종적인 크리스트교인의 양성을 목표로 한 종교교육은 충성스러운 신민 만들기라는 군주정의 통치원리를 구현하는 데 간접적으로 기여하며 정치와 결합했다. 1698년 루이 14세는 소교구마다 학교 설립과 아동교육의 의무화를 명령하는 국왕포고령을 통해 소교구 학교를 전국적으로 확대했다.

1792년 국민공회가 국가 공동체의 존속과 발전을 위해 마련한 공교육안은 어쩐지 가톨릭 개혁 이후 교회가 주도한 교육과 비슷해 보인다. 프랑스 혁명가들은 학교가 국민교육의 무기가 될 수 있다는 사고를 교회로부터 전수받은 것이 아닐까? 나아가 공화국 시민을 양성하기 위해 교육개혁을 시도한 제3공화국의 정치가들은 프랑스 혁명가들의 착실한 제자들이 아니었을까? 푸코가 '학교는 지배 이데올로기를 주입하려는 또 다른 감옥에 불과하다'고 주장한 것은 바로 이런 맥락에서다.

물론 인간 해방의 차원에서 보편교육을 시도한 혁명가의 교육 이념은 교회의 것과는 근본적으로 다르다. 그러나 교육의 목적과 체계라는 차원에서 보면 가톨릭 개혁 이후의 교육과 중세 교육의 차이는 그보다 훨씬 더 크다. 교회의 그늘에서 벗어나지 못했다는 점에서 프랑스 교육사는 중세와 근대를 아우르는 장기 지속사로 간주될 수 있지만, 직업교육 혹은 기능교육의 성격을 띤 중세 교육은 가톨릭 개혁 이후의 보편교육과 뚜렷이 구분되기 때문이다.

중세 유럽에서 교육은 다양한 사회집단에서 특수한 신분이나 직업 계승을 위해 필수적인 요소로 활용되었다. 교회의 부속학교나 수도원학교는 미래에 성직자가 될 어린이를 교육했다. 도시에서는 오늘날 학원처럼 상인층 자제에게 문자와 셈을 교육하는 점포가 유행했고, 수공업 장인은 자신들의 작업장에서 직업교육을 담당했다. 15세기 이후 도시마다 경쟁적으로 설립된 콜레주의 교육 역시 보편적 인성교육보다는 엘리트 양성을 위한 기능교육 측면에 초점을 맞추었다. 프랑스 대혁명 직전 330개까지 늘어난 콜레주에서는 약 6만 명의 학생이 국왕재판소나 영주재판소의 법관이나 변호사가 되기 위한 교육을 받았다. 콜레주의 성장과 반비례해서 16세기 이후 쇠퇴의 길을 걸은 대학도 마찬가지였다. 중세 대학의 골격이 그대로 유지된 전국의 28개 대학에서는 18세기 말 약 2만 명의 학생이 예비

학부의 교양 과정과 신학, 법학, 의학의 상급 과정을 거치며 전문 직업인의 길을 준비했다. 18세기 중엽 국가가 설립한 군사학교나 토목학교와 같은 전문학교는 아예 군인과 관리 양성을 설립 목표로 삼았다.

이렇듯 중세 이래 프랑스의 교육은 오랫동안 학생을 특수한 사회적 기능을 수행하도록 만들어야 한다는 전통적인 사고에 지배되었다. 따라서 교육의 기회는 소수에게만 주어졌으며, 대다수 농민은 교육받지 못한 채 문맹의 바다에 갇혀 지냈다. 전통귀족(혈통귀족), 심지어 촌락의 사제도 학교의 울타리에 포함되지 않았다.

프랑스에서 교육의 목적과 체계가 직업교육에서 보편교육으로 바뀌고, 교육의 대상이 전 프랑스인으로 확대된 것은 다른 나라에 비해 상대적으로 뒤늦게 가톨릭 개혁이 출발한 17세기부터다. 우선 보편교육 이념을 받아들인 교회가 소교구 학교를 세우고 민중을 교육의 대상으로 삼았다. 한편 예수회를 위시한 다양한 수도회를 중심으로 콜레주 설립이 유행했다. 그와 더불어 신분 상승 욕망에 가득 찬 부르주아 계층에서 교육 열풍이 불고 왕족을 제외한 대부분의 귀족도 뒤늦게나마 학교교육에 합류했다.

이렇게 해서 위로부터의 교육에 대한 필요성과 강제성은 아래로부터의 욕구와 결합되면서 17세기 프랑스에서는 사회 전반에서 광범위한 교육운동이 펼쳐졌다. 18세기에 이르러 프랑스의 교육은 서서히 중세의 도제식 직업교육에서 벗어나 학교교육의 체계를 갖추어갔다. 계급이 낮을수록 교육 기간은 짧았지만 절반 정도의 어린이는 일터가 아닌 학교로 갔으며, 엘리트 교육을 위한 콜레주와 민중을 대상으로 한 소학교를 골격으로 한 이원적 교육체제는 혁명기까지 유지되었다. 그러나 교육의 주도권은 여전히 교회에 있었으며, 교육을 담당한 교사도 대부분 수도회 소속 수사였기에 혁명 이전까지 프랑스의 교육은 큰 틀에서 볼 때 종교교육의 범주를 벗어나지 못했다.

물론 지식과 교육의 세계를 독점해온 교회의 기득권을 박탈하려는 세속
집단의 요구가 없었던 것은 아니다. 18세기 후반 이후 사회적 정체성이 변
화하면서 철학자들 사이에서 새로운 교육의 필요성이 제기되었고, 교회와
갈등을 벌여온 고등법원도 치열한 교육 논쟁을 벌였다. 새로운 교육에 대
한 논의는 기본적으로 다음의 세 가지로 요약할 수 있다. 첫째, 공적 훈육
과 국민교육 개념의 필요성이다. 이는 교육체제 전체를 교회가 아닌 국가
에 귀속해야 한다는 점을 전제로 한다. 둘째, 새로운 교사 집단의 필요성이
다. 국가보다는 교황에게 충성을 맹세한 수도회 소속 교사와는 다른 교육
을 받은 세속인 교사가 교육을 담당해야 한다는 것이다. 셋째, 교회의 언어
인 라틴어 대신 프랑스어 교육의 필요성이다. 그러기 위해서는 라틴어 위
주로 짜인 교육 프로그램이 전면 개정되어야 했다.

이러한 요구는 국가가 교육 전반에 대한 절대적이고 획일적인 통제권을
행사하는 새로운 교육체제 아래에서나 가능한 일이었다. 자연히 교육개혁
의 과제는 프랑스 대혁명의 몫으로 넘겨질 수밖에 없었다. 혁명이 절정에
달했던 1792년 마침내 혁명가들은 종교교육을 종식하고 새로운 교육체제
와 프로그램을 제시함으로써 진정한 의미의 보편교육과 공교육의 길을 열
었다.

하지만 혁명기의 교육개혁 구상이 프랑스 사회에 뿌리를 내리기까지
는 약 90년의 오랜 시간이 필요했다. 혁명기의 입헌왕국, 제1공화국, 테르
미도르 반동 이후의 보수적 공화국이라는 정치적 변화 못지않게 나폴레옹
의 제1제국, 복고왕국, 1830년 7월 혁명으로 탄생한 자유주의적 입헌왕국,
1848년 2월 혁명으로 탄생한 제2공화국, 나폴레옹 3세의 제2제국, 프랑
스-프로이센 전쟁으로 등장한 제3공화국으로 이어진 19세기의 정치체제

변화 속에서 보편교육과 공교육의 길이 굳건히 다져지기는 힘들었다.

1848년 제2공화국은 공화국 시민을 양성하기 위해 초등교육의 무상 의무화와 종교교육의 영향력 배제를 추진했다. 하지만 2월 혁명의 성과로 도입된 보통선거제가 1848년 12월 대통령선거에서 나폴레옹 3세를 당선시켰고, 결국 초등교육의 무상·의무화와 종교교육의 배제를 위한 개혁은 실패하게 된다. 1848년의 실패한 혁명가들은 공화주의의 가치를 확산시키기 위해 대중적 시민교육이 필요하다는 사실을 절실히 깨닫게 되었다. 제2제국이 1850년대의 권위주의적 통치에서 1860년대의 자유주의적 통치로 변화하자, 1860년대 후반 공화파는 '교육동맹'이라는 시민단체를 결성하여 민중교육 확산과 교육개혁을 위한 활동을 전개했다. 공화파는 제3공화국 초기에 정국을 주도했던 왕당파를 제어하고 1870년대 막바지에 정치 권력을 획득했다. 이후 1881년과 1882년 페리법을 통해 초등교육의 무상·의무·세속화 개혁이 이루어진다. 페리법은 대혁명 이래 공화파의 교육 개혁에 대한 오랜 열망, 제2공화국에서도 준비되었다가 체제 변화로 완결짓지 못했던 개혁안의 실현으로 커다란 의미를 지닌다.

그러나 혁명기부터 19세기 내내 보수적 왕당파에 맞섰던 대안적·진보적·해방적 이념이었던 공화주의는 19세기 말이 되면 어느새 보수적 통치 이념으로 변모한다. 산업화와 도시화 현상 속에 빠르게 성장한 노동계급과 사회주의 정파는 보수화된 공화파를 비판하며 사회적 공화국의 이상을 위한, 사회혁명을 위한 투쟁을 전개했다. 이에 공화주의적 학교의 공민도덕교육은 기성 사회질서와 공화국체제를 유지하기 위한 수단으로 활용되었다.

제3공화국의 교육에 대한 비판은 다양하게 제기되었다. 고등교육은 계급이나 계층에 따라 여전히 불평등했다. 혁명기 공화주의적 공교육 확립의 일환으로 창설된 에콜 폴리테크니크는 19세기 내내 상층 부르주아 계급의 보루, 엘리트주의 교육의 요람으로 특권을 누려왔다. 에콜 폴리테크니크를 대학 조직망으로 편입하려 했던 제3공화국 초기의 고등교육 개혁은 일부 성과는 거두었지만 그랑제콜 체제의 변화를 가져오지는 못했다. 식민지에서의 교육은 식민지인을 통치에 적합한 인간형으로 만들어내는 데 목표를 두었다.

페리법에 따라 확립된 공화주의 학교가 교육 내용에서 사회정의 문제를 배제했고, 기존 사회의 위계질서를 유지하는 데 복무하는 것을 비판하며 노동계급의 이익에 부합하는 교육제도를 만들기 위한 노력은 간전기間戰期 교원노조를 중심으로 꾸준히 전개되었다. 나치에 협력하면서 이른바 '민족혁명'을 추구한 비시 정부는 공화주의 가치를 전파한 페리법 이래의 초등교육을 비판하며 종교교육을 다시금 강조했다. 교육은 어떠한 이념의 정치세력에게도 새로운 사회를 위한 기초였다.

오늘날에도 교육과 정치는 여러 면에서 상호작용하고 있다. 약 600만 명에 달하는 무슬림 이민자가 존재하는 프랑스에서 아랍어 교육을 선택하는 중고등학생이 극히 적은 이유는 정부의 보편적 동화주의 이민자정책이 학생의 선택에 부정적인 영향을 미치기 때문이다. 국가 지도자가 정권과 체제 유지에 유리한 방향으로 역사교육에 영향력을 행사하는 사례는 자주 있다. 니콜라 사르코지 대통령은 프랑스의 역사와 프랑스인의 정체성을 전면적으로 재구성하기 위한 대규모 국책 사업으로 관제 '역사 만들기'를 기획했다. 이에 맞서 역사가와 교육단체들은 정치권력과 팽팽한 긴장관계를 유지하면서 교육과 정치, 정치와 교육의 길항관계를 표출했다.

중세 말에서 오늘날에 이르기까지 프랑스에서 교육과 정치의 상호 영향력을 고찰한 이 책은 1부 중세 말과 구체제의 교육과 정치, 2부 혁명기와

19세기의 초등교육 개혁, 3부 제3공화국 교육체제에 대한 몇 가지 비판, 4부 현대 프랑스의 교육과 정치로 구성되었다.

1부 1장에서 홍용진은 14세기 초에서 15세기 초까지 파리 대학이 군주권과 긴밀한 관계를 맺고 왕국의 정치적 문제에 개입하는 과정을 분석한다. 파리 대학은 백년전쟁과 내분이라는 정치위기 속에서 정치세력과의 연계를 통해 왕국의 안정과 통합이라는 당면 과제를 해결하기 위해 국왕의 조언자이자 비판자의 역할을 자처했다. 15세기 후반부터는 정치적 위상이 줄어들면서 학문적 권위에 집착하게 된다. 《프랑스사연구》 29호(2013년 8월)에 게재된 〈지적 권위와 정치권력 : 중세 말 파리 대학과 정치〉를 수정, 보완한 글이다.

2장에서 강미숙은 유럽 최초로 귀족 여성을 교육한 세속 교육기구인 생시르 학교를 고찰한다. 생시르의 교육목표인 경건하고 순종적인 현모양처의 양성은 가부장적 권위의 수용과 실천, 절대군주에 대한 충성과 국가에 대한 복종으로 이어진다. 생시르 설립은 귀족을 통제하고 길들이려는 루이 14세의 정치사회 정책과 일맥상통한다. 두 논문 〈생시르 기숙학교를 통해 본 루이 14세의 귀족정책〉(《서양사학연구》 16호, 2007년 6월)과 〈루이 14세 시대의 여성 교육 : 생시르 기숙학교의 사례〉(《역사와 문화》 16호, 2008년 9월)의 내용을 기초로 한다.

이영림은 3장에서 중세 이래 종교 세력에 의해 지배되어온 프랑스 교육의 이념과 실천의 동력이 종교 이데올로기에서 정치 이데올로기로 전이되는 과정을 추적한다. 예수회는 18세기까지 프랑스의 교육을 주도했으나 1760년대 이후 새로운 교육의 필요성이 제기되었고, 1761년 콜레주 교육을 주도해온 예수회가 추방된다. 예수회와 갈등을 겪어온 고등법원은 새로운 '국민교육'의 청사진을 제시하며 교육개혁을 시도했고, 이는 혁명기의 교육정책에 반영되었다. 《프랑스사연구》 29호(2013년 8월)에 게재된 〈예수회 추방과 '국민교육'의 시도〉를 부분 수정한 글이다.

2부 4장은 송기형의 글로, 프랑스 혁명기 제헌의회와 입법의회 그리고 국민공회에서의 다양한 교육개혁안과 테르미도르 반동 이후의 교육법을 분석한다. 프랑스 혁명기 입법의회와 국민공회의 공공교육위원회가 논의하고 준비한 보편적 공교육체제는 테르미도르 반동 이후 제대로 구현되지 않았다. 하지만 보편적 공교육에 대한 혁명기의 유산은 19세기 내내 공화파의 교육개혁 구상에 커다란 영향을 미쳤다. 〈프랑스 혁명기 공교위의 교육안 연구〉(《프랑스사연구》 29호, 2013년 8월)를 축약, 수정한 글이다.

5장에서 김정인은 단명했던 제2공화국의 교육부장관으로 널리 알려지지 않은 카르노의 교육개혁안을 고찰한다. 혁명기의 1세대 공화파의 뒤를 이은 2세대 공화파로 카르노는 무상의무교육과 종교로부터 자유로운 교육체제를 마련하려 했으나, 1848년 빠르게 흘러가는 정치적 변화 속에서 실패했다. 하지만 그의 개혁 실패는 이후 3세대 공화파의 교육개혁 성공에 중요한 밑거름이 되었다. 〈제2공화국 공교육부장관 카르노의 완결되지 못한 교육개혁안〉(《프랑스사연구》 29호, 2013년 8월)을 일부 수정한 글이다.

민유기는 6장에서 제2제국 후반에 시작된 공화파의 민중교육운동과 제3공화국 초기인 1880년대에 펼쳐진 초등교육 무상·의무·세속화 개혁의 성과와 한계를 분석한다. 공화파는 민중교육운동을 통해 공화주의를 확산시키면서 1880년대 페리법 제정에 성공한다. 하지만 공화주의적 교육이 기존 사회체제를 유지하기 위한 하나의 정치적 도구로 기능하게 되는 한계도 지닌다. 〈프랑스 교육동맹운동의 정치적·사회적 성격 1868~1889 : 부르주아 공화파의 교육개혁운동과 사회통합〉(《사총》 48집, 1998년 12월)을 크게 수정, 보완했다.

3부 7장은 문지영의 글로, 제3공화국 초기의 고등교육 개혁과 이에 대해 혁명기에 창설된 이후 전통적 엘리트 교육기관으로 기능했던 에콜 폴리테크니크의 대응을 다룬다. 제3공화국 초기 에콜 폴리테크니크를 대학 조직망 내로 편입하려던 고등교육 개혁은 실패했다. 대신 장학금 확대, 수업료 할인 등으로 사회적 신분 상승의 사다리를 놓으며 사회 갈등을 완화하는 데 일부 기여했다. 〈제3공화국 초기 고등교육 개혁과 에콜 폴리테크니크의 대응〉(《프랑스사연구》 29호, 2013년 8월)을 일부 수정한 글이다.

이재원은 8장에서 제3공화국의 식민화 정책과 인도차이나에서의 식민주의 교육을 고찰한다. 프랑스는 식민정책의 필요성과 문명적·인종적 우월성을 식민지에 인식시키기 위해 교육을 적극 활용했다. 정치적으로는 교육에 '프랑스 공화정의 구현'이라는 이상적인 목표가 제시되었으나, 프랑스인과 동등한 권리를 행사하는 정치적 주체로서 식민지인을 만들기 위해 노력했다고 보기는 어렵다. 〈프랑스 제3공화국의 식민화 정책과 식민지 교육 : 인도차이나의 경우〉(《프랑스사연구》 29호, 2013년 8월)를 부분 수정한 글이다.

9장에서 신동규는 전간기 교원노조들 사이의 교육 민주화와 교육 모델 논의를 분석한다. 초등학교 기본 과정 이후 대부분의 가난한 집 아이들이 선택한 고급 초등학교와 부유층 아이들이 선택한 고등학교 기초반이라는 이원화된 체제를 통합하자는 단일학교 계획을 강조한 사회당 계열 교원노조와, 러시아 혁명 이후 소련의 노동학교 모델을 받아들이자는 공산당 계열 교원노조가 교육평등과 교육 민주화 논의를 이끌었다. 〈제3공화정의 교원노조, 교사 그리고 교육개혁 : 교사친목회에서 교원노조로, '세속학교 Ecole laïque'에서 교육 민주화로〉(《프랑스사연구》 30호, 2014년 2월)를 일부 첨삭한 글이다.

10장은 박지현의 글로, 비시 정부 시기 공교육의 변화에 대해 고찰한다. 비시 정부는 제3공화국의 공화주의적 공교육에 반대하며 가톨릭 종교교육을 통해 민족의 정신을 육성하고 그 문화적 가치를 생산할 수 있는 국가 주도형 세속교육을 이루고자 했다. 이에 가톨릭교회의 교육 내용을 옹호하면서도 공교육 자체는 교회가 아닌 국가가 담당해야 한다는 점을 재확인했다. 〈비시 정부와 청소년 교육문화정책〉(《프랑스사연구》 29호, 2013년 8월)을 기초로 하여 새롭게 보완한 글이다.

4부 11장은 박단의 글로, 오늘날 프랑스 중등교육 과정에서의 아랍어 교육과 무슬림 이민자 문제를 다룬다. 약 600만 명의 무슬림 이민자가 존재하는 프랑스에서 약 6000명의 중고등학생만이 아랍어 교육을 선택한다. 국제적인 이슬람과 기독교의 대립 이데올로기, 프랑스의 동화주의 이민자 정책, 20세기 말에 본격화된 마그레브 이민자 3세대와 주류사회 간의 갈등에서 그 이유를 찾을 수 있다. 〈프랑스 내 아랍어 교육과 무슬림 이민자 문제〉(《서양사학연구》 30집, 2014년 3월)를 부분 수정한 글이다.

이용재는 12장에서 사르코지 대통령 재임기(2007~2012) 역사의 정치적 활용에 대한 저항과 갈등을 고찰한다. 대통령의 역사 기억의 전유에 따른 역사교육 강화 방침은 교육 현장에 대한 공권력의 개입으로 반발을 야기했다. '프랑스 역사의 집'이라는 역사박물관 건설 구상도 사회적 저항으로 실현되지 못했다. 이 같은 사례는 역사교육은 역사의 정치도구화를 경계해야 하며, 민주주의 사회의 역사교육은 국가가 기획한 획일적인 역사관과는 어울릴 수 없음을 잘 보여준다. 〈역사의 정치적 이용 : 사르코지 대통령과 '역사 만들기'〉(《프랑스사연구》 29호, 2013년 8월)를 일부 첨삭한 글이다.

흔히 교육과 정치는 상호보완 관계를 맺으며 발전한다고 말한다. 교육은 사회와 정치체제의 존속과 발전의 기반이 된다는 전제 아래 사회 구성원에게 공통의 가치와 신념체계를 보급하고 후속 세대에 전달하는 기능을 떠맡는다. 하지만 역사적으로 교육이 정치의 하위 단계에 위치해왔으므로 정치의 역학 구도에 따라 교육의 향배가 달라져온 것이 사실이다. 국가 공동체의 존속과 발전을 뒷받침하는 공교육은 해당 정치체제의 지향과 부합하는 엘리트층을 충원하는 명시적이면서도 내밀한 메커니즘을 지니고 있기 마련이다. 따라서 자아 발전과 개인 해방의 통로인 교육이 때로는 권력 유지의 도구로 기능하기도 한다는 것을 역사는 잘 보여준다. 하지만 "교육은 인격의 완전한 발전과 인권 및 기본적 자유에 대한 존중의 강화를 목표로 해야 한다"라는 1948년 유엔 세계인권선언의 한 구절과 "교육은 빵 다음으로 민중의 가장 우선적인 요구다"라는 프랑스 혁명기 당통의 외침은 교육이 해방의 도구여야 함을 여전히 일깨우고 있다.

이 책이 프랑스의 역사와 문화에 대해, 나아가 유럽, 서양사, 역사학 전반에 관심을 지닌 여러 독자께 교육과 정치, 정치와 교육의 상관성을 고민해보는 계기를 제공하면 좋겠다. 아울러 이 책이 교육과 정치의 길항관계를 파악하고 보다 바람직한 보편적 공교육체제를 만들어 나가길 염원하는 이들에게 도움이 되길 바란다. 마지막으로 이 책이 나오기까지 수고해준 서해문집 편집자들에게 고마운 마음을 전한다.

2014년 11월

이영림, 민유기

차례

중세 말과
구체제의
교육과
정치

혁명기와
19세기의
초등교육
개혁

제3공화국
교육체제에 대한
몇 가지
비판

현대
프랑스의
교육과
정치

중세 말과
　구체제의
교육과
정치

3장
예수회 추방과
교육개혁
시도

1

정치격변 속의
중세 말
파리 대학

홍용진

파리 대학은
신학의 중심지?

12세기 후반부터 신학 연구와 관련하여 등장한 파리 대학은 법학을 중심으로 하는 이탈리아의 볼로냐 대학과 함께 유럽에서 최초로 등장한 대학들 중 하나로 손꼽힌다. 여러 자생적인 학습 동아리들의 조합에서 출발한 파리 대학이 정확히 언제 조직되었는지는 잘 알려져 있지 않다. 어쨌든 12세기 후반부터 노트르담 신학교와 연관되어 등장하던 '파리 선생과 학생들의 조합Universitas magistrorum et scholarium Parisiensis'은 1200년에 국왕 필리프 2세로부터 세속 법정의 적용을 받지 않는 성직자의 자율권을 부여받았으며, 이 조합에 소속된 사람들은 모두 성직자로 대우받았다. 이후 1215년에는 교황 인노켄티우스 3세의 특사인 로베르 드 쿠르송Robert de Courçon이 파리 대학을 교회 조직의 일부로 인가하는 데 동의했다. 따라서 파리 대학이 대학으로서의 지위를 누리기 이전에는 '자발적인' 조합이었을지 몰라도, 공식적인 대학의 지위를 획득하고 13세기 동안 급성장하는 데는 교황권과 프랑스 왕권의 지원이 커다란 역할을 했다.[1]

성직자로서의 권리 및 왕권과 교황권이라는 거대 권력의 지원을 바탕으로 파리 대학은 13세기 동안 기독교 세계 전체에서 가장 영향력 있는 신학의 본산으로 성장했다. 13세기 초반에는 아리스토텔레스 철학의 서유럽 유입과 더불어 스콜라학이 정립되고 13세기 중반에는 알베르투스 마그누스와 토마스 아퀴나스라는 중세의 대표적인 신학자를 배출했다. 사실 이러한 학문적 발전에는 파리를 중심으로 활동하던 도미니코회와 프란체스코회의 역할이 컸다. 13세기 전반기 이들의 등장은 대학 내부에서 교구 성직자 출신의 교수들과 수차례 갈등을 빚기도 했지만, 13세기 후반에는 이들이 대부분의 신학적 논의를 주도했다. 13세기 후반 '아베로에스주의 Averroës主義' 철학에 대한 제재는 대학의 학문적 활력을 저해하지는 못했지만, 파리 대학의 학문적 경향성에는 커다란 영향을 미쳤다. 그것은 크게 두 가지로 구분되는 학문적 조류를 형성하는 것이었는데, 그 조류들 중 하나는 둔스 스코투스나 윌리엄 오컴으로 대표되는 14세기의 새로운 신학과 철학으로, 이는 아베로에스주의에 빠지지 않으면서도 토마스 아퀴나스의 신학에서 벗어나려는 시도였다. 다른 하나는 토마스 아퀴나스의 신학을 로마가톨릭의 정통 교리로 정립하여 교회의 공식 신학으로 만드는 작업이었다.[2]

1313년부터 벌어진 기욤 뒤랑 드 생푸르생의 신학적 주장에 대한 심의와 1323년 토마스 아퀴나스의 시성諡聖은 파리 대학이 가톨릭 교리의 본산이라는 점을 확고히 해주었다. 1333년 겨울 파리 대학은 교황 요한 22세의 지복직관론至福直觀論[3]이 아퀴나스의 신학과 배치된다는 이유로 교황의 오류를 선언하기까지 했다. 교황권이 아비뇽으로 옮겨져 과거의 권위를 상실한 듯 보이던 14세기 초에 파리 대학은 가톨릭 교리와 신학에서는 유일무이한 권위를 지닌 기관이 되었다. 그리하여 파리 대학의 '학적인 권위'는 '교황권' 및 '황제권'과 더불어 기독교 세계를 구성하는 세 가지 권위 중 하나로 여겨지기 시작했다.[4]

하지만 100년 후인 15세기 초 파리 대학의 총장 장 제르송Jean Ger-
son(1363~1429)은 자신의 설교에서 "파리 대학은 국왕의 딸"이라는 점을 종
종 강조한다. 제르송에게 파리 대학이 가족관계를 맺고 있는 것은 교황권
이나 보편교회가 아니라 프랑스 왕국을 대표하는 국왕이다. '파리 대학은
교회의 딸'이라는 말을 변형해 만든 '프랑스 왕국은 국왕의 딸'이라는 문구
는 왕권과 관련한 파리 대학의 위상을 단적으로 보여주며, 파리 대학의 정
체성을 왕국의 운명과 연결해준다. 실제로 1405년에 행한 〈국왕 만세Vivat
Rex〉라는 설교에서 그는 기존의 '학문 중심지 이행론Trnaslatio studii'을 차
용하여 세계사의 핵심을 이루는 지식의 전수가 아담의 지상낙원에서 이집
트, 아테네, 로마를 거쳐 파리, 즉 파리 대학으로 이어진다고 주장한다. 물
론 이는 무엇보다도 제르송 개인의 견해라고 볼 수 있지만, 그는 파리 대
학의 대표로서 이러한 설교를 행했으며, 실제로 파리 대학은 이 시기에 교
황권보다는 왕권과, 서유럽의 보편교회보다는 프랑스라는 왕국과 더 긴밀
한 관계를 맺고 있었다.[5]

이러한 사례를 통해 14세기 초에서 15세기 초까지 100여 년이 흐르는
동안 파리 대학의 정체성 속에 '세속정치공동체'라는 새로운 중심이 형성
되었다고 볼 수 있지 않을까? 물론 그렇다고 파리 대학이 교회나 기독교
를 거부한 것은 아니었다. 문제는 이 시기 동안 파리 대학이 왕권과 왕국
의 문제에 대해 긴밀하게 개입하면서 왕국 내에서 스스로의 역할과 지위
를 전례 없이 부각하기 시작했다는 점이다.[6] 과연 이 기간 동안 무슨 일이
벌어진 것일까?

파리 대학의 특권과
그 독특한 사회적 위치

1200년 필리프 2세에 의해 특권을 받은 이래로 파리 대학은 왕권의 보살 핌을 받았다.[7] 하지만 13세기의 이러한 관심과 배려는 프랑스 왕권과 교황 권 및 교회의 협력 속에서 이루어진 것이었고, 파리 대학과 왕권의 호의적 관계는 보편교회라는 보다 큰 틀 속에서 성립되었다. 13세기 초부터 파리 대학이 지닌 특권은 기본적으로 성직자에게 부여된 특권의 종류와 유사했 다. 그런데 파리 대학은 다른 일반적인 성직자로부터 독립된 동업조합이 라는 성격을 지니고 있었다. 이러한 특수성은 파리 대학을 일반적인 성직 자와 구분했으며, 이는 13세기 내내 파리 대학이 파리 주교를 비롯한 여러 교구 성직자의 사법적 개입을 거부하는 움직임으로 나아가도록 했다. 즉 파리 대학은 성직자와 세속인을 기본적인 사회적 구분 틀로 바라보는 세 계에서 세속 법정에도 또 교회 법정에도 속하지 않는 독특하고도 독립적 인 지위를 꾸준히 주장했고, 파리 대학은 바로 이 점을 교황과 프랑스 왕 으로부터 끊임없이 인정받고 확인하고자 했다. 이를 통해 대학인들은 인 신적 종속관계, 사법제도, 각종 조세와 관련하여 교회권과 세속권에서 모 두 벗어나고자 했으며, 집세나 도서 구입과 관련해서도 대학 당국을 통해 일련의 특권을 부여받았다. 이러한 특권은 대학인들이 파리나 그 주변 출 신뿐만 아니라, 프랑스는 물론 서유럽 기독교 세계의 다양한 지역 출신이 라는 점에서 더욱 특별하게 두드러졌다. 또한 이들은 왕권이 부여한 특권 에 의해 필요하다면 프랑스 전역을 얼마든지 이동할 수 있었다. 물론 13세 기 이후 생긴 다른 여러 대학에도 이러한 동일한 특권이 부여되었는데, 파 리 대학은 이 대학들의 전범으로 상징적인 지위를 점하고 있었다.

이러한 경향성은 필리프 4세 시기에 더욱 괄목할 만하게 확립되어 나갔다. 그는 보니파키우스 8세와의 분쟁에서 자신을 지지했던 파리 대학에 본격적으로 '국왕보호권'을 부여했다. 그것은 일반적인 성직자나 세속인과 달리 파리 대학인에 대한 '특별한 보호와 후원'을 행한다는 내용을 담고 있었다.[8] 여기서 '특별한'이라는 형용사는 왕국 내 다른 주민의 경우와 다르다는 의미를 내포하면서 파리 대학인에게 기존의 성직자나 세속인과 다른 위상을 부여한다. 이는 교회에도 세속 세계에도 속하지 않는 대학인이 왕국 내 유일무이한 주권을 선포한 왕권으로부터 성·속 모두에 걸친 다양한 수준의 재정과 사법적 조치에 대한 면제권을 법적인 수준에서 확고히 부여받는다는 의미를 지닌다. 파리 대학인의 특별한 지위는 이후 14세기 전반기 동안 이들이 지닌 지방의 부동산과 처자식에게로까지 확장되었으며, 파리 이외의 대학으로도 확대되었다.[9] 즉 파리 대학 교사 및 학생의 재산과 가족 또한 비록 지방에 있을지라도 그 지방의 성·속 법정으로부터 면제권, 즉 '법정출두거부권'을 부여받았으며, 이러한 대학인의 특권은 몽플리에 등과 같은 다른 대학으로 확대되었다. 그 결과 대학인과 그 가족은 각 지방이나 교구의 법에 상관없이 왕국 전체에 걸쳐 자유롭게 여행하고 재산을 이동할 수 있는 특권을 얻을 수 있었다.[10]

이렇게 해서 14세기 전반기 동안 프랑스 왕권과 파리 대학은 성직과 세속 세계라는 이분법적 영역을 벗어난 제3의 영역을 각자 형성해 나가면서 긴밀한 관계를 맺기 시작했다. 특히 보니파키우스 8세 이후 벌어진 교황의 아비뇽 유수는 파리 대학의 입지를 좀 더 독립적으로 만들어주었고, 14세기 전반기의 정치적 위기는 대학인이 왕국의 정치에 보다 적극적으로 개입하도록 만들었다. 동시에 파리 대학은 교황권 중심의 교회체제로부터도 또 다양한 세속 권력으로부터도 거리를 두는 자율적인 학문 공간을 형성해 나갔다.[11] 동시에 14세기에 정치적 위기가 이어지자 파리 대학은 왕국 내에서 자신들의 권리를 지키기 위해 수차례 국왕보호장을 요구했고, 이에 대한 반대급부로 그때마다 왕권의 정당성을 인정해주었다.[12] 특권과 보호라는 권리를 매개로 왕권은 파리 대학의 권위를 빌려 자신의 정당성을 확립하고, 파리 대학은 왕권으로부터 현실적인 여러 특권을 확보해 나갔다. 아비뇽 유수와 더불어 교황권이 실추된 이후 파리 대학의 학문적·사회적 위상은 높아져갔고, 이는 프랑스 왕권과의 지속적인 정치적 상호관계에 의해 뒷받침되었다.

나바르 콜레주의 창립   03

이러한 특권과 보호 외에도 파리 대학과 왕권을 엮어준 보다 큰 계기는 바로 나바르 콜레주Collège de Navarre의 설립이었다.[13] 콜레주는 애초 각 수도회에서 자기 소속의 학생을 위해 또는 주로 고위 성직자가 가난한 학생을 위해 설립한 기숙학교를 뜻했다. 매우 다양한 규모의 이 기숙학교는 대학에서 수학하는 교과목에 대해 보충·심화 학습을 병행하곤 했다. 사실 13세기까지 대부분의 콜레주는 탁발수도회 주도로 설립되었다. 13세기에 세워진 콜레주 가운데 가장 유명하고 규모가 큰 것은 루이 9세의 전속 사제였던 로베르 드 소르봉Robert de Sorbon이 설립한 소르본 콜레주Collège de Sorbonne였다.

14세기에 들어와 콜레주는 괄목할 만한 양적 팽창은 물론 사회적 성격 변화를 보여주었다. 이미 12세기 말에 가난한 학생을 위한 기숙사가 설립되기 시작했고, 13세기 중반에 이르러 본격적으로 콜레주라고 불리는 기숙사가 여러 수도회를 중심으로 설립되었다. 이후 애초 기숙사로 시작했던 소르본 콜레주에 도서관이 들어서고 학습과 토론의 공간이 제공되면서 대학을 구성하는 기숙학교로서의 콜레주 모델을 제공하게 되었다. 이러한 콜레주는 14세기에 들어와 흑사병 발발(1347) 이전까지 대부분 고위 성직자의 후원하에 급증했으며, 이는 왕권과 밀접한 연관을 맺고 있던 이 정치 엘리트들이 자기 지역 출신의 인재를 키워내면서 일찍부터 인적 관계를 형성하는 계기가 되었다. 즉 각 콜레주는 지방 학생이 성직이나 관직에 진출하기 위한 교두보 역할을 담당하곤 했다.[14]

14세기 이후 건립된 콜레주 중에서 가장 눈에 띄는 것은 바로 필리프 4세의 왕비인 나바라 여왕 잔 1세1273~1305[15]가 후원하여 설립한 나바르 콜레주였다. 그것은 1315년에 완공되어 본격적으로 교육기관으로 기능하기 시작했고, 이후 14세기 전반기에 콜레주 건립을 위한 광범위한 운동을 촉발했다. 나바르 콜레주는 왕의 측근 성직자가 주도해 조직, 건립되었다는 점에서 기존의 소르본 콜레주와 유사한 모습을 보인다. 하지만 기숙보다는 학업을, 또 학생들 사이의 위계를 콜레주 조직의 주요 근간으로 삼았다는 점 등에서 기존의 콜레주와 많은 차이점을 지니고 있었다. 다른 콜레주와 마찬가지로 나바르 콜레주는 14세기 전반기까지 파리 대학 내에서 준독립적인 지위를 누리고 있었다. 1350년 장 2세가 즉위하면서 이러한 지위가 흔들리기 시작했는데, 장 2세는 학내에서 벌어지는 인사·재정 문제와 관련하여 사법주권을 내세우며 나바르 콜레주의 문제에 개입하기 시작했다.[16]

나바르 콜레주에 대한 보다 본격적인 왕권의 개입은 샤를 5세 치세 중인 1369년부터 이루어지기 시작했다. 14세기의 극심했던 정치적 위기와 전쟁 상황을 종식시키고, 왕국의 회복과 안정을 이룩한 그는 '현명왕'이라는 별칭에 걸맞게 파리 시내에서 벌어진 여러 현실적인 문제를 살펴 대학과 콜레주에 우호적인 조치를 취했다. 또한 본격적으로 대학 교사들 중에서 국왕참사회원을 선출하고 라틴어 서적의 프랑스어 번역과 같은 지식 사업을 진행했다.[17] 이들 중 특히 나바르 콜레주 출신의 니콜 오렘은 샤를 5세의 이른바 '개혁적' 일인지배체제monarchia를 정당화하는 데 기여했다.[18] 또한 1369년 샤를 5세는 매년 8월 25일 파리 대학의 '성 루이' 숭배의식을 나바르 콜레주에서 일괄적으로 거행할 것을 지시했고, 점차 나바르 콜레주와 성 루이로 대변되는 왕권을 상징적으로 긴밀하게 연결해 나갔다. 나아가 1372년부터는 재정 지원과 조직 개편, 기숙 장학생 선발 방식 개편을 통해 보다 직접적으로 콜레주의 운영에 개입하기 시작했다. 비록 샤를 5세는 독립 조합인 파리 대학에 직접 개입할 수는 없었지만, 파리 대학 내 나바르 콜레주의 지위를 왕권의 상징 자본과 연결함으로써 파리 대학을 중심으로 하는 지식인 사회에서 왕권의 정당성을 확보하고자 노력했다.[19]

　　15세기에 들어와 지속적인 왕권의 후원 속에서 나바르 콜레주는 모든 콜레주 가운데 으뜸 콜레주로 자리매김했고, 이곳 출신들이 파리 대학의 주요 지도부를 구성하기 시작했다.[20] 나아가 이들은 샤를 6세 때부터 본격적으로 왕실과 정부의 중책은 물론 왕국 내 대제후를 위한 요직에 대거 진출했다.[21] 이렇게 나바르 콜레주의 학생들은 왕권과 보다 긴밀한 관계를 맺기 시작했고, 이후 정부와 왕실 요직에 진출하면서 왕국의 정치에 깊이 개입하기 시작했다. 비록 이들이 종교적·윤리적 열정을 지녔더라도 그것은 정치적 행위로 번역될 수밖에 없었다. 왕권은 파리 대학에 직접적인 권력을 행사할 수 없었지만, 최대한 파리 대학을 자신에게 유리하게 이끌고자 했다. 역으로 파리 대학은 왕권을 이용하여 자신의 자율권을 지켜나가면서도 기독교 세계 내 신학의 본산이라는 명성으로 왕국의 정치에 얽혀들어갔다.

파리 고등법원과 파리 대학의 인적 관계

04

14세기에 파리 대학은 국왕 개인을 중심으로 한 왕권 외에도 새롭게 등장한 관료기구, 특히 필리프 4세 이후 왕국 내 최고의 사법기관으로 정착하고 있었던 파리 고등법원Parlement de Paris[22]과도 긴밀한 관계를 구축해 나가기 시작했다. 이 시기 다양한 국가 관료기구는 새롭게 정비된 행정수도 파리에서 왕권을 중심으로 한 국가 체제의 중추신경계를 형성해 나갔다.[23] 이 시기 파리 대학과 파리 고등법원의 관계에서는 두 가지 주목할 만한 현상이 보인다. 하나는 파리 고등법원 재판 중 파리 대학 관련 재판의 비율이 점점 높아져갔다는 것이고, 다른 하나는 양자 사이에 모종의 인적 관계망이 형성되어가고 있었다는 점이다.

먼저 파리 대학은 독립적인 특권과 관련하여 각양각색의 문제를 제기하는 여러 성직자 및 세속인과 끊임없이 송사를 벌여야 했으며, 왕권의 특별한 보호를 받는 만큼 최고사법기관인 파리 고등법원을 이용하는 일이 더욱 잦아지게 되었다. 실제로 파리 대학이 제기한 소송의 내용을 보면, 상당 수가 인사 및 재산과 관련한 대학인의 특권과 연관된 것이다. 즉 대학인에 대한 위협과 모욕, 그들의 재산이나 재정적·상업적 특권, 성직록이나 다른 교회와의 재산 문제와 관련이 있었다. 즉 교회는 물론 다양한 수준의 세속 권력에 대해 대학과 대학인은 자신들의 특권을 지키기 위해 다른 세속인 이나 성직자에 맞서 소송을 제기했고, 이는 14세기 이후 그 윤곽이 뚜렷해 지기 시작한 파리 대학의 현실적 특권과 특권의식에서 비롯되었다. 이들 의 특권이 성·속과 구분되는 제3의 것으로 자리매김하는 만큼 그것은 교 회 법정이나 일반 세속 법정이 아닌 왕권 직속의 사법 주권을 대표하는 파 리 고등법원에서 관할해야 한다. 즉 파리 대학과 파리 고등법원의 만남은 기존의 전통적인 중세적 사회 구분과 다른 새로운 사회계층의 형성, 즉 대 학인과 관료의 성장과 그 궤를 같이했다. 특히 대학인이 개혁 담론을 내세 우며 정치적 의사를 적극적으로 개진하던 시기에 이러한 소송이 함께 증 가했다는 점은 의미심장하다.

이 밖에도 파리 대학이 파리 고등법원과 보다 직접적인 관계를 맺고 있 었다는 부분은 사실 양자 사이에 인적인 관계망이 구축되기 시작했다는 것을 뜻한다. 필리프 4세 치세에 성장하고 분화하기 시작한 중앙행정조직 은 기존의 전사 귀족 엘리트가 아닌 문서를 읽고 쓸 줄 아는 새로운 문인 엘리트를 필요로 했다. 이들은 의당 성직자 계층이었고, 그렇기 때문에 전 통적으로 국왕의 측근으로 왕령의 작성과 반포는 국왕과 가까운 소수의 교구 성직자 또는 수도사가 담당하곤 했다. 하지만 상서국과 고등법원을 중심으로 관료기구가 점점 팽창하면서 국왕이 고용하는 전문 서기 집단과 법률가 집단이 더욱 절실하게 필요해졌다. 이러한 사회적인 인적 수요에 바로 기존 성직자와는 다른 정체성을 지니기 시작한 대학인, 특히 파리 대

학의 법학부 출신자가 부응하기 시작했다.[24]

사실 이미 12~13세기부터 라틴 기독교 세계에서 각 지역의 법학부 출신자는 활발하게 교회 조직 내 고위 성직에 대거 진출하고 있었다. 고위 성직에 대학인의 비율이 점점 증가했을 뿐만 아니라, 대학 졸업자 중에서도 법학부 출신이 가장 많은 수를 차지했다.[25] 학문 세계 내부에서는 파리 대학으로 대표되는 신학이 가장 상징적인 가치를 지니고 있었지만, 점점 관료제화되어가는 교회 조직에서, 특히 14세기 초 아비뇽 교황의 등장 이후 보다 가속화된 교회 조직에서 법학부 출신자는 관료제적 조직에 가장 적합한, 그리하여 가장 주도적인 인력으로 성장하고 있었다.[26]

이러한 배경 속에서 14세기부터 대학인은 국왕 관료기구, 특히 파리 고등법원으로 대거 진출하기 시작했다.[27] 기존의 연구를 비교, 종합해봤을 때 이곳의 법률가 중 상당수가 파리 대학 법학부 출신이라는 점을 알 수 있다. 특히 파리 고등법원 법률가의 출신지 분석과 전국 대학 내 출신지 분석을 종합해보면, 파리 고등법원 법률가의 절대다수가 루아르 강 이북 출신이며, 이들 대부분은 파리 대학에서 교육을 받았다는 추정이 가능하다.[28]

이상과 같이 법학부 출신의 대학인이 국가 관료로 진출하는 상황에서 파리 대학과 파리 고등법원은 다른 어느 부서 그리고 다른 어느 대학보다도 인적 네트워크 차원에서 긴밀한 관계를 맺어 나가고 있었다. 즉 파리 고등법원이 신흥 국가 체제의 새로운 특권적 귀족 집단으로 변형 및 성장해 나가던 중세 말에 파리 대학은 이를 위한 고급 인력 풀로 기능하는 모습을 보여주게 된다. 글을 읽고 쓸 줄 아는 사람은 이제 교회를 넘어 국가로 진출하기 시작했고, 중세 말에 이들은 기존의 교회 성직자와는 다른 의미의 국가 관료로서 서기 집단을 형성하기 시작했다.[29] 전통적인 대귀족과는 다른 이 새로운 정치 엘리트 집단은 스스로를 새로운 정치질서의 중추로 자부하게 된다.

파리 대학의 정치적 꿈

국왕과 고등법원을 중심으로 국가 체제라는 새로운 정치질서와 긴밀한 관계가 확립되어 나가는 상황에서 파리 대학은 사회적 특권을 주장하며 그 특수한 지위를 강조하는 정치적 이데올로기를 등장시켰다. 이는 13세기까지 내려오던 중세 유럽의 두 가지 유산이 프랑스 왕국과 파리 대학의 관계에서 구현된 것이라고 볼 수 있다. 먼저 신학과 법학이라는 '최고 지식'을 전문으로 다루는 파리 대학은 이제 스스로의 정체성을 보편적 기독교 공동체에서는 물론, 프랑스라는 세속적 정치공동체 속에서도 찾기 시작했다. 특히 필리프 4세 이래로 형성된 보편적 기독교공동체에서 프랑스가 선도적인 위치를 차지하고 있다는 생각은 이러한 이중적 정체성의 일체화를 자연스럽게 여겨지도록 만들어주었다.[30] 또한 그것은 기독교 세계의 보편성에 대한 의식과 일종의 민족 감정이 융합된 정체성으로, 이는 14세기에 이루어진 다양한 십자군 담론 속에서 표출된 바 있다.[31]

두 번째 유산은 강력한 왕권에 의한 학문 후원의 선례다. 이슬람 문화를 적극적으로 수용하고 이를 라틴어로 번역하도록 후원한 시칠리아 왕국의 프리드리히 2세와 카스티야 왕국의 알폰소 10세는 교회와 교황권의 영향력을 벗어난 왕권regnum과 학문studium의 강력한 결합의 사례를 잘 보여주었으며, 이들은 이후 필리프 4세의 정치문화에 많은 영향을 미친다. 즉 기독교공동체 내에서 자리매김되는 '프랑스 왕국의 우월성'과 교회와는 별도로 이루어지는 '학문과 왕권의 긴밀한 관계 수립'이라는 두 가지 유산은 파리 대학의 특권의식 속에서 융합되어 기독교 사회 내에서 파리 대학이 지니는 일종의 민족 감정 또는 민족적 자부심을 형성하게 된다.

세계사적인 전망 속에서 문화와 '학문 중심지 이행'에 대한 여러 담론이 파리 대학과 관련하여 다시 부각되면서 파리와 프랑스 왕국은 역사적으로 아담의 낙원과 이집트, 아테네, 로마의 뒤를 잇는 중심지로 여겨졌다.[32] 한편 이러한 담론은 이제 막 꽃을 피우고 있는 북부 이탈리아의 인문주의에 대한 열등의식과 경쟁심리의 소산이기도 했다. 14세기 후반부터 등장한 프랑스의 초기 인문주의자는 단테와 페트라르카로 대표되는 새로운 이탈리아 지식인의 작품과 고전 연구로부터 지대한 영향을 받았으며, 이는 곧 민족 감정과 함께 경쟁심리로 발전하기 시작했다.[33] 또 다른 한편으로 샤를 5세 치세에 왕권의 후원 아래 대규모로 이루어진 프랑스어 번역 사업과 루브르 성에 선보이기 시작한 왕립도서관은 이러한 이데올로기를 현실화하고 있었고, 이 '현명왕'의 치세는 파리 대학의 학문-민족적 자부심을 더욱 강화해주었다. 이렇게 해서 파리 대학은 학문과 왕권을 두 축으로 하는 프랑스적 정체성을 형성해 나갔다.

이후 15세기 초에 파리 대학장 장 제르송이 "파리 대학이 국왕의 딸"이라는 수사를 펼쳐 나가면서 왕권과 파리 대학의 관계를 은유적인 방식으로 이데올로기화했다. 제르송은 파리 대학의 성격을 현명함과 수동성(또는 평화로움, 차분함)이라는 이중적 성격으로 규정하면서 파리 대학에 여성성의 이미지를 부여한다. 그리고 이 관계는 세속적·혈연적 관계가 아닌 정신적 관계이기 때문에 파리 대학은 친딸이 아닌 수양딸로 제시된다.[34] 이러한 수사는 다음과 같은 관계를 표현한다. 먼저 파리 대학은 왕권이 주축을 이루는 남성적 정치권력에 의존적일 수밖에 없으며, 역으로 왕권은 이 수양딸의 조력을 통해서 훌륭한 통치를 펼칠 수 있게 된다. 제도적으로 그것은 한편으로는 국왕참사회와 파리 고등법원, 다른 한편으로는 파리 대학 신학부와 법학부 간의 결속으로 구체화된다. 하지만 제르송의 수사는 암묵적으로 이 딸이 왕권의 어머니이기도 하다는 점을 가정한다. 즉 왕권의 중추인 성직자와 법률가를 양성하는 파리 대학은 바로 관료와 자문회 성직자의 '알마 마테르Alma mater'가 된다. 그리하여 자칭 '진리'의 수호자가 된 파리 대학은 '진리는 왕을 보호한다'는 말로 스스로의 정체성을 확립한다.[35] 이것은 예수와 성모 마리아가 이루는 신성가족의 관계인가? 한편으로는 그렇다. 그러나 그 관계는 신성한 관계가 아니라 '시민적' 관계, 즉 왕국이라는 정치공동체에 의한 세속화된 신성가족이다.

나아가 왕권과 대학의 상호관계와 이에 기반을 둔 '민족적' 자부심은 14세기 말에서 15세기 초에 교회대분열이라는 국제적 문제와 관련해서도 적극적으로 표현되었다. 대분열을 치유할 방법으로 필리프 드 메지에르와 장 제르송은 각각 1381년과 1391년 라틴 기독교 세계 전체의 성·속 권위자가 모이는 공의회 개최를 주장했다. 그런데 이들이 주장한 이 공의회를 이끌어갈 지도자는 의당 가장 기독교적인 왕인 프랑스의 샤를 6세였고, 프랑스 왕은 다시 파리 대학의 지적인 지도를 받아야 했다. 파리 대학의 이상, 그것은 교황권이 더 이상 정상적으로 작동하지 않던 기독교 세계에서 지적 권위를 바탕으로 프랑스의 정치를 지도하고, 나아가 프랑스의 정신적·도덕적 권위를 확립하는 것이었다.

파리 대학 앞에 놓인 정치 현실

그렇다면 파리 대학은 정치 현실 속에서 어떠한 모습을 보여주었는가? 현실 정치 속에서 자리매김하고 있는 파리 대학의 정치적 입장은 어떠했는가? 사실 14세기 후반에서 15세기 초 백년전쟁이 한창이던 시기에 정치공동체와 관련된 문제는 크게 두 가지 입장으로 나뉘었다. 한편에서는 왕국의 통합이나 회복과 같은 현실적인 문제 해결의 우선권을 주장했고, 다른 한편에서는 일인지배체제의 전횡이나 일탈 가능성에 대한 비판과 조언을 중시했다. 샤를 5세 시기에 법학부 출신 법률가를 중심으로 한 관료제가 팽창해가면서 신학부 출신 지식인은 국왕참사회에서 종종 이들의 무비판적인 국정 수행을 비판하곤 했다. 법학부 출신 관료가 팽창하면서 국가 체제를 위한 체계적인 법학적 지식의 철저한 암기와 효율적인 적용이 국정 운영에 핵심적인 활동이 되어갔다. 일정한 절차에 따른 관료제적 업무 처리는 관료에게 하달된 지시와 명령에 대해 반성이나 조언이 아닌 신속하고도 효과적인 적용만을 요구했다. 이는 신학부 출신 지식인에 의해 커다란 비판을 받았다. 이들에게 정치란 자신들이 제시하는 기독교 윤리에 적합할 뿐만 아니라 다수 유력자의 견해를 충족시킬 수 있는 방안을 모색하는 과정이었고, 국왕은 이러한 의견을 경청하고 결단을 내리는 사람이었다. 이들이 볼 때 이러한 과정을 거쳐야만 국왕에 대한 조언과 다양한 견해에 대한 비판이 이루어질 수 있으며, 이를 통해 국왕은 '현명한' 판단을 내릴 수 있었다. 하지만 주어진 지시를 일방적으로 수행하는 관료제적 방식에서 이러한 과정은 불가능해진다.

이러한 비판은 1370년대 니콜 오렘에 의해 처음 등장했고, 그의 비판은 곧 법률가와 관료의 입장을 옹호하는 에브라르 드 트레모공Évrart de Tré-maugon의《낙원의 꿈Songe du vergier》에서 반박되었다. 양자의 입장 차이는 화해할 수 없는 이원항의 연속을 이룬다. 오렘이 볼 때 정치란 원칙적이고 이론적인 차원에서 아리스토텔레스의 정치학과 윤리학에 기반을 두고 현명한 자들의 다양한 조언이 충분히 전개되는 과정이었다. 일인지배 체제적인 군주제가 최상의 체제인 이유는 바로 이러한 조언이 한 명의 국왕에게로 수렴될 수 있기 때문이다. 반면 트레모공의 입장에서 정치란 시급하게 처리해야 할 당면한 문제에 대해 사법적인 기준을 가지고 신속하고도 효율적으로 대처해 이어지는 위기 상황을 해결해야 하는 과정이었다. 1360~1370년대의 재빠른 정치·사회질서의 회복은 바로 이들을 통해서 이루어질 수 있었다. 이론과 실천, 조언과 논의, 일방적 지시의 이행, 아리스토텔레스와 로마법, 신학부와 법학부라는 화해할 수 없는 긴장관계가 이 둘 사이의 논쟁에 흐르고 있다.[36] 무섭게 확장되어가는 이 관료제라는 괴물 앞에서 아리스토텔레스의 정치학과 윤리학을 프랑스어로 번역한 오렘은 전율을 금치 못했을 것이다. 반대로 정치 일선에서 뛰고 있는 관료에게 오렘의 걱정은 현실을 모르는 상아탑의 이야기였을 것이다. 그리고 샤를 5세에게는 이 참사회원들의 조언에 귀를 기울이면서도 이들을 현실적인 목표로 수렴하는 것이 문제였다.

다른 한편 샤를 5세가 축적한 막대한 국가 재정은 잉글랜드와의 전쟁을 대비한 것이었기 때문에 이 재정의 막대한 수혜자는 전쟁을 지휘하는 귀족일 수밖에 없었다. 즉 국가 재정을 장악하는 것이 이들이 조직한 파벌 사이에서 가장 중요한 정치적 쟁점이 되었다. 젊은 샤를 6세가 실성하고, '마르무제Marmouset'라 불리는 샤를 5세 치세의 참사회원들이 실각하자, 재정을 둘러싼 대귀족 사이에 갈등이 심화되었고, 급기야 내전으로 폭발했다. 샤를 5세 시기에 건설된 국가 체제의 문제는 곧 조세와 재정을 과연 어떻게 시행하고 운영할 것인가의 문제였으며, 부르고뉴파는 개혁의 우선성을, 아르마냐크파는 귀족 중심의 기존 체제 유지를 정치적 대의로 삼았다. 이와 관련하여 파리 대학 내 여론은 일방적이고도 무거운 조세체제에 대한 개혁을 추진하는 입장과 왕국의 분열을 야기하는 어떠한 혼란도 거부하고 통합과 안정을 추구하는 입장 사이에서 갈지자 행보를 할 수밖에 없었다.[37]

먼저 이 시기 파리 대학 당국의 입장은 1405년 11월 7일 왕세자와 제후들 앞에서 파리 대학장 장 제르송이 행한 〈국왕 만세〉라는 설교에 잘 드러난다. 그 핵심 내용은 왕권과 대학을 중심으로 왕국의 각 세력이 단합하여 왕국을 개혁하고 평화와 안정을 확립할 것을 강조하는 것이다.[38] 아직 내전이 발발하기 전 정치적 긴장이 최고조에 이르렀을 이때, 장 제르송은 왕국의 현실적 문제와 분열의 위험을 잘 감지하고 있었다. 문제는 개혁과 평화라는 두 단어로 요약될 수 있는 파리 대학 당국의 이상이 당대 현실 정치에서는 결국 전혀 함께할 수 없었다는 점이다. 또한 개혁의 주체가 참사회원들의 정치적 조언으로 달성될 수 있고 왕국의 질서와 평화는 상명하복식의 사법·행정 체계에 의해 이루어질 수 있다는 점에서 양자는 미묘한 갈등의 불씨를 내포하고 있었다.

샤를 6세가 실성해 있는 동안 국정은 먼저 국왕의 숙부인 부르고뉴 공작 필리프 1세가 주도했다. 그러나 1404년 그의 사망 후 그에게 맞섰던 국왕의 동생 오를레앙 공작 루이가 국정을 장악하고 국고를 전횡하기 시작했다. 이에 1407년 11월 23일 신임 부르고뉴 공작 장 1세Jean sans Peur는 사촌인 오를레앙 공작 루이를 암살하고 수도 파리에 입성하여 왕국의 개혁을 약속했다. 이에 아르마냐크파와 부르고뉴파 사이에 내전이 발발했다.

장 프티Jean Petit로 대변되는 파리 대학 내 친부르고뉴파 개혁 세력은 국가 재정을 전횡한 오를레앙 공작 루이의 암살을 정당화했고, 참사회원에 의한 과세와 재정 개혁을 요구했다. 이들은 부르고뉴 공작에게서 개혁과 평화의 가능성을 모두 보았기에 그를 지지하며 적극적으로 개혁 정치에 앞장서기 시작했다. 하지만 개혁은 쉽지 않았고, 실질적으로 조세 부담을 진 파리 민중은 1413년 이른바 카보시앵 봉기를 일으켜 잠시 동안 수도 파리를 장악했다. 이 시점에 이르러 장 쥐브넬Jean Juvenel을 중심으로 한 세력이 파리 대학 내 주류 여론을 형성하며 다른 정치적 입장을 내세우기 시작했다. 카보시앵 봉기의 공포 속에서 이들은 '평화와 안정'을 자신들의 정치 이념으로 내세우기 시작했고, 대학 내 개혁 세력은 숨죽였으며, 이는 결국 아르마냐크파와의 화해로 이어졌다.[39]

파리 대학의 주류 여론이 개혁에서 안정으로 입장을 바꾸었다고 볼 수 있을까? 현실 정치의 차원에서는 그렇다. 하지만 그것은 본래 자신들이 주장하던 정치적 이상을 일관되게 유지한 결과였다. 그들이 볼 때 파리 대학이 늘 가장 먼저 추구한 것은 왕국의 평화와 안정이었다. 장 제르송의 설교문에서도 개혁은 늘 왕국의 평화와 안정을 위해 있을 뿐이다. 즉 개혁이 평화를 해친다면 그것은 포기되어야 하며, 양자 사이에서 가장 중요한 것은 평화, 즉 현실 정치의 수준으로 말하자면 기존 질서의 유지였다. 그리고 이러한 고요한 질서 속에서라야 자신들의 특권이 유지될 수 있었다. 소란스러움, 시끄러움, 분열, 폭동은 조용하고 수동적인 파리 대학의 현자들에게 맞지 않았다. 또한 개혁은 고귀한 자들에 의해 왕국의 화합 속에서 이루어져야 했다. 그렇기 때문인지 그들은 카보시앵 봉기의 흥망이라는 드라마틱한 역사의 한가운데서 갑자기 조용해졌다. "현자들, 그들은 현명했기 때문에 잠자코 있었다."[40]

14세기 동안 기독교 세계에서 학문의 권위를 지닌 파리 대학은 프랑스 왕국 정체성의 가장 핵심적인 위치를 차지했다. 하지만 1413년부터 파리 대학의 이상은 개혁과 안정 사이에서 분열될 수밖에 없었고, 15세기 전반기 잉글랜드의 북부 프랑스 점령 기간 동안 파리 대학은 현실 정치 속에서 기회주의적인 모습을 보였다. 백년전쟁이 지난 후, 특히 루이 11세 치세부터 파리 대학이 현실 정치에 개입할 가능성은 더욱 요원해져갔다. 또한 14세기 전반기까지 반짝이던 지성知性이 15세기 후반부터 파리 대학에서 자취를 감추게 된다. 정치적으로 위상이 꺾인 파리 대학은 학적인 권위에 더욱 집착하는 경직된 모습을 보여주게 된다.[41]

절대왕정과 여성 교육
: 루이 14세 시대
생시르 기숙학교

O2

강미숙

1793년 혁명정부의 생시르 기숙학교 폐교

루이 14세의 통치 후반기인 1686년 여름, '디오클레티아누스 황제 통치하에서 순교한 젊은 시르Cir 또는 시리크Cirique'라는 기원을 갖고 있는 도시 생시르에 '가난한' 귀족 가문 출신 소녀들을 교육하기 위한 성 루이 왕립학교la Maison royale de Saint Louis à Saint-Cyr, 일명 생시르 기숙학교가 설립되었다.[1] 학교 건축은 당시 프랑스 최고의 건축가라 할 만한 망사르Jules Hardouin-Mansart가 맡았고, 건축비만 하더라도 베르사유 건축비의 75분의 1인 107만 리브르였다.[2] 루이 14세 통치하의 여성 교육기관으로서 1793년까지 107년 동안 이어질 생시르 기숙학교의 당당한 역사가 시작되는 순간이었다.

그러나 1789년 7월 14일 바스티유 함락을 신호탄으로 시작된 프랑스 대혁명은 1786년 수많은 정계와 종교계 인사들이 참석한 가운데 설립 100주년 기념식을 성대하게 거행했던 생시르 기숙학교의 운명에 치명타를 가했고, 그 절정은 설립자인 맹트농 부인Madame de Maintenon[3]의 유해 모독 사건이었다.

1793년 3월 16일 국민공회는 폐교 칙령을 내렸다. 동시에 생시르 기숙학교의 가구와 기기를 매각했고, 학교 부속 예배당 내의 조각품 역시 파괴하거나 분리하여 경매에 부쳐버렸다. 그 후 방치되었던 학교 건물은 1794년 군 병원으로 개조되었는데, 이 과정에서 부속 예배당의 성가대 중앙부에서 석고와 돌 파편으로 숨겨진 검은색 뚜껑의 대리석 무덤이 발견되었다. 그 위에 새겨진 이름을 판독한 결과, 그것이 맹트농 부인의 무덤인 것을 확인한 공사장 인부들은 고함과 욕설을 퍼부으며 곡괭이로 무덤을 깨뜨렸고, 맹트농 부인의 유해에서 옷을 벗기고 손발을 훼손하는 등 조롱과 모욕을 퍼부었다. 그러고 나서 인부들은 유해의 나머지 부분을 안뜰로 끌고나가 불태우려 했는데, 다행히 그곳을 담당하던 한 젊은 장교의 기지로 맹트농 부인의 유해는 정원의 가장 후미진 곳에 안장될 수 있었다. 맹트농 부인의 유해는 7년 동안 그렇게 묻혀 있다가 1800년 군 병원이 르 프리타네 프랑세Le Prytanée Français라는 이름의 콜레주로 바뀌었을 때 발굴되어 살아생전 그녀가 머물렀던 거처 앞에 다시 묻힐 수 있었다.[4]

일종의 부관참시라고도 할 만한 사뭇 충격적이기까지 한 이 사건을 어떻게 이해해야 할까? 생시르 기숙학교는 혁명 세력에 의해 청산되어야 할 '구체제적'인 뭔가를 가지고 있었고, 그것은 혹 혁명기에 반드시 무너뜨려야 할 무언가와 관련이 있는 것은 아닐까?

주지하듯이 서양의 역사에서 프랑스 대혁명 앞에는 절대왕정 체제가 존재했다. 그런데 절대주의라는 말은 프랑스 혁명기에 만들어진 것으로, 이는 프랑스 대혁명의 주체들이 혁명의 대의를 정당화하기 위해 만들어낸 말일 가능성이 높다.[5] 그렇다면 혁명이 일어났을 때 혁명 세력에게 궁극적으로 타도의 대상이 되었던 것은 절대왕정이었을 것이다. 이러한 맥락에서 1793년 혁명 과정에서 일어난 설립자에 대한 충격적인 유해 모독 사건과 생시르 기숙학교의 폐교는 절대왕정과 긴밀한 관련이 있을 것으로 짐작된다. 절대왕정과 생시르 기숙학교는 어떤 관계였을까?

이 글은 루이 14세 때의 여성 교육기관인 생시르 기숙학교를 통해 절대왕정과 여성 교육의 함수관계를 생각해보고자 하는 것이다. 그런데 루이 14세가 생시르 기숙학교에 행정적·경제적 지원을 했는데도 그것이 맹트농 부인의 개인적 소산물이라고 보는 시각이 여전히 존재한다.[6] 물론 생시르 기숙학교가 설립자인 맹트농 부인의 어린 시절과 청소년기에 기원을 둔다는 것은 어느 정도 사실이다. 몰락한 귀족 가문 출신인 맹트농 부인은 자신과 같은 처지의 가난한 귀족 가문 소녀들에게 어린 시절 자신에게 결핍되었던 경제적 평안, 한결같은 애정, 계속적이고 견고한 교육 등을 제공하고자 했다. 그러나 생시르 기숙학교를 불운한 삶을 살았던 한 개인의 교육적 실험으로 보는 이러한 인식은 지나치게 단편적이다.

생시르 기숙학교를 교육사 차원이 아니라 절대왕정이라는 당시 프랑스 역사의 큰 흐름 속에서 성찰해볼 수는 없을까? 이러한 관점에서 로슈Daniel Roche의 지적은 상당히 의미심장하다. 로슈에 따르면, 생시르 기숙학교의 교육목표는 17세기 프랑스의 가톨릭 종교개혁과 루이 14세의 귀족정책이 교차하는 지점에 위치한다.[7] 요컨대 생시르 기숙학교는 17세기 후반 가톨릭의 종교권력과 루이 14세의 정치권력이 교차되는 지점에 자리하는 것이다. 따라서 이 글은 절대왕정과 여성 교육의 함수관계를 살펴보기 위한 바로미터로서 루이 14세 때의 생시르 기숙학교를 주목하고자 한다.

왕과
왕의 여자

맹트농 부인은 프랑스 역사 속의 그 어떤 인물보다도 역사적 페르소나를 확고히 가지고 있으면서 논쟁의 여지가 많은 인물이다. 위그노 작가이자 앙리 4세의 친구이기도 했던 아그리파 도비녜Agrippa d'Aubigné의 손녀로서 지방의 전통귀족 가문 출신이지만 삶의 여정은 대단히 드라마틱하다. 우선 그녀는 아버지가 수감되어 있던 감옥에서 태어나 암울한 유년기를 보내다가 17세가 되던 1652년에 스물다섯 살 연상의 '앉은뱅이 시인' 폴 스카롱과 결혼해 8년간 살았다. 첫 남편의 사망 이후 그녀는 루이 14세와 그의 애첩인 몽테스팡 부인 사이에서 태어난 사생아들의 가정교사가 되었다.

맹트농 부인이 루이 14세 곁에서 적극적인 역할을 하게 된 시기는 태양왕 루이 14세와 몽테스팡 부인의 관계가 악화되어가던 1675년부터 1679년 사이로 거슬러 올라간다. 이 기간 동안 그녀는 자신을 도덕의 옹호자로 보이게 했고, 루이 14세는 자신의 의무를 이행하고 자신의 종교를 보다 정확히 실천하려 했다. 맹트농 부인이 왕을 유혹했다고도 하지만,[8] 분명한 것은 설득의 재능을 지녔던 그녀가 몽테스팡 부인과의 관계가 악화되어가던 와중에 왕을 왕비에게 돌아가도록 설득해 루이 14세가 왕비 마리 테레즈와 화해했다는 사실이다. 국왕 부부의 화해를 위한 그녀의 노력은 루이 14세의 불신앙으로 오랫동안 불안해하던 교회 당국자들의 환영을 받았고,[9] 꽤나 성공적이었던 것 같다. 그러한 성공의 표시는 1680년 1월 8일 맹트농 부인이 왕태자의 시녀로 임명되는 것으로 나타난다. 이는 맹트농 부인에 대한 왕의 총애가 확인된 것이고, 이러한 총애는 '순수한 의미의' 총애였다.

더욱이 1683년 7월 30일 왕비의 갑작스러운 죽음은 루이 14세와 맹트농 부인의 관계를 더욱 가깝게 해주었던 것 같다. 그리고 그로부터 적어도 6개월 이상 지난 후인 1684년 어느 날 밤, 그들의 비밀결혼이 이루어졌다.[10] 결혼식은 베르사유에 있는 왕의 한 집무실에서 이루어졌다. 참석자는 루이 14세와 맹트농 부인을 제외하면 다섯 명인데, 미사를 올릴 라 셰즈La Chaise 신부, 파리 대주교, 루부아Louvois, 몽슈브뢰유Montchevreuil 후작 그리고 시종인 봉탕Bontemps이다. 이 결혼에 대한 문서는 작성되지 않았다.[11] 귀천상혼貴賤相婚이었던 이 결혼은 맹트농 부인에게 왕비의 지위나 특권 그 어느 것도 주지 않았고, 맹트농 부인의 친척 누구도 왕위계승권을 주장할 수 없게 했다. 또한 이 결혼은 비밀에 부쳐져 그들의 일생 동안 어떤 당파도 그들 사이에 결혼이 있었다는 것을 공개적으로 인정하지 않았다.

아마도 이 비밀결혼은 두 가지 점을 고려했던 것 같다. 첫째, 태양왕과 가난한 가정교사—사실상 출신으로 보면 범죄자의 딸—의 결혼은 당시의 '귀족적 예의'에 어긋나는 것이었다.[12] 둘째, 루이 14세는 프랑스 왕실이 맺는 모든 결혼은 왕가의 이익에 따라 결정되어야 한다고 주장했었다. 그런데 가정교사와의 결혼 결정은 대담하게도 다른 군주국과의 정치적 동맹을 위한 왕실의 결혼정책에 반하는 것이었다. 비록 공개적으로 인정되지는 않았지만, 곧 궁정 사람들은 이 결혼을 분명히 알게 되었고 왕과 맹트농 부인조차 자신들의 결혼을 비공식적으로는 넌지시 말하기까지 했다.

루이 14세와의 비밀결혼 직후 맹트농 부인은 왕의 지원을 받아 오랫동안 마음속에 품어왔던 계획을 실행할 수 있었다. 그것은 바로 군복무 중에 혹은 그 밖의 다른 일을 하는 동안 재산을 상실한 장교와 가난한 귀족의 오갈 데 없는 딸을 부양하며 교육할 기관을 설립하는 것이었다.

가톨릭 종교개혁에 따른
여성 교육공간의 확대

생시르 기숙학교가 설립될 무렵인 17세기 후반 여성을 위한 교육은 여전히 '성차별적'이었다. 여성의 사회적 역할은 가사家事에 한정되어 있었고, 따라서 교육받은 여성은 사회질서를 분열시키는 근원으로 여겨졌다.[13] 하지만 이전 세기와 다른 변화도 있었다. 그것은 이미 17세기 초부터 일부 수도회가 교육을 전문화하기 시작했고, 여성 교육에 대한 새로운 관심도 촉진되었다는 것이다. 그 배경은 무엇일까?

생시르 기숙학교가 등장할 무렵 프랑스는 루이 14세의 통치 후반기로, 프랑스인의 사회생활과 심성에 큰 영향을 미치는 하나의 문화운동으로서 이전 세기부터 계속되어온 가톨릭 종교개혁운동이 한창 진행 중이었다. 당시 가톨릭 종교개혁운동의 핵심은 종교 이데올로기를 주입하기 위한 일종의 무기로서 교육운동을 적극 전개하는 데 있었다. 사실 이전 세기 가톨릭은 확산일로에 있던 프로테스탄티즘을 근절하고자 전쟁과 같은 일종의 물리적 방법을 동원했다.

그러나 17세기 이후 가톨릭은 전략을 바꾸어 보다 근본적인 대응책을 펴게 된다. 그것은 곧 교육을 통한 경건한 신앙의 강조 그리고 도덕을 제시해 프로테스탄티즘을 박멸코자 하는 것이었다. 그러한 맥락에서 당시 사회의 분위기는 경건성을 추구했고, 그것을 잘 보여주는 사례가 1608년 출판된 드 살François de Sales의 《경건한 신앙생활로의 길잡이Introduction à la vie dévote》다. 수도원의 신비를 속세에 도입해 '평신도 개혁운동'을 전개했던 드 살은 가상의 여성 독자인 필로테아Philothea에게 연설하는 형식을 취하는 이 책을 통해 일반 신자들도 예수의 고행과 가르침을 일상생활에서 내면화해야 한다고 설파했다. 17세기 동안 이 책은 프랑스 가톨릭교도의 가장 대중적인 영적 지침서로서, 특히 귀족과 여성에게 영향력을 발휘했다.[14]

당시 가톨릭 종교개혁운동이 강조한 것은 세상과의 관계를 단절하지 않은 채 경건성을 추구하는 것이었다. 그렇다면 누구를 통하여 이러한 가치를 확산시킬 것인가? 가톨릭 개혁가들이 주목한 것은 여성의 영향력이었다. 특히 소녀들은 이러한 경건성을 사회 곳곳으로 퍼뜨려 가톨릭 세상을 만들 주인공으로서, 남편에게는 아내이고 아이들에게는 어머니라는 '최초의 근원'이자 '최초의 교사'가 된다. '가톨릭적인' 아내와 어머니는 가톨릭 종교개혁운동이 추구하는 가치를 가정에서부터 전파할 수 있는 주역이었던 것이다.[15]

이렇게 볼 때 가톨릭 종교개혁은 프로테스탄티즘에 대응하는 전략으로 여성 교육에 대한 새로운 관심을 촉진했고, 그 결과는 여성 교육에 헌신하는 수녀회의 증대와 더불어 여성 교육공간의 확대로 이어졌다. 중세에 수녀원 학교는 종교 단체의 활동에 속한 임의적인 부속 활동이었지만, 가톨릭 종교개혁운동의 가장 주목할 만한 성과물은 특히 소녀 교육을 목표로 하는 새로운 수도회의 설립이었다.[16]

당시 건립된 여성 교육 공동체로는 베네딕투스회나 카르멜회처럼 수도원 내에 있는 전통적 형태의 공동체와, 여성이 신서solemn vow를 하지 않고도 활동할 수 있는 공동체인 뱅상 드 폴Vincent de Paul의 애덕소녀회Filles de la Charité, 니콜라 바레Nicolas Barré의 자선학교도 있었다. 애덕소녀회나 니콜라 바레의 자선학교 같은 공동체는 한때 교회와 사회의 저항에 직면하기도 했다.[17] 왜냐하면 교회와 사회는 여성이 사악한 본성을 가지고 있기 때문에 덕을 유지하고자 한다면 수도원에 그들을 묶어두어야만 한다고 판단했기 때문이다. 하지만 이는 표면적인 이유일 뿐, 궁극적으로 교회나 사회가 수도원 외부에 있는 여성 종교 단체를 반대했던 가장 큰 이유는 여성의 상속권 문제와 결부되어 있었다.[18]

종교 단체에 속한 여성의 상속권을 박탈해야 한다는 1560년의 여러 진정서를 비롯한 동시대의 많은 기록 역시 각 가정에서 딸들이 종교 단체를 떠나겠다고 결심함으로써 가족 재산의 분할을 복잡하게 만들 수 있다는 것에 대해 고심했다는 주장을 뒷받침해준다.[19] 하지만 교회와 사회의 반대에도 이들 공동체는 자선활동의 일환으로 소녀 교육을 제공하고자 했다. 수도원 내에 있든 그렇지 않든 간에 이들 교육 공동체는 소녀들에게 교리문답, 읽기, 쓰기, 셈하기, 수공예를 포함한 기초 교육을 실시했다. 수도원은 소녀를 위한 학교를 제공하게 될 경우 교회의 지원을 받기도 했다. 수도원에서 이루어지는 어린 여성에 대한 교육은 가족을 로마 가톨릭교회의 도덕적이고 종교적인 교의에 따르도록 만들 수 있는 선한 마음의 부인과 어머니로 키우기 위한 것이었기 때문이다.

전문적으로 교육을 실시하는 수도회 가운데 주목할 만한 것은 우르술라 수녀회다. 1537년 이탈리아에서 성 우르술라회로 출발, 1572년에 수녀회로 전환한 우르술라 수녀회가 프랑스에 첫 공동체를 세운 것은 보클뤼즈Vaucluse의 이즐Isle에서였고, 1614년부터는 파리로 올라와 생자크 거리에 본원을 세웠다. 특히 1598년 아비뇽에 학교를 연 이래 많은 기숙학교를 운영해온 우르술라 수녀회는 17세기 동안 프랑스 전역에 320여 개의 교육시설을 갖추었고, 1628년부터 1660년까지 생드니에서는 대략 4000명의 학생을 수용했다.[20] 당시 대부분의 수녀원 학교와 소학교가 학년 개념조차 없었고 대단히 제한된 커리큘럼만으로 수업을 실시해 학문적인 과목에는 거의 시간을 할애하지 않았던 데 반해, 우르술라 수녀원 학교는 예비 학교

일정과 비슷하게 운영되고 있었다.

또한 우르술라 수녀원 학교의 구체적인 목표는 종교가 아닌 속세의 삶을 소녀들에게 준비시키는 것이었다. 그러므로 우르술라 수녀원 학교의 교육은 일상생활에 적용할 수 있는 수업 위주였는데, 소녀들은 편지 쓰는 법, 계산하는 법, 영수증과 거스름돈 받는 법, 바느질과 가사 기술을 배웠다. 더욱이 우르술라 수녀회는 소녀들이 부모와 연락하거나 만나는 것을 막지도 않았다. 소녀들은 일요일과 축일을 제외하면 언제든 집으로 가서 가족을 만날 수 있었다.[21]

하지만 대부분의 수녀원 교육에서처럼 우르술라 수녀원에서도 중요한 것은 어디까지나 종교교육이었다. 종교교육은 여전히 기본 커리큘럼으로, 세속적 학문에 배당된 시간까지 침해하는 일도 있었다. 읽기와 쓰기는 기도문과 종교서를 한 음절 한 음절 짚어가며 읽고 필사하는 것에 불과했고, 따라서 읽기·쓰기·셈하기는 소녀들을 수녀원에 계속 머무르게 하는 유인책이며 2차적인 관심사였던 것이다.

우르술라 수녀원의 교육은 가톨릭 종교개혁운동하에서 17세기 여성 교육에 관해 폭넓게 인정되고 있었던 몇 가지 생각을 보여준다. 첫째, 소녀들은 세상과 격리되어 교육받을 동안 계속 감독을 받아야만 한다는 것이다. 여성은 천성적으로 유약하고 지적, 도덕적으로 열등하다는 생각 때문이었다. 둘째, 여성은 교육을 위험한 것으로 만드는 사악한 호기심을 가진 존재로 간주되었다. 마지막으로, 여성 교육은 보통 '여성의 천직'으로 인정되는 것을 소녀들이 준비하는 수단으로 여겨졌다. 여성의 천직이란 수녀원에서건 세상에서건 소녀들에게 복종의 삶을 살도록 하는 것이었다.[22] 결국 이 시기의 여성 교육은 장차 어머니가 되어 자식의 첫 번째 교사가 될 여성에게 사회질서 유지에 근본이 되는 종교적, 도덕적 가치를 불어넣어주어야 한다는 데 충실할 뿐이었다.

루이 14세의 귀족정책과 생시르 기숙학교의 설립

04

|

미래의 어머니, 미래의 교육자인 소녀는 가톨릭교회가 추구하는 바를 사회 곳곳에 퍼뜨려 가톨릭 세상을 만들 주인공이었다. 소녀들은 장차 남편에게는 아내이고 아이들에게는 어머니라는, 최초의 근원이자 최초의 교사가 된다. '가톨릭적인' 아내와 어머니는 가톨릭 종교개혁운동이 추구하는 가치를 가정에서부터 전파할 수 있는 주역이었다.[23]

가톨릭 종교개혁운동의 이러한 의도는 사회질서의 위계적인 전통 구조를 보강하려 한다는 점에서 교회와 절대왕정 간의 결탁 가능성을 내포한다. 물론 절대왕정기의 교회가 국가와 긴밀하게 결합되어 있었다고는 하지만 이 둘의 관계에서 국가는 일방적인 위치를 차지하고 있었고, 설령 교회가 국가에 침투한다 하더라도 그것은 어디까지나 국가에 봉사하는 차원에 불과했다.[24] 그러므로 여성 교육을 통해 '사회질서의 위계적인 전통 구조를 보강한다'는 가톨릭 종교개혁운동의 지향점은 매우 세속적인 주제라할 사회질서 수립과 관련이 있다. 이때의 사회질서는 강화된 사회적 위계를 바탕으로 한 부계 질서이고, 여기서 왕은 아버지가 된다.

1684년 맹트농 부인이 가톨릭 종교개혁운동이 추구해온 경건성과 세속 사회에 필요한 실용적인 지식 교육이 겸비된 생시르 기숙학교의 설립 계획을 루이 14세에게 이야기했을 때, 생시르에 입학할 수 있는 대상은 가난한 귀족 가문 출신의 어린 여성이었다. 이것은 지방의 몰락한 귀족 가문 출신으로서 암울한 어린 시절과 청소년기를 보내야 했던 그녀의 개인적인 바람이기도 했지만, 한편으로는 장차 아내와 어머니가 될 소녀를 경건하면서도 당대의 가부장제 질서에 충실한 순응적인 여성으로 교육함으로써 프랑스 전체에 많은 영향을 끼칠 것을 염두에 둔 것이기도 했다. 맹트농 부인은 "귀족계급이 행할 수 있는 선과 악은 사회의 다른 어느 계층에서보다 더 많은 영향력을 가질 것이며, (……) 훌륭한 교육은 정부의 근간인 명예와 미덕의 감정을 귀족들 사이에 영속시킬 것이고, 감사라는 새로운 연결고리로서 귀족을 군주에게 결속시킬 것"[25]이라고 말함으로써 생시르가 귀족 가문의 소녀를 교육하여 프랑스의 귀족을 쇄신할 뿐만 아니라 개혁된 귀족계급의 강화는 모든 계층이 따를 모범을 세우고, 나아가 귀족을 군주정으로 통합하여 통제할 수도 있다는 전망을 제시했다.

당시 여러 경로를 통해 절대왕정 체제를 공고히 해나가고 있던 루이 14세에게 맹트농 부인의 이러한 전망은 상당히 의미심장하게 다가왔을 것이다. 프랑스 군주제의 목표는 왕국 내에서 질서와 조화를 유지하고 공권력의 원활한 작동을 보장하는 것이었는데, 이러한 목표에 맞으면 그것을 보호하고 협조하며 그렇지 않으면 갈등과 충돌이 벌어졌다는[26] 것을 상기한다면 더더욱 그러했을 것이다.

사실 1661년 친정 체제 이후 '하나의 왕, 하나의 종교, 하나의 법'이라는 모토 아래 절대왕권의 강화를 목표로 했던 루이 14세는 생시르 설립을 전후로 한 1680년대에 들어와 외관상 상당한 성과를 거둔 것으로 보인다. 생시르가 설립되기 1년 전인 1685년, 루이 14세는 퐁텐블로 칙령을 내려 조부인 앙리 4세가 프로테스탄트를 합법적으로 인정했던 1589년의 낭트 칙령을 철회하고 가톨릭 이외의 다른 종교는 인정하지 않았다. 이로써 '국가 안의 국가'로 인식되며 그동안 왕국의 통합을 저해했던 프로테스탄트는 공식적으로 불허되었다.

그렇다면 루이 14세는 로마 가톨릭의 장자 역할을 충실히 함으로써 교황권 지상주의에 복종했을까? 사실 교황은 신이 성 베드로의 후계자에게 모든 권력을 위임했다고 주장했고, 프랑스 국왕은 왕권이 신으로부터 직접 유래하며 왕국 내의 세속 영역에서는 교회의 권위에 복종하지 않아도 된다고 주장했다.[27] 프랑스에서 교회는 세속 권력의 후원 없이는 존재할 수 없다는 사실을 잘 알고 있었고 국가 역시 교회의 지지가 없으면 존립할 수 없다는 것을 잘 알고 있었기 때문에, 국가와 교회는 긴밀한 유대관계를 유지해왔다고 할 수 있다. 그러나 루이 14세는 1682년 프랑스 가톨릭교회의 독립적인 움직임인 갈리카니슴Gallicanisme을 통해 가톨릭교회조차도 정부 조직의 한 부분으로 인식하고자 했다. 세속 사회에서는 프랑스 국왕이 자주권을 가지고 교황보다는 공의회가 우월하며 교황의 내정간섭을 제한하기 위해서는 성직자와 국왕이 연합해야 함을 기본 사상으로 하는 갈리카니슴의 표명을 통해[28] 국가는 교회에 대해 일방적 우위를 점하고자 했던 것이다.

이 같은 배경에서 생시르 설립 무렵인 17세기 후반 루이 14세의 프랑스는 국가와 교회의 관계를 재정립하고 사회에 대한 지배 이데올로기를 구축함으로써 질서와 복종을 토대로 한 절대왕정을 더욱 공고히 하는 과정에 있었다고 할 수 있다. 그렇지만 이 시기 프랑스의 절대왕정은 왕이 사회의 모든 계층 위에 군림해서 유아독존 식으로 국가를 통치했던 정치체제를 의미하지는 않는다. 오히려 그것은 다른 집단들의 이해관계를 조정하고 그들의 묵인을 얻어냄으로써 왕이 정치적, 사회적 통합을 이룩할 수

있었던 체제라고 할 수 있다. 이를 잘 보여주는 사례는 아마도 루이 14세의 귀족정책일 것이다.[29]

절대군주정의 형성 과정에서 그 실체와 모순을 가장 가까이서 가장 절실하게 체험한 것은 일찍부터 왕에게 봉사함으로써 왕과 사적인 관계를 맺어온 귀족인데, 이들 귀족은 중세의 유산인 후견 조직망을 통해 군주정에 대한 반란에 집결할 수 있었다. 일찍이 프롱드 난을 경험하며 해결해야 할 최우선 과제로 귀족과의 관계를 떠올린 루이 14세는 이러한 조직망을 활용해 귀족을 군주에게로 통합하고자 했다.[30]

그러나 귀족 서임의 기제는 전통적인 귀족 말고도 왕정에 봉사하는 귀족으로서 '문서에 따른 귀족 서임'을 비롯해 '직무에 따른 귀족 서임'을 가능케 했다. 이는 '국왕이 그리고 국왕만이 새로운 귀족을 만들 수 있다'는 원칙을 적용한 것이었다.[31] 이 새로운 기제에 따라 행정, 재정 등과 같은 여러 직무를 높은 가격을 주고 구매해 왕정국가의 고위 간부가 되었던 이들을 '관복귀족'이라 할 수 있다. 예컨대 왕의 우편물을 발송하고 밀봉하는 등의 관리 업무를 맡았던 국왕 비서직Secrétaires d'État은 원래 60명으로 출발했던 것이 루이 14세 치하에서는 200~300명으로 증가했다.[32] 사용된 방법이 무엇이든 간에 귀족 신분의 특권을 얻으려는 부유한 평민이 쇄도했는데, 귀족 신분은 부르주아지의 최종 단계이자 완고하게 추구된 이상이었다. 따라서 전통귀족과 신흥 귀족인 관복귀족 간에는 일종의 인종차별과도 같은 대립과 갈등 관계가 형성될 수밖에 없었다. 결국 이러한 상황에서 절대왕정의 존재와 성공 여부는 이들 신·구 귀족 간의 세력균형을 어떻게 적절히 유지하는가에 달려 있었다.

따라서 성모몽소승천일인 1684년 8월 15일 루이 14세는 국왕참사회에서 7세에서 20세에 이르는 귀족 출신의 가난한 소녀를 위한 학교 건립을

공표했고, 그것은 1686년 6월 18일 파리 고등법원에 하나의 특허장으로 등록되었다.[33]

> 짐은 하나의 건물과 공동체를 기초하고 수립하기로 결심했는데, 그곳에서 귀족 가문 출신의 많은 어린 소녀, 특히 군복무 중 사망했거나 현재 군복무를 하고 있는 아버지를 둔 소녀가 무료로 부양되고, 진실하고 확고한 경건함의 원칙 속에서 교육될 것이며, 하느님이 그녀들에게 소명으로 준 신분에 따라 출신과 성별에 알맞은 모든 가르침을 받을 것이다. (……) 이곳을 나온 여성은 왕국의 모든 지방에 겸양과 미덕의 예를 보여주고, 결혼을 통해 그녀들이 들어갈 가정의 행복을 위해 (……) 공헌할 것이다. 그래서 짐은 짐의 돈으로 베르사유 궁전 옆에 위치한 생시르라는 건물을 건축하고 필요한 물건을 갖추도록 했다. (……) 짐은 직접 서명한 이 문서로 생시르라는 건물에 36명의 서원 수녀와 250명의 귀족 출신 소녀 그리고 24명의 보조 수녀로 이루어진 공동체를 기초하고 수립하려 한다.

더욱이 루이 14세는 250명의 여학생을 20세까지 부양, 교육하여 졸업 후 그녀들이 결혼을 위해 떠나든, 종교적 삶에 입문하기 위해 떠나든 간에 2만 리브르의 지참금을 줄 것이라고 했다.[34] 이러한 계획은 비판과 갈채를 동시에 받았다. 루이 14세 시기의 주요 장관들 중 하나였던 루부아는 고비용을 이유로 반대했던 반면, 루이 14세의 고해 신부인 라 셰즈는 적극 지지했다.

학교 설립 비용과 관련한 루부아의 반대에도 계획은 신속히 진행되어 1685년부터 본격적인 공사가 시작되었다. 공사 진척을 위해 군인들이 건설노동자로 징발되었고 900여 명의 석공, 400여 명의 석수와 목수를 비롯해 많은 인원이 동원되었다. 건설 현장에 캠프를 치고 생활했던 건설노동 자는 거의 밤낮으로 일했고 그 진행 상황은 놀라울 정도였다. 따라서 대단 히 많은 비용과 시간이 필요한 거대 프로젝트였는데도 신속한 공사가 진 행됨으로써 1686년 6월 생시르 기숙학교는 완공되었다.

생시르 기숙학교 설립은 경건하면서도 가부장제 질서에 순응적인 여성 교육을 통해 국가 권위에 복종하는 신민을 그 근본에서부터 양성하고, 그 리하여 궁극적으로는 군주 자신이 사회문화적 헤게모니를 장악하려는 정 치적 의지의 표현이라 할 수 있다. 예컨대 당시 루이 14세는 "수도원의 게 으름과 무지"를 비난하며, 심지어 "기독교회에 쓸모없고 국가에 부담이 되 는 종교 단체를 대폭 줄이고자"[35] 했는데, 이런 왕으로부터 생시르 기숙학 교 설립에 대한 조언을 요청받았던 라 셰즈 신부는 "소녀들이 세속 사회에 속한 사람들에게서 교육받는 것이 더 나을 겁니다. 학교 설립의 목적은 수 도원 수를 늘리는 것이 아니라 잘 교육받은 여성을 국가에 제공하는 것입 니다. 훌륭한 수녀는 충분하지만 가정의 훌륭한 어머니는 충분치 않습니 다"[36]라고 말했다.

일찍이 루이 14세는 "나는 백성에게 아버지와 같은 존재다"라고 말하면 서 군주와 백성을 유기체에 비유하며 자신의 가부장적인 왕권을 정당화했 다.[37] 가부장에 대한 복종은 국가에 대한 복종으로 확장되어 절대왕정 체 제에 대한 정당화로 이어질 수 있는 것이었다. 또한 가부장에 대한 섬김은 국가의 안정과 행복을 위해 국가의 가부장인 왕이 신민의 기본권을 제한 할 수 있다는 논리까지도 정당화될 여지를 갖게 했다. 따라서 루이 14세는 기독교적인 교육과 귀족 가문의 소녀를 위한 실용적인 교육이 혼합된 생 시르 기숙학교 설립에 행정적, 재정적 지원을 함으로써 국가적 관심을 표 했다.

생시르, 기독교적 미덕에 근거한 사회질서를 강조하다

설립 규정에 따르면, 생시르 기숙학교에서 교육의 본질적 특성은 경건함을 바탕으로 한 세속성이었다. 가정생활을 잘하기 위한 준비로 경건하면서도 세속적인 교육을 제공한다는 이러한 목표는 학급 조직과 교과과정을 구성했던 몇몇 도서에서 잘 나타난다. 특히 학급 조직은 생시르 기숙학교의 교육철학을 잘 보여준다. 학생은 검은색 제복을 입었는데, 나이에 따라 네 개 반으로 나뉘었고 제복에 부착된 리본 색깔로 반을 구분했다. 가장 어린 반은 빨강반으로 7~10세로 구성되었고, 초록반은 11~14세, 노랑반은 15~16세, 파랑반은 17~20세였다.

수련 교사들을 조교로 거느린 각 학급의 수석 교사는 교실 중앙에서 학습 과정을 지도했다. 이들 학급은 학습 진도에 따라 8~10명의 학생으로 구성된 5~6개의 '가족'으로 다시 분류되었다. 이들 그룹은 교사가 제공한 자료를 가지고 토론과 복습을 지도할 지력이 뛰어난 나이 많은 학생의 지도를 받았다. 즉 생시르 기숙학교의 교수법은 교사와 학생 간의 문답뿐만 아니라 학생들 간의 문답도 강조했는데, 이는 성공적인 지식의 교환과 성격 형성에 중요한 것이었다. 각 그룹에는 세 명의 '보조교사monitresses'가 있었는데, 그중 연장자인 상급생은 '가정주부mère de famille'로, 다른 두 사람은 '조수aide'와 '대리인suppléante'으로 지칭되었다. 이러한 각 가족의 소녀들은 수업 시 함께 앉고, 함께 먹고, 함께 살았으며, 가능한 한 다른 가족이나 다른 학급과 어울리지 않음으로써 자신들의 정체성을 보존했다. 이러한 규칙이 완화되는 유일한 시간은 키에 따라 자리가 배치되었던 채플 시간뿐이었다.

이처럼 '가족' 그룹으로 조직되었기 때문에 가정에서의 상황이 학교에서 가능한 한 재현되었다. 각 가족은 번갈아가며 집안일과 구내식당 봉사를 했다. 즉 학생들은 가족 순서대로 가사를 돕거나 휴게실이나 난로 관리, 창문 열기 등 교실에서 해야 할 일을 맡았다. 특히 가정주부는 교실에서 사용되는 책과 종이, 필기구를 관리했고, 조수와 함께 가능한 한 가족 내의 어린 학생과 학습이 뒤처지는 학생을 도왔다.

동서고금을 막론하고 결혼과 동시에 형성되는 가정이란 국가의 권력을 기초에서부터 받쳐주는 든든한 버팀목 역할을 해왔다. 그런 의미에서 가정은 국가의 힘과 장엄함이 솟아나오는 풍요로운 자산이라 할 수 있다. 따라서 학교 안에서 가정생활의 조건을 재현하는 생시르 기숙학교의 가족 체제는 가정이 인생에서 가장 소중한 장소임을 일깨워주는 것이고, 이는 곧 소녀들에게 여성이 가정에서 해야 할 본분을 세뇌하는 효과를 낳지 않았을까?

더욱이 생시르 기숙학교가 갖추고 있는 책에서는 기독교적 미덕을 근간으로 한 가정의 가부장적 질서와 사회의 가부장적 질서를 상기시키며 하나의 반복적 주제로서 사회질서와 복종을 되풀이했다. 생시르 기숙학교의 각 학급은 학급 도서관을 보유하고 있었다. 비록 도서 목록이 중복되기도 했지만 각 학급이 보유한 도서 목록을 보면 다음과 같다. 우선 빨강반의 도서관에는 총 589권으로 이루어진 92개의 작품이 있었고, 그중 종교서가 65권, 비극 2권, 라틴어 학습서(문법, 일과기도서, 시편) 4권, 교육 매뉴얼 13권, 세속 작품 3권, 종교사 1권, 음악이 7권이었다. 초록반 도서관은 651권가량의 130개 작품을 보유했는데, 그중 78권은 종교서, 6권은 라틴어 학습서(순교록과 교회사 포함), 12권의 교육서, 4권의 비극, 11권의 세속 작품(역사 7권 포함), 4권의 종교사, 15권의 음악 관련 도서가 있었다. 초록반의 도서관에서 세속 작품은 약 40퍼센트를 차지한다. 노랑반 도서관에는 609권으로 이루어진 122개의 작품이 있었는데, 그중 71권은 종교서, 1권은 교육서, 8권은 비극, 12권은 세속 도서(운문집과 대화·격언·우화·역사서 포함), 4권은 종교사, 17권은 음악 관련 도서다. 세속 도서는 총 도서의 42.3퍼센트를 차지한다. 마지막으로 파랑반 도서관에는 719권으로 이루어진 160개의 작품이 있었다.[38] 그중 82권은 종교서, 12권은 교육서, 14권은 비극, 28권은 세속 도서, 13권은 종교사, 11권은 음악 관련 도서다. 세속 작품은 파랑반 도서의 48.8퍼센트를 차지한다.

사실 그동안 생시르 기숙학교에 대한 전통적인 입장은 이 학교가 17~18세기의 수녀원 학교와 별반 다르지 않았다는 것이다. 그러나 앞에서 보듯, 생시르 기숙학교 학생은 학년이 높아질수록 보아야 하는 세속 작품의 비중도 점점 높아졌다. 더욱이 도서 가운데 상당수는 기독교적 미덕에 근거한 사회의 가부장적 질서를 강조하는 것이었다. 여기서 기독교적 미덕은 질서정연한 사회의 기초다. 예컨대 당대 베스트셀러의 정상을 차지했던 드 살의 《경건한 신앙생활로의 길잡이》에 따르면, 진정한 헌신적 삶은 자애·선행·겸손한 복종을 바탕으로 하여 성사와 묵상을 행하는 것이다. 또한 1682년에 출간된 고비네Gobinet의 《크리스천 소녀 교육Instruction chrétienne des jeunes filles instruites dans les écoles, religions et pensions》은 학교에 다니는 우선적인 이유가 신을 알고 신에게 봉사하는 법을 배우기 위한 것이라는 전제로 글을 시작하며, 가톨릭 종교개혁의 강한 영향력을 보여준다. 특히 고비네의 글에서 중요하게 강조되는 주제는 권위에 대한 복종으로, 아버지·어머니·선생님 그리고 권위를 가진 위치에 있는 자들에게 순종과 복종을 하는 사회질서를 의미한다.[39]

절대왕정에서
여성 교육이란?

'일상생활에서의 신앙의 내면화에 입각한 경건하고 순종적인 여성 만들기'라는 생시르의 교육목표는 17세기 후반 가톨릭 종교개혁과 전통귀족에 대한 원조를 바탕으로 그들을 군주정으로 통합, 통제하기 위한 루이 14세의 귀족정책에서 기인한다. 라발레가 지적하듯[40] 1674년의 앵발리드In-valides, 1682년의 사관학교Compagnies des cadets 설립이 전통귀족 남성을 대상으로 한 귀족정책의 일환이었다면, 생시르는 동일한 맥락에서 경건성과 실용성을 바탕으로 한 교육을 통해 전통귀족 가문의 여성을 경건하고 순종적으로 만들어 사회의 근원이자 국가의 버팀목으로서 가정에서부터 체제에 순응적인 신민을 양성하고자 한 것이라고 할 수 있다. 이를테면 생시르는 여성을 자율적 존재로 키우기 위해 교육한 것이 아니라, 절대왕정 국가의 근본이 되는 아내와 어머니로서 소양을 갖추도록 하는 이른바 절대왕정의 '현모양처 만들기' 프로젝트를 실시한 것이라고 할 수 있다.

생시르의 이러한 지향점은 한 세기 후 러시아 군주가 러시아 최초의 여성 교육기관을 설립하는 과정에서 차용되었다. 1764년 카트린Catherine 2세(1729~1796)는 러시아 최초의 여성 교육기관인 스몰니Smolny를 설립하며 그 교육 대상을 "귀족 출신이지만 경제 사정이 좋지 않은 어린 소녀들"이라고 명시했다. 스몰니에서 루이 14세 통치 후반기 프랑스에 설립된 생시르를 떠올리는 것은 그리 어렵지 않을 것이다. 스몰니의 설립특허장Plans et statuts은 카트린 2세 치하에서 교육 담당자 역할을 했던 이반 베츠코이 Ivan Betskoi(1704~1795)가 생시르의 설립특허장Lettres patentes을 번역해 작성한 것이다. 그는 국가는 국가의 복지에 기여할 수 있도록 빈곤한 귀족의 딸에게 교육을 제공해야 한다고 강조했다.[41] 더욱이 "국가는 가정의 집합체이고, 각 가정에서는 일상생활의 안내인이자 질서와 평화를 유지해주고, 그렇게 함으로써 남편이 공적인 기여를 할 수 있도록 여유를 줄 수 있는 어머니가 필요하다"[42]라는 교육과 국가와의 관계 명시 역시 스몰니가 생시르를 모델로 차용했음을 분명히 보여준다.

사실 스몰니가 설립될 무렵 러시아의 사회정치 상황과 생시르가 설립될 무렵 프랑스의 사회정치 상황은 대단히 유사하다. 루이 14세 치하의 프랑스 귀족처럼 카트린 2세 치하의 러시아 귀족도 전문적이고 중앙집권화된 관료제에 의해 권력 도전을 경험하고 있었다. 이러한 상황에서 여제는 전문 관료 집단의 발전을 고무하는 것도 중요했지만, 일종의 세력균형 차원에서 전통귀족의 권력을 지지하는 것도 필요했다. 이러한 균형을 이루는 근본 방법은 귀족 가문의 여성을 교육하는 것이었다.

동서고금을 막론하고 교육체제가 사회지배 이데올로기의 옹호자 역할을 해왔던 사례는 적잖다. 물론 여기서 이데올로기란 사회 내의 우세한 이데올로기일 수도 있고, 반대되는 이데올로기일 수도 있다. 그러나 어머니를 통하여 유년시절부터 특정 이데올로기적 토대를 구축해주고자 하는 노력, 새로운 사상에 대해 아이들의 마음을 열어주고자 하는 노력, 읽고 생각할 수 있는 능력을 아이들에게 제공하고자 하는 노력은 근본적으로 해당 정치체제의 존속과 발전을 위해 기능하는 것이었다. 따라서 교육은 한 국가의 사상과 기존 사회질서를 강화한다는 점에서 정치의 하위 단위였다. 한 국가의 국민을 통치자 자신이 원하는 방향으로 이끌어가자면 모든 개인의 첫 교사는 어머니가 되어야 하고, 그런 점에서 국가가 지원하는 여성교육이 무엇보다 중요하다는 점을 러시아의 여제가 한 세기 전의 생시르에서 확인했던 것이 아닐까?

예수회 추방과
교육개혁
시도

03

이영림

1760년대 교육 논쟁의 출발

"중세부터 19세기 초까지 유럽에서 교육은 거의 변화가 없었다."[1] 고대와 중세 교육은 명백히 단절된 반면, 중세와 19세기 교육은 단절보다는 수정이라는 표현이 적합하다. 실제로 장기적인 시각에서 보면 교육은 비교적 완만하게 변화했다. 그런데도 중세와 근대를 구분 짓는 뚜렷한 차이가 있다면 아동[2]을 대상으로 한 교육의 필요성과 이념이 제시되었다는 점이다. 중세의 교육은 본질적으로 직업교육 혹은 기술교육의 성격을 띠었다. 교육의 초보 단계인 읽기와 쓰기의 문자교육은 중세 이래 지식의 세계를 독점해온 성직자와 도시의 상인층을 중심으로 이루어졌다. 그 두 집단에서 교육은 특수한 신분과 직업을 얻기 위한 도구였다. 이런 점에서 중세 교육에서는 기본적으로 아동과 어른이 구분되지 않았다.

왜 아동을 교육해야 하며 무엇을 가르칠 것인가? 보편적인 아동교육의 이념과 필요성을 최초로 제기한 인물은 에라스무스다. 그러나 그의 의도를 확산시킴으로써 사회에 영향을 미친 것은 종교개혁가다. 아동교육에 대한 종교개혁가의 관심은 비관주의적 인성론에서 출발한다. 인간의 원죄론을 강조한 개신교 교리에 따르면 아동은 모든 피조물과 마찬가지로 악하며, 이 세상의 모든 것은 아동을 악으로 유도한다. 따라서 종교교육을 하여 사악한 본능과 위험한 충동을 억제해야 한다. 종교개혁과 더불어 아동교육이 교회의 핵심 과제가 되고 학교 설립 운동이 빠른 속도로 전개된 것은 이런 맥락에서다.

16세기 후반 종교내전으로 인한 혼란이 계속된 프랑스에서도 마찬가지였다. 종교적 정복과 재정복의 격렬한 흐름 속에서 가톨릭과 위그노의 대립은 군사적인 대립뿐 아니라 종교교육 경쟁의 양상으로 전개되었다. 학교는 신자 확보를 위한 일종의 무기였으며, 교육은 내적인 십자군전쟁으로 여겨졌다. 따라서 교육기관의 설립과 개혁, 운영은 대부분 종교교육의 필요성을 인식한 종교 세력에 의해 이루어졌다. 특히 전투적이고 정치적인 예수회의 활약이 가장 두드러졌다. 국가는 교회가 국가 내부에 존재한다는 원칙하에 교육에 직접적인 개입을 시도하지 않은 채 교회와 수도회에 교육과 운영을 일임하고 사법 당국에 감독권을 맡겼다.

1536년에 창설된 예수회의 궁극적인 목적은 가톨릭 왕국의 재건이었다. 이를 위해 예수회가 내건 실천 전략은 명확했다. 각국 왕의 고해신부가 되는 것과 엘리트 교육을 전담하는 것이다. 실제로 예수회는 프랑스에서 1604년부터 1764년까지 섭정기 6년을 제외하고 모든 왕의 고해신부직을 독점했다. 교육 분야에서 예수회가 거둔 성과는 더욱 가시적이고 괄목할 만하다. 1558년 클레르몽 주교인 뒤프라 추기경이 파리에 있는 자신의 저택에 최초로 콜레주를 설립한 이후 예수회 콜레주는 다른 수도회와 비교가 되지 않을 정도로 빠르게 성장했다. 예수회 콜레주는 1620년에 63개, 1640년에 93개, 1761년에 105개로 늘어난 반면, 예수회를 제외한 다른 수도회 중 가장 많은 콜레주를 운영한 오라토리오회의 콜레주는 1760년 26개에 불과했다(72쪽 [표 1] 참조).

콜레주에는 다양한 연령층(7~24세), 다양한 사회계층의 학생들이 혼재했다. 인구 팽창, 경제 팽창기인 16세기를 거치며 가속화된 신분 상승을 향한 열망과 압력이 작용하면서 콜레주가 방계 왕족부터 농민층까지 다양한 사회계층을 빨아들이는 흡인력을 발휘했던 것이다. 이렇듯 위로부터의 교육에 대한 필요성과 강제성은 아래로부터의 욕구와 결합하면서 17세기에 사회 전반의 광범위한 교육운동으로 확산되었다.

14세기 이후 도시마다, 특히 대도시를 중심으로 유지되어온 빈민층을 위한 소학교petite école가 뒤늦게 확산된 것도 바로 그런 맥락에서였다.[3] 1698년 루이 14세가 모든 소교구에 소학교 설치를 의무화하는 국왕포고령을 공표할 때까지 소학교는 꾸준히 성장했으며 이후에도 마찬가지였다. 그러나 교육에 대한 국가의 재정 지원과 행정적 노력은 사실상 미미한 편이었으며, 국가는 소학교에 대한 전체적인 통계 수치조차 파악하지 못했다.[4] 그런데도 소교구 주임사제의 운영과 주교의 감독, 시 행정당국의 재정 지원 덕분에(간혹 일손의 손실을 우려하는 부모의 우려는 있었다) 소학교는 18세기에 들어와 꾸준히 증가했다.[5] 18세기에 문자 해독률의 지역별 편차가 대체로 학교 분포도와 일치하는 것으로 미루어보아 소학교는 문자 해독률의 증가에 기여했음이 분명하다.[6] 이는 소학교교육이 문자교육에 중점을 둔 덕분이다.

그러나 소학교교육의 교과과정과 교육내용의 핵심은 교리문답과 기도였다. 리옹에서 빈민층 아동을 위한 무료 소학교 보급에 헌신한 데미아가 "학교는 어린이의 교회다"라고 주장할 정도로 소학교교육은 종교적 색채를 강하게 띠었다.[7] 한편 무분별하고 위험한 아동의 격리와 복종의 강요를 통해 사회적 공간에 대한 지배권을 구축하려던 시 행정당국은 소학교교육의 든든한 후원자였다. 정작 국가는 아직 학교를 통한 직접적인 정치선전과 이데올로기 주입을 고려하지도 실천하지도 못했다. 그런데도 신실하고 순종적인 기독교인의 양성을 목표로 한 종교교육은 충성스러운 신민 만들기라는 군주정의 통치원리를 구현하는 데 간접적으로 기여했으며, 혁명기까지 별다른 변화 없이 지속되었다.

종교적 범주에서 벗어난 교육의 필요성이 제기되고 교육 논쟁이 벌어지기 시작한 것은 1760년대 초부터다. 사회적 정체성의 변화를 의미하는 이러한 현상은 교육 관련 출판물의 증가로 증명된다. 1715~1759년에 출판된 교육 관련 서적은 총 51권으로, 매년 한 권꼴로 출판된 셈이다. 그런데 1760~1789년에는 모두 161권이 출판되어 매년 다섯 권 이상으로 증가했다. 특히 1762~1765년에만 32권이 출판되었으며, 이 수치는 혁명기인 1788~1790년의 32권과 같다.[8] 교육문제가 돌연 출판계의 화제로 등장한 이유는 무엇일까?

흔히 계몽사상의 영향이 거론되며 1763년에 출판된 장자크 루소의 《에밀》이 새로운 교육서의 원조로 손꼽힌다. 《에밀》은 1789년까지 43판본이 출판될 정도로 인기를 누린 18세기의 베스트셀러 중 하나다. 그러나 교육 논쟁이 불거지고 교육서 출판이 유행하기 시작한 것은 《에밀》의 등장 이전부터다. 더구나 보편교육의 필요성에 관해 계몽사상가는 의견의 일치를 보지 못했다. 예컨대 볼테르는 민중 층에는 지나친 교육이 불필요하다고 주장했다.[9] 1751년 군사학교를 필두로 국가가 주도적으로 학교를 설립하고 개입한 것도 눈여겨볼 만한 대목이다. 그러나 군사학교와 왕립 토목학교 역시 보편교육의 이념과는 거리가 먼, 국가의 관리와 전문 기술자를 양성하기 위한 것이었다.

새로운 교육의 필요성이 제기된 것은 과학의 발전 및 인간에 대한 새로운 인식과 관련이 있다. 1746년 콩디야크는 《인간 지식의 기원론Essai sur l *origine des connaissances humaines*》에서 존 로크의 교육론을 소개하며 원죄설에서 해방된 백지 상태의 어린이를 위한 경험주의 교육론을 제시했다. 그러나 그의 주장은 구체적인 교육 논쟁으로 확대되지 못했다. 그렇다면 1760년대에 교육 논쟁을 촉발한 계기는 무엇이었을까? 여기서 한 가지 예기치 못한, 그러나 오랫동안 그 잠재적 불씨가 누적되어온 '예수회 추방'이라는 사건을 짚어볼 필요가 있다. 예수회 추방은 얀센주의 및 고등법원과의 뿌리 깊은 종교적, 정치적 갈등과 라발레트의 파산 사건이 중첩된 결과지만, 정작 가장 커다란 파문을 일으킨 것은 교육 분야에서였다. 105개의 예수회 콜레주에서 예수회와 1250명의 교사가 내쫓기자 그 콜레주들을 어떻게 운영할 것이며, 누가 학생을 가르칠 것인가 하는 문제가 발생한 것이다.

이 장에서는 18세기 프랑스의 정치, 사회, 종교, 문화에 심각한 균열을 초래한 예수회 추방 사건을 교육문제로 국한해보고자 한다. 그러기 위해서 우선 프랑스의 교육문제를 16세기 후반 이후의 장기적인 시각에서 재검토한 다음, 예수회 추방 후 제시된 교육개혁안과 교육개혁 시도를 살펴보려고 한다. 그럼으로써 새로운 교육이념과 정치사회구조의 관계를 파악하고, 나아가 구체적인 개혁 시도와의 괴리를 통해 18세기 후반 프랑스 사회의 현실과 미래 사회에 대한 정치적 구상과 그 한계를 엿볼 수 있을 것이다.

가톨릭 개혁과
콜레주의 발달

앙시앵레짐Ancien Régime(구체제)하의 교육사가 독자적인 연구 주제로 인정받게 된 것은 비교적 최근 일이다. 역사가들이 오랫동안 종교를 외면해온 것과 같은 이유에서 종교 세력에 의해 지배되어온 앙시앵레짐기의 교육에도 관심을 기울이지 않았기 때문이다. 포괄적이고 구체적인 자료나 통계 수치의 결여 역시 연구의 어려움을 가중시켰다. 앙시앵레짐기의 교육사 연구를 방해한 또 다른 이유로 19세기 이후 프랑스 역사가들을 사로잡은 혁명사 연구에 대한 강박관념을 지적하지 않을 수 없다. 실제로 19세기 말에서 20세기 초에 앙시앵레짐과 혁명기의 교육사에 관한 엄청난 양의 연구 성과가 쏟아졌지만, 대부분 위대한 혁명 이데올로기를 탄생시킨 지적 배경으로서 18세기 교육의 역할에 초점이 맞추어졌다. 이런 맥락의 연구에서는 제도권 교육과는 무관한 루소와 엘베시우스 같은 철학자들의 교육론이 강조되었다. 앙시앵레짐기의 교육과 학교 자체가 풍성한 연구 주제로 부각된 것은 1960년에 출판된 필리프 아리에스Philippe Ariès의 《아동의 탄생》과 아날학파의 사회사와 심성사 연구에 힘입은 바 크다.[10]

역사가들은 대부분 중세 말 이후 완만한 변화를 보인 프랑스 교육이 가톨릭 개혁운동과 더불어 뚜렷한 발전을 이루었음에 동의한다. 그중에서도 가장 가시적으로 드러난 성과는 소학교 보급이다. 소학교는 가정이나 작업장이 아닌 별도의 공간과 체계화된 조직에서 아동에게 기술교육이나 교양교육과는 다른, 일상의 삶에 필요한 초보적인 읽기와 쓰기, 셈하기를 가르쳤다. 이런 점에서 소학교교육은 근대적 의미의 초등교육에 해당하며, 소교구마다 학교를 설립할 것과 7~14세 아동교육의 의무화를 명령한 루이 14세의 국왕포고령은 초등교육 발달사에서 중요한 의미를 지닌다.

그러나 루이 14세의 궁극적 의도는 낭트 칙령의 폐지 이후 강제로 개종당한 위그노에게 가톨릭 교육을 강요하려는 데 있었다. 더구나 당시의 사회경제적 여건상 소학교교육은 제한적인 성과를 거둘 수밖에 없었다. 소학교 학생은 노동자와 농민층 아동이 대부분이었고 그들은 12세가 되면 작업장이나 가정에 노동력을 제공하기 위해 학교를 떠났기 때문이다. 따라서 소학교교육은 읽기 과정에서 끝나기 일쑤였다.[11] 자연히 하층민의 아동교육은 소학교에서의 단기 교육에 그쳤고, 소학교는 광범위하게 보급되었지만 포괄적인 교육체제 속에 편입되지 못했다. 반면 부르주아 계층 이상은 아동교육을 위해 장기 교육 기구인 콜레주를 선호했다. 이렇듯 앙시앵레짐하의 프랑스의 아동교육은 연령 구분이 아니라 사회적 신분에 따라 2단계 교육구조로 이루어졌다.

콜레주 설립 역시 가톨릭 개혁이 시도된 16세기 후반에 절정을 이루었다. 그러나 콜레주는 이미 오랜 역사를 지녔으며 처음부터 교육을 목적으로 설립된 것도 아니다. 콜레주는 13세기에 파리 대학 내에 건립된 기숙사로 출발했다. 고위 성직자의 개별적인 기부나 교회의 지원으로 점차 규모가 커진 콜레주는 대학 주변의 사설 기숙학원으로 자리를 잡았고, 14세기에는 통학생에게 개방되기 시작했다. 15세기에 이르러 콜레주는 대규모 통학 학교의 면모를 갖추었다. 한편 르네상스의 영향으로 고전교육에 대한 욕구가 증대되면서 시 당국에 의한 콜레주 설립이 이루어지기도 했다. 그러나 콜레주 설립이 유행하기 시작한 것은 1538년 개신교가 스트라스부르에 콜레주를 설립하고, 곧 예수회가 이를 뒤쫓으면서부터다.[12]

예수회 콜레주는 1558년에 설립된 클레르몽 콜레주 이후 17세기 전반기까지 가장 빠른 증가세를 보였다. 오라토리오회는 그보다 늦은 17세기에 처음 콜레주를 설립했다([표 1] 참조). 예수회는 주로 정치적 중요성을 지닌 수도와 대학 소재 도시, 경제 중심지에 콜레주를 설립했다. 이는 기부금과 학생 확보 차원에서 치밀하게 계산된 전략의 결과였다. 실제로 1761년 예수회 추방 당시 전국의 콜레주 330개 중 105개의 예수회 콜레주는 인구 1만 명 이상의 도시에 집중된 반면, 100여 개에 달하는 다른 수도회의 콜레주는 주로 중소도시에, 나머지 시의 재정 지원을 받는 콜레주는 소도시에 세워졌다. 이러한 현상이 나타난 데는 예수회의 전략만이 아니라, 교황에 대한 무조건적 복종 맹세를 요구하는 예수회의 조건을 꺼리던 시 당국의 의지도 작용했다.[13] 교육의 중요성과 필요성을 인식한 중소도시는 대신 전체 지출의 10퍼센트를 콜레주에 할애하며 콜레주 교육을 지원했다. 대학이 '도시 안의 도시'라면 콜레주는 '도시의 자부심'이었던 것이다.[14]

[표 1] 예수회와 오라토리오회의 콜레주 설립 연도와 수

설립 연도	예수회 콜레주 수(%)		오라토리오회 콜레주 수(%)	
1560년 이전	2	13.3		
1561~1570	12			
1571~1580	5	19.0		
1581~1590	6			
1591~1600	9			
1601~1610	12	11.5		
1611~1620	17	16.2	3	11.5
1621~1630	20	19.0	12	46.2
1631~1640	10	9.5	3	11.5
1641~1700	9	8.6	5	19.3
1701~1760	3	2.9	3	11.5
합계	105	100.0	26	100.0

출처 : R. Chartier, M-M. Compère et D. Julia, *L'Education en France du XVIe au XVIIIe Siècle*, p.187.

콜레주의 재정은 도시나 종교 재단 혹은 개인적 기부에 의존했으나, 운영은 교회 혹은 수도회에 의해 자체적으로 이루어졌다. 수도회가 운영하는 콜레주는 중세 이래 자율권을 누려온 대학에 연계되어 갈등을 빚기도 했지만 독자적인 교과 내용 확립과 교사 충원 경쟁을 벌이며 저마다 교육의 체계화를 추구했다. 1599년 예수회가 전국의 콜레주에 보급한 '예수회 교육안Ratio Studiorum'[15]도 그런 노력의 일환이다. 콜레주의 교육 방향을 통일하고 균등한 교육 수준을 유지하기 위해 마련된 이 교육안은 고전 문헌, 로마의 수사학자, 르네상스 인문주의자의 문헌을 활용한 교육 프로그램이었다. 키케로와 베르길리우스의 원전을 읽고 쓰는 고전 문헌 교육을 위해서는 라틴어 교육이 필수적이었다. 실제로 예수회 콜레주에서는 일요일을 제외하고는 성경교육이 이루어지지 않았고, 주요 교과목은 라틴어와 고전이었다. 15세기 기독교 인문주의의 전통을 부활시킨 예수회 콜레주 인문학 과정collège d'humanités의 첫 3년간은 라틴어 문법에 집중되었고 교실에서의 모든 대화도 라틴어로 이루어졌다. 교과과정의 하이라이트는 마지막 2년간의 고전문학과 수사학이었다.

다른 콜레주에서도 상황은 마찬가지였다.[16] 콜레주는 통일된 체계나 교과과정을 갖추지 못한 채 대부분 예수회 콜레주의 교육 프로그램을 도입하거나 모방함으로써 인문주의적인 고전과 라틴어 교육에 중점을 두었다. 시가 운영하는 콜레주를 제외한 수도회 콜레주에는 인문학 과정 외에 2년간의 완성 과정, 다시 말해 철학 과정이 있었으나, 학생들은 대부분 6년 과정을 마친 후 학교를 떠났다.[17] 이렇듯 이교적인 고전 문헌을 토대로 작문 실력과 유창한 언변을 닦은 콜레주 졸업생은 변호사, 법관, 국왕관리로 진출하는 데 유리한 조건을 갖춘 셈이다.

17세기 말 이후 약간의 변화가 나타나기 시작했다. 오라토리오회 콜레주의 경우 라틴어 수업이 줄고 프랑스어 교육이 시도되었다. 예수회 콜레주에서도 18세기 초 역사와 지리가 교과목에 도입되었다. 그러나 16세기 말 완성된 예수회 콜레주의 교육 모델은 18세기까지 거의 변화 없이 유지되면서 근대적인 교육체제의 발전에 기여했다.[18]

예수회 콜레주가 교육기관으로 성공하고 명성을 얻게 된 비결은 무엇보다도 엄격한 훈육에 있었다. 특히 1682년 루이 14세의 방문 후 클레르몽 콜레주에서 이름이 바뀐 루이르그랑 콜레주Collège de Louis Le Grand는 규율이 엄격하기로 유명했다. 볼테르는 종종 루이르그랑 시절의 "고되고 검소하고 절도 있는 생활"을 회상했다.[19] 철저한 감시와 통제가 가능한 기숙학교는 이 점에서 훨씬 유리했다. 시설 부족과 경제적 부담으로 기숙생은 점차 감소 추세를 보였지만,[20] 기숙사 생활은 엘리트 집단에게는 세속적 경험의 기회를, 부르주아 계층에게는 다양한 엘리트들과 우정을 쌓음으로써 폭넓은 인맥을 구축할 수 있는 기회를 제공한다는 장점도 있었다.[21] 예수회에 그다지 호의적이지 않았는데도 부르주아 계층이 루이르그랑에 아들을 입학시키기 위해 줄을 선 것은 바로 그런 이유에서였다.

대귀족이 대거 콜레주에 합류한 것은 17세기 전반기다. 당시 기록에서는 여전히 귀족의 무지를 폭로하는 대목이 종종 발견되지만, 반란의 실패와 절대군주정의 강화 과정에서 귀족도 대세를 거스르지는 못했다.[22] 귀족은 라플레슈 콜레주Collège de La Flèche[23]를 선호했다. 베르사유에서 가까운 이 콜레주는 공작과 후작을 학생으로 받아들였고 다수의 주교와 수도원장을 배출했다. 방계 왕족인 대大콩데도 16세에 부르고뉴 총독이 되어 떠날 때까지 1643년부터 6년간 이 학교의 기숙 학생이었다. 콜레주에 가지 않는 유일한 존재는 왕자뿐이었다.

라플레슈 콜레주에 전통귀족이 많았다면, 법복귀족은 루이르그랑으로 몰려들었다. 1762년 당시 250명의 파리 고등법원 법관 중 104명이 루이르 그랑 출신이었다.[24] 여기에 신분 상승을 꾀하는 부르주아가 쇄도하면서 프 랑스에서 가장 규모가 크고 오랜 역사를 지닌 루이르그랑은 명실 공히 프 랑스의 엘리트 양성소 역할을 했다. 공증인의 아들 볼테르가 법복귀족 다 르장송과 우정을 나눈 곳도 바로 루이르그랑이었고, 이곳엔 재정가의 아 들도 적잖았다.

귀족은 콜레주에서 경제 수준과 신분에 따라 학교 부대시설의 활용이 나 의복 등 물질적인 면에서 특혜를 누리며 다른 학생과 확연히 구분되었 다. 하지만 그런 경우를 제외하면 귀족과 부르주아 학생 간에 알력이 있었 다든가 하는 증언은 거의 남아 있지 않다. 실제로 귀족이 고위 관직과 성 직, 군 장교직을 독점하던 외부 세계의 현실과 달리, 학교생활은 실력과 성 적, 능력에 따라 달라졌다. 이러한 평등한 교육방식 역시 루이르그랑에 인 재가 몰려든 이유 중 하나였다. 당통은 학교생활과 현실 사회의 차이를 언 급하며 혁명에 관련된 의미심장한 고백을 했다. "나는 학교에서 대귀족과 생활하며 동등한 관계를 맺었다. 그런데 학교를 떠나자 내 존재는 아무것 도 아니었다. 급우였던 대귀족은 내게서 등을 돌렸다. 혁명이 일어나자 나 와 같은 처지에 있던 친구들은 자연스럽게 혁명 속으로 빨려들어갔다."[25]

이렇듯 콜레주에는 귀족, 관리, 전문 직업인의 아들이 많았지만 그렇다 고 콜레주가 상인이나 장인의 아들에게 불가침의 성역은 아니었다. 장인 층은 형편상 여러 아들 중 하나만 보내는 경우가 많았지만, 일일 노동자나 도시의 하급 사무원을 제외하면 콜레주는 엘리트층의 독점물이 아니었다. 비게리의 연구에 따르면 17세기에 콜레주 학생의 2분의 1이 귀족·법관· 변호사·의사 등 엘리트층 출신이고, 4분의 1은 상인층 출신, 나머지 4분의 1은 농민과 수공업자층 출신이었다. 이러한 비율은 혁명기까지 크게 변화

하지 않았다.[26]

　1761년 당시 콜레주 재학생은 약 4만 8000명으로 추산된다. 이는 8세부터 18세까지의 청소년 52명 중 한 명에 해당하지만,[27] 남성에게 국한된 수치였으며 도시에서 일어나는 현상이었음을 유념해야 한다.[28] 따라서 도시에서 콜레주 학생의 비율은 훨씬 높았다. 예를 들어 인구 4000명의 도시 아발롱에서는 남자 청소년 5~6명 중 한 명이 콜레주에 다녔다. 물론 3000명의 학생들로 북적거린 루이르그랑에 비해 이렇게 작은 도시의 콜레주의 경우 학생 수는 60명 정도에 불과했다. 콜레주의 규모가 크건 작건 학생의 사회적 편차 못지않게 연령차도 매우 컸다. 콜레주에서는 7세부터 24세까지의 연령층이 혼재했으며, 초등교육부터 대학의 교양 과정까지 다양한 교육이 이루어졌다. 17세기 후반 이후에는 콜레주의 연령별 분포 곡선이 10~15세에 집중되었고, 18세기에 가서야 비로소 연령과 교과별 분반이 일치하기 시작했다. 그러나 루이르그랑에는 18세기에도 23세의 학생이 존재했다. 청소년기가 아동기와 확실히 구분된 것은 19세기 이후부터다.[29]

예수회 추방과 교육 논쟁

03
|

프랑스의 역사가들이 장기 지속적인 시각에서 학교와 교육의 변화를 설명한 반면, 영·미의 학자들은 18세기 프랑스사를 좀 더 구체적으로 이해하려는 노력의 일환으로 교육문제에 관심을 기울였다. 18세기와 프랑스 혁

명기의 교육에 관한 다양한 접근을 시도한 파머의 연구가 대표적이다. 그는 앙시앵레짐기의 교육 구조와 내적 역동성을 침해한 18세기 프랑스의 경제적 풍요를 강조하며 18세기 프랑스 교육의 변화를 분석했다. 반면 베일리는 예수회 추방 사건에 초점을 맞추어 콜레주의 변화에 주목했다. 최근 오코너의 박사 학위 논문은 이러한 연구 주제를 혁명기까지 확대한 의미심장한 연구다.[30]

파머가 주장했듯이 18세기 중엽 과학기술의 발달과 더불어 실용적인 학문에 대한 수요가 증가했다. 그러나 콜레주는 엘리트층의 변화를 의미하는 이러한 추세에 적응하지 못했다. 철학자들은 어렵고 무의미한 죽은 언어 교육에 치중한 콜레주 교육을 비판했다. 《백과전서》에서 '콜레주' 항목을 집필한 장 달랑베르는 다음과 같이 콜레주의 무용성을 꼬집었다. "젊은이들은 인생에서 가장 귀중한 10년을 콜레주에서 죽은 언어에 관한 불완전한 지식과 수사법의 교훈, 철학의 원리 등을 배우는 데 할애한 다음, 곧 그것들을 잊어버리려고 애쓴다."[31] 그는 역사, 외국어, 기하, 물리실험 등을 선호했다. 볼테르도 라틴어와 라틴어 고전 대신 지리, 프랑스 역사, 수학, 지방 문제에 관한 교육을 주장했다.[32]

비단 철학자뿐만 아니라 오랫동안 예수회와 싸움을 벌여온 얀센주의자도 라틴어 교육에 집중한 예수회의 콜레주 교육을 비판하며 프랑스어 교육의 필요성을 역설했다. 게다가 1757년 국왕 시해라는 우발적인 사건이 겹치고 예수회의 연루가 의심되면서 예수회 콜레주에 대한 총공세가 펼쳐졌다. 1758년 200명의 학부모가 루이르그랑에서 학생들을 자퇴시켰다. 그러나 콜레주에서 예수회를 몰아내는 직접적인 계기를 제공한 것은 라발레트의 파산 사건이다.

18세기에 예수회는 유럽 문제에서 눈을 돌려 해외 선교에 주력했다. 예수회의 최종 목표는 중국 문명의 개종이었다. 그러나 전례 문제가 빚어지자 예수회는 서인도제도와 캐나다를 주거거점지로 삼았다.[33] 예수회 선교사들은 원주민을 개종시키기 위해 그들의 비참한 생활을 완화하고 언어를 배우려고 노력했다. 예수회 선교사들의 노력은 종종 종교 차원을 넘어서거나 엉뚱한 방향으로 발전했다. 일부 수사들은 원주민을 동원해서 농장을 경영하며 수만 명의 사병을 거느린 상업 제국을 건설하기도 했다.[34] 앙투안 라발레트Antoine Lavalette도 그런 인물 중 하나였다. 1742년에 마르티니크 섬에 정착한 그는 노예노동을 이용해서 커피, 사탕수수, 카카오 등을 경작하는 농장을 운영했다. 동시에 본국 투자자들의 자금을 모아 식민지에서 일종의 은행 역할을 하며 막대한 중간이득을 취했다. 그러나 1756년 7년 전쟁이 시작되면서 상황이 악화되었다. 더구나 전염병이 돌고 영국이 프랑스 선박에 봉쇄령을 단행하자 1758년 라발레트는 파산했다.[35]

라발레트의 파산으로 총 620만 리브르의 부채가 발생했다. 그에게 투자한 프랑스 본국의 투자자들도 엄청난 피해를 입었다. 투자자들은 예수회에 손해배상을 요구하며 마르세유 상업재판소에 소송을 제기했다. 1760년 1월 30일 상업재판소는 파산과 부채는 라발레트 개인의 책임이지만 예수회가 연대책임을 져야 한다는 판결을 내렸다. 1761년 3월 3일 예수회는 파리 고등법원 대법정에 상소했다. 해묵은 원수인 파리 고등법원에 자신들을 심판할 기회를 제공함으로써 예수회는 자살골을 넣은 셈이다.

파리 고등법원 대법정에서는 예수회의 정관과 비밀문서들이 꼼꼼히 검토되었다. 그 과정에서 라발레트의 상업적 부채는 부차적인 문제가 되고 교황에게 무조건적 충성 서약을 요구하는 예수회의 전제적인 명령 체계가 논쟁의 핵심을 이루었다. 5월 8일 예수회에 연대책임을 돌리며 150만 리브르를 지불하라는 판결이 내려졌다.

그때부터 예수회의 실체를 폭로하고 비판하는 출판물이 쏟아졌다. 그중에서도 결정적인 일격을 가한 것은 브르타뉴 고등법원의 검찰총장 라 샬로테La Chalotais의 고발장이다.[36] 파리 고등법원의 판결 직후 그는 예수회의 집단적 이기주의와 국가가 아니라 교회에 대한 봉사를 가르치는 교육을 성토하며 예수회 문제를 교육과 연관 지었다. 이러한 고발장 1만 2000부가 비밀리에 출판되어 보급됨으로써 예수회 사태는 걷잡을 수 없이 악화되었다.[37]

8월 1일 파리 고등법원은 수많은 공방과 논쟁 끝에 130 대 13으로 프랑스에서 예수회의 법적 정당성을 무효화하는 한편, 예수회는 더 이상 콜레주 교육에 관여하지 못한다는 판결을 내렸다. 이로써 프랑스인의 예수회 가입이 금지되고 예수회는 전국의 3분의 1을 차지한 파리 고등법원의 관할 구역 내에서 운영하던 38개 콜레주에서 손을 떼야 했다. 사태는 거기서 그치지 않았다. 파리의 소식은 출판물을 통해 전국 곳곳으로 퍼졌고, 결국 전국 13개의 고등법원도 순차적으로 파리 고등법원의 판례를 따랐다. 1764년 11월 왕이 마지못해 예수회 추방을 선언했으나, 이는 예수회에 대한 확인사살에 불과했다.

이렇게 해서 전국의 예수회 콜레주 105개에서 예수회가 쫓겨나자 콜레주 운영이 시급한 문제로 대두했다. 이때 고등법원 법관들이 예수회의 교육 이념과 방식을 뿌리 뽑기 위해 교육개혁안을 제출하며 나섰다. 그들의 태도는 그때까지 교육에 대한 전반적인 통제권을 행사해온 교회와의 충돌을 자초하기에 충분했다. 그러나 정작 법관들은 교육자도 교육 이론가도 아니었다. 그들의 궁극적인 목표는 정치적 미래를 새롭게 설계하려는 데 있었다. 라샬로테와 디종 고등법원 검찰차장 기통 드 모르보Guyton de Morveau, 파리 고등법원 재판장 롤랑 데르스빌Rolland d'Erceville의 교육개혁안이 모두 정치적이고 철학적인 교육이념에 기초한 것은 그런 맥락에서 이해할 수 있다.

베일리는 세 법관이 제시한 교육론의 유사성에 초점을 맞추었다. 실제로 라샬로테의 〈국민교육론 또는 젊은이를 위한 교육안〉, 기통의 〈공적 교육에 관한 의견서〉 그리고 1768년 최종 완성된 롤랑의 〈보고서〉는 한결같이 국민교육의 필요성을 역설하고 있다.[38] 이들이 내세운 국민교육이란 어떤 의미를 지닌 것일까? 국민교육이라는 표현은 1761년 라샬로테에 의해 처음 사용되었다. 그러나 '국민'은 이미 프랑스인에게 낯선 단어가 아니었다. 1750년 1/20세 반대에 앞장선 고등법원이 국민의 대표임을 자처하면서 '국민'이라는 단어는 널리 확산되고 여론의 지지를 받았다.[39] 문제는 그 개념과 범주가 천차만별이라는 데 있었다. 자의적이고 강압적인 군주정에 저항하는 과정에서 법관과 철학자 그리고 얀센주의자는 국민이라는 개념을 저마다 다양하게 정의했던 것이다.

법관이 받아들인 국민의 개념은 1694년에 간행된 《아카데미 프랑세즈 사전》에서 정의된 "같은 언어와 같은 법의 지배를 받고 사는 같은 나라의 모든 주민"에 가장 가깝다.[40] 법관은 피지배자로서의 동질성으로 국민을 규정하고, 이를 교육과 결합해 애국적인 프랑스 국민의 정의와 형성을 위한 필수 요소로서 국민교육의 개념을 만들어냈던 것이다. 다시 말해 법관의 국민교육 개념은 그때까지 각 수도회나 시에 의해 독자적으로 운영되던 콜레주를 국가가 운영하는 체제로 일원화하여 국가에 헌신하는 프랑스인을 만들어내는 과정이자 수단을 의미한다. 이처럼 조국에 유익한 가장의 양성을 주장한 법관의 교육론이 인간에 대한 보편적 이해에 도달하지 못했음은 분명하다. 그러나 법관은 갈리카니슴Gallicanism(프랑스 교회독립주의)의 전통에서 종교적 색채를 제거하고 전국적 차원의 교육의 필요성을 역설함으로써 국민교육의 토대를 명확히 제시했다. 그들의 입장은 교회의 언어인 라틴어보다 프랑스어 교육을 강조한 점에서 선명하게 드러난다.

반면 세 법관의 차이점에 주목한 오코너의 연구에 따르면, 당시의 엘리트층이 그리는 프랑스의 미래 사회는 결코 일치하지 않는다. 무엇보다 먼저 세 법관은 교육을 교회의 영역에서 국가의 영역으로 끌어들였다는 점에서는 일치했으나, 과연 그 권한을 누가 갖느냐를 놓고 충돌했다. 라샬로테는 이렇게 말했다. "학교가 개혁되어야 한다면 그 문제에 관한 판단은 정부에 맡겨야 한다. 왜냐하면 국민을 교육하는 체제는 왕에게 의존하기 때문이다."[41] 한마디로 그는 국왕 중심의 교육개혁을 주장했다. 반면 기통에 따르면 교육체제에 대한 통제권은 고등법원이 지녀야 한다. 롤랑은 왕이 새로운 교육체제를 수립해야 한다는 데는 동의했으나, 반드시 고등법원의 의견을 수용해야 한다는 절충안을 제시했다.[42]

하층민에 대한 교육관에서도 세 법관은 의견차를 보였다. 라샬로테는 "민중교육은 직업적 차원 이상으로 확대되어서는 안 된다"[43]라고 주장했다. 그에게 하층민은 교육의 대상이 아니라 통제의 대상에 불과했다. 그는 교육의 최우선 목적을 부국강병으로 간주했으며, 교육의 기능은 각자에게 사회적 기능을 수행하도록 만드는 데 있다고 생각했기 때문이다. 무지의 사회적 효용성에 대한 오랜 고정관념은 여전히 사회 지배층에서 공유되고 있었고 라샬로테도 예외가 아니었던 것이다. 반면 롤랑은 누구나 자신에게 적절한 교육을 받아야 한다며 하층민에게 교육의 기회를 제한하는 것에 반대했다.[44]

세 법관은 교사 충원이라는 구체적인 문제를 놓고도 대립했다. 기통은 수도회에 대한 충성을 맹세하고 사회와 유리된 생활을 하는 수도 성직자를 교사에서 배제해야 한다고 주장했다. 수도 성직자는 국민의 일원으로 국민에게 복종하고 충성하는 사람이 아니며, 어린이를 성직으로 유도할 우려가 있다는 것이다.[45] 라샬로테는 이 문제에 그다지 민감하지 않았으나, 롤랑은 수도회가 오랫동안 교육에 종사해왔음을 지적하면서 현실적으로 그들을 배제하기 어려움을 인정했다.[46]

예수회 추방과 더불어 전개된 이러한 교육 논쟁은 18세기 프랑스 사회의 변화를 수용하려는 지배층의 노력을 보여준다. 18세기 중엽 이후 가시화되기 시작한 프랑스 사회의 종교적, 정치적, 문화적 위기가 예수회 추방 사건으로 분출되자 세 법관은 교육을 통합의 수단으로 삼았던 것이다. 그들은 기존의 교육 체제와 내용의 수정을 주장하며 세속적이고 애국적인 국민교육을 추구했다. 그러나 그들이 제시한 국민교육의 의미에 환상을 품어서는 안 된다. 구체적인 교육개혁 과정에서 그들의 대담한 주장이 현실과 커다란 괴리를 보인 것은 어쩌면 당연한 일이었는지 모른다.

교육개혁의 시도와 한계

04
|

예수회 추방의 후유증은 심각했다. 예수회의 부재 속에서 예수회 소속 콜레주의 학생 수가 급감하고 일부는 폐쇄되었다. 루이르그랑도 급속도로 위축되어 학생수가 3000명에서 600명으로 줄어들었다.[47] 1761년 당시 프랑스 내의 예수회 회원은 사제, 교사, 신학생, 재속 보좌 성직자 등 모두 3049명이었다. 그중에서도 당장 교사 1250명을 대체할 인원을 구하는 것

이 가장 절박한 문제였다.

고등법원은 교육개혁의 절박성을 간파하고 방향을 제시했으나 개혁을 담당할 실질적인 기구를 두지 못했다. 정부는 콜레주 문제에 그다지 관심도 애착도 보이지 않았다. 예수회의 자산 운영 및 교육 내용과 방식에 대한 최종 감독권을 지닌 고등법원의 역할이 기대될 수밖에 없는 상황이었다. 1762년 파리 고등법원은 우선 관할 구역 내 예수회 콜레주 38개의 재정 상태를 파악하기 위해 네 명의 감독관을 임명한 다음, 다른 모든 콜레주의 제도와 학사 운영의 실태를 보고하라는 지시를 내림으로써 구체적인 콜레주 개혁에 착수하려는 의지를 보였다.[48] 여기에 시 당국과 정부가 개입하면서 학교 수입과 운영 문제를 놓고 팽팽한 줄다리기가 이어졌다.

예수회의 공백을 메우기 위해 파리 고등법원이 취한 첫 번째 구체적인 조치는 루이르그랑의 재조직화였다. 루이르그랑의 빈 교실에 리지외 콜레주Collège de Lisieux를 이전하고 파리 시내 27개 콜레주 출신을 교육하려는 계획이 시도되었다.[49] 지방의 예수회 콜레주는 오라토리오회나 베네딕투스회와 같은 다른 수도회에 맡겨졌다. 대신 각 수도회에는 예수회 소속 콜레주의 건물과 수입의 사용권이 보장되었다. 이 과정에서 최대 수혜자는 오라토리오회였다. 그때까지 26개의 콜레주를 운영하던 오라토리오회는 일곱 개의 예수회 콜레주를 통합하면서 활기를 띠었다.[50] 반면 다른 수도회의 경우 예수회 소속 콜레주를 떠맡으려 하지 않거나 운영할 만한 규모를 갖추지 못했다. 결국 예수회가 운영하던 일부 콜레주는 교사를 구하지 못해 학교 문을 닫는 사례가 속출했다. 이제 실질적인 교육개혁이 불가피한 상황이 되었다.

물론 해결해야 할 최우선 과제는 교사 확보였다. 초기에 사태를 관망하던 루이 15세는 1763년 2월 전국의 콜레주 운영에 관한 칙령을 내려 시를 단위로 하는 독자적인 위원회 구성을 명령했다.[51] 관할 주교 한 명(대리인 지명 가능), 지방의 국왕관리 두 명(고등법원 소재 도시에서는 고등법원 법관), 시 자치기구 관리 두 명, 명사 두 명, 콜레주 교장 등 위원회의 면면을 살펴보면 교육개혁의 윤곽이 드러난다. 무엇보다도 위원회에 포함된 국왕관리의 존재는 이전과 달리 교육을 국가 체제 안으로 끌어들이려는 국왕의 의지를 말해준다. 위원회는 주교의 주재하에 네 명의 정족수로 매달 2회 모임을 갖고 교사와 교장의 임명에서 교과 과정과 배분, 훈육의 기준, 교사 봉급, 학교의 수입 운영에 이르기까지 콜레주 운영에 관한 전반적인 권한을 부여받았다. 이렇듯 실질적으로 새로운 교육 행정기구 역할을 맡은 위원회가 전국에 설치됨으로써 종교 세력의 통제에서 벗어난 통일된 교육체제의 윤곽이 제시된 셈이다.

파리 고등법원은 위원회에 대한 통제권을 놓고 정부와 경쟁을 벌이고 이견을 표명하기도 했지만 기본적으로는 정부의 교육개혁 시도에 협력했다. 또한 루이르그랑의 재조직화를 진행하기 위해 라베르디Laverdy에게 파리의 콜레주를 루이르그랑에 통합하고 파리 대학 교양학부로 체계화하는 방안을 위한 구체적인 보고서를 제출하도록 했다.[52] 1763년 11월 21일 루이 15세는 파리 고등법원의 보고서를 토대로 루이르그랑에 특별 지위를 부여하는 국왕특허장lettre patente을 발부했다.[53] 루이르그랑을 중심으로 한 콜레주 개혁의 큰 틀을 제시한 이 문서는 교육에 관련된 18세기의 국왕 공식 문서 중 가장 중요한 의미를 지닌 것으로 평가된다.

전국의 고등법원에서도 각 대학 소재지에 교사 양성을 위한 기구 설립 계획을 추진했다. 이렇게 해서 콜레주를 국가의 영역 안으로 끌어들여 재구성하려는 고등법원의 교육개혁 밑그림이 완성되었다. 파리 대학을 정점으로 하는 위계 체제 아래 타 대학을 위치시키고 대도시의 콜레주를 대학 내부에 편입한 다음, 도시별 위원회를 통해 소도시의 콜레주와 소학교를 통제하는 전국적인 교육체제는 종교 세력에 지배되어온 기존의 교육체제에 비하면 참으로 혁명적인 것처럼 보인다. 그러나 다른 시각에서 보면 콜레주를 대학을 정점으로 하는 권위 체계 내부에 자리매김하려는 보수주의적 의도가 엿보인다. 기존의 사회적 위계질서를 유지하려는 법관들의 이러한 교육개혁 시도는 정치적, 사회적 특권에 기반을 둔 그들의 현실을 정확하게 대변한 것이 아닐까?

1766년 5월, 마침내 1763년의 국왕특허장에서 명시된 교육개혁 계획이 구체화되었다. 루이르그랑 안에 철학, 문학, 문법 세 분야의 교사 채용을 위한 자격시험 기구가 설립되고, 10월 11일 첫 시험이 치러졌다. 지원자는 두 종류의 논술시험과 텍스트 분석 그리고 공개 강의 시험을 통과해야 했다. 여기서 통과한 60명은 최고의 학문적 권위를 지닌 파리 대학의 감독과 영향 아래서 체계적인 훈련 과정을 거쳐야 했다.[54] 이른바 교사 준비 과정은 우선 파리 대학 교양학부에서 2년 동안 철학 과정을 거친 후 1년간의 연구 과정을 거쳐야 했다. 이렇듯 루이르그랑은 '국가가 필요로 하는 교사를 제공하는 풍성한 양성소'[55]로 거듭남으로써 성직자를 대신할 세속인 교사를 배출할 수 있는 제도적 체계를 갖추었다.

그러나 교육개혁 시도는 곧 궤도에서 이탈하고 말았다. 1771년 고등법원과의 타협을 통해 정치적 위기를 타개하려던 슈아죌이 실각하고 새로 권력을 장악한 모푸가 고등법원을 해체시키는 일련의 공세를 취하면서 정부와 고등법원의 협력 체제가 해체되었던 것이다. 그때까지 새로운 방식으로 양성된 교사는 200명에 불과했다. 시에 설치된 위원회는 1771년 이후에도 유지되었으나 구성원들은 학교 재원, 교사의 봉급, 위원회 구성 문제 등 부수적인 문제를 놓고 싸움을 벌이면서도 정작 교사와 교과과정에 관한 중요한 문제는 수도회에 일임했다. 콜레주와 시 당국도 새 교사보다는 기존의 교사를 선호했다. 그럴 경우 무엇보다 적은 비용으로 교사를 확보할 수 있었기 때문이다. 따라서 미미하게나마 세속인 교사의 충원이 이루어지기는 했지만 예수회 추방 이후에도 여전히 교육은 대부분 성직자에 의해 이루어졌다. 엄격한 군대식 규율도 계속 유지되었으며 종교교육과 종교적 관행도 배제되지 않았다.[56] 이렇게 해서 막 싹트기 시작한 교육개혁은 물거품이 되었다.

한마디로 예수회 추방 이후 시도된 교육개혁은 실패하고, 프랑스의 콜레주 교육은 수도회의 통제에서 해방되지 못했다. 큰 틀에서 보면 1760년대 교육개혁의 실패 이유는 18세기 내내 되풀이되어온 정부와 고등법원 간의 정치적 갈등의 연장선상에서 설명되어야 할 것이다. 그렇다고 해서 통합되고 세속적인 교육에 대한 열망이 사그라진 이유를 전적으로 교육 외적인 요인으로만 돌릴 수는 없다. 무엇보다도 교육개혁을 수용하기에는 교육체제 내부의 체질 개선이 이루어지지 않았다는 점이 지적되어야 할 것이다. 실질적으로 콜레주를 운영한 수도회가 새로운 교육이념을 실천할 열정도 의지도 없었음은 당연하다. 예수회 수사를 대신한 교사도 마찬가지였다. 그들은 1603년처럼 예수회가 조만간 다시 복귀할 것이라고 믿었던 것이다.

교육 내용도 크게 달라지지 않았다. 프랑스어 교육 시간이 늘어나고 이전보다 역사, 지리, 수학, 자연과학이 좀 더 강조되었으나 인문교육, 특히 라틴어 교육은 지속되었다. 여기에는 고전교육이 사회적 신분 상승에 유리하다는 부모들의 계산도 한몫했다.[57] 교육은 여전히 사회적 명사의 배출을 구체적인 목표로 삼았으며 교과과정도 그러한 목적에 걸맞게 유지되었다. 사회는 한편으로는 현실과 과학에 대한 관심 부족을 불평하면서도 다른 한편으로는 타성적인 심성 구조에서 벗어나지 못한 채 전통의 사슬에 묶이기를 자처했던 것이다. 결국 예수회 추방 후 통합된 세속적 국민교육의 불씨가 던져졌으나 종교교육과 세속교육이 완전히 분리되지 않은 전통적인 교육방식이 혁명기까지 유지되었다.

새로운 교육론을 향하여   05

예수회 추방과 교육개혁의 시도는 프랑스에 국한된 현상이 아니다. 피에몬테에서는 이미 1720년대에 교육에서 성직자를 몰아내고 국가가 교육에 대한 획일적인 통제권을 확보하는 새로운 교육체제가 시도되었다. 지배계급과 신엘리트층을 재조직화하려는 이러한 움직임이 1759년 포르투갈을 거쳐 1761년 프랑스에 파급되었다.[58] 프랑스에서 이를 주도한 세력은 군주권과 오랫동안 정치적 갈등을 빚어온 고등법원이다. 고등법원 법관에게 교육은 부수적인 문제였지만, 종교교육을 종식하고 기존의 교육체제를 재조직화하려는 그들의 노력은 새로운 방향의 교육과 공적 교육의 길을 열었다.

그러나 정치적 의도에서 출발한 고등법원의 교육개혁 시도는 결국 정치적 이유로 중단되었다. 1770년 이후 정치 기류가 바뀌고 정부와 고등법원의 일시적인 타협이 결렬되자 콜레주는 다시 종교 세력의 손에 놓였다. 그렇다면 예수회 추방 후 고등법원이 추진한 교육개혁은 일종의 막간극으로 끝나버린 것일까?

구체적인 교육개혁 시도가 수포로 돌아가자 교육 논쟁은 비현실적이고 추상적인, 그러나 본질적인 논의로 확대되었다. 교육 운영에 관한 논의보다는 '교육은 개인의 삶에서 어떤 역할을 하며 사회에 어떻게 기여할 것인가'를 묻는 교육의 근본적인 기능과 목적에 관한 논의가 공적 영역을 뜨겁게 달구었다. 실제로 1760년대에 출판된 교육서의 관심이 기존 교육체제를 어떻게 바꾸고 운영해갈 것인가에 집중되었다면, 1770년 이후 교육서는 교육이 왜 필요하며 어떤 교육이 필요한가를 주요 주제로 삼았다. 교육론의 주제가 바뀌면서 논의의 주인공도 법관에서 철학자로 바뀌었다. 학교교육과 거리를 둔 루소의 《에밀》은 이때부터 더욱 빛을 발하며 지적, 철학적, 문화적 논쟁을 불러일으켰다. 교육을 통해 인간의 문제를 해결할 수 있는 무한한 가능성을 역설한 엘베시우스의 《인간론De L'bomme》이 누린 인기 역시 같은 맥락에서 이해할 수 있다.

예수회 추방이 프랑스 교육사에 남긴 뚜렷한 흔적은 바로 여기서 찾을 수 있다. 예수회 추방 후 교육개혁 시도는 실패했으나 그와 더불어 제기된 교육 논쟁은 미래 사회에 대한 전망이 투사된 철학자의 교육론을 본격화시킴으로써 사회 및 정치와 교육의 관련성에 관한 광범위하고 심오한 철학 논쟁을 확산시켰으니 말이다. 그뿐만 아니라 고등법원이 추진한 루이르그랑의 교사 양성 계획이 혁명기에 고등사범학교 탄생의 모델이 되었듯이, 교육체제 전체를 국가의 통제하에 일원화하려는 세속적이고 애국적인 '국민교육'의 불씨는 혁명기에 추진된 진정한 의미의 국민교육 정책에서 고스란히 되살아났다. 이렇게 보면 1760년대의 교육개혁 시도는 역설적이게도 실패함으로써 성공한 셈이다.

이 글이 예수회 추방을 교육의 이념과 실천의 동력이 종교 이데올로기에서 정치 이데올로기로 전이되는 계기로 본 이유가 바로 여기에 있다. 이런 맥락에서 보면 혁명기 교육정책은 단순히 계몽사상가가 제시한 새로운 교육철학의 영향 관계로 설명될 것이 아니라, 예수회 추방 이후 시도된 새로운 교육이념 및 교육개혁 시도와 실패의 복잡한 맥락에서 중첩적으로 이해되어야 할 것이다.

혁명기와
19세기의
초등교육
개혁

6장
공화파의 민중교육운동과
제3공화국 초등교육 개혁
: 성과와 한계

2

프랑스 혁명기
공공교육위원회의
교육안

송기형

프랑스 대혁명과
교육개혁

1789년에 프랑스인은 전대미문의 혁명을 요구했다. 그들이 원하는 혁명은 절대왕권을 제한하거나 개혁하는 수준이 아닐 뿐만 아니라, 정치 영역에 국한된 것도 아니었다. 프랑스 대혁명은 정치, 사회, 도덕적 문제를 단번에 해결하는 동시에 인민 전체를 변화시키려는 혁명이었다. 이러한 혁명적 심성에 의해 혁명révolution이란 단어의 의미가 새롭게 정의된다.[1] 아니, 그 단어 자체가 다시 태어나는 것이다. 에드먼드 버크를 비롯한 외국인이 1789년에 그토록 경악한 것도 프랑스 대혁명이 모든 과거와 전례를 무시하고 절대적인 시초가 되려고 했기 때문이다. 그러기 위해서는 당연히 모든 과거와 전통, 즉 구체제를 일소하고 새로운 사회와 인간을 창출해야 한다. 계몽주의의 세례를 받은 혁명가들은 교육의 무한한 힘 그리고 새로운 인간을 만들어낼 수 있는 능력을 신봉했다. 교육에 의해 구체제의 편견과 미신을 타파하고 인민 전체를 재탄생시킬 수 있다고 확신한 것이다. 그래서 혁명과 함께 교육안이 봇물처럼 쏟아져나온다. 수많은 교육안 중에서 국회 위원회의 이름으로 발표된 것에는 '공식'이라는 수식어를 붙일 수 있다. 특히 입법의회와 국민공회는 공공교육위원회Comité d'instruction publique(이하 공교위)를 설치하여 여러 교육안을 논의하고 법안으로 제출함으로써 공교육을 확립하려고 노력했다.

이 장에서는 혁명기 교육 분야에서 가장 중요한 사료로 간주되는 제임스 기욤James Guillaume의《공교위 회의록》에 주로 근거하여 제헌의회에서 국민공회 시기까지의 공식 교육안을 ①전체 교육과정, ②초등교육, ③중등교육, ④고등교육, ⑤무상교육, ⑥교사와 교수, ⑦취학 의무, ⑧여성 교육, ⑨종교교육, ⑩평생교육, ⑪교과서, ⑫사립 교육이라는 열두 개의 기준에 따라 살펴보며 그 역사적 의미를 밝히고자 한다.

제헌의회의 탈레랑안과 입법의회의 콩도르세안   02

1791년 9월 3일 제헌의회를 통과한 헌법 제1장에는 "만인에게 필요불가결한 부분에서 무상이고 모든 시민에게 공통적인 공공교육을 창설하고 조직하여, 그 기관들을 왕국의 구분과 조화를 이루도록 점진적으로 배치한다"라고 명시돼 있다. 제헌의회에서는 이처럼 중요성이 강조된, 자유의 새 시대에 걸맞은 공공교육의 체계적인 조직을 위한 제안과 토론이 활발했다. 1791년 9월 헌법은 교육을 국가가 책임지는 공공 서비스로 규정하고 만인에게 필요한 기본교육의 무상 원칙을 천명한 것이다. 하지만 전대미문의 혁명에 뒤따르는 여러 정치·사회적 일 처리에 여념이 없던 제헌의회로서는 교육을 전담할 위원회 설치에는 엄두를 내지 못했다. 그런데도 제헌의회는 이 분야에서 미래를 위한 기초 작업에 소홀하지 않았다. 1790년 10월 13일 제헌의회는 헌법위원회에 교육안 제출을 맡기고 그때까지는 현행 교육체제가 그대로 유지된다는 내용의 법을 제정했다.

이어 1791년 9월 10~11, 19일에 제헌의회에서 탈레랑이 헌법위원회의 이름으로 무려 216쪽에 달하는 〈공공교육 보고서와 법안〉(이하, 탈레랑안)을 발표한다. 당대 최고의 석학인 라그랑주, 라부아지에, 콩도르세, 라아르프 등의 자문을 받아서 작성했다고 탈레랑이 회고한 이 보고서와 법안은 혁명기 최초의 공식 교육안답게 "자유와 평등의 필수 조건인 공공교육은 만인을 위해 존재해야 한다"라고 선언한다. 탈레랑안의 구성은 다음과 같다. 제1장 초등학교école primaire, 제2장 군郡학교école de district, 제3장 장학제도, 제4장 교사 선발·임명·해임, 제5장 교사 처우, 제6장 교사 은퇴, 제7장 기숙사, 제8장 도道학교école de département(성직자학교), 제9장 의사학교, 제10장 법률학교, 제11장 군사학교, 제12장 국립학사원, 제13장 도서관, 제14장 포상, 제15장 교과서, 제16장 공연, 제17장 축제, 제18장 여성 교육, 제19장 공공교육위원, 제20장 교육의 자유. 이를 열두 개의 기준에 따라 살펴보자.[2]

① 교육과정은 3단계로서 초등학교, 군학교, 도학교로[3] 구성된다.[4]

② 만인에게 공통적인 교육은 면 단위로 설치되는 초등학교에서 실시하며 국어의 원칙, 산수의 규칙, 종교의 원칙, 도덕의 기초, 헌법의 원칙 등을 가르친다.

③ 7년 과정의 군학교에서는 문법(2년), 고전(2년), 수사학과 논리학(2년), 수학과 물리학(1년)을 강의하며, 가능하다면 외국어와 그리스어 교수를 한 명씩 둔다.

④ 도학교에는 네 종류(성직자학교, 의사학교, 법률학교, 군사학교)의 학교가 있

어서 각각 적당한 과목을 가르친다.

⑤ 만인에게 공통적이고 필수적이므로 사회의 의무인 초등학교 교육은 무상이고, 상급 단계에서는 학생이 경비의 일부를 부담한다. 가난하지만 재능이 뛰어난 학생을 위한 장학제도가 있다.

⑥ 초등학교와 군학교의 교사는 공무원으로서 국가가 고정급을 지급하고, 각각 군청과 도청에서 시험을 거쳐 선발된다.

⑦ 초등학교는 만 6세 이상의 모든 어린이를 받아들이지만 취학을 강요하지는 않는다는 점을 명시했다. "어린이가 초등학교에 받아들여진다고 말한 것은 모든 강제성을 배제하기 위해서다. 국가는 만인에게 교육의 커다란 혜택을 제공하지만, 이것을 누구에게도 강요하지는 않는다. 국가는 각 가정 역시 하나의 초등학교라는 사실을 잘 알고 있다."

⑧ "교육은 남녀 양성을 위해 존재해야 한다"라고 단언하면서도 여성 교육은 초등학교에서 8세까지만 실시하고 나머지는 가정에 일임한다.

⑨ 초등학교와 군학교에서 종교의 원칙을 가르치며, 성직자학교를 둔다.

⑩ 초등학교만 마친 사람에게 평생교육의 많은 기회를 제공한다. 탈레랑이 가장 중요시하는 도덕교육을 위하여 공연·국민축제[5]·예술을 강조한다. 도마다 도서관을 하나씩 설립한다.

⑪ 초등학교와 군학교에 필요한 교과서는 공모대회를 거쳐 선정한다.

⑫ 교육법 테두리 안에서 누구나 교육기관을 설립할 수 있는 '교육의 자유'를 명시했다.

탈레랑안은 1791년 헌법의 취지에 따라서, 만인에게 공통적이고 필수적인 초등학교 교육은 무상이라는 원칙을 최초로 제시했다. 하지만 취학을 강요하지는 않는다는 점을 명시하고, 초등학교보다는 군학교에 초점이 맞추어져 있으며,[6] 여성 교육은 극히 제한적이라는 등의 약점이 있다. 전체적으로 온건하다고 평가할 수 있는 탈레랑안에 대한 제헌의회 의원들의 반응은 정치적 성향에 따라 양분되었다. 온건파는 환호하고 애국파는 비판적이었다. 9월 25일 제헌의회에서 심의가 시작되자 극좌파는 시간이 촉박하다는 점을 내세워 입법의회로 넘기자는 제안을 논란 끝에 통과시켰다. 그 대신 제헌의회는 9월 26일에 "기존의 모든 교육기관을 현 상태로 유지한다"라고 선포했다.

1791년 10월 1일에 개회한 입법의회는 교육과 문화를 전담하는 공교위를 14일에 설치했다. 28일 입법의회에서 24명의 위원이 선출되고 30일에 역사적인 첫 번째 회의를 열어 콩도르세를 위원장으로 선출하는 등의 활동을 개시한 공교위는 1792년 8월 28일까지 약 10개월 동안 단 한 번의 개편도 없이 모두 107번의 회의를 갖는다. 입법의회 공교위의 가장 대표적인 활동은 1791년 11월 5일(4차 회의)부터 1792년 4월 18일(67차 회의)까지 근 여섯 달에 걸쳐 〈공공교육의 전체 조직에 관한 보고서와 법안〉(이하 콩도르세안)[7]을 준비한 것이다. 혁명기에 봇물처럼 쏟아져 나온 교육안 중에서 단연 최고라고 공인되는 콩도르세안은 선전포고 등으로 입법의회에서 심의되지도 못했지만, 차후 거의 모든 교육안의 전거가 된다. 이 교육안은 다음과 같이 구성되었다. 제1장 교육의 구분, 제2장 초등학교, 제3장 중등학교école secondaire, 제4장 앵스티튀institut, 제5장 리세lycée, 제6장 국립과학예술협회société nationale des sciences et des arts, 제7장 교육의 관리와 감독, 제8장 교사와 교수의 임명, 제9장 국비장학생élèves de la patrie. 1792년 4월 20~21일 입법의회에서 발표된 콩도르세안을 우리의 기준으로 살펴보자.

① 교육과정은 4단계로서 초등학교, 중등학교, 앵스티튀, 리세로 구성된다. 국립과학예술협회는 공공교육 전반을 관리·감독하는 동시에 학술 연

구에도 종사하나 교육기관은 아니다.

② 초등교육은 초등학교와 중등학교에서 실시하는데, 엄격한 의미의 보통교육은 초등학교에만 적용된다. 4년 과정의 초등학교는 전국에 인구 비례로 설치되어(약 3만 1000개), 개인이 잘 처신하고 자기 권리를 완전히 행사하는 데 필요한 지식을 가르치며, 배심원이나 코뮌의 공무원처럼 모든 시민이 담당할 수 있는 가장 단순한 공직을 수행하는 능력을 길러준다. 시골과 도시에서 공통적으로 읽기와 쓰기, 산수의 규칙, 도덕·자연·경제의 초보 지식을 가르친다. 3년 과정의 중등학교는 군청소재지와 주민 4000명 이상의 도시에 설치되어(약 2000개) 경제적인 여유 덕택에 일손이 덜 필요한 가정의 어린이를 대상으로 정확하게 읽고 쓰기 위해 필요한 문법 지식 등을 가르치며, 지역에 따라 외국어 하나를 교육할 수 있다.

③ 중등교육이 실시되는 5년 과정의 앵스티튀는 도마다 하나씩(83개) 그리고 지역적 특수성을 고려해서(27개) 모두 110개가 설치되어, 많은 계몽 지식을 요구하는 직업이나 연구에 종사하는 능력을 배양하기 위하여 수학과 물리학, 윤리학과 정치학, 응용과학, 문학과 예술을 가르친다.

④ 고등교육이 실시되는 리세는 전국에 아홉 개가 설치되어 고도의 전문 직업인과 학자를 양성한다. 교과목은 앵스티튀와 비슷하다.

⑤ 콩도르세는 교육의 모든 단계에서 완전한 무상교육을 대단히 역설하며(제5장 제9조 : 교육은 모든 단계에서 무상이다), 이를 사회적 평등과 밀접하게 연동시킨다. 지금까지 사회는 두 계층, 즉 권력과 부를 소유한 극소수와 그렇지 못한 절대다수로 나뉘어 있었으며 바로 이러한 불평등이 구체제의 기반이었다. 따라서 공공교육의 첫 번째 목표는 "시민들 사이에 실제적인 평등을 확립하고, 법에 의해 인정된 정치적 평등을 실현"하는 것이다. 혁명 덕택으로 신분제는 폐지되었으나 경제적 불평등은 타고난 것이라 어쩔 수

없으므로, 교육을 가능한 한 평등하게 실시하여 가진 자와 못 가진 자 사이의 간격을 좁히는 길밖에 없는데, 그러려면 완전한 무상교육이 절대적으로 필요하다는 논리다.[8] "한마디로 모든 단계에서 무상인 국민교육 없이는 어떤 계획을 선택하더라도 전체적인 무지 아니면 불평등을 피할 수 없을 것입니다. 물론 학자와 철학자와 유식한 정치가는 있겠지만, 대중은 오류에서 벗어나지 못한 채 눈부신 지식의 한복판에서 편견에 따라 지배당할 것입니다." 이러한 취지에서 가난하지만 재능이 뛰어난 학생이 학업에 전념할 수 있도록 '국비장학생'이라는 별도의 장을 두었다.

⑥ 교사[9]와 교수는 공무원으로서 국가가 고정급을 지급하고, 상급 교육기관과 지방자치단체가 협의해 임명한다.

⑦ 초등학교가 6세 이상의 모든 어린이를 받아들인다는 점은 분명하지만, 취학 의무와 그 위반에 대한 제재 관련 규정은 없다.

⑧ 콩도르세는 교육은 나이와 무관하게 남녀 양성에게 공통으로 실시되어야 한다고 강조한다. 초등학교에서는 남녀를 구분하여 남교사와 여교사가 따로 가르쳐야 한다고 규정하고, 여성 교육에 대해서는 별도의 보고서가 필요하다는 점을 인정했다.

⑨ 공공교육에서는 어떠한 종교교육도 용납되지 않는다. 제2장 제6조는 "종교는 각 종교의 성직자에 의해 사원에서 교육된다"라고 규정한다. 그러나 성직자에게 교사나 교수직을 금지하지는 않았다.

⑩ 평생교육 역시 사회적 평등의 관점에서 강조된다. 모든 연령의 남녀 시민을 대상으로 초등학교와 중등학교 교사가 일요일마다 공개수업을 하는데, 이는 가난 등으로 학업을 계속하지 못한 사람을 위한 것이다.

⑪ 초등학교에서는 학생용과 교사용 교과서를 사용하고, 중등학교용과 앵스티튀용도 제작한다. 초등학교용과 중등학교용은 모든 시민이 참여하

는 공모대회를 거쳐 선정하고, 앵스티튀용은 그 필자를 지명한다.

⑫ 모든 시민이 교육기관을 자유롭게 설립할 수 있다.

현행 교육체제의 밑그림을 제시한 콩도르세안의 인식론적 뿌리는 '무상교육이 경제적 불평등에서 야기되는 계층 사이의 간격을 좁혀 사회적 평등에 접근하는 최선의 방법'이라는 믿음이다. 이런 관점에서 콩도르세안은 탈레랑안에 비해 훨씬 더 진보적이다. 탈레랑안은 실질적인 불평등 속에서 권리의 평등을 확립하기 위해 교육이 필요하다고 말하면서도, 무상교육과 사회적 평등을 연동시키지는 않았다. 또 탈레랑안은 완전한 무상교육의 범위를 제한했다. 취학 의무의 관점에서도 콩도르세안이 탈레랑안보다 진일보한 것은 분명하다. 탈레랑안은 강제성을 명시적으로 배제했지만, 콩도르세안은 강제성을 배제하지도 부과하지도 않았다. 무상교육과 사회적 평등의 연동이라는 이상을 지향하면서도 현실을 인정하지 않을 수 없었기 때문인 것 같다.

그러나 콩도르세안에 대한 반응은 상당히 유보적이었다. 종교교육을 배제했다는 이유로 성직자와 왕당파가 반대의 선봉에 섰다. 너무 추상적이고 지나치게 복잡하다는 비판, 비용을 걱정하는 의견, 취학 의무를 명시해야 한다는 지적 등이 제기되어 격론이 예상되었다. 하지만 선전포고[10]와 전쟁 때문에 입법의회는 콩도르세안을 의사일정에 올리지도 못했다. 8월 10일 봉기 직후인 13일에 입법의회는 공공교육에 대한 토의를 개시하여 최소한 초등학교 설립문제만이라도 다루기로 결정했다. 8월 30일에도 거의 똑같은 결의가 반복되었다. 하지만 말뿐이었다. 9월 20일 입법의회는 해산했다.

국민공회의 랑트나안, 라카날안, 롬안과 부키에법

역사상 최초의 보통선거로 구성된 국민공회는 초등학교 설립에 대한 화급한 필요성을 분명하게 인식하고 있었다. 이는 '모든 시민에 대한 국가의 첫 번째 빚'이라고 할 수 있는 공공교육의 핵심 문제였다. 당통은 "빵 다음에는 교육이 민중의 첫 번째 요구다"라고 역설하기도 했다. 국민공회 공교위는 1792년 10월 15일의 1차 회의에서 1795년 10월 25일의 514차 회의까지 계속 열렸다. 1792년 10월 13일 24명의 위원으로 구성된 국민공회 공교위는 10월 20일의 4차 회의에서부터 콩도르세안을 토대로 한 초등학교안 준비에 착수해 11월 16일의 25차 회의에서 마무리하고, 17일부터는 중등학교에 관한 작업에 들어간다.

10월 29일의 10차 회의에서 초등학교안의 보고자로 선출된 랑트나Lanthenas가 제출한 〈초등학교 조직에 관한 보고서와 법안〉(이하 랑트나안)[11]은 수정을 거쳐 11월 20일의 28차 회의에서 확정되었다. 그러나 다른 중대사들 때문에 12월 12일에야 셰니에Chénier가 국민공회에서 랑트나안의 제1장을 낭독하게 된다. 제1조가 채택되고 심의가 계속되었지만 승전보 때문에 연기되어 14일과 18일에 속개된다. 그런데 이 심의가 초등학교에 국한되지 않고 교육체제 전체로 확대되자 공교위는 콩도르세안의 골자를 거의 그대로 수용한 〈공공교육 전반에 관한 보고서와 기본법안〉(이하 전체교육안)[12]을 준비했다. 롬Romme이 전체교육안을 20일에 열린 국민공회에서 발표하고, 21일과 24일에는 활발한 토론이 벌어졌다. 이처럼 교육문제가 국민공회의 중심 의제로 떠오른 순간, 갑자기 모든 것이 정지되고 모두 왕의 재판에만 몰두하여 공교위는 12월 28일의 44차 회의 이후 근 한 달 동안

회의조차 열지 못한다. 제1장 교육, 제2장 초등학교의 배치, 제3장 프랑스어가 민중에게 친숙하지 않은 지역을 위한 특별 규정,[13] 제4장 교사의 급여와 학교 건물, 제5장 교사 임명 방식으로 구성된 랑트나안을 우리의 기준에 따라 살펴보자.

① 이 법안은 초등학교만을 다루었고, 롬이 1792년 12월 20일에 낭독한 전체교육안은 콩도르세안처럼 중등학교·앵스티튀·리세를 상급 교육기관으로 설정했다.

② 4년 과정의 초등학교는 전국에 인구 비례로 설치되어 모든 시민에게 반드시 필요한 지식(읽기와 쓰기, 산수 규칙, 도덕·자연·경제의 기초 지식)을 가르친다.

⑤ 초등학교는 무상이다.

⑥ 교사는 공무원으로서 국가가 고정급을 지급하고, 각 도의 학식 있는 사람으로 구성된 위원회가 시험을 거쳐 선발한 지원자 중에서 학부형이 투표로 선출한다.

⑦ 취학 의무와 그 위반에 대한 제재 관련 규정은 없다.

⑧ 초등학교에서는 여자아이도 가르친다. 남교사와 여교사를 두어 남녀를 따로 교육한다.[14]

⑨ 교육은 모든 시민에게 공통적이어야 하므로 종교교육은 사원에서만 실시한다. 교육과 종교의 분리가 더욱 엄격하게 강조되어 성직자를 교직에서 배제했다. 제5장 제13조는 "공공교육의 모든 과정에서 어떠한 종교의 성직자도 성직을 포기하지 않는 한 교직에 임명될 수 없다"라고 규정한다.

⑩ 일주일에 한 번씩 교사가 모든 연령의 남녀 시민을 대상으로 공개수업을 한다.

⑪ 학생용과 교사용 교과서를 편찬한다.

⑫ 교육의 자유 또는 사립학교에 관해서는 아무런 언급이 없다.

랑트나안은 콩도르세안의 초등학교 부분과 거의 동일하다. 다만 성직자를 교직에서 배제한 것이 눈에 띈다. 모리스 공타르에 따르면,[15] 이는 자유사상가가 대다수인 지롱드파의 영향 때문이다. 1792년 12월 12일에 국민공회를 통과한 랑트나안의 제1장 제1조인 "초등학교가 교육의 첫 번째 단계다. 초등학교에서는 모든 시민에게 반드시 필요한 지식을 가르친다. 초등학교에서 교육을 담당하는 사람을 교사라고 부른다"가 혁명기에 새로운 교육제도 건설을 위해 제정된 첫 번째 법규였다.

하지만 국민공회는 루이 16세 재판이라는 엄청난 소용돌이에 휘말려 다른 문제에는 신경 쓸 엄두를 내지 못했고, 공교위도 12월 28일의 44차 회의 후에는 회의조차 열지 못했다. 루이 16세가 처형된 1793년 1월 21일 "공공교육 조직을 계속 의사일정에 상정한다"라는 국민공회의 결정에 따라 공교위는 1월 25일부터 회의(45차)를 재개한다. 2월 6일 국민공회는 공교위 위원 롬의 제안에 따라 "매주 목요일은 공공교육에 대해 토의한다"라고 선포했다. 그런데도 공공교육은 5월 말까지 의사일정에 오르지 못하고 있었다. 바로 이때 공안위[16]가 분명 바레르Barère의 주도로 갑작스럽게 개입한다. 5월 28일 자 공안위 회의록에 따르면, "공안위는 공공교육을 신속하게 조직하고 공화국 전역에 초등학교를 설치할 수 있는 법을 제정하라고 국민공회에 제안하기로 결정"했다. 5월 30일 국민공회에서 바레르가 공안위의 이름으로 제출한 법안이 만장일치로 통과되었다. 이 법안의 내용은 다음과 같다.

제1조 주민 400~1500명이 거주하는 모든 지역에 초등학교를 설립한다. 1000투아즈toise 이상 떨어져 있지 않은 400명 미만의 모든 마을이 이 학교

를 이용한다.

제2조 학교마다 한 명의 교사가 시민이 권리를 행사하고 의무를 수행하며 가사를 처리하는 데 필요한 기초 지식을 학생에게 가르친다.

제3조 공교위는 주민이 더 많은 코뮌과 도시를 위한 비례 방식을 제출한다.

제4조 교사는 일주일에 한 번 모든 연령의 남녀 시민에게 수업을 할 책임이 있다.

제5조 공교위가 제출하는 법안은 매주 목요일에 반드시 의사일정에 상정해야 한다.

공안위의 갑작스러운 개입은 소학교의 해체가 너무나 심각하여 초등학교 설립이 화급하다는 여론의 강력한 압력 때문이었다고 보아야 한다. 17~18세기의 프랑스에서 초등교육을 담당했다고 볼 수 있는 소학교[17]는 제헌의회의 교회와 성직자 관련 법들에 의해 해체 직전의 상태에 놓여 있었다. 소학교는 모체인 교회로부터 단절되었고 재원 부족은 심각했을 뿐만 아니라 성직자 시민헌장Constitution civile du clergé 때문에 교사 부족이라는 치명적인 위기에 직면해 있었다. 그 결과 초등학교 설립을 요구하는 민원이 점점 더 거세졌다.

입법의회 말기에 파리 레알les Halles 분구는 "초등학교 설립은 긴 토의가 필요 없다. 민중이 의회의 선행을 얼마나 기다리고 있는지 모른다. 여러분은 이 일을 국민공회에 떠넘기려고 한다. 하지만 국민공회는 새로운 헌법을 제정해야 하기 때문에 가난한 사람은 계속 무지와 오류 속에 머물게 될 것이다"라는 서한을 보냈다. 또 1792년 11월에 공교위의 랑트나안이 의사일정에 상정되지 못하자 프뤼돔Prudhomme은 "국민공회는 초등학교 설립 문제를 계속 미루고만 있다. 공교위의 보고를 목요일에 듣기로 결정해놓고도 이날 회의는 전혀 다른 문제들만 다루었다"라고 격하게 비난했다. 이렇게 봇물처럼 터지는 불만을 진정시키기 위해 1793년 5월 당시 권력의 핵심으로 부상하던 공안위가 직접 나선 것이다. 그러나 1793년 5월 30일 자 법은 교사 임명과 처우, 교과과정, 취학 의무 등 실질적인 문제에 대해서는 아무런 지침도 없는 원칙 천명의 차원에 불과했다. 어쨌든 공교위가 제출하는 법안은 매주 목요일 반드시 의사일정에 상정하기로 했다. 그런데 바로 그다음 날 지롱드파의 실각[18]이라는 사태가 벌어진 것이다.

산악파가 장악한 국민공회는 '공화력[19] 1년도 헌법'과 새로운 인권선언을 제정했다. 1793년 6월 24일 자 인권선언 제22조는 "교육은 만인에게 필수적인 것이다. 사회는 모든 힘을 다하여 공적 이성의 진보를 장려하고 교육을 모든 시민에게 제공해야 한다"라고 천명했다. 공교위의 교육안이 국민공회에서 진지한 토의의 대상이 될 여건이 조성된 셈이다. 이처럼 중차대한 시기에 공교위의 주도 세력이 교체된다. 공교위는 입법의회에서 창설된 이래 지금까지 거의 전적으로 콩도르세의 영향력 밑에 있었다. 실제로 공교위의 이름으로 발표된 모든 교육안(랑트나안, 전체교육안, 교과서안)[20]은 콩도르세안을 조금 손질한 것이었다. 그런데 콩도르세가 정치활동을 스스로 중단한 시기에 다른 주요 위원들도 여러 가지 이유로 공교위를 떠나게 된다. 공교위 지도부에 공백이 생기자 5월 23일 시예스가 위원장으로 선출되고 도누Daunou와 라카날Lakanal 같은 성직자 출신의 평원파가 공교위의 주류로 부상했다.[21] 이런 배경에서 작성되어 6월 26일 국민공회에서 공개된 〈국민교육 확립에 관한 법안〉(이하 라카날안)[22]은 다음과 같이 구성되었다. 제1장 국민학교école nationale의 설치, 제2장 감독청, 제3장 교사, 제4장 공공교육 중앙위원회, 제5장 국민학교의 교육과 체제, 제6장 국비장학생, 제7장 사립학교, 제8장 도서관과 기타 공공 교육기관, 제9장 개인과 코뮌의 공화제, 10장 국민축제. 이를 우리의 기준에 따라 살펴보자.

① 국민학교는 국비로 운영하고 교육의 모든 단계에서 사립 교육이 가능하다. 제7장 제40조는 "교육의 모든 부분에서 사립학교와 사설 강의를 개설하고 자기 방식으로 운영하는 시민의 권리를 법이 조금이라도 침해해서는 안 된다"라고 밝힌다.

② 전국에 인구 비례로 설치되는 국민학교에서 아이에게 읽기와 쓰기, 산수의 규칙, 사전 사용법, 기하·물리·지리·도덕·사회질서의 기초 지식을 가르친다.

③ ④ 상급학교에 대해서는 아무런 언급이 없고 '교육의 모든 부분에서' 사립학교와 사설 강의를 개설할 수 있다고 적시했다.

⑤ 국민학교만 무상이고 나머지는 모두 사립이므로 당연히 유료다. 국민학교에서 뛰어난 재능을 보여준 가난한 학생이 상급 사립학교에 진학하도록 국가가 지원하는 국비장학생 제도가 있다.

⑥ 국민학교 교사는 공무원이고 공공교육 중앙위원회 산하의 감독청이 선발하고 전국적으로 남녀 차별 없이 어디서나 똑같은 급여를 받는다.

⑦ 취학 의무와 그 위반에 대한 제재 관련 규정은 없다.

⑧ 국민학교는 두 반으로 나누어 남자 반은 남교사가, 여자 반은 여교사가 가르친다.

⑨ 종교교육을 금지하거나 성직자를 교직에서 배제하는 규정이 없으므로 학교에서 종교교육이 허용되며 성직자도 교사가 될 수 있다.

⑩ 교사가 정해진 날에 모든 주민을 위해 공개수업을 한다.

⑪ 교과서 문제는 6월 13일 자 법에 따라 교과서 공모대회 개최와 위원회 구성이 결정되었기 때문에 다루지 않았다.

⑫ 교육의 모든 부분을 담당하는 사립학교와 사설 강의를 개설할 수 있

다. 사립 교육을 강조하기 위해 별도의 장까지 두었다.

　라카날안은 국가가 교육의 모든 단계를 담당해야 한다는 콩도르세안의 정신을 정면으로 거부하고, 국민학교 이외의 모든 교육을 사립학교에 일임했다는 점에서 구체제 교육으로의 회귀에 다름 아니라고 보아야 한다. '교육의 모든 부분'에서 사립학교와 사설 강의를 개설할 수 있으므로 개인이 초등교육기관도 설립할 수 있는 것이다. 이는 구체제의 소학교만 국가가 담당하고, 나머지 모든 학교는 성직자에게 일임하자는 소리나 마찬가지다. 1792년 8월 18일 자 법에 따라 교육을 담당하던 재속 교단은 폐지되었지만, 그 세력이 여전히 막강했으므로 교육의 모든 단계에서 성직자가 다시 주도권을 장악하게 될 것은 너무나 뻔했다. 한마디로 라카날안은 혁명과 함께 확립되기 시작한 공공교육의 개념 자체를 부정하는 것이다. 교육 부문에서 성직자의 기득권을 공인하는 취지의 교육안이, 산악파 독재가 시작되고 머지않아 비기독교화가 본격적으로 전개될 1793년 6월 말에 공교위의 이름으로 국민공회에 제출되었다는 사실은 충격적이다. 시예스의 역할, 성직자 출신 평원파의 공교위 장악 등 여러 가지 이유가 있겠지만, 로마 제국 이후부터 혁명 직전까지 성직자가 교육을 전담했다는 점을 명심해야 한다. 아리에스에 따르면 "7세기의 갈리아에서 공립학교가 사라진 다음 학교는 기독교적 형태로 다시 태어"났다.[23] 따라서 무려 1000년 이상을 교회와 성직자가 교육을 독점하고 있었던 것이다.

　라카날안에 대해 산악파는 즉각 적대적인 입장을 표명했다. 더구나 6월 30일의 자코뱅 집회에서 장앙리 아상프라츠Hassenfratz는 라카날안이 시예스의 작품이며 "항상 이중적으로 처신하는 시예스의 간악성에서 귀족주의적이고 프랑스인을 망치려는 교육안이 나왔다"라고 격하게 비난했다. 7월 3일 국민공회는 라카날안을 거부했을 뿐만 아니라, 로베스피에르의 제안에 따라 6인의 공공교육전문위commission d'instruction publique(이하 교전위)를 구성했다. 이 교전위가 새로운 교육안을 담당하게 됨으로써 존재 이유를 박탈당한 공교위는 10월 초까지 부수적인 업무에만 종사했다.

로베스피에르의 개입은 시예스에 대한 뿌리 깊은 반감[24]에서 비롯되었을 것이다. 그래서 시예스가 지배하는 공교위 대신 교전위를 만들고 자신이 직접 참가한 것이다. 하지만 교전위는 내분 때문에 아무 일도 하지 못했다. 7월 3일 구성된 교전위의 임무는 일주일 안에 교육안을 제출하는 것이었다. 13일 로베스피에르는 국민공회에서 르펠르티에Le Peletier가 남긴 교육안(이하 르펠르티에안)[25]을 수많은 박수갈채 속에 낭독한 다음 이것을 교전위 교육안의 토대로 삼겠다고 밝혔지만, '강제적인 공동교육'에 대해서 위원들의 의견은 팽팽히 맞섰다. 전체적으로 콩도르세안과 비슷한 르펠르티에안은 초등학교 대신 '진정으로 또 보편적으로 국민적인' 교육을 위해 어린이를 공동으로 양육하는 국민교육원maison d'éducation nationale의 설립 그리고 이 과정의 의무화[26]를 제안했다. 국민공회의 재촉으로 29일 로베스피에르가 르펠르티에안과 거의 똑같은 교육안을 발표하고 격론이 벌어지지만, 결론을 내리지 못하다가 8월 13일에야 당통의 제안에 따라 '비강제적 공동교육'의 원칙이 채택된다.[27] 당통의 중개로 위기를 넘긴 교전위는 이번에는 상급 교육 단계(앵스티튀와 리세)에 대한 내분 때문에 지지부진을 면치 못했다. 결국 10월 6일(혁명력 2년 제1월 15일) 교전위는 공교위로 통합되고 만다.

석 달 만에 본연의 업무를 되찾은 공교위의 노력으로 우여곡절 끝에 10월 21일(방데미에르 30일) 국민공회는 여덟 개 조항으로 된 초급학교première école 법안[28]을 통과시키고 26, 28, 30일(브뤼메르 5, 7, 9일)에 많은 추가 조항을 채택했다. 그래서 롬이 그때까지 결정된 조항을 정리하여 국민공회에 제출한 11월 4일(브뤼메르 14일) 드디어 초급학교 관련법이 확정되는 듯했으나, 쿠페를 위시한 반대파의 공세로 무산되고 말았다. 교육안 재검토를 담당하는 전문위원회 구성을 공안위에 일임하자는 반대파의 제안이 받아들여진 것이다. 이제까지의 모든 노력이 다시 물거품으로 돌아갈 위험에 처하자 공교위는 자체 수정안 제출을 허락받아 11월 17일(브뤼메르 27일)의 155차 회의에서 〈초급학교 조직법의 공교위 수정안〉(이하 롬안)[29]을 확정한다. 10월 21~30일에 국민공회를 통과한 조항들을 약간 손질한 롬안은 초급학교의 조직과 목표, 학교 수와 배치, 교육위원회, 교육위원회의 구성, 남교사와 여교사, 교사 임명, 감독, 급여·교사校舍·운영으로 구성되었다. 이를 우리의 기준에 따라 살펴보자.

① 이 법안 역시 초급학교만 다루었고 상급학교에 관해서는 여전히 공교위 내부의 의견이 엇갈려 있었다.

② 초급학교는 전국에 코뮌의 주민 수를 고려해 설치하고, 여기서 어린이는 프랑스어[30] 말하기·읽기·쓰기, 프랑스의 몇몇 지리적 개념, 인간의 권리와 의무 등을 배운다.

⑤ 초급학교에서의 모든 교육은 무상이다.

⑥ 교사는 공무원으로서 고정급을 받으며 교육위원회가 추천하는 후보들 중에서 학부모들이 지명한다. 교사직을 지망하는 사람은 '애국심과 품행 증명서cerificat de patriotisme et de bonnes moeurs'를 제출해야 한다. 교사는 국립학교에서 학생을 가르치는 것 외의 어떤 교육도, 개인 교수도 할 수 없다.

⑦ 취학 의무와 그 위반에 대한 제재 관련 규정은 없다.

⑧ 남학교와 여학교를 구분하여 남교사와 여교사가 각각 가르친다.

⑨ 어떠한 이전以前 귀족도, 어떠한 성직자도, 어떠한 종교의 사제도 교

육위원회 위원이나 교사가 될 수 없다. 단, 공식적으로 성직을 포기한 동시에 결혼한 성직자는 예외다.

⑩ ⑪ ⑫ 평생교육, 교과서, 사립 교육에 관한 규정은 없다.

롬안은 전체적으로 콩도르세안을 따랐지만, 성직자와 이전 귀족을 교직에서 배제하고 사립 교육을 허용하지 않았다는 점에서 혁명기에 공교위의 이름으로 제출된 교육안 중에서 가장 진보적이었다. 물론 사립학교와 사설 교육을 금지하는 규정은 없다. 그러나 교사가 국립학교에서 교육하는 것 외에는 어떠한 교육이나 개인 교수를 할 수 없다는 조항은 사립학교와 사설 교육을 금지하는 것과 다름없다고 보아야 한다. 성직자 관련 규정은 콩도르세안보다 훨씬 더 엄격하다. 제36조는 "교사직과 성직은 양립할 수 없다"라고 못 박고, 제26조(남자)와 제50조(여자)는 이전 귀족과 자는 교사가 될 수 없다고 명시한 것이다. 성직을 공식적으로 포기하고 결혼을 한 성직자는 예외로 한다는 단서 조항은 쿠페를 비롯한 성직자의 반발을 완화하기 위해 도입된 것이 분명하지만, 바로 그렇기 때문에 모욕적이라고도 볼 수 있다. 10월 28일(브뤼메르 7일) 공교위에서 채택된 조항들은 다음과 같다.

- 어떠한 이전 귀족도, 어떠한 성직자도, 어떠한 종교의 사제도 교육위원회 위원이나 교사가 될 수 없다.
- 이전 여자 귀족, 이전 수녀 그리고 성직나나 이전 귀족에 의해 옛날 학교에 임명되었던 여선생은 국립학교 교사가 될 수 없다.

이처럼 롬안은 교육은 국가가 담당해야 한다는 공공교육의 원칙에 가장 충실한 교육안이었다. 성직자를 교직에서 철저하게 배제한 롬안의 규정은

"프랑스에서 교단은 종류와 성격에 관계없이 어떠한 교육도 담당해서는 안 된다"[31]라고 규정한 1904년 7월 7일 자 법을 예고했다고 볼 수 있다. 그러나 1793년 11월이 혁명의 절정이라고 볼 수 있는 공포정치와 혁명정부 기간이었는데도 롬안은 받아들여질 수 없었다.

브뤼메르에 통과된 조항들은 '학교 문제에서 혁명이 놓은 첫 번째 초석'이었지만 바로 국민공회에 의해 제거되고 만다. 교육안 재검토를 담당하기로 한 전문위원회는 구성 후에 아무런 활동을 하지 않았고 공교위가 자체 수정안인 롬안을 제출했으므로 당연히 이 법안이 받아들여질 것 같았다. 그러나 전혀 엉뚱한 일이 벌어진다. 11월 21일(프리메르 1일)로 예정된 수정안 심의가 연기되는 동안 공교위는 상급 교육 단계의 조직에 관한 법안을 국민공회에 제출할 준비를 하고 있었는데, 12월 1일(프리메르 11일)의 161차 회의에서 난데없이 부키에Bouquier가 기존의 방향을 완전히 뒤집는 내용의 〈보고서와 법안〉(이하 부키에안)[32]을 발표한다. 일부 위원들이 부키에안을 지지하자 공교위는 프리메르 18일에 열린 국민공회에서 롬안과 부키에안을 같이 상정하기로 결정했다. 프리메르 18일의 국민공회에서 이 두 개의 안이 발표되고 19일부터 심의가 시작되었는데, 부키에안이 우선권을 부여받았을 뿐만 아니라 21일의 자코뱅 회의에서도 열광적인 지지를 받았다. 롬안은 일률적인 교사 급여 때문에 막대한 예산이 필요하고 지나치게 규제적이라는 비판을 이겨내지 못했다. 결국 프리메르 29일의 국민공회에서 부키에안이 '초등학교[33]와 공공교육 조직에 관한 법(이하 부키에법)'[34]으로 확정된다. 제1장 교육 전반, 제2장 교육의 감독, 제3장 첫 번째 교육 단계로 구성된 부키에법을 우리의 기준에 따라 살펴보자.

① 부키에안은 초등학교에서 실시되는 '첫 번째 교육 단계'와 민중협회·연극·축제 등으로 이루어지는 '최종 교육 단계'를 구분하며, '사회에

유익한 과학과 기술교육'을 별도로 다루었는데, 부키에법에서는 '첫 번째 교육 단계'만 다루었다.

② 일정한 조건만 구비하면 누구나 설립할 수 있는 초등학교에서 교사는 국회에 의해 채택된 교과서에 따라 시민 양성에 절대적으로 필요한 지식과 읽고 쓰기 그리고 산수의 기본 규칙을 가르친다.

③ ④ 공공교육의 완성에 기여하는 교과서를 공교위가 채택하고, 사회에 유익한 과학과 기술(공학·포술·의학·토목 등) 교육을 위해 교사를 전국에 배치하며, 나머지 교육은 완전히 자율에 맡긴다는 골자의 제4장과 제5장은 부키에법에서 제외되었다.

⑤ 초등학교는 무상이고, 교사는 학생 수에 따라 공화국으로부터 급여를 받는다.

⑥ 누구나 '공민정신과 품행 증명서cerificat de civisme et de bonnes moeures'를 제출하고 신고를 하면 학교를 세우고 교사가 될 수 있다. 교사는 자치단체와 학부모의 감독을 받는다. 교사는 학생 수에 따라 공화국으로부터 급여를 받지만, 그들이 공무원이라는 명시적인 규정은 없다.

⑦ 부키에안에는 아이의 취학을 부모의 선택에 맡겼으나, 국민공회의 심의 과정에서 샤를리에Charlier와 당통의 개입으로, 부모에게 아이를 초등학교에 보낼 의무를 부과하는 조항과 그 위반에 대한 제재 조항이 신설되어 부키에법에 포함되었다.

제3장 제6조 부모 또는 후견인은 아이를 초등학교에 보낼 의무가 있다.

제3장 제9조 아이를 학교에 보내지 않는 부모 또는 후견인은 경범재판소 tribunal de la police correctionnelle에 고발하고, 그들이 법을 준수하지 못하도록 만든 동기가 타당하다고 인정되지 않으면 첫 번째 위반에 대해서는 그들이

내는 세금의 4분의 1에 해당하는 벌금형에 처한다.

재범의 경우에는 벌금이 두 배가 되고 재범자는 평등의 적으로 간주되며 10년 동안 시민권을 행사하지 못한다. 이러한 경우에는 판결문을 게시한다.

⑧ 남교사와 여교사가 각각 남학교와 여학교를 담당한다.

⑨ 초등학교에서 종교교육을 금지하는 규정은 없다. 또 성직자나 이전 귀족을 교직에서 배제하는 조항도 없다.

⑩ 초등학교를 마치고 농업에 종사하지 않는 젊은이는 사회에 유익한 과학, 기술, 직업을 배워야 한다.

⑪ 공교위가 초등학교용 교과서를 채택한다.

⑫ 제1장 제1조에서 "교육은 자유다"라고 선언할 만큼 교육의 자유가 강조되었다. 다만 교사의 개인 교수는 금지한다.

부키에법에는 중대한 결함이 많은데 크게 세 가지만 지적해보자. 첫째, 교육은 자유이고 누구나 학교를 설립하고 교사가 될 수 있다는 규정은 라카날안처럼 공공교육의 정신을 부정하고 구체제의 소학교로 돌아가자는 주장과 다름없다고 보아야 한다. 성직자를 교직에서 배제하지 않았기 때문에 교육 부문에서 기득권과 전문성을 확보한 성직자가 다시 교육을 장악하게 될 것은 너무나 뻔하다. 둘째, 부키에법은 일관성과 체계성이 크게 부족하고 급조된 느낌을 강하게 준다. 콩도르세안과 롬안 등은 공교위에서 수많은 회의를 거쳐 확정되었지만, 부키에법은 단 한 번의 공개 논의도 거치지 않고 난데없이 튀어나온 부키에안을 약간 손질한 것에 불과하다. 셋째, 제1장 제1조에서 "교육은 자유다"라고 선언한 다음, 취학 의무와 그 위반에 대한 처벌을 명문화한 것은 부키에법이 얼마나 앞뒤가 맞지 않는지를 단적으로 보여준다.

공포정치와 혁명정부 기간에 이처럼 자유방임적이고 모순덩어리인 교육법이 제정되었다는 사실은 제임스 기욤을 비롯한 모든 연구자를 곤혹스럽게 만들었다. 다만 성직자의 기득권 보장이 가장 중요한 배경이었다는 주장에는 대부분 동의한다. 로베스피에르의 주도로 비기독교화에 제동이 걸리고 종교의 자유가 역설되는 시점[35]에 '자코뱅과 성직자(주로 평원파) 사이의 암묵적인 타협'이 이루어져, 교육의 자유를 천명(성직자의 기득권 보장)하는 동시에 취학 의무와 그 위반에 대한 처벌을 명시(자코뱅적 발상)한 모순적인 부키에법이 나왔다고 보아야 할 것 같다.

어쨌든 1793년 12월 19일(공화력 2년 프리메르 29일)에 부키에법이 국민공회를 통과함으로써 혁명의 발발 이래 무수한 논의의 대상이 되어온 교육 분야에서 최초의 법이 제정된 것이다. 이제까지의 다른 모든 법규는 구체제의 교육과 학교에 관한 것이었다. 이제 시행이 문제다. 부키에법 시행에 관한 자료가 충분하지 않아서 정확한 평가는 어렵지만, 크게 세 가지를 지적할 수 있다. 첫째, 혁명정부와 군청이 적극적인 노력을 기울인 결과 많은 학교가 문을 열게 되었다. 둘째, 법 자체의 중대한 결함 때문에 민원이 폭주했다. 대표적인 질문은 전직 신부를 교사로 채용할 수 있느냐 하는 것이었다. 공교위는 최종적으로 "법이 금지하지 않은 모든 것을 할 수 있다"라고 답변했다. 셋째, 교사 부족을 비롯한 여러 가지 물질적 한계 때문에 '보통교육'이라는 목표 달성과는 거리가 멀었다. 따라서 교사 양성을 위한 사범학교[36]를 설립하고 교실, 교사 처우 등 여러 문제를 해결하기 위해서는 다른 무엇보다 시간과 혁명정부의 지원이 필요했다. 교사 부족이 가장 큰 걸림돌이라는 사실을 파악한 공교위는 1794년 5월 18일(플로레알 29일) "무기와 화약 제조를 위해 이미 사용된 방법[37]과 비슷한 혁명적인 방식으로 공화국 전역에 공공교육을 전파할 법안"을 쿠페, 티보도Thibaudeau, 부키에에게 위임했다. 그래서 5월 20일(프레리알 1일)에 공교위는 〈교육을 혁명하는 법안〉[38]을 확정하여 공안위로 넘겼다. 하지만 공안위 내부의 사정과 1794년 7월 27일(테르미도르 9일)의 쿠데타 때문에 '사범학교 설립법'은 1794년 10월 31일(공화력 3년 브뤼메르 9일)에야 제정된다.

테르미도르 반동 이후의 라카날법과 도누법

04

|

로베스피에르가 실각하자 '산악파의 학교법'에 대한 공세가 시작된다. 부키에법은 산악파의 단독 작품이 아니라 성직자가 주류인 평원파와의 타협에 의해 급조된 것이었지만, 테르미도르 반동 이후에는 로베스피에르와 산악파 전체가 타도의 대상이었다. 초등학교 설립에 대해 폭주하는 민원을 구실로 이 문제를 다루는 전문위원회가 8월 22일(프뤽티도르 5일)에 구성되었다. 공교위 자체도 재편되어 부키에를 비롯한 산악파가 떠나고 라카날이 중심이 된다. 평원파는 산악파의 주도로 도입된 두 가지 의무, 즉 취학 의무와 공민정신 증명서 제출이 자유를 말살한 로베스피에르의 작품이라고 매도하면서 국민공회가 공공교육을 다시 다루어야 한다고 주장했다. 결국 1794년 10월 13일(공화력 3년 방데미에르 22일) 공교위는 라카날의 제안에 따라 부키에법을 포기하고 1793년 6월의 라카날안을 기조로 새로운 교육안을 확정한다. 라카날의 〈초등학교 조직에 대한 보고서와 법안〉[39]은 10월 28일(브뤼메르 7일)에 열린 국민공회에 제출되고 심의를 거쳐 11

월 17~19일(브뤼메르 27~29일)에 '공화력 3년 브뤼메르 27일의 초등학교법'[40]으로 확정된다. 제1장 초등학교 설립, 제2장 교육위원회, 제3장 교사, 제4장 초등학교 교육과 체제로 구성된 라카날법을 우리의 기준에 따라 살펴보자.

① 라카날법은 초등학교만을 다루었다.

② 전국에 주민 1000명당 한 개의 초등학교를 설립한다. 초등학교에서 프랑스어 읽기와 쓰기, 공화국의 인권선언과 헌법, 간단한 계산과 측량 규칙 등을 가르친다.

⑤ 초등학교는 무상이지만 이 원칙이 명시되지는 않았다.

⑥ 교사는 교육위원회가 선발하고 군청이 임명한다. 교사는 전국적으로 단일한 급여를 공화국으로부터 받는다. 교사는 개인 교수를 할 수 없다. 교사 자격에 대한 어떠한 제한도 없다.

⑦ 취학 의무와 그 위반에 대한 제재 관련 규정은 없다. 그 대신 "초등학교를 다니지 않은 젊은이는 청춘 축제 시에 심사를 받고 시민에게 필요한 지식을 갖추지 못했다는 판정을 받으면 모든 공직에서 배제한다(제4장 제14조)."

⑧ 초등학교를 두 반으로 나누어 소년반은 남교사가, 소녀반은 여교사가 가르친다.

⑨ 종교교육을 금지하거나 성직자를 교직에서 배제하는 규정은 없다.

⑩ 평생교육 관련 규정은 없다.

⑪ 교사는 국민공회의 명으로 제작된 교과서를 가지고 학생을 가르친다.

⑫ 관계 당국의 감독하에 사립학교를 개설하는 시민의 권리를 법이 조금이라도 침해해서는 안 된다(제4장 제15조).

1793년 6월의 라카날안을 계승한 라카날법은 교육 전문가인 평원파의 작품답게 나름대로 일관된 원칙을 확립했다. 초등학교 교육은 무상이고 이론적으로 의무이며(제4장 제14조) 교사에게 동일한 급여를 지불한다. 동시에 성직자를 포함한 모든 시민이 사립학교를 개설할 권리를 명시적으로 보장했다. 평원파는 다른 무엇보다 '교육의 자유'를 가장 중시한다는 점을 거듭 확인할 수 있다.

'평원파의 학교법'이라고 부를 수 있는 라카날법은 취학 의무와 교사 자격을 제외하고는 부키에법과 크게 다르지 않았으므로 초등학교 설립을 위한 노력은 테르미도르 반동 이후에도 지속되었다. 공교위는 학교 설립 관련 민원을 현장에서 해결하기 위해 위원들을 지방에 파견하기도 했다. 그러나 라카날법 역시 부키에법처럼 제대로 시행되지 못한다. 우선 사범학교 실험이 실패로 끝나고 말았다. 테르미도르 반동 이전부터 준비되었지만 계속 미루어지던 사범학교 설립은 10월 30일(브뤼메르 9일) 라카날의 법안이 국민공회를 통과하여 본격적으로 추진되기 시작했지만, 학생들이 너무 잡다하고 강의도 지나치게 현학적이어서 논란 끝에 1795년 5월 19일(플로레알 30일) 자로 폐쇄되고 만다. 라카날법에 대한 결정적인 타격은, 공화력 3년 프레리알 민중봉기의 실패 이후 본격적으로 시작된 국민공회의 보수 반동화에서 비롯된다.

프레리알 이후 테르미도르파가 장악한 국민공회는 혁명이 지금까지 지향하던 공공교육의 주요 원칙(무상교육, 취학 의무, 교육 앞에서 아이들의 평등)을 포기하게 된다. 살아남은 지롱드파 그리고 중립을 지키던 평원파의 결탁에 의해 형성되었다고 볼 수 있는 테르미도르파를 대표하는 인물 가운데 한 사람이 도누[41]다. 도누가 주도한 '3년도 헌법' 제10장(공공교육)은 다음과 같다.

제296조 공화국의 초등학교에서 학생은 읽기, 쓰기, 계산의 기초, 도덕의 기초를 배운다. 공화국은 초등학교를 담당하는 교사의 주거비용을 부담한다.

제297조 공화국의 여러 지역에 초등학교보다 상급인 학교를 배치한다. 상급학교는 도 두 곳에 최소한 하나를 설립한다.

제298조 예술과 학문을 완성하는 임무를 담당하는 국립학술원을 설립한다.

제299조 위의 공공 교육기관은 서로 종속 관계가 전혀 아니고 행정적으로도 연결되지 않는다.

제300조 시민은 학문, 문학, 예술의 발전에 기여하기 위해 사립 교육기관과 사설 협회를 설립할 권리를 갖는다.

제301조 시민 사이의 우애를 유지하고 그들이 헌법, 조국, 법률에 애착을 갖도록 국민축제를 조직한다.

이처럼 테르미도르파가 확립한 '공공교육' 체제에서는 초등학교마저 무상이 아니고 초등학교와 상급학교 사이에 아무런 연관이 없으며 사립학교가 전적으로 보장된다. 공공교육이라고 보기 어려운 원칙에 충실한 도누법[42]은 제1장 초등학교, 제2장 중앙학교école centrale, 제3장 특수학교, 제4장 국립학술예술원,[43] 제5장 포상, 제6장 국민축제로 구성되어 있다. 이를 우리의 기준에 따라 살펴보자.

① 교육과정은 초등학교, 중앙학교, 특수학교의 3단계로 구성된다.

② 면에 하나 또는 여러 개의 초등학교를 설립한다. 초등학교에서 읽기, 쓰기, 셈하기, 공화국 도덕의 기초를 가르친다.

③ 각 도에 하나씩 중앙학교를 설립한다. 중앙학교는 세 개의 과정으로 나뉜다. 학생은 12세가 되어야 입학할 수 있다.

④ 천문학, 기하학과 역학, 박물학, 의학, 수의학, 농촌경제학, 고대학, 회

화·조각·건축, 음악을 전공하는 특수학교를 설립한다.

⑤ 어떤 학교도 무상이 아니다. 초등학교 교사는 학생으로부터 학비를 받는다. 면 행정부는 초등학교 학생의 4분의 1에게 가난을 이유로 학비를 면제할 수 있다. 중앙학교와 특수학교마다 학생 20명에게 하숙비pensions를 제공한다.

⑥ 초등학교 교사는 각 도 교육위원회의 심사를 거쳐 도청이 임명한다. 공화국은 교사에게 숙소와 교실을 제공한다. 교사는 학생으로부터 도청이 정하는 액수의 학비를 받는다. 중앙학교 교수는 교육위원회에서 심사하고 선발한다. 교수는 정해진 연봉을 받는다. 교수는 연봉 외에 학생으로부터 학비를 받아서 자기들끼리 분배한다.

⑦ 취학 의무와 그 위반에 대한 제재 관련 규정은 없다.

⑧ 도누법에는 여성 교육에 대한 규정이 없고 라카날이 별도의 법안을 제출하여 통과시켰다. 이 법에 따르면 초등학교를 두 반으로 나누어 소년반은 남교사가, 소녀반은 여교사가 가르친다.

⑨ 학교에서 종교교육을 금지하거나 성직자를 교직에서 배제하는 규정은 없다.

⑩ 평생교육 관련 규정은 없다.

⑪ 교과서에 대한 규정은 없다.

⑫ 사립학교 개설은 헌법으로 보장된 권리이고, 도누는 보고서에서 "가정교육의 자유와 사립 교육기관의 자유는 확고하다"라고 강조했다.

공화력 3년도 헌법과 도누법에 의해 확립된 테르미도르파의 학교체제에서 중심은 초등학교가 아니라 중앙학교다. 국가가 아니라 지자체가 담당하는 초등학교는 더 이상 무상이 아니다. 또 초등학교와 중앙학교 사이에는 소학교와 콜레주 사이처럼 어떤 연관성도 없다.

초등학교가 중앙학교와 연결되며 마치 그 관문이라도 되는 것처럼 간주하는 것은 중대한 오류라고 생각한다. 상호간에 공통점이라고는 조금도 없는 두 개의 완전한 교육체제가 있어야 한다.[44]

3년도 헌법에 대한 심의 시 "우리가 지금까지 초등학교를 건립하지 못한 것은 자코뱅이 교사의 급여를 공화국이 지급하길 원했기 때문"이라고 한 발언에서 테르미도르파의 보수반동화를 단적으로 확인할 수 있다. 혁명과 공교위는 만인에게 보편적인 초등교육의 무상화에 의해 진정한 공공교육을 확립하려고 노력했지만, 3년도 헌법과 도누법은 프랑스의 교육을 구체제, 즉 초등학교(소학교)와 중앙학교(콜레주)의 시대로 되돌아가게 만든 것이다.

100년 후를 위한 씨앗

05

공교위의 여러 교육안을 검토한 결론은 크게 세 가지로 제시할 수 있다. 첫째, 탈레랑안에서 콩도르세안과 롬안을 거쳐 도누법에 이르는 과정은 전체적으로 혁명의 진행 과정(급진화와 과격화를 거쳐 테르미도르 반동 이후의 보수반동화)과 일치한다. 둘째, 이러한 전체적인 설명의 틀에 맞지 않는 라카날안과 부키에법은 당파 간 대립과 타협만이 아니라 의원들 사이의 친분관계가 교육안에도 영향을 미쳤다는 사실을 반증한다. 셋째, 프랑스의 교육을 1000년 이상 독점해온 성직자의 힘이 명실상부한 공공교육을 가로막는 데 커다란 역할을 했다는 것을 확인할 수 있다. 시예스, 라카날, 도누 등 성직자 출신 의원들의 영향력은 도누법 제정에 결정적으로 작용했다. 명실상부한 공공교육은 거의 100년 동안의 투쟁을 거쳐 1880년대에 와서야 뿌리를 내리게 된다. 공립학교에서 초등교육의 완전한 무상에 관한 법은 1881년 6월 16일, 초등교육 의무화와 세속화에 관한 법은 1882년 3월 28일에 제정된다. 콩도르세안과 롬안으로 대표되는 공교위 교육안들이 뿌린 씨앗이 썩지 않고 꽃을 피우게 된 것이다.

제2공화국
교육부장관 카르노의
완결되지 못한
교육개혁안

김정인

널리 알려지지 않은
교육부장관

이폴리트 카르노Lazare Hippolyte Carnot(1801~1888)는 국민공회 시기에 공
안위원회 위원이었으며 '승리의 조직자'라고 흔히 불리는 그의 아버지 라
자르 카르노(1753~1823) 그리고 제3공화국의 다섯 번째 대통령이 되었다가
비극적인 죽음을 맞은 그의 아들 마리 사디 카르노(1837~1894)에 비해서,
심지어 36세의 젊은 나이에 죽었지만 열역학의 법칙을 발견함으로써 과학
계에 널리 알려진 그의 형 니콜라 사디 카르노(1796~1832)에 비해서도 덜
알려진 인물이다. 그에 대한 연구 역시 매우 빈약해서, 그의 사후 프랑스
학술원에서 그의 저작들을 소개하는 작은 소책자가 간행된 것[1]과 1848년
혁명 100주년 기념 총서 중 한 권으로 기획되어 그의 손자 폴 카르노가 쓴
84쪽 분량의 작은 책[2]을 제외하면, 사실 최근에 간행된 전기 한 권[3]이 그에
대한 연구로는 거의 유일한 셈이다. 당연히 일반 역사서에서 그의 이름을
보기는 쉽지 않으며,[4] 1848년의 역사가로 널리 알려진 모리스 아귈롱이 그
의 이름을 언급한 경우에도 교육부장관으로서의 활동을 소개하는 내용은
거의 없고, 그가 주도한 교육개혁안에 대한 언급은 팔루법을 다루는 다섯
쪽 가운데 단 몇 줄에 불과하다.[5]

이런 사정은 교육 관련 연구서에서도 마찬가지다. 법제사적으로 접근하면서 초등교육에 관한 모든 법안을 체계적으로 정리한 모리스 공타르가 카르노의 교육개혁 법안에 대해 상대적으로 많은 분량을 할애한 반면,[6] 교육사 최초의 교과서라고 할 만한 앙투안 프로의 책에서 카르노에 대한 언급은 루이 나폴레옹 보나파르트를 지지하는 세력이 팔루법을 제정해야만 했던 이유 중의 하나로 거론될 뿐이다.[7] 네 권의 총서 중 한 권으로 기획되어 600여 쪽의 본문을 통해 혁명기로부터 제1차 세계대전 이전까지의 프랑스 교육사를 다룬 프랑수아즈 마이어의 책에서도 카르노의 개혁안을 다룬 부분은 한 쪽 정도에 불과하다.[8]

이처럼 카르노와 그의 교육개혁안을 주목하는 사람이 적은 것은 아마도 1848년 2월보다는 상대적으로 6월의 사건들이 토크빌과 마르크스를 비롯한 많은 사람의 눈길을 끌었기 때문일 것이다.[9] 부르주아지와 프롤레타리아트 간의 계급전쟁을 예감하는 이들에게 제2공화국의 주류를 형성했던 두 진영, 즉 신문《국가Le National》를 중심으로 한 자유주의 공화파 진영이나 이들보다는 더욱 급진적이고 동시에 사회적이었던《개혁La Réforme》진영 모두에 가담하지 않았던 이 정체불명의 사나이[10]가 제시한 교육개혁이 중요하게 보일 리 없었을 것이다. 또 그가 장관직에 머물렀던 기간도 1848년 2월 24일부터 7월 5일까지 5개월이 안 되었으며, 그의 사퇴 후 의회의 한 소위원회에 의해 수정된 개혁안마저 루이 나폴레옹 보나파르트의 대통령 당선 후 임명된 교육부장관 팔루에 의해 철회되었기 때문이기도 하다.

끝내 대중에게 제대로 알려질 기회조차 없이 사라졌던 이 개혁안은, 그러나 카르노가 장관으로 재임하는 동안 취했던 조치와 함께 훗날 강베타 Léon Gambetta에 의해 '교권주의'로 명명될 보수적인 세력을 공격하는 가장 효율적인 무기를 제공했으며, 결국에는 페리법으로 완성될 공화파 교육개

혁의 전조이기도 했다. 이 장에서는 먼저 1848년까지 이폴리트 카르노의
행적을 살펴봄으로써 그의 생각이 어디서 기원했는지를 추적한 다음, 장
관으로 취임한 이후 그가 어떤 조치를 취했는지 살펴볼 것이며, 마지막으
로 비록 완결되지는 못했지만 그와 그의 동료들이 준비했던 교육개혁안이
어떤 내용을 담고 있었고 그 개혁안이 어떤 영향을 미쳤는지를 알아볼 것
이다. 아마도 이를 통해서 정치가 교육에 혹은 교육이 정치에 개입하는 방
식에 대하여 그리고 페리Jules Ferry를 비롯한 3세대 공화파가 이폴리트 카
르노로 대표되는 2세대에게서 무엇을 배웠는지를 알 수 있을 것이다.

1848년까지
카르노의 행적

02

1801년 4월 1일 이폴리트 카르노가 외가인 생토메르Saint-Omer(파드칼레
Pas-de-Calais 주 소재)에서 태어났을 때 그의 아버지 라자르 카르노는 통령
정부에서 잠시 동안 맡았던 전쟁부장관직에서 물러나 처가에 머무르고 있
었다.[11] 그의 증손자의 표현처럼 "스스로에게 엄격하고 겸허했던 이 공화
주의자가 권위적인 독재자와 오래 어울리기 어려웠기" 때문이었을까?[12]
1802년 호민원Tribunat 의원이 된 이후에도 그는 나폴레옹이 종신통령이
될 때나 그리고 제정이 선포될 때나 반대표를 던졌고, 1807년 호민원이 폐
지된 이후에는 공직에서 물러나 두 아들의 교육에만 전념했다. 라자르가
다시 나폴레옹과 화해한 것은 러시아 원정이 시작된 때였으며, 나폴레옹

이 퇴위한 1814년에 그는 앙베르 수비군의 지휘를 맡고 있었다. 나폴레옹의 백일천하 동안 내무부장관직을 맡았던 그는 왕정복고 후 국왕 시해자로 몰려 1815년 망명을 떠났고, 당시 열네 살이었던 이폴리트는 폴란드의 바르샤바, 독일의 마그데부르크로 이어지는 여정을 아버지와 함께했다. 이폴리트가 파리에 다시 정착한 것은 8년이 지난 1823년 아버지가 죽은 이후였으며, 아버지가 그에게 미친 영향력은 말년의 그로 하여금 두 권으로 된 아버지의 전기[13]를 쓰게 할 정도였다. 중요한 결정을 내릴 때마다 그는 아버지라면 어떻게 했을까 하고 자문하곤 했다.

에콜 폴리테크니크école polytechnique를 나와 공병이 되어 과학 연구에 몰두하던 형과 달리, 파리로 돌아온 이폴리트의 첫 번째 계획은 변호사가 되는 것이었다. 하지만 부르봉 왕가에 충성을 맹세하는 선서를 할 수 없었던 그는 대신 왕가에 반대하는 정치적 활동을 시작했다. 그가 우선 관심을 가졌던 단체는 1821년 저명한 박애주의자 라 로슈푸코리앙쿠르 La Rochefoucauld-Liancourt가 설립한 '기독교윤리협회Société de Morale chré-tienne'였다. '코사크인에 의해 방패 위에 되돌려진 왕조에 반대하는'[14] 이 협회는 브로글리 공작, 스타엘, 페레이르, 라피트, 뱅자맹 콩스탕, 프랑수아 기조, 알퐁스 라마르틴 등 종교에 관계없이 부르봉 왕가에 반대하는 이들이 결집하는 곳이었고, 이들은 노예제와 사형제에 반대하는 활동을 벌였다. 또 이들 중 많은 이들은 1815년 창립 당시 내무부장관이었던 이폴리트의 아버지가 지원을 아끼지 않은 '초등교육협회Société pour l'Instruction élé-mentaire'[15]의 회원이기도 했다. 동시에 이폴리트는《백과사전식 잡지Revue encyclopédique》의 기고자가 되었다.

하지만 그가 더욱 흥미를 갖고 관심을 기울인 것은 생시몽주의였다. 생시몽이 죽은 1825년에는 오귀스트 콩트가 생시몽의 생각을 실증주의로 발전시키고 있었고, 앙팡탱Barthélemy Prosper Enfantin과 바자르Saint-Armand Bazard가 이 생시몽주의자들을 이끌고 있었다. 생시몽주의를 통해 혁명적인 이념을 발전시킬 수 있다고 확신한[16] 이폴리트 카르노는《생산자le Producteur》《조직자l'Organisateur》《지구le Globe》등의 잡지에 생시몽주의에 관한 글을 실었고, 생시몽주의의 교의를 설명하는 책과 선전용 요약집을 쓰기도 했다.[17] 하지만 '아버지들'의 생시몽주의는 신비적인 종교가 되었고, '가족의 권리'와 '소유권'을 존중했던[18] 카르노에게 '간통 합법화'는 더 이상 받아들일 수 없는 것이었다. 그는 장 레노Jean Reynaud, 에두아르 샤르통Edouard Charton 등 후일 장관이 된 자신을 도울 동료들과 함께 생시몽주의에서 벗어났다.[19] 이렇게 단절은 했지만 생시몽주의자로서의 경험은 그를 박애주의자로 만들었고, 그에게 과학과 양립할 수 있는 깊은 종교적 믿음을 갖게 했으며, 종교적 관용만큼이나 중요한 정치적 관용의 가치를 알게 했다.[20]

한동안 여행도 하고《백과사전식 잡지》의 발행인을 맡기도 했던 그는 1837년부터 본격적으로 정치에 뛰어들었다. 이해에 그는 비록 당선되지 않았지만 디종, 본, 오텅, 샬롱 네 곳의 의원 후보 명단에 올랐다. 1839년에 그는 아마도 아버지의 명성이 많이 작용했겠지만, 프랑수아 아라고와 라피트의 지원을 받으며 파리 6구 의원으로 선출되었다. 당시 그는 선거권 확대, 왕의 특권 제한, 납세자의 재산에 따른 누진 과세, 비밀회계 철폐 등을 공약으로 내세웠다.[21] 1842년과 1846년에 연이어 선출된 그는 의회에서 아직은 '공화파républicains'로 불리지 못한 '급진파radicaux'의 일원으로서 피에르 토마 마리, 뒤퐁 드 뢰르, 루이 앙투안 가르니에파제스, 알렉상드르 르드뤼-롤랭, 아라고 등과 함께 의회의 가장 왼쪽에 자리를 잡았다.[22]

의원으로서 미성년 노동자의 작업 조건이 어떠한지 정보를 수집하기 위해 독일과 오스트리아에 파견되기도 했던 이폴리트 카르노는 초등교육을 의무화하고, 공장 청소년에게 제공되는 수업을 일을 마친 피곤한 저녁이 아니라 낮 시간에 하도록 주장했다. 1844년에는 행형제도, 특히 독방 감금과 체벌에 대해 항의하면서 정치적 관용을 베풀 것을 주장하기도 했다. 또 1846~1847년에 초등교육협회의 총서기를 맡은 그는 초등교육의 필요성을 역설하면서 성직자학교의 비정상적인 확산을 막고, 교육의 자유를 확대하며, 학교 비품과 교과서의 부족을 개선하고, 특히 1년에 500프랑도 받지 못하는 교사가 절반을 훨씬 넘는 열악한 경제적 상황을 시급히 개선해야 한다고 주장했다. 1848년 교육부장관이 되어 그가 바로 착수했던 시급한 과제들이었다.[23]

교육부장관 카르노

1848년 2월 22일 선거권 확대를 주장하는 연회宴會가 금지되자 준비되었던 시위는 봉기로 확산되었고, 파리 곳곳에는 바리케이드가 세워졌다. 혼란한 가운데 시청에 모인 지도부는 24일 공화국을 선포했으며, 곧 뒤퐁 드 뢰르를 수반으로 하는 임시정부가 구성되었다. 카르노는 처음 독일에 외교 사절로 파견되기를 바랐지만, 결국 종교에 관한 업무까지 포괄하는 교육종교부장관ministre de l'Instruction publique et des cultes을 맡게 되었다. 생시몽주의자였을 때부터 그의 절친한 친구였던 에두아르 샤르통이 그의 사무국장secrétaire général이 되었으며, 장 레노는 임시정부의 차관sous-secrétaire d'État이 되어 그들을 도왔다.

제2세대 공화주의자로서 카르노의 생각에 따르면, 1792년의 공화국과 달리 1848년의 공화국은 제도를 정복하는 것뿐만 아니라 국민교육을 굳건한 기반으로 삼아 제도가 흔들리지 않게 해야 하며, '새로운 제도를 위해서는 새로운 시민을 양성해야' 했다.[24] 무엇보다도 시급한 일은 무상 의무교육 그리고 교육의 자유를 원칙으로 한 초등교육법안을 만드는 것이었다. 무상교육은 부유한 집 아이와 가난한 집 아이 사이의 구분을 없애기 위한 것이었고, 당연히 국가의 재정적 필요성에 따라 적용되어야 할 것이었다. 또 의무교육은 그가 독일에서 그 성과를 이미 확인한 것이었고, 더구나 보통선거가 선포된 나라에서 교육은 이미 공공의 의무가 되어 있었다. 한편 교육의 자유라는 원칙은 그의 생각에 따르면, 국민교육과 불가분의 관계에 있는 것이며 개인이든 종교단체든 누구나 공교육과 자유롭게 경쟁할 수 있어야만 하는 것이었다. 새로운 법은 그 이전의 법에서 언급하지 않았던 여성 교육 또한 포괄해야 했고, 교사를 '코뮌의 공무원'에서 '국가의 공무원'으로 변화시키는 것 역시 중요했다. 법안을 만들면서 공교육에 관한 중요한 문제를 논의하기 위한 과학문학연구고등위원회haute commission des études scientifiques et littéraires가 교육부 산하에 만들어졌다. 장 레노를 위원장으로 하여 45명의 저명한 학자, 문인, 행정가 그리고 교육자 등이 위원으로 참여했다. 이들은 초등교육, 중등교육, 특수교육의 세 분과로 나뉘어 2월 29일부터 활동에 들어갔다.

또 카르노는 2월 27일 각 교육감recteur에게 초등교육에 수학, 물리, 자연사, 농업 등 수준 높은 교과목을 첨가할 것을 권고하면서 교사를 격려하고 이들에게 미래에 대한 희망을 전했다.

초등교사의 처우는 제가 가장 신경을 쓰는 문제 중 하나입니다. 그들은 모든 민중을 가장 직접적으로 접하는 교수단의 구성원이며, 바로 그들에게 국민 교육의 근간이 맡겨져 있습니다. 그들의 수입을 정당하게 증액함으로써 처우를 개선하는 것만이 중요한 것이 아니라, 모든 방법을 동원해서 그들 직무의 존엄성이 높아지게 해야 합니다. (……) 그들 중 능력 있는 사람이 우리 중 가장 높은 자리에 오르는 것을 방해해서는 안 됩니다. 그들이 더 나은 자리로 이동하는 일이 병사들에게 뒤져서는 안 되며, 그들의 공로 역시 단계별 승진으로 보상받아야 합니다. (……) 교수단의 문을 민중의 행정관에게 가능한 한 활짝 열어놓는 것이 곧 공화국에 이로운 일입니다.[25]

혁명의 여파로 수업이 방해받는 사태를 경고하는 한편,[26] 교육의 개선을 위한 정상적인 절차를 신속하게 처리함으로써[27] 카르노는 교육개혁을 주장하는 많은 공화파와 사회주의자의 지지를 받았다. 당연히 교사 역시 그들이 그토록 기다려왔던 사회적 지위와 윤리적 독립, 물질적 여유를 주려하는 정부에 호의적이었다. 3월 1일, 《교사들의 메아리 Echo des Instituteurs》라는 잡지를 내는 파리의 사립학교 교사 아르센 뫼니에 Arsène Meunier는 동료들에게 새로운 정부를 지지하자고 호소했다. 3월 2일에는 교사들의 목소리를 대변하기 위해 뫼니에를 위원장으로 하는 6인의 상임위원회가 구성되었으며, 이 위원회는 3월 5일에 시청을 방문하여 임시정부의 수반인 뒤퐁 드 뢰르에게, 다음 날인 3월 6일에는 교육부장관 카르노에게 교사들의 고마운 마음을 표했다. 3월 12일에는 초·중·고등 교육의 대표가 소르본에 모여 '국민교육을 위한 공화협회'를 구성했고 "공화국은 우리를 믿어도 된다"라고 선언했다. 개인 단위로 혹은 집단적으로 지방의 교사들 역시 지지를 표했다. 모리스 공타르의 표현처럼 "큰 기대의 시기"였다.[28]

하지만 3월 5일에 제헌의회 의원을 뽑는 선거일[29]이 결정되면서 카르노는 최초의 난관에 직면했다. 처음으로 보통선거를 통해 의원을 뽑는 선거에서 공화파와 사회주의자는 특히 도시의 노동자와 소시민의 지지를 기대할 수 있었으나, 지방의 귀족이나 명사와 사제의 영향력하에 남아 있는 농민의 표를 기대할 수는 없었다. 농촌에서 사제에 맞서 영향력을 행사할 수 있는 유일한 이들이 초등교사였고, 8월의 회고에 따르면 카르노도 그 점을 모르지 않았다.

> 나는 눈을 들어 농촌을 바라보았다. 각 마을에는 (시민들을 계몽하여 그들이 자신들의 권리를 행사할 수 있게 하고, 그리하여 신실한 정신을 가지고 프랑스의 이익에 부합하는 의원을 의회에 보내게 할) 결과를 이끌어낼 만한 위치에 두 부류의 사람이 있었다. 이들은 민중의 삶을 살고 있고, 그들의 느낌과 이해관계를 공유하면서 동시에 대중보다 높은 수준의 지식을 소유하고 있었다. 사제와 교사가 바로 그들이었다.[30]

카르노는 종교까지 관장하는 장관이었지만, 그가 사제에 대해 할 수 있는 일은 주교에게 도움을 요청하는 서한을 보내는 정도였다. 하지만 교사에 관한 한 그가 수장이었다. 더구나 이미 교사들은 스스로 움직이고 있었다. 3월 2일 뢰니에의 주도하에 센 도의 교사들은 자신들의 학교에서 시민의 의무와 권리에 대한 문답을 진행하기로 결정했고, 카르노는 이들의 사례를 각지에 전파하기로 했다.

3월 6일 자 교육감들에게 보낸 서한에서는 우선 성인에 대한 정치교육을 강조했다.[31] 특히 충분한 교육을 받지 못했던 농촌의 유권자에게, 이전 정부에서 미흡했던 시민교육, 즉 그들의 권리와 의무에 대한 의식을 일깨

우면서 공화국이 그들에게 제공할 수 있는 좋은 점을 알게 하는 것이 무엇보다도 시급한 일이었다.

우리 3만 6000명의 초등교사가 제 신호에 따라 일어서기를 바랍니다. 저는 여러분이 여러분 나름대로 공화국을 건설하는 데 기여하기를 부탁드립니다. 이 일은 우리 아버지들 때처럼 국경에서의 위협으로부터 공화국을 지키는 일이 아닙니다. 이제는 무지와 거짓에서 공화국을 지켜야 하며, 이 일은 교사들에게 맡겨진 책무입니다.

교사가 담당해야 할 일은 크게 두 가지였다. 우선 교사들이 쉽게 일할 수 있도록 장관은 각 교육감에게 문답식으로 된 '시민의 권리와 의무'에 대한 짧은 교재를 시급히 마련하게 했다. 교사들은 이 교재를 이용하여 대중 강연이나 성인을 대상으로 한 야학에서 국민의 대변인을 잘 뽑도록 교육해야 했다. 특히 카르노가 강조한 점은 민중의 의지를 잘 대변할 사람을 뽑게 하는 것이었다.

우리 농촌 사람에게 가장 큰 실수를 범하지 않도록 대비해야 하는데, 이는 의원이 되기 위해서는 교육을 받고 재산이 (넉넉히) 있어야만 한다고 생각하는 것입니다. 상식과 경험이 있는 용감한 농민이, 부유하고 잘 배웠지만 농촌의 삶을 잘 모르거나 농민 대중의 이해관계와는 다른 이익에 눈먼 사람보다 자신의 조건에 맞는 이익을 훨씬 더 잘 대변할 수 있을 것입니다.

하지만 경우에 따라 재산제한선거제를 옹호하는 사람을 비난하는 수사로 들릴 수도 있는 이 문구에 뒤이어 더욱 과감한 역할이 교사들에게 부여되었다. 교사들은 농민의 정치교육을 책임질 뿐만 아니라, 스스로 농민의 대표자가 되어야만 했던 것이다.

> 새로운 사람들, 그들이 바로 프랑스가 요구하는 이들입니다. (……) 우리 초등 교사가 이러한 원칙을 가르칠 뿐만 아니라, 그들 스스로 이 새로운 사람들 속에서 자리 잡을 수 있도록 출마하면 왜 안 될까요? 의심할 여지 없이 그들 중에는 그럴 자격이 충분한 사람들이 있습니다. 그들에게 자애로운 야망이 불타오르게 합시다. 그들이 그들의 보잘것없는 처지를 잊게 합시다. 군주제하에서 그들의 처지는 가장 비천했지만, 공화제하에서 그들의 직업은 가장 고귀하고 존중받는 것 중 하나가 되었습니다. (……) 이제 그들을 이 농촌 사람의 이름으로 우리 사이에 들어오게 합시다. 그들은 이 농촌 사람들 속에서 태어났고, 농촌 사람의 고통을 알며, 그 비참함을 정말 잘 공감합니다. 그들로 하여금 입법부에 들어가 중요하지만 너무나 오래 버려져왔던 국민의 한 부분이 갖고 있는 필요성, 바람, 희망을 표현하게 합시다. 그들이 낮은 출신이면 그럴수록 더욱더 위대해질 것입니다. 그들의 윤리적 가치가 그들이 대변하는 대중의 것과 같을 테니까요.[32]

긴급하게 각 지역에서 교재들이 만들어졌고, 과학문학연구고등위원회 위원이었던 역사학자 앙리 마르탱과 철학자 샤를 르누비에가 쓴 교재[33]가 교육감들에게 보내졌다. 이들은 다시 이 교재들을 각 지역으로 배포했다. 물론 저항도 없지 않았는데, 캉 교육청의 교육감 다니엘 신부는 특히 샤를 르누비에가 쓴 교재에서 사회주의적 성향의 문구를 찾아내 그것을 이유로 배포를 거부했고, 곧 사임했다.[34] 하지만 이런 경우는 오히려 예외적이었고, 각지의 교육감과 내무부에서 도지사를 대신하기 위해 파견된 정부과

견위원은 교사를 군 단위로 불러모아 교재를 배포하고, 이들이 유권자에게 해야 할 일을 설명했다. 심지어 일부 지역에서는 선출되어야 할 공화파 후보자의 명단을 제시하기도 했고, 경우에 따라서는 거부하는 교사를 좌천시키겠다고 협박하는 경우도 있었다.[35] 한편 교사들 중에서 입후보할 사람을 고르기 위한 회합도 열렸다. 실력과 지명도가 남달랐던 각 도시의 큰 학교 교장을 중심으로 군 단위의 회의가 열렸고, 각 군의 대표는 다시 도 청소재지에 모여 도 단위의 회의를 가졌다. 물론 지역에 따라 입후보를 망설이는 경우도 많았고[36] 또 입후보하겠다고 나섰지만 여러 가지 이유로 성사되지 못하는 일도 있었다.[37]

비록 교사들이 처음으로 정치적 역할을 부여받고 그들 나름대로의 회합을 준비하면서 새로운 경험을 쌓기는 했지만, 선거 결과는 기대에 미치지 못했다. 물론 선출된 900여 명의 의원 중에서 500여 명이 온건공화파였고, 적어도 이는 당시까지 임시정부의 기조를 뒷받침하는 것이었다. 약 250명의 왕당파가 우측에 자리를 잡았고, 약 150명의 급진공화파가 좌측에 자리를 잡았다. 하지만 민중 출신 의원은 겨우 30여 명에 불과했으며, 그조차 의회의 중도좌파 속에 섞여 앉아 있었다.[38] 그리고 32명의 교사 출신 입후보자는 모두 낙선했다.[39] 다행히 카르노는 센 도에서 34명 중 아홉 번째로 선출되었으며, 루이 카베냐크 장군이 이끄는 새로운 내각에서 여전히 교육부 장관직을 맡을 수 있었다.[40] 하지만 그가 교사를 부추겨 사제에게 맞서게 한 사실은 보수파를 분노하게 했고, 특히 선거 기간에 배포된 교재는 그에 대한 공격의 직접적인 원인을 제공했다. 6월에 그의 동료 장 레노는 새로 구성된 정부에서 다른 임시정부의 장관들과 함께 차관직을 내놓고 물러나야 했다.

카르노의 교육개혁안과
그 이후

04

4월 선거 이후에도 일련의 조치가 취해졌다. 4월 28일 '살다질salle d'asile(탁아소)'이라고 불리던 6세 이하 어린아이를 위한 기관의 이름이 '에콜 마테르넬école maternelle(유치원)'로 바뀌었으며, 이 학교의 교사 양성을 위한 사범학교가 설립되었다. 카르노는 6월 3일에는 교사의 최소 급여를 600프랑으로 끌어올리는 조치령에 서명했으며, 재원 마련을 위해 의회에 100만 프랑의 특별지원금을 요청했다. 또 그는 6월 5일에는 교육감에게 보내는 서한에서 '수녀가 수도회 원장수녀에게 복종을 맹세하는 편지로 교사자격증을 대신할 수 있었던 특권'을 금지했다.

하지만 이런 부분적인 조치보다는 준비하던 법안을 통과시키는 것이 급선무였다. 법안은 6월 중에 이미 과학교육연구고등위원회에서 모든 논의를 끝낸 상태였지만, 6월 22일부터 일어난 사건들로 인해 6월 30일에야 의회에 접수되었다. 일곱 개의 제목 아래 47개의 조항을 가진 이 법안은 1833년에 통과되어 당시 시행되던 기조법에 비하면 그 분량도 적고 사범학교나 고급 초등교육 등에 대한 언급이 없는 등의 한계를 지녔지만, 공화국 시민을 그 이름에 걸맞도록 양성하겠다는 원칙은 분명히 하고 있었다.

우선 초등교육은 더 이상 읽고 쓰고 셈하는 수준에 머무르지 않았다.[41] 고급 초등교육에 대한 언급이 없는 대신, 카르노의 법안에서 초등교육은 더욱 확대되어 자연현상에 대한 기본 요소, 농업과 산업에 대한 주된 사실, 선형 데생, 노래, 프랑스의 역사와 지리에 대한 기본 관념, 위생과 체육이 정규 교과목이 되었다. 특히 종교교육이 교과목에서 제외되어 각 종교 지도자에게 맡겨진 대신에 공민교육이 강화되어 인간과 시민의 의무와 권리에 대한 이해와 자유·평등·우애의 감정에 대한 계발이 교과목으로 도입되었다(제1조). 동시에 의무교육이 강조되어 아이를 교육하지 않는 부모나 후견인에게는 벌금형과 선거권 박탈 등 처벌을 할 수 있도록 규정되었다(제2조, 제26~29조).

두 번째로 각 지자체에서 운영하는 공립학교에 대한 조항은 기조법 때와 거의 동일했으나(학교 건물과 학교에 필요한 물품 및 교사 사옥 제공), 공립학교 교육을 무상으로 실시함으로써 이제 공립학교 교사의 봉급은 모두 국가에서 담당하게 되었는데,[42] 사실 이 점이 카르노 교육안의 가장 큰 특징이었다. 남녀 교사 모두는 4등급으로 구분되고, 학교의 이동 없이도 승진이 가능해졌다. 등급별로 남교사에게는 600~1200프랑, 여교사에게는 500~1000프랑의 봉급이 규정되었고, 이외에 인구가 5000명이 넘을 경우 남교사에게는 200~1800프랑의 주거보조비(여교사는 그 3분의 2)를 지급하고, 다른 공무원처럼 은퇴 후 연금을 받을 수 있게 했다. 대신 교육감의 허가 없이는 다른 직업을 겸직할 수 없었다. 또 국가공무원이 된 교사의 임명이나 승진과 해직은 이제 모두 교육부장관의 권한이 되었고, 지자체의 권한은 대폭 축소되어 제시된 세 명의 교사 중 한 사람을 선정할 수 있는 권한만을 가졌다.

교육 행정조직 역시 7월 왕정 때처럼 지자체, 군, 도 단위로 구성된 위원회를 중심으로 규정되었으며, 다만 초등교육 장학사의 관할 지역이 군 단위로 세밀하게 규정됨으로써 더 많은 장학사의 충원이 필요해졌다. 장학사 역시 3등급으로 구분되어 승진되도록 했고, 1500~2000프랑의 봉급과 500~1500프랑의 주거보조비, 은퇴 후 연금에 대한 권리가 주어졌으며, 이동 거리가 많은 직무의 특성을 고려해 순회비용을 따로 계산하게 했다. 교육청 단위로 '초등교육 고급 장학사' 직위를 신설하여 교육감과 도 장학사

관할하에 둔 것이 좀 색다른 점이지만, 장학사제도 자체에 큰 변화는 없었으며, 이전처럼 장학사는 각 학교를 돌며 교사를 지도하고 자격증 시험 등 모든 시험을 관리 감독하는 것이 주된 임무였다.

사실 이 법안에서 가장 관심을 기울인 부분은 미래의 시민을 양성하는 주체로서 교사의 지위를 향상시킨 것이었고, 그런 점에서 카르노의 초등교육개혁 법안은 교사의 선거 개입을 권장한 3월 6일 서한과 같은 선상에 있었다. 단순히 급여의 인상을 벗어나 학생수가 130명이 넘으면 부교사 adjoint를 두도록 한 조항이나 농업교육을 겸할 수 있도록 학교에 텃밭으로 이용 가능한 정원을 덧붙이게 한 조항에서 보듯, 이 법안이 교사의 처우를 개선하기 위해 세심한 배려를 했다는 점에서 세속 학교의 교사는 모두 환영할 만한 일이었다.[43] 하지만 동시에 이 법안은 이제까지 교사에 대한 통제권을 행사했던 명사나 성직자를 공교육의 장에서 배제하려 했다. 특히 종교교육을 학교 교과과정에서 배제했다는 점에서 교회와 성직자의 반발은 당연한 것이었다. 물론 자격증을 지닌 사람이면 누구나, 따라서 수사나 수녀도 교육감과 지자체의 시장에게 그 의사를 밝힌 후 사립학교를 열 수 있었다. 하지만 이 사립학교 역시 초등교육 장학사와 교육위원회 위원의 감독을 받아야만 했으며, 이러한 감독에 상응할 어떤 보상도 제시되지 않았다는 점에서 놀라운 일이었다.

각 지방에서 교사에 대한 탄압은 이미 4월 선거 직후부터 시작되었다. 특히 선거 과정에 적극 참여한 교사를 사회주의자나 선동가, 아나키스트, 공산주의자로 모는 일이 벌어졌고, 담당 교회에서 맡았던 잡다한 일자리나 시청 서기직에서 사제에 불손했던 교사가 쫓겨나는 일도 벌어졌다.[44] 하지만 사태가 더욱 심각해진 것은 노동자의 6월 봉기를 목격한 이후였다. 가톨릭교회와 보수주의자들이 이 '계급전쟁'을 통해 결속을 다진 데 비해, 공화주의 세력은 내분에 빠졌고 카베냐크 장군은 군대를 동원해 한때는 공화국을 위해 환호를 질렀을 봉기자들을 잔인하게 진압했다. 비록 카르노가 정부 내에서 가장 온건한 인사임을 자처하고, 6월 봉기 진압에 참여한 고등사범학교 학생의 '반은 민간인 복장이면서 또 반은 군복 같은' 새로운 교복을 '시민을 자유의 병사로 만드는 우리의 새로운 행동방식과 어울리는' 것으로 칭송하면서 '질서를 수호한 그들의 열정'[45]을 높이 샀음에도 실제로 이 질서의 수호자들에게 카르노의 존재와 그의 법안은 더 이상 신뢰할 수 없는 것이었다.

6월 30일에 접수된 법안은 7월 5일 바르텔르미 생틸레르를 위원장으로 하고 쥘 시몽을 서기로 하는 의회의 소위원회에 회부되었다. 공화파가 이 소위원회에서 다수를 차지하기는 했지만 이들은 대부분 온건한 성향이었다. 같은 날, 의회에서는 카르노가 6월 3일 신청한 100만 프랑의 특별지원금 신청에 대한 표결이 있었다. 보수파는 르누비에의 교재에 실린 사회주의 성향의 몇몇 구절을 들어 카르노를 공격했고, 불신임의 표시로 지원금의 절반을 삭감하라고 요구했다. 카르노는 비록 몇몇 어구가 부적절하게 사용되었음을 인정하기는 했지만 전체적인 내용에는 전혀 문제가 없음을 지적한 뒤, 자신의 행위를 정당화했다. 하지만 표결 과정에서 온건공화파의 상당수가 우파와 함께했고 삭감안은 314표 대 303표로 통과되었다. 드롬Drôme의 의원이었던 봉장Louis-Bernard Bonjean의 발언은 그다음 날짜의 《모니퇴르Le Moniteur》 신문에 실렸다. 다음은 이 기사의 일부분이다.

소유권에 대한 부분입니다. 학생이 선생에게 이야기합니다.
"부자가 무위도식하고 가난한 사람이 부자에게 **먹히는** 것을 막을 방법이 그래도 있겠지요?"

……그러자 선생이 대답합니다.

"물론 있고말고요. 그것도 아주 좋은 방법이. 공화국의 지도자가 우애를 진지하게 실행하려 한다면 그 방법을 찾아내겠지요! (……) 상속권을 손상하지 않으면서도 공공의 이익을 위해 그 권리를 제한할 수 있지요. 자본의 이해관계를 폐지하지 않으면서도 이를 바라는 만큼 약화하기 위해서 취할 수 있는 조치도 많고요. 그렇게 되면 부자가 무위도식하기는 어려워질 것이고 가난한 사람은 부유해질 수 있는 신용을 쉽게 찾을 수 있겠지요."

……계속 읽겠습니다.

"교사. 법은 토지를 가진 사람에게 모든 종류의 조건을 부과할 수 있고, 심지어 그들이 토지를 잘못 이용한다면 보상금을 주고 토지를 수용할 수도 있지요. *당신이 걱정하는 게 당연한* 대토지 소유자에 대해서는, 만약 그들이 공화국에 합당한 세금을 내고 노동자에게 적정한 임금을 주게 된다면, 그들 *대부분*은 곧 그들보다 토지를 더 잘 이용할 수 있는 시민에게 *토지를 팔 수밖에 없음을* 알게 될 것입니다. 이를 위해서 사람들이 바란다면 법을 만들겠지요."[46]

쓸쓸한 마음으로 그는 장관직을 사임했고, 그의 교육법안의 운명도 별로 다르지 않았다. 의회의 소위원회에서 다섯 달 동안 논의한 개정안이 완성되었지만, 그동안 바뀐 두 명의 교육부장관은 별다른 역할을 하지 못했다. 12월에 치러진 대통령 선거에서 루이 나폴레옹 보나파르트는 이 법안의 철회를 공약으로 약속했고, 그의 당선 뒤 교육부장관이 된 알프레드 드 팔루Alfred de Falloux는 1849년 1월 4일 처음 취한 조치 중 하나로 이 법안을 철회했다.

1849년부터 강화된 보수파의 반격은 무엇보다도 일선 교사의 피해를 초래했다. 특히 사범학교 출신의 고급 초등교사자격증을 가진 젊은 교사가 많은 피해를 보았는데, 이들이 주로 대도시에 거주하며 카르노의 약속에 가장 밝은 미래를 보았던 이들이기 때문이었다.[47] 특히 논의 중이었던 팔루법이 결정될 때까지 한시적으로 적용될 단 세 조항으로 구성된 파리우법이 1850년 1월 11일 의회에서 통과되었고, 교사에 대해 전권을 가지게 된 도지사는 이제 한결 자유롭게 그동안 눈엣가시였던 교사를 정직시키거나 해직할 수 있게 되었다. 1850년 8월 한 통계에 따르면 4000명의 교사가 파리우법의 적용을 받았으며, 뫼니에 역시 7000명 정도로 보았다. 하지만 공식 통계에는 상대적으로 적은 수의 교사가 이 법의 적용을 받은 것으로 나타나며, 1851년 12월 교육부에 전달된 보고서에 따르면 1163명의 교사가 파리우법이 적용되는 기간에 도지사의 징계를 받았다. 303명이 6개월 이하의 정직을 받았고, 199명이 6개월 이상의 정직, 671명이 해임되었다. 하지만 정확한 통계를 내기는 불가능했는데, 이는 "정부에 적대적인 성향"이라거나 "사회에 위험한 정치적 원리를 퍼뜨림"처럼 분명한 이유보다는 주로 "직무상의 나태함", "비윤리적임" 혹은 "주벽"처럼 개인적인 이유로 기술된 경우가 많았기 때문이다.[48]

하지만 카르노의 초등교육개혁안이 완전히 무의미한 것만은 아니었다. 비록 카르노의 이름을 달지는 않았지만, 개혁안의 많은 조항이 살아남아 그 후의 법에 존재감을 과시하고 있기 때문이다. 특히 1850년 3월 15일 통과된 팔루법은 카르노 법안을 철회한 뒤 만들어진 것이지만, 이미 사람들의 지지를 받는 많은 조항마저 없앨 수는 없었다. 인구 800명 이상의 마을에는 여학교의 설립이 의무화되었으며, 여교사 역시 비록 남교사와 동등한 대우를 받지는 못했지만 법안에 언급되었다. 또 이미 카르노에 의해 적용된 600프랑의 최저 급여는 비록 무상, 의무교육이 철회되었으나 그대로 유지되었다. 이 급여는 지자체에서 주는 200프랑과 수업료로 받는 수입을 합한 금액이 600프랑을 넘지 못할 경우 국가가 그 부족분을 채워주게 된 것으로, 이제 교사는 지자체의 공무원이면서도 부분적으로는 국가의 지원을 받는 존재가 되었다. 증원된 초등교육 장학사 역시 비록 당분간은 공화파 성향의 교사를 통제하는 데 주력했지만, 초등교육제도의 개선에 큰 기여를 할 것이었다. 게다가 비록 바로 적용되지는 않았지만, 1861년의 논문 공모에서 교사가 바라던 많은 것, 예를 들어 교사등급제와 이에 따른 봉급 차별화와 같은 조항은 시간이 지나면서 차츰 적용될 것이었고, 결국에는 1889년 제3공화국의 교원 처우에 관한 법률에 총괄될 것이었다.

완결되지 못한 교육개혁의 의의   05

2세대 공화파인 이폴리트 카르노는 아버지 라자르 카르노나 아들 마리 사디 카르노처럼 시민이 주권자로서 자신들의 정치적 권리를 행사하는 공화국을 꿈꾸었고, 당연히 이러한 정치체제를 확립하기 위해서는 무상·의무교육 그리고 종교로부터 자유로운 세속화 교육이 필요하다고 생각했다. 또 기조나 페리처럼 교육부장관으로서 그는 혁명보다는 교육으로 사회의 안정을 유지함으로써 혁명의 혼란이 가져올 손실을 가능한 한 줄이려 했다. 하지만 교육을 통해 시민을 자발적으로 권력에 순종하게 함으로써 정신을 지배하려 한 기조와 달리, 바리케이드를 통해 권력을 잡은 공화국의 혁명가였던 그에게 교육은 기존 체제를 개혁하기 위해 필요한 가장 소중한 무기이기도 했다.

그러나 2세대 공화파의 경험은 아직 성숙하지 못했고, 그들에게 주어진 시간은 많지 않았다. 파리라는 중심에서 권력을 잡은 그들은 지방의 광범한 농민을 교육해야 할 대상으로 여겼고, 그들이 택한 방식은 중앙의 정치적 경험을 교사를 통해서 이들에게 덧씌우는 것이었다. 농민의 자식으로서 농민의 정서를 알고 그들의 이해관계를 공유하는 교사는 농민을 사제의 통제력에서 이끌어낼 수 있는 유일한 집단이었다. 이처럼 막중한 책임을 부여받은 교사는 그러나 아직 지방의 권력에서 자유롭지 않은 상태였고, 성급히 이들을 동원한 결과는 결국 반동을 부르고 말았다.

이제 3세대 공화파가 경험으로 배우게 된 사실은, 공화국은 중앙에서 지방을 통제하는 방식이 아니라 지방으로부터 자발적이고 지속적으로 건설되어야 한다는 점이었다. 또 교육을 통해 농민에게 영향력을 행사하는 방식은 정치적 교의를 강제하는 것이 아니라, 교육으로 신분 상승을 가능하게 함으로써 새로운 시대를 스스로 경험하게 하는 것이어야 했다. 이런 의미에서 장관으로서의 카르노의 경험과 그의 교육개혁안이 완결되지 못한 현실은 아귈롱의 표현처럼 "공화국의 도제수업"이 되어 3세대 공화파의 성공에 밑거름이 된 것이 아니었을까?

공화파의 민중교육운동과 제3공화국 초등교육 개혁 : 성과와 한계

민유기

교육 불평등과 교육에 대한
사회적 열망

01
|

1870년 프랑스-프로이센 전쟁으로 제2제국이 무너지면서 수립된 프랑스 제3공화국은 정치체제를 둘러싼 대혁명 이래의 정치적, 사회적 갈등을 마무리하며 부르주아 공화정 사회를 안정적으로 확립했다. 단명했던 제1, 2공화국과 달리 제3공화국은 1940년에 비시Vichy 체제가 등장하기까지 70년 동안 유지되었으며, 제2차 세계대전 이후 등장한 제4공화국과 1958년부터 현재까지 지속되고 있는 제5공화국에도 다양한 유산을 남겨주었다. 제3공화국이 오랫동안 유지된 이유 가운데 하나는 공화주의의 가치를 확산시킨 대중교육에서 찾을 수 있다. 특히 1880년대 초의 페리법에 의한 초등교육의 무상·의무·세속화는 현재도 초등교육의 근간을 이룬다. 이 같은 교육개혁은 하루아침에 이루어진 것이 아니라 제2제국 시기인 1860년대 중반 이래 공화파의 꾸준한 교육개혁운동의 성과이며, 이 운동은 교육동맹Ligue de l'enseignement이 주도했다.

이 글에서는 19세기 중반 교육에 대한 사회적 열망, 1866년 교육동맹의 창립 과정과 이후 활동, 교육동맹 활동의 성과인 교육개혁 입법, 1880년대 교육개혁의 성과와 한계를 살펴보고자 한다. 특히 프랑스 대혁명 이래 공화파가 염원해온 교육개혁의 성취가 어떤 역사적 의미를 지녔는지, 교육개혁을 주도한 공화파가 초등교육을 통해 추구하고자 했던 사회통합의 정치적 의도가 무엇인지를 분석하여 교육과 정치권력의 상관성을 파헤쳐보고자 한다.

19세기 중반 프랑스의 교육 상황은 프랑스 대혁명 이전의 구체제와 마찬가지로 가톨릭의 교육 통제, 계급적 불평등, 지리적 불평등, 성적 불평등이라는 네 가지 특징을 갖는다. 이는 대혁명기의 다양한 교육개혁 시도가 급격한 정치변화 속에서 온전히 성취되지 못했기 때문이다. 혁명기의 교육개혁 실패에도 초등교육은 [표 1]처럼 19세기 내내 점진적으로 발전했다. 여기에는 각 코뮌 내 한 개의 초등학교와 각 도 내 한 개의 사범학교 설립을 의무로 규정했던 1833년의 기조법이 큰 기여를 했다. 그러나 이 법은 초등학교에서 종교 과목을 가르치도록 규정했고, 사제에게 학교의 감독권을 주었으며, 성직자가 교사 일을 하도록 허용해 교육에 대한 가톨릭교회의 영향력을 배제하지 못했다. 가톨릭교회의 교육 통제는 1850년 팔루법에 의해 더욱 강화된다. 팔루법은 기조법 조항 가운데 국가의 학교에 대한 전반적인 감독 권한과 교사자격증의 국가 발행 규정을 삭제했다. 이 같은 교육의 자유는 가톨릭에 큰 혜택을 주었다. 가톨릭 수도회가 운영하는 학교는 1843~1869년에 7590개에서 1만 7206개로, 이들 학교의 학생 수는 20만 6000여 명에서 161만여 명으로 늘었다.[1]

교육의 계급적 불평등은 중등교육에서 확연했는데, 부잣집 아이만이 중등교육을 받을 수 있었다. 19세기 내내 중등학생 수는 초등학생 수의 20분의 1이 못 되었다.[2] 1864년 학생 부모의 직업에 관한 연구는 중등교육의 수혜자가 주로 부르주아나 귀족 가문의 아이임을 보여준다. 소수의 농민이나 수공업 장인의 자녀도 중등교육의 혜택을 받았으나 이는 주로 실기 교육에 한정되었다.[3] 교육의 지리적, 성적 불평등도 심각했다. 프랑스는 전통적으로 생말로와 스위스의 주네브를 잇는 대각선에 의해 북쪽과 동쪽의 비문맹 지역과 샤랑트앵페리외르·오트잘프스 지역을 제외한 남·서·중앙 고지대의 문맹 지역으로 구분되었고, 이는 19세기 중반에도 마찬가지였다. 1860년대 북동쪽의 바랭 도는 문맹률이 5퍼센트였으나 중서부의 오트비엔 도는 66퍼센트였다. 또한 전국적으로 남성보다 여성의 문맹이 심각했다. 19세기는 전적으로 여성 문맹의 세기였다.[4]

[표 1] 19세기 프랑스의 초등교육 현황[5]

연도	전체 학생 수	남학생 수	무상 혜택 학생 비율(%)	전체 학교 수	남학교 수	학교 없는 코뮌 수	비고
1832	193만 9000	120만 3000		4만 2092	3만 1420	1만 439	
1837	269만	158만	31	5만 2779	3만 8720	5667	
1843	316만 4000	181만 9000		5만 9838	4만 2551		
1850	332만 2000	179만 4000	39	6만 579	3만 9390	2690	불완전 통계 제외
1863	433만 6000	226만 6000	38	6만 8761	4만 1494	818	
1872	472만 2000	244만 5000	54	7만 179	4만 1720		알자스· 로렌 제외
1876~1877	471만 6000	240만	57	7만 1547	4만 2421	312	이중 통계 제외
1881~1882	534만 1000	270만 8000		7만 5635	4만 4335	159	
1886~1887	552만 6000	278만 9000		8만 209	4만 6749		

19세기 중반 제2제국 시기는 은행과 주식회사의 발전, 철도 확장에 따른 민족시장의 완성 등으로 특정지어진 자본주의의 황금기이자 산업 발전의 역동적 시기였다. 산업 발전에 따라 늘어난 노동자는 교육에 대한 통일적 이해관계를 갖지 못했는데 많은 노동자 가족이 가계를 위해 아동노

동을 원했기 때문이다. 그러나 이들은 점차 자녀의 교육을 열망하게 된다. 1864년 의회 보궐선거 기간에 센 도의 노동자 60명은 정치적·사회적 권리와 함께 초등교육의 무상·의무화를 요구하는 선언서를 발표했다.[6] 농민도 농기계나 제초제 사용, 농산물 판매 등 농업적, 상업적 필요성에 의해 읽기, 쓰기, 셈하기 같은 기초적 교육을 요구했다. 이런 민중의 욕구를 충족시키기 위해 사회단체는 직업·기술 교육과 관련된 성인 강좌를 꾸준히 개최했다. 한편 나폴레옹 3세는 이탈리아의 통일 과정에서 로마 교황령을 보호하기 위해 주둔시키던 프랑스 군대를 1864년에 철수해 교황 지상주의자들의 반감을 사 주요 지지 세력이던 가톨릭과 소원해졌다. 이에 제국 정부는 보다 민중적인 지지를 확보하고자 마을도서관 건설 운동을 주도했다.

교육문제에 가장 큰 관심을 보인 이들은 부르주아 공화파였다. 이는 그들이 1848년 제2공화국의 실패 원인을 대중적 정치교육의 부재에서 찾았기 때문이다. 제2공화국이 도입한 보통선거가 나폴레옹 3세를 대통령에 당선시키자 공화파는 인구의 다수를 구성하며 제정의 주된 지지 세력이던 농민에 대한 교육을 중시하게 되었다.[7] 또한 공화파 역사가 쥘 미슐레는 1846년에 출간한 저서《민중Le Peuple》에서 민중과 특권계급 아이들의 상이한 교육이 미래에 이들을 상호 대립하게 만들 것이라고 주장하며, 교육문제를 사회문제로 인식하도록 만들었다.[8]

19세기 중반에 대두된 실증주의도 부르주아 공화파의 교육개혁 담론에 영향을 미쳤다. 오귀스트 콩트는《실증철학강의》에서 교육의 전반적 개혁을 통해 실증적 사회에 필수적인 과학과 도덕을 가르쳐야 한다고 언급했다. 과학정신 역시 교육개혁 담론에 영향을 끼쳤다. 찰스 다윈이 1859년에 출판한《종의 기원》에서 기술한 과학적 가설은 가톨릭 교권주의에 대항하는 부르주아 공화파의 무기가 되었는데, 교황청은 반교권주의의 성장을 막고자 1864년 '오류 목록Syllabus'을 통해 근대주의, 자유주의, 자연주의, 사회주의 등을 비난함으로써 상호 대립이 심화되었다. 1860년대 가톨릭은 황제와는 소원했지만 대다수 농촌 지역에서 보수주의자의 정치적 기반이었고, 교육을 통제하며, 강한 사회적 영향력을 발휘했다. 이에 부르주아 공화파는 교육개혁을 통한 공화주의적 가치와 과학정신의 전파가 가톨릭의 정치적, 사회적 영향력을 제어할 것이라고 생각했다.

교육동맹의 탄생

O2

민중의 교육 열망과 교육에 대한 공화파의 이해관계가 상응하면서 1866년에 교육동맹이 결성되었다. 1848년 2월 혁명의 공화파 투사 마세Jean Macé는 공화파에 대한 제2제국 정부의 탄압을 피해 알자스에서 교육 활동에 몰두하면서 1866년 10월 25일《국민의 의견L'Opinion nationale》지를 통해 "보통선거제가 필연적으로 민중교육운동을 야기"한다고 주장했고, 11월 15일 자 같은 신문을 통해 자신의 교육동맹 건설 계획을 밝히고 지지를 호소했다. 마세의 호소는 부르주아 공화파의 환영을 받았다. 이들은 교육동맹 결성으로 인한 공화주의의 확산이 제2공화국의 실패와 제2제국의 무능을 극복할 대안 마련에 필수적이라고 생각했다.

1866년 12월 15일 동맹 설립 계획안과 최초의 지지자 510명의 명단이 실린《교육동맹회보》창간호가 발행되면서 교육동맹이 조직되었다. 총 8개조인 동맹의 규약[9] 제1조는 "교육 발전을 위한 모든 행동을 고무할 목적을 갖는다"라며 동맹의 목적을 규정했고, 제2조에서는 민중 강좌 개최, 도서관 건설, 학교 건설, 기존 교육시설 지원 등의 활동 방향을 밝혔다. 제3조에서는 "동맹 활동 중 정치적, 종교적 색채의 논쟁을 삼간다"라고 했는데, 이는 당시 법률이 정치단체의 결성을 허용하지 않았기 때문이다. 또한 가톨릭이 교육을 통제하며 보수적 가치체계를 전파하던 당시 상황에서 볼 때, 교육 활동에서 종교적 논의의 금지는 가톨릭 종교교육에 대한 반대를 간접적으로 표방하는 것이었다. 이 조항을 통해 동맹은 그들의 실제 의도인 공화주의적 입장을 숨겼고, 결과적으로 제국 지방관료의 동맹 지방 서클에 대한 허가를 쉽게 얻어낼 수 있었다. 1867년 8월 동맹의 디에프 Dieppe 서클이 도지사의 허가를 요구하고자 했을 때, 디에프 시장은 우선 서클이 정치와 종교에 관여하지 않는다는 편지를 도지사에게 보냈고, 서클은 1868년 1월 승인되었다.[10] 규약 제5조에서는 "산하단체들은 운영 방식과 활동 범위를 스스로 규정하면서 독립적 단체의 자격으로 동맹에 결합한다"라고 했는데, 이 조항에 따라 동맹의 수많은 지방 서클이 해당 지역의 상황에 따라 자율적으로 활동했다.

1867년 12월에 결성된 교육동맹 파리 서클도 지방 서클의 하나였지만, 파리의 위상은 이를 동맹의 지도부로 자리를 잡게 했다. 게다가 마세가 1870년 프랑스-프로이센 전쟁으로 알자스를 떠나 파리로 이주하여 파리 서클을 이끌었다. 총 11개조의 파리 서클 규약[11]은 대체로 동맹 규약과 일치하지만, 제2조에서 활동 목적을 주로 '농민에 대한 교육 선전'으로 규정하여 동맹의 농민교육에 대한 관심을 명확히 드러냈다. 제6조에서는 서클 운영비를 회비와 지지자의 기부금으로 충당한다고 규정하여 동맹 활동의 재원을 밝혔다. 동맹 산하의 서클은《교육동맹회보》의 구독비로 매해 6프랑을 납부했고, 1870년대의 보수적 '도덕질서'파 정부를 제외한 정부 당국과 공화파가 주도한 지방자치체는 예산의 일부를 동맹에 제공했다. 일반 지지자의 기부금도 지속적으로 동맹 재정을 보충했다.

교육동맹은 빠른 기간 내에 지방 서클과 회원을 늘려갔다. 회원 수는 1867년 2월 2109명, 5월 4075명, 11월 4792명, 1870년 2월 1만 7856명, 1876년 3만여 명, 1878년 3만 5000여 명에 이르렀고, 전국적으로 분포했다. 지방 서클은 1867년 6월 메츠 지역에 최초의 서클이 결성된 이후 꾸준히 늘어나 1870년 2월에는 60여 개의 지방 서클이 보르도, 마르세유 같은 대도시나 에피날, 생디에, 푸아티에 같은 중소도시에 존재했다. 농촌에서는 1870년 이후 주요 면canton 단위, 1880년 이후 개별 마을에까지 동맹의 서클이 결성되었다. 지방 서클은 1876년에 210여 개, 1878년에 400여 개에 달했다.[12]

동맹이 빠르게 성장한 것은 전 사회 계층을 결합시켰기 때문이다. 1867년 루앙 서클의 회원은 자유업 22명, 상인 12명, 수공업자 16명, 노동자 14명 등이었다. 노동자의 교육동맹 참여는 지방의 모든 도시에서 동맹과 제1인터내셔널의 우호적 관계를 형성시켰다. 마르세유 서클은 1867년 노동운동가 루비에Maurice Rouvier에 의해 결성되었고, 이 도시의 인터내셔널 지부는 이를 지지하며 공동으로 성인 강좌를 개최했다. 트루아 서클의 창시자는 1870년 이 도시 인터내셔널의 지부장이 되기도 했다.[13] 동맹 활동에 가장 큰 영향력을 발휘한 회원은 자유직업인이었다. 의사, 변호사, 언론인 등은 각 서클의 상임위원직을 수행했고 동맹 활동을 하면서 민중과 부르주아 간의 넓은 간극을 이어주었다. 1869년에 파리 서클의 상임위원 15명은《국민의 의견》《시대Le Temps》《세기Le Siécle》《여성의 권리Le Droit des

Femmes》등 신문 편집자 다섯 명, 금리 생활자 두 명, 변호사·민속학협회 서기·의사·직업학교 교장·기술자·부동산 소유자·수공업자 각 한 명씩 이었고, 한 명은 직업이 명시되지 않았다.[14] 산업과 상업 부르주아도 동맹을 재정적으로 뒷받침하며 영향력을 행사했다. 이들은 프랑스-프로이센 전쟁 패배와 파리코뮌에 충격을 받아 교육을 통한 사회평화 유지와 국력 신장에 많은 관심을 기울였다.

교육동맹의 성장에는 '자유석공회franc-maçonnerie'의 도움이 컸다. 신에 대한 숭배를 인간성의 숭배로 대체하려 했던 프랑스 자유석공회는 1858년 244개, 1870년 392개의 지부를 가진 전국 규모의 위계적·구조적 결사체였고,[15] 동맹의 창시자 마세 역시 자유석공회 회원이었다. 프랑스 자유석공회는 전통적으로 진보적, 공화주의적, 반교권주의적 성격 때문에 공화파가 주도한 동맹 활동에 쉽게 참여할 수 있었으며, 동맹은 자유석공회의 도움으로 빠른 시일 내에 전국 조직망을 갖게 되었다.

동맹이 결성되자마자 가톨릭 교권주의자는 이에 반대했다. 동맹의 메스 서클은 1867년 설립 즉시 도지사에 의해 승인되었으나 회원들은 관할 주교에 의해 파문되었다. 메츠 주교는 1868년 2월 교구 신자들에게 편지를 보내 동맹의 규약 제3조가 종교에 대한 체계적인 배제라고 주장하며 동맹에 대한 지지와 후원을 거부하라고 요구했다. 1868년 루앙 대교구의 '종교 주간' 행사에서는 주교의 교육동맹 비난서가 채택되었고, 1870년 오를레앙 주교 뒤팡루Félix Dupanloup는 "교육동맹은 종교에 대항하는 동맹이며, 교육이 아닌 반교권주의가 그들의 목적이다"라고 강조했다.[16]

가톨릭의 일관된 반대와 달리 동맹에 대한 정부의 태도는 정권에 따라 달랐다. 제2제국은 각 도의 상황에 따라 동맹의 지방 서클을 인정했다. 이는 좌파 보나파르트주의자들이 민중의 교육 열망을 어느 정도 수용하려

했기 때문이다. 1870년 프랑스-프로이센 전쟁으로 탄생한 제3공화국의 초대 내무부장관은 동맹의 회원이었던 공화파 강베타였는데, 그는 도지사를 새로 임명하면서 동맹 지지자를 대거 포함했다.[17] 그러나 왕당파 마크마옹Patrice de MacMahon이 대통령에 선출된 1873년부터 1877년까지 유지된 도덕질서파 정부는 동맹을 탄압했다. 이는 가톨릭과 정치적으로 결합한 보수적 도덕질서파가 교육동맹 활동으로 인한 공화주의의 확산을 막으려 했기 때문이다. 도덕질서파 정부는 동맹에 대한 정부 보조 중단, 학교 도서관 내 동맹이 배포한 도서 제거, 동맹 활동에 관련된 교사 처벌 등 상당한 행정력을 동원했다. 이런 상황은 1876년 하원 선거에서 공화파가 승리하면서 잠시 개선되었으나, 왕당파 대통령의 1877년 5월 16일의 쿠데타, 즉 하원 해산은 이를 원점으로 되돌리고 말았다. 그러나 뒤이은 10월 선거에서 공화파가 다시 하원을 장악하면서 동맹 활동에 우호적인 시기가 재개되었다.

공화파의 민중교육운동과 교육개혁 입법 청원　03

교육동맹이 설립 이후 가장 꾸준히 전개한 활동은 민중도서관 건설이었는데, 이는 동맹이 도서관운동에서 생겨났기 때문이다. 마세는 제2제정의 마을도서관 정책을 활용해 1862년 알자스의 소도시 베블레냉에 민중도서관을 세웠다. 1860년대에 건설된 마을도서관은 공교육부 산하에 있었으나 민중도서관은 내무부가 관리했다. 이 시기 도서관은 정부 통제하의 학교도서관, 도지사와 시장 통제하의 마을도서관, 개인과 시민단체에 의한 민중도서관 세 가지로 구분되었다. 민중도서관운동은 동맹 결성의 토대였고, 동맹의 결성은 더 많은 민중도서관 설립을 촉진했다. 동맹의 민중도서관 활동에서 가장 주목받은 지역은 욘Yonne 도였다. 도내에 있는 상스Sens 도서관은 900여 권의 장서를 갖추고 1872년 9월부터 1873년 12월까지 4213회, 1874년 1월부터 11월까지 3415회의 도서 대출을, 생플로랑탱Saint-Florentin 도서관은 1000여 권의 장서를 갖추고 1866년부터 1873년 사이에 1만 2000회 이상 대출을 했다. 중소도시뿐 아니라 조그만 마을에도 민중도서관이 세워졌다.[18]

민중도서관은 대체로 공화주의를 선전하기 위한 정치서, 철학서, 역사서, 반가톨릭 성향의 도서, 정치경제학과 산업 관련 입문서, 대중 여행기와 소설책을 보유했다. 소설은 주로 프랑스 당대의 사회비판 소설이나 영미의 자유주의 소설이 많았다. 1868년에 건설된 오세르Auxerre 민중도서관은 그 지역 공화파의 저서나 벤저민 프랭클린, 볼테르, 몽테스키외, 미슐레 같은 공화주의 사상가의 저서를 가장 중요시하며 근대 도서류로 분류해 보유했고, 정치경제학류에는 바스티아Frédéric Bastiat의《경제적 조화들》같은 부르주아 고전경제학 책을, 소설류에는 위고, 발자크, 디킨스 등의 책을 보유했다. 마르세유 민중도서관은 1868년에 몽테스키외, 디드로, 루소, 볼테르, 콩도르세, 푸르동, 푸리에, 미슐레, 위고, 블랑 등 제2제국 반체제 인사들의 저서, 공화주의적 철학과 역사서를 많이 보유했다.[19] 민중도서관에는 다양한 공화파 신문이 비치되기도 했는데, 이들 신문은 자주 동맹의 활동을 호의적으로 보도했다.

민중도서관은 야간 강좌나 민중강연회의 장소로도 이용되었다. 욘 도에 있었던 생플로랑탱 도서관은 1869~1870년, 1870~1871년, 1872~1873년 겨울에 역사, 문학, 과학, 포도 재배 등의 주제로 75회의 강연회를 개최했다. 욘 도내에서 개최된 민중강연회의 주제는 노동의 자유, 알코올의 폐습, 잔 다르크, 위고, 미라보, 링컨, 1789년 이전의 농민, 문학에 나타난 경제적·사회적 질문, 역사와 과학 등이었다. 센앵페리에르 도내 루앙의 교육동맹 서클이 1869년 6월에서 1870년 3월까지 개최한 민중강연회의 주제는 기후학, 위생학, 보편도덕, 미터법, 글쓰기와 인쇄법, 인간과 땅, 대서양 케이블, 인과 화학성냥, 루앙의 역사, 자크리의 난, 역사의 교훈 등이었다.[20] 민중강연회는 공화파의 선전을 위한 정치적 성격을 직접적으로 드러내는 주제도 있었지만 농촌 생활에 실질적인 도움을 줄 실용과학적 주제도 많이 포함했고, 농한기인 겨울철에 열렸기 때문에 많은 농민이 참여할 수 있었다.

민중도서관과 민중강연회 활동은 공화파의 정치 선전에 기여했다. 정치적 성격의 다양한 공화파 그룹은 농민 대상의 정치 선전 소책자 같은 민중교육 재료를 동맹 서클에 제공했다. 동맹의 지방 서클은 선거철에는 사실상 공화파의 정치기관이나 선거위원회 역할을 담당했다. 따라서 1870년대 초중반 보수적 도덕질서파 정부는 공화파를 탄압하기 위한 방법의 일환으로 매년 민중도서관의 도서 목록과 회원 명단 및 주소를 경찰에 제출하도록 하여 사실 여부를 검사했다.[21] 또한 명백한 정치 관여가 드러난 지방 서클은 해산시키기도 했다. 그러나 해산된 서클은 교육 목적을 표방하며 다른 명칭으로 재건되곤 했다. 1877년 7월 도덕질서파 정부의 공교육부장관은 도지사에게 각 지역 내 동맹 서클의 현황을 보고하도록 명령했고, 이에 대해 다음에 인용한 욘 도지사의 회신처럼 많은 도지사가 동맹의 꾸준한 정치적 활동을 보고했다.

농촌에 공화파의 교육 책자나 팸플릿을 배포하고 공화파의 정치위원회를 구성하려는 목적을 가진 '민중도서관협회'라 불리는 많은 수의 지방 서클이 중앙협회의 충동질과 도의 허가에 따라 농촌의 코뮌에 건설되고 있다. 나는 이들 서클이 교육동맹의 다른 모습임을 전적으로 확신한다. 이들은 교육의 가면을 쓴 매우 명백한 정치결사체의 다른 모습이다.[22]

동맹은 성인을 대상으로 정치교육을 전개하는 동시에 어린이를 공화주의적 시민으로 키우기 위해 초등교육을 개혁하려 노력했다. 1870년대 초에 지방자치체 의원으로 선출된 동맹 회원은 자치체 내 초등학교의 무상교육화에 힘썼다. 욘 도에서 동맹 회원은 도의회를 장악하여 도내 무상학교를 점진적으로 확대해나갔다. 1872년 욘 도는 아홉 개의 무상학교를 위해 6000프랑을 지불했다.[23] 이와 동시에 동맹은 국가 차원의 개혁을 위해 초등교육의 무상·의무·세속화를 요구하는 입법청원운동을 전개했다. 최초의 입법청원운동은 1870년 3월 알자스에서 전개된 의무교육을 위한 청원 활동으로, 4개월간 35만 명의 서명을 받았으나 프랑스-프로이센 전쟁 발발로 중단되었다.[24]

파리코뮌 기간에 부르주아 공화파 중심의 교육동맹은 별다른 활동을 전개하지 못했다. 그러나 활발한 활동을 전개했던 수많은 급진적 사회주의적 민중 서클은 초등교육의 무상·의무·세속화를 요구했다. 코뮈나르가 결성한 '신교육협회'는 1871년 4월 2일 코뮌 정부에 '세금으로 운영되는 교육기관 내 종교교육 금지, 남녀 모든 어린이에 대한 무상·의무 교육 실시'를 요구하는 요청서를 보냈다.[25] 이 같은 민중의 요구에 따라 5월 19일 코뮌 정부의 교육위원회는 초등교육의 무상·의무·세속화를 결정했지만, 파리코뮌은 5월 22~28일 '피의 주간'을 통해 진압되었다.

프랑스-프로이센 전쟁에서 패한 후 프랑스의 다양한 사회 세력은 교육 개혁 논의를 활성화했다. 가톨릭은 프랑스의 탈종교화를 전쟁 패배의 원인이라고 주장하면서 종교와 도덕 교육의 강화를, 공화파는 불충분한 민중교육을 전쟁 패배의 요인으로 보아 국가 재건을 위한 교육개혁을 강조했다. 파리 코뮌 진압 이후 활동을 재개한 동맹의 파리 서클 총서기 보세 Emmanuel Vauchez는 자신이 발행하던 신문《교사들의 목소리》1871년 11월 1일 자에 "조국이 폐허에서 일어날 수 있는 것은 교육에 의해서다. 국가의 미래는 학교에서 만들어진다"라고 언급했다.[26] 덧붙여 부르주아 공화파는 파리 코뮌을 통해 나타난 사회 갈등을 심각하게 받아들여 교육을 사회적 평화 유지의 도구로 인식하게 된다. 이 같은 흐름 속에서 교육동맹은 1871년 9월부터 초등교육의 무상·의무화 청원운동을 전개한다. 청원서는 다음과 같다.[27]

교육동맹-각 지역 명칭	일련번호 000-000	서명자 사인

무지에 대항한 수sou의 국민운동
남녀 어린이의 무상·의무 교육을 위한 청원서

교육동맹은 서명자에게 1수씩의 기부를 통해 지지를 뒷받침하기를 요구한다. 이러한 민중의 각출금은 청원 행위의 총비용으로 사용되며 또한 계속해서 여러 장소에서 민중도서관, 성인 강좌, 교육기관 등을 건설하도록 고무할 것이다.

이 청원서에서 보듯 동맹은 청원서 서명자들에게 교육개혁 청원의 중요성을 인식시키기 위해 1수sou(1수는 5상팀이며 20분의 1프랑임)라는 소액의 기부금을 납입하게 했고, 이에 따라 청원운동은 '무지에 대항한 수의 국민운동'이라 불리게 되었다. 세속화 문제는 최초의 청원서에 포함되지 않았다. 마세가 세속화 혹은 '교회와 학교의 분리'가 무상·의무 교육의 우선적 성취 이후 교육개혁의 최종 목적이 되어야 한다고 생각했기 때문이다. 하지만 몇 개월 내 바로 청원서에 세속화 요구가 첨가되었다. 전국적으로 전개된 청원운동은 1872년 봄까지 91만 7267명의 서명을 받았는데, 의무교육에만 서명한 수가 11만 9251명, 의무·무상 교육에 서명한 수가 41만 121명, 의무·무상·세속화 교육에 서명한 수가 38만 7895명이었다.[28] 여기에 1870년 알자스의 의무교육을 위한 청원 서명자 35만 명을 더하면 초등교육 개혁 입법 청원 총 서명자는 126만 7267명이었다.

청원 서명자 명단은 1872년 6월 19일 하원에 제출되었다. 당시 의회는 공교육부장관 시몽Jules Simon이 1871년 12월에 제출한 의무교육법률안을 논의하고 있었다. 시몽은 파리코뮌 진압 이후 가톨릭 교권주의자와 공화파 모두를 만족시킬 정책을 취하려 했다. 그는 파리의 학교에서 코뮌 때 사라진 교리문답 교육을 재개시킴과 동시에 의회에 의무교육법안을 제출했다. 126만여 명이 서명한 교육동맹의 청원서는 이 논의에 활기를 띠게 했으나, 시몽의 법안과 동맹의 청원은 가톨릭의 조직적 반대와 의회 다수를 차지한 왕당파에 의해 거부되었다. 가톨릭은 동맹의 청원에 반대하며 종교교육, 국가 관여를 배제한 자유교육, 가난한 아이를 대상으로 한 무상교육을 요구하는 '주교의 청원'이라 불린 대항적 청원운동을 펼쳐 약 45만 명의 서명을 받았다.[29]

청원운동에 이어 동맹은 1872년 11월 지방자치체에 초등교육 개혁에 대한 여론조사 실시를 요구했다. 이는 교육개혁이 범국민적 열망임을 드러내기 위한 것으로, 한 달 만에 500여 개의 자치체가 초등교육의 무상·

의무·세속화를 지지하는 여론조사 결과를 동맹에 보내왔다. 이 활동은 1873년 왕당파인 마크마옹의 대통령 선출 이후 중단되었다가, 1876년 공화파가 하원 의석 다수를 차지하자 재개되었고, 상·하원 다수와 대통령직을 공화파가 차지한 1879년 이후 확대되었다. 동맹에 의한 1879년 여론조사는 인구의 절반 이상이 초등교육의 무상·의무·세속화를 지지한다는 사실을 보여주었다.[30]

초등교육의 무상·의무·세속화   04

공화파가 하원을 차지하자마자 취한 행동은 교육개혁이었다. 1877년부터 1894년까지 공교육부장관직은 교육동맹 회원들이 차지했는데, 이들은 1879년부터 1889년까지 매년 다양한 교육개혁법을 제정하거나 관련 행정조치를 취했다. 교육개혁은 1879년에 공교육부장관이 된 온건공화파 페리가 '모든 도내에 한 개씩의 여성 사범학교 설립'을 규정한 법을 1879년 8월 9일 입법하면서부터 시작된다. 페리의 가장 중요한 교육개혁 입법은 초등교육의 무상화를 규정한 1881년 6월 16일 법과 만 6세부터 13세까지 초등교육의 의무화와 교육 내용의 세속화를 규정한 1882년 3월 28일 법 제정이었다.[31] 이 두 법을 흔히 페리법이라 부른다.

페리법 이후 초등교육 개혁에 관한 주요 입법은 1886년 10월 30일 공교육부장관 고블레René Goblet가 입법한 초등교육일반조직법이다. 이 법은 가톨릭의 교육 통제를 강화했던 1850년의 팔루법을 폐지하고 5년 내에 모든 수도회 소속 교사를 일반 세속 교사로 대체하도록 했다. 이어 1889년 7월 19일 법은 국가에 의한 교사의 월급 지불을 규정했다. 1880년대 교육개혁 입법은 압력단체로서 교육동맹이 거둔 최대의 성과였다. 페리는 "내가 행한 모든 개혁은 교육동맹의 창시자 마세로부터 영향을 받은 것이다"라고 언급하기도 했다.[32]

가톨릭과 왕당파는 페리법안의 의회 제출과 심의 과정에서 강력히 반발했다. 1880년 5월 25일 가톨릭계 신문 《세계L'Universe》는 "국가가 의무교육을 실시하는 것은 국가가 개인의 영혼을 통제하는 것을 의미하며, 이는 인간의 개성을 소멸시키고 인간의 본성을 공산주의의 틀 속에 빠뜨리게 한다"라며 페리법안에 반대했다. 가톨릭이 가장 크게 반발한 부분은 교육의 세속화 문제였다. 그러나 페리법은 세속성과 관련된 어떤 문구도 넣지 않았다. 단지 의무교육을 규정한 1882년 3월 28일 자 법률 제1조에서 초등교육 교과목의 하나로 '공민도덕'을 규정하여 그때까지 학교에서 행해지던 종교도덕 과목을 대체한 것과, 제2조에서 "공립 초등학교는 학교 밖에서 종교교육을 원하는 부모를 위해 일요일 외에 주 1회를 쉰다"라고 규정하여 학교에서는 종교교육을 하지 않을 것을 언급한 것이 세속화의 내용이었다. 부르주아 공화파에게 세속성은 종교의 중립성, '학교에서의 과학, 교회에서의 종교'라는 원칙을 의미했다. 마세를 비롯한 동맹의 주요 활동가들은 가톨릭교회 자체와 정치적인 가톨릭의 교권주의를 구분했다.

교육개혁을 추구했던 공화파는 교육의 세속화가 종교에 대한 반대가 아니라 종교의 중립성을 의미한다고 강조했으나, 가톨릭은 교육개혁에 대한 반대를 늦추지 않았다. 1882년 초 주교 프레펠은 보수 성향의 우파 하원 의원 56명의 서명을 받아 "페리법이 프랑스에 끼치는 불행"이라고 주장하면서 이를 폐지할 것을 요구하는 선언문을 발표했다.[33] 이처럼 가톨릭 교권주의자와 공화파 사이에는 어떠한 화해도 가능하지 않았고, 공화파는 폐리법의 실제 적용을 위해 '신성동맹'과 싸워야 했다. 마세는 1882년에 출판된《의무교육법의 적용을 위한 실용적 개론》서문에서 "보통선거제는 의무교육이 적용되는 오늘에야 중요성을 가지며, 의무교육법 역시 적용의 범위 내에서만 중요성을 갖는다. 만약 의무교육법이 열매를 맺기 원한다면 우리는 의무교육을 원하지 않았던, 법 실행의 장애물 세력과 싸움을 준비해야 한다. 의무교육법은 공화국의 모든 선한 시민의 보호 아래 놓여야 한다"[34]라고 강조했다. 마세의 언급처럼 교육동맹은 폐리법 제정 이후 이 법의 실제 적용을 감독하는 데 주력했다.

공화파 교육개혁의 성과와 한계

05

교육동맹을 매개로 한 공화파의 민중교육 활동은 일차적으로 민중에게 공화주의를 전파하고 보통선거권의 바른 사용을 교육함으로써 공화정체제를 확립하고 이를 안정화하려는 목적을 지녔다. 교육동맹은 명백하게 정치적이었다. 마세는 흔히 동맹의 역할을 "민중 대상의 보통선거권 교육"이라고 말하곤 했다.[35] 강베타는 1881년 제1회 교육동맹전국대회에서 교육동맹이 전개했던 활동이 진정한 정치였다고 연설했다.

각성되지 않은 정신을 향해, 어둠 속에서 잠자고 있는 영혼을 향해 움직이는 것, 자신의 참모습을 알고자 하는 무지한 사람에게 호소하는 것, 그들에게 계몽과 지식을 가져다주는 것, 그들에게 그들의 권리와 의무에 대한 자각을 가져다주는 것, 이것이 가장 효과적인 정치다. 15년 전부터 마세, 당신이 했던 것은 진정한 정치이며 민주주의 정치였다.[36]

페리법에 의한 초등교육 개혁은 민중의 아이들에게 보다 많은 교육 기회를 제공했고, 초등학교에서는 "부자와 가난한 자, 노동자와 자본가의 모든 어린이를 같은 의자에 이웃해 앉게 했으며, 학업 성취도만을 아이들 간 위계질서의 기준으로 삼아"[37] 아이들이 기회 균등과 민주주의를 스스로 깨닫게 만들었다. 그러나 이 민주주의는 정치적·제도적 민주주의였지, 사회적·실질적 민주주의는 아니었다. 제3공화국에서 공화파는 민중에게 정치적 권리의 보장이 사회적 평등의 충분조건이라고 주장했다. 공화국에서 사회정의의 문제는 보통선거제에 의한 정치적 민주주의 뒤로 밀려나게 되었다. 교육 수혜자의 확대 측면에서 볼 때 공화파의 초등교육 무상·의무화 개혁은 상징적 개혁에 불과했다. 147쪽의 [표 1]에서 보듯 페리법 이전에 이미 많은 아이가 초등교육을 받고 있었기 때문이다. 1880년대 공화파의 교육개혁은 교육 내용의 변화를 가져온 개혁이었으며, 교육 내용의 변화는 그것이 정치적 민주주의에 기여한다는 성과를 지니면서, 동시에 공화파의 정치적 권력의지를 내포한 새로운 형태의 제도교육 도입이라는 한계도 지닌다.

페리법 이후 초등교육에 새롭게 도입된 공민도덕 교과서는 공화주의를 선전하며 가톨릭 교권주의와 결합했던 이전의 보수적 정치체제를 비판했다. 공민도덕 교과서는 공화정을 "대의제 정부의 다양한 형태 중에서 법의 통치와 시민의 독립을 가장 잘 보증하는 사회의 이상적인 조직"이라고 강조했다.[38] 가톨릭교회가 1883년 1월에 간행한 금서 목록에는 교권주의를 비판하고 공화주의를 강조한 공민도덕 교과서 네 권이 포함되었다. 가톨릭의 금서 목록이 교육 현장에서 혼란을 야기하자, 공교육부장관 페리는 1883년 11월 17일 〈교사들에게 보내는 편지〉에서 베르, 스티그, 콩페레, 그레빌이 각각 저술한 이들 네 권의 교과서를 장관의 이름으로 인정했다.[39] 이 중 베르Paul Bert의 교과서는 많은 학교에서 사용되어 1882년 한 해에 7판까지 출판되었다. 이 교과서의 내용 일부를 살펴보자.

> 만약 우리가 올바르게 투표한다면 우리는 좋은 법을 가질 것이며 자유롭고 평화로워질 것이다. 만약 우리가 올바르지 않게 투표한다면 우리는 제2제국 시기처럼 우리의 모든 자유를 속박하는 그릇된 법을 가질 것이고, 정의도 이성도 없는 전쟁을 초래하게 될 것이다. 그러므로 올바르게 투표하는 것보다 중요한 것은 없다.
> 1789년 혁명에서 태어난 자유는 왕당파 정부로 인해 제한되었고, 두 명의 나폴레옹 통치 기간에 거의 존재하지 않을 정도로 속박되었다. 오늘날 우리가 향유하는 자유가 확립된 것은 1871년의 공화정에서다.[40]

사실 19세기 중반까지 정치적·사회적 운동 속에서 왕당파와 맞서며 공화파는 늘 스스로를 자랑스럽게 '혁명의 정파'라고 주장했다. 19세기에 공화주의 운동은 프랑스 대혁명 이래 충족되지 않았던 정치적, 사회적 열망을 구체화해가는 하나의 진보운동이었다. 그러나 제3공화국에 이르러 공화주의는 이러한 운동을 중단하고 대신 국가의 공식적 이데올로기로 변한다. 교육동맹을 통한 민중교육운동은 공화주의의 확산을 위한 것이었으나,

이는 공화파의 정치적 목표를 달성하려는 것이었다. 1880년대 초등교육 개혁은 교육에 대한 민중의 오랜 열망에 공화파가 부응하는 것이기도 했지만, 동시에 초등교육에서부터 공화주의의 가치를 공식화, 절대화하려 했던 권력의지를 내포한 정치적 행위이기도 했다.

19세기 중반 보수적인 제2제국을 지지했던 농민은 제3공화국 초기가 되면 공화정체제가 질서와 안정 유지의 가장 좋은 보장책이라고 여기게 된다.[41] 농민은 1870년대 후반 이래 제3공화국의 중요 정치기반이 되는데, 이는 공화파가 민중교육 활동을 통해 농민에게 지속적으로 공화주의적 가치체계를 전파했기 때문이다. 19세기 후반 제2차 산업혁명과 함께 급격히 성장한 노동자는 1890년대 이후 '혁명적 생디칼리슴' 진영의 투표거부운동에도 불구하고 선거에 큰 관심을 보였고, 결선 투표에서 보수적 후보에 맞서도록 사회주의자의 양보를 얻어내 공화파를 당선시키기도 했다.[42]

교육개혁운동을 전개한 부르주아 공화파는 교육이 정치적 문제뿐만 아니라 사회문제에 대한 중요한 해결책이라고 생각했다. 1871년 3월 동맹의 르아브르 서클 회람 소식지는 다음과 같이 교육이 사회 안정의 도구임을 강조했다.

> 공화정의 정치적 자유가 국민 스스로를 자신들 운명의 주인으로 만들어가는 것을 생각한다면, 모든 시민이 적절한 교육을 통해 가능한 한 가장 지적인 태도로 국가와 자신의 미래에 대해 표현하도록 배우는 것이 중요하다. 우리의 임무는 의무적 초등교육이 사회적 안전의 도구라고 말하는 것이다.[43]

교육을 통해 민중을 사회질서 내에 순응시키기를 원했던 공화파의 의도는 공화파 신문《시대》1883년 5월 6일 자 기사에서도 잘 드러난다.

국가에 의해 의무교육의 혜택을 받은 노동자는 사회적 위계질서 내에서 그들에게 할당된 위치를 수용하려는 도덕적 노력을 해야 하며, 각자의 힘과 지식을 표출할 수 있는 것을 생산하는 데 만족해야만 한다.

부르주아 공화파는 교육이 민중 스스로 각자의 사회적 위치를 불평 없이 받아들이게 하고, 노동자에게는 노사협력에 필요한 도덕적, 지적 조건을 형성하게 하여 사회적 투쟁을 끝내게 해줄 것이라고 생각했다. 이들은 의무적 공교육을 통해 일정한 지식을 갖게 될 노동계급의 사회적 위협이 주의 깊게 계획된 공교육 내용의 잠재적인 사회 통제적 효과에 의해 상쇄될 것이라고 판단했다.[44] 교육동맹의 민중교육 활동 역시 기존 사회질서에서 민중의 이탈을 막으려는 하나의 수단이었다.[45] 제3공화국 초기 공화파의 민중교육 활동은 민주주의와 보통선거제를 더 잘 기능하게 했지만, 동시에 국가적 목적을 위해 민중의 사회적 이해관계와 욕구를 희생하도록 설득했고, 대중을 세뇌하기 쉽게 만들었으므로 민주적인 교육이 아니었다.[46] 공화파의 민중교육 활동과 1880년대의 교육개혁은 민주적 성격을 지니지만, 부르주아 민주주의의 계급적 한계 역시 내포하고 있다. 페리법으로 확립된 공화주의적 초등학교 교육은 아이들에게 사회적 권리와 의무를 깨우치게 하여 미래에 적극적이고 능동적인 시민으로서의 삶을 준비하게 하는 열린 교육이 아니라, 사회적 권리와 의무를 공화국의 기성 질서 내에서 행사하도록 교육하는 닫힌 교육이었다. 앞에서 살펴본 베르의 초등학교 공민도덕 교과서는 다음의 인용문처럼 공화국 정부에 대한 복종을 강조했다. 시민저항권을 보장했던 프랑스 혁명기의 원칙은 혁명의 후손을 자처하던 공화파의 사회질서 유지에 대한 강박관념 때문에 무시된다.

국민은 보통선거권에 의해서만 정치적 요구를 말한다. 따라서 우리는 공화국에 반대해 싸울 수 없다. 그것은 프랑스 전체에 대한 배반이다. 왕이 법을 만들 때 왕 스스로를 이성적으로 만든 유일한 수단이었던, 피의 대가를 치른 혁명은 오늘날 필요 없다. 왜냐하면 규칙적 선거는 민주적, 평화적 변화를 허용하기 때문이다. (……) 정부는 국민주권의 산물인 의회의 결정을 실행하므로 우리는 정부에 복종해야 한다.[47]

페리법 이후의 공화주의적 초등학교 교육과 이전의 가톨릭적 초등학교 교육은 분명 달랐지만, 사회적 안정과 질서 유지를 목적으로 하는 교육 내용은 같았다. 가톨릭 교육과 공화주의적 교육은 모두 도덕교육의 필요성을 확언했고, 질서나 권위, 재산권의 원칙은 이의를 제기할 수 없는 도덕교육의 원칙이었다. 차이점은 도덕교육이 종교적 믿음을 기저에 두고 있는지, 아니면 세속적 가치를 기저에 두고 있는지에 있었다. 공화주의적 학교의 모든 공민도덕 교과서는 시민의 의무로 자기존중, 신중함, 미래에 대한 준비와 검약, 절제, 용기, 가족애 등을 강조했다. 공민도덕 교육은 직접적으로 정치 선전을 하지는 않았지만 국가 행정조직을 가르치며 애국심을 호소했고, 아이들에게 모든 개인적 권리에 앞서 법에 복종하도록, 시민의 의무를 실행하도록 가르치는 정치적·사회적 교육이었다.[48]

민중교육운동과 교육개혁을 통해 사회적 통합을 이루려 했던 중·소부르주아 출신 공화파는 경제활동에 전념해 축적된 부로 사회를 지배했던 대부르주아를 비판하면서 민중적 지지를 획득했는데, '새로운 계층nouvelles couches'이란 용어를 만들어내 정치적 수사로 즐겨 사용했다. 이 용어는 중·소부르주아 공화파가 중간계층의 다양한 직업인과 농민·노동자의 일부를 광범위한 하나의 정치적·사회적 계층으로 결속시키면서 이를 공화국의 안정화와 사회적 평화의 토대로 삼으려 하는 의도에서 만들어졌다. 새로운 계층은 자본주의 사회의 발전 속에서 사회적으로 성장했으나 아직 정치적으로 영향력 있는 목소리를 갖지 못했던 지방의 중·소부르주아, 독립생산자, 소상인, 교사, 하급 공무원, 소토지 보유 농민 등을 포함하는 광범위한 계층이었다. 이들은 보통선거제 아래서 새롭게 등장한 정치 세력이었고 광범위한 사회여론의 기반이었다.[49]

교육동맹의 활동은 이 '새로운 계층'에 의해 이루어졌고, 교육개혁도 이들의 뒷받침에 의해 가능했다. 제2제국 말기와 제3공화국 초기에 부르주아 공화파는 공화국을 확립하고 다수의 국민이 기성 사회질서를 인정할 때에 가능한 사회적 안정과 사회통합을 이루려 했는데, 이를 효과적으로 수행할 수 있게 한 주요 수단이 민중교육의 확산과 초등교육 개혁이었다.[50]

교육의 공공성에 대한 민주적 관리를 위해
06

19세기 중반 프랑스의 교육 상황은 가톨릭의 교육 통제, 계급적·지리적·성적 교육 불평등으로 특징지어진다. 1860년대에 들어서 민중은 다양한 교육 욕구를 표출했고, 공화파는 민중에 대한 정치교육 부재를 1848년 제2공화국 실패의 원인으로 인식하여 민중, 특히 농민에 대한 교육의 확산을 고민했다. 1866년 공화파 마세에 의해 결성된 교육동맹은 민중과 공화파의 교육 열망을 구체화하기 위한 수단이었다. 동맹은 결성 이래 민중도서관 건설과 민중강연회 개최를 통해 왕당파와 보수적 가톨릭 교권주의가 영향력을 행사하던 농촌에 공화주의 이념을 전파했고, 초등교육의 무상·의무·세속화 개혁을 촉구하는 청원운동을 전개했다. 이 같은 공화파의 교육운동은 가톨릭의 반발을 낳았고, 보수적 왕당파 정부에 의해 탄압을 받기도 했으나 민중의 광범위한 지지를 받으며 범국민적으로 전개되었다.

1870년 프랑스-프로이센 전쟁 발발로 수립된 제3공화국에서 의회를 장악한 왕당파에 밀려 정국 주도권을 장악하지 못했던 공화파는 1879년에야 정치적 주도권을 획득하게 되었다. 권력 획득에 성공한 공화파는 1881년과 1882년 페리법 제정으로 초등교육의 무상·의무·세속화를 비롯한 교육개혁을 실시해 공화주의적 교육을 제도화했다. 공화파의 민중교육운동과 초등교육 개혁은 민중에게 교육 기회를 제공했고, 보통선거권의 올바른 사용을 교육하면서 공화주의 이념을 확산시켜 정치적 민주주의의 확대에 기여했다. 그러나 이 민주주의는 공화파의 정치적 이해관계에 봉사했고, 교육 내용에서도 사회정의의 문제 등을 배제하는 등 사회적, 실질적 민주주의의 확대와는 거리가 멀었다. 부르주아 공화파는 교육을 통해 민중의 사회적 이탈을 막고, 이들을 기성 사회질서 내에 순응시켜 사회적 통합을 이루려 했다.

프랑스 제3공화국의 초등교육 개혁은 근대 국민국가 체제에서 교육이 정치권력의 공적 관리와 지원을 통해 확대되고, 정치권력은 교육을 통해 안정된 체제와 사회 유지 기반을 확보해나간다는 것을 여실히 보여준다. 교육과 정치의 이 같은 길항관계 혹은 상보관계는 종교교육을 대체한 공민도덕 교육 내용을 살펴보면 더욱 명확해진다. 20세기 중반에 철학자 알튀세Louis Althusser는 교육을 '이데올로기적 국가기구'라고 분석하며 교육과 정치의 상호 관련성이 지닌 본질을 규명했다. 하지만 폭력적, 규제적,

억압적 국가기구와 달리 이데올로기적 국가기구로서 교육에는 기존 질서의 재생산 기능뿐 아니라 새로운 질서를 만들어내는 능동성과 해방의 가능성 또한 존재한다. 페리법이 만든 공화주의적 초등교육을 받은 이들이 모두 부르주아 공화국의 지지자가 된 것은 아니었다. 부르주아 공화국을 넘어 사회적 공화국의 이상을 위해 헌신했던 이들, 정치적 민주주의의 한계를 넘어 사회정의를 위해 활동했던 이들을 상기해보라.

교육과 정치가 가시적·비가시적으로 상호 연관되어 있고, 교육은 기성 사회질서의 재생산에 기여하는 이데올로기적 기구이면서 동시에 개인과 사회의 변화 가능성을 담지한 해방의 기구라면 교육에 대해 어떤 입장을 취하는 것이 역사를 통해 축적된 지혜일까? 국가와 정치권력의 지원을 교육 확산을 위해 필요한 행정적·절차적·제도적 차원으로 한정하고, 교육 내용과 교육 활동에는 국가와 정치권력의 관리와 개입을 제어하는 것, 교육과 정치의 상보관계에 대한 시민사회의 감시를 강화하는 것, 즉 교육의 공공성에 대한 민주적 관리가 하나의 답이 되지 않을까?

제3공화국 교육체제에 대한 몇 가지 비판

3

제3공화국 초기 고등교육 개혁과 에콜 폴리테크니크의 대응

문지영

프랑스 고등교육
체제의 특수성

01

|

프랑스의 고등교육 체제는 세계의 다른 나라들과 비교해 유례를 찾기 힘든 이원 구조를 갖고 있다는 점에서 특수성을 지닌다. 우리나라를 포함해 세계 대부분의 국가에서 고등교육은 곧 대학에서 행하는 교육과정으로 정의되는 데 비해, 프랑스에서는 고등교육이 한편으로는 대학으로, 다른 한편으로는 소수 엘리트를 위한 그랑제콜Grandes Ecoles로 이원화되어 있다. 이 점은 프랑스 고등교육 체제의 독창성이라고 볼 수도 있지만, 동시에 많은 문제점의 원천이기도 하다. 과거 수차례 고등교육 개혁이 있었지만, 오늘날 여전히 그랑제콜과 대학의 교육체제 사이에는 엄연한 위계가 존재하고, 그것이 곧 사회적 위계로 연결된다는 점에서 더욱 그렇다. 특히 프랑스혁명의 직접적 산물이자 현 프랑스 최고의 그랑제콜 중 하나인 '에콜 폴리테크니크Ecole Polytechnique'는 훗날 유럽과 북미 공학교육기관의 모델이 되었다는 점에서 매우 흥미로운 대상이다.[1]

혁명기 공화주의 정신에 따른 공교육개혁의 일환으로 창설된 에콜 폴리테크니크는 이후 제1제국에서 제2제국에 이르기까지 '상층 부르주아 계급의 보루', '엘리트주의 교육의 요람', '기술 엘리트의 양성소'라는 평가와 더

불어 오랜 독점과 특권을 누려왔다. 과학기술을 통한 국가경쟁력 강화에 걸림돌로 작용할 수도 있는 프랑스적 특수성에 대한 문제의식이 1880년 대 이후 프랑스 자본주의의 급속한 성장과 산업기술의 발달이라는 새로운 사회적 · 정치적 조건에 적응하는 데 전제되어야 할 고등교육 개혁, 나아가 공학교육체제의 개혁으로 이어졌다는 점에서 에콜 폴리테크는 교육사적 으로도 중요한 의미를 가진다.[2]

1870~1871년 프랑스-프로이센 전쟁과 파리 코뮌의 소용돌이 속에서 탄생한 제3공화국은 정치적 취약함, 자본주의의 급성장, 산업기술의 변 화, 가톨릭계 대학과의 경쟁 등에 대처하기 위한 고등교육 개혁의 필요성 을 절감하고 있었다. 이 시기에 주로 우파 공화주의자와 긴밀한 관계를 유 지하며 보수 이데올로기에 갇혀 있던 에콜 폴리테크니크는 막 상승세를 타고 있던 사회계층과 그 계층이 사회이동을 위해 지렛대로 삼을 교육체 제에 반대함으로써 개혁 세력의 지속적인 공격 표적이 되었다. 당시 에콜 폴리테크니크의 아성을 위협한 것은 제3공화국 초기 역대 정부의 고등교 육 개혁의 일환이자 그랑제콜의 대항마로 등장했던 대학 이학부facultés des sciences의 확대 조치였다.

1880년대 이후 정부는 중등교육 체제가 확대되고, 과학기술교육의 중 요성이 커지고, 첨단기술 부문이 급성장하자 정부는 중등교육기관에서의 고전교육을 지양하고 실용교육에 입각한 대학체제를 강화하기 위한 개혁 을 추진하게 된다. 이러한 개혁의 성과는 국가경제의 미래를 산업화에 두 었던 정부, 교육의 민주화를 통해 사회의 민주화라는 이상을 실현코자 했 던 제3공화국의 개혁가, 그리고 이러한 정부와 개혁가의 정책에 발맞춰 엔 지니어 자격증을 통해 사회적 상승의 꿈을 이루고자 했던 중 · 하층 부르주 아 계급의 열망이라는 세 가지 요소가 어우러진 결과였다. 이 장에서는 제

3공화국 초기 고등교육 개혁 과정에서 정부와 길항관계를 형성하며 최고의 걸림돌로 작용했던 에콜 폴리테크니크의 대응 방식과 그 결과를 통해 프랑스 고등교육 체제의 특수성이 갖는 연원을 이해하고자 한다.

19세기 에콜 폴리테크니크의 변모와 엘리트주의화 02

프랑스의 공교육 담론과 개혁의 역사는 앙시앵레짐 때로 거슬러 올라가나, 근대 공교육제도의 기틀이 마련된 것은 프랑스 혁명 때다. 당시 계몽주의 철학자들은 교육제도를 종교에서 독립시키고 이성적 시민을 양성하며 합리적 사회를 건설하는 데 필수 요건으로 간주했다. 그러므로 새로운 사회의 근본이 되는 새로운 인간형을 양성하기 위해서는 공화주의 정신에 입각한 새로운 방식의 교육이 전제되어야 했다. 제1공화국 탄생 이후 혼란스러운 정국에서도 국민공회는 부르주아 계급의 참여를 통한 '과학의 민주화'를 표방했다. 이 과정에서 혁명전쟁으로 인한 공병, 토목, 측량, 광산, 조선 분야 엔지니어의 부족 문제를 해소하기 위해 다기능 엔지니어 양성을 목적으로 하는 새로운 공학교육기관의 설립이라는 청사진을 세우게 된다.

1794년 3월 11일 도로와 항만 정비, 하천 건설 등 공화국의 예산으로 행해지는 토목 건설과 시설 정비를 포함한 공공사업 전반에 투입될 인재를 양성할 '공공사업중앙학교Ecole Centrale des Travaux Publics' 설립 관련법이 공표되었다.[3] 이 법의 골자는 학생의 출신 배경보다는 지적 능력과 수학 지식의 중요성을 강조하고, 국방을 위해 토목과 군사 업무를 수행할 학생이 기초 과목인 화법기하학畵法幾何學과 화학을 중심으로 하는 다양한 과학 분야의 지식을 습득한 뒤 과학지식을 응용·실습하기 위한 응용학교ecoles d'application로 진학해야 한다는 것이었다.[4] 이 법이 적용될 경우 공공사업중앙학교는 앙시앵레짐기의 전문학교들처럼 특권층의 집합소가 될 소지가 있고 이 학교 졸업생만이 응용학교에 입학할 수 있다는 독점 조항이 평등정신에 위배된다는 자코뱅 좌파의 비판이 있었지만, 국민공회는 이 학교의 설립을 인가했다.

같은 해 11월 30일 팔레부르봉 건물을 빌려 개교한 공공사업중앙학교는 전국의 22개 도시에서 16~20세의 젊은이 400명에게 시험에 응시할 기회를 주었고, 그중 정수론·대수학·기하학 시험을 통과한 396명이 최종 합격했다.[5] 먼저 신입생은 3개월에 걸쳐 이른바 '혁명 강좌'로 불리던 예비 강좌를 이수한 후에 3년 과정의 정규 강좌를 이어갔다.[6] 모든 학생에게 무상교육을 실시하고 신입생에게는 2년 동안 장학금을 지급함으로써 '부르주아' 학교로서의 명성을 쌓아가던 이 학교는 1795년 9월 1일 법에 따라 '에콜 폴리테크니크'로 교명을 변경하게 된다.[7] 이어 같은 해 10월 22일 공표된 응용학교재조직법을 통해 에콜 폴리테크니크 졸업생만이 응용학교에 진학할 수 있으며, 응용학교의 신입생 정원이나 교과과정도 에콜 폴리테크니크와 긴밀하게 협의할 것을 규정했다.[8] 이 법 역시 향후 에콜 폴리테크니크의 독점과 특권을 수반할 여지를 둠으로써 다시금 좌·우파 모두에게 공격의 빌미를 남겨두었다. 실제로 에콜 폴리테크니크 졸업생은 응용학교를 마친 후 주로 군대와 고위 공직에 진출함으로써 앙시앵레짐 때와 마찬가지로 국가 엔지니어로서의 독점적 지위와 특권을 이어갔다. 그

점에 대해 프랑스의 사회학자 부르디외Pierre Bourdieu는 평등사상에 입각해 앙시앵레짐기의 엘리트주의를 타파하고자 했던 공교육 실험이 이른바 '국가귀족Noblesse d'Etat'의 독점과 특권을 더욱 공고화하는 역설을 낳았다고 주장했다.[9]

에콜 폴리테크니크와 그 응용학교의 엘리트주의화는 나폴레옹 1세 시대를 통해 더욱 공고해졌다. 1799년 브뤼메르 18일의 쿠데타로 통령정부를 수립한 나폴레옹은 여전히 유럽과 전쟁 중이었고, 군대는 다방면에서 활동할 더 많은 엔지니어를 필요로 했다. 쿠데타에 상당히 부정적이었던 에콜 폴리테크니크 학생들이 반정부 활동을 펼치자 나폴레옹은 1799년 12월 16일 법과 1804년 7월 16일 법을 제정해 학교의 재조직화를 꾀하게 된다. 먼저 1799년 12월 16일에 제정된 '에콜 폴리테크니크 재조직법'은 신입생 정원을 300명으로 줄이고, 응용학교 진학 준비를 위한 학업연한을 3년에서 2년으로 줄였으며, 취업 분야도 졸업 후가 아니라 입학 때 미리 정하도록 강제했다. 또 학생의 군 부서 지망을 포 함대로까지 확대하고, 하루 98상팀의 봉급을 지불하는 등 물질적 안정을 보장해주는 내용도 포함했다.[10] 총재정부와 통령정부를 거치면서 에콜 폴리테크니크는 화법기하학을 교육의 중심에 두었던 몽주Gaspard Monge의 뒤를 이어 수학 분석과 추상 개념을 중시하던 라플라스Pierre-Simon de Laplace의 영향 아래에 놓임으로써 이른바 '몽주의 학교'에서 '라플라스의 학교'로 전환되었다. 이러한 변화는 이후 고등수학을 중시하는 엘리트주의적 교육방식의 고착화에 큰 영향을 미쳤다.

1804년 제1제국 수립과 함께 관료제 강화와 행정기구 재편을 통해 국가가 중앙집권화, 군사화되면서 군대식 서열, 규율, 가치 등이 강화되었다. 같은 해 7월 16일 법에 따라 에콜 폴리테크니크에 엄격한 규율을 강제하는 군사체제가 적용되면서 학교는 병영화되었고, 학교 행정은 내무부가 아닌 육군부의 감독을 받게 되었다.[11] 에콜 폴리테크니크를 자신의 정치적, 군사적 자산으로 여겼던 나폴레옹 1세는 국가의 군사화 내지 학교의 병영화를 반대하던 학생과 과학자의 비판에 직면했다. 이들은 나폴레옹 1세의 개혁이 혁명기에 힘겹게 획득한 개인의 권리를 침해할 뿐만 아니라, 학교가 평화 목적이나 국가의 하부구조 또는 산업 발달에 유용되기보다는 군사 목적이나 개인의 야망을 만족시키기 위한 도구로 전락할 수 있다고 일갈했다. 만약 그렇게 될 경우 에콜 폴리테크니크는 앙시앵레짐기의 사회적 독점체제로 회귀될 것이고, 학생은 사리사욕 없이 국가에 봉사하기보다는 특권을 추구하고 유지하게 될 것이라는 우려의 목소리가 컸다.[12]

실제로 나폴레옹 1세의 개혁은 신입생 모집 방식뿐만 아니라 학교의 성격 변화에도 크게 영향을 미쳤다. 예컨대 라틴어와 문학의 고전지식이 시험과목으로 복귀되면서 입학시험은 더욱 어려워졌고, 프랑스 혁명의 유산인 장학금제도를 폐지하고 대신 1000프랑이라는 비싼 수업료를 내게 하는 등 특권층에 유리한 조치를 취함으로써 혁명 이전으로 돌아가고 말았다. 그러나 당시 재학생의 52퍼센트가 상층 부르주아 출신이라는 점 그리고 취업에서 과거와 달리 졸업생의 91퍼센트가 국가 엔지니어로, 그중 군대, 특히 포병대(61퍼센트), 공병대(17퍼센트)가 다수를 흡수했다는 점이 이전과 달라진 분명한 차이점이다.[13]

나폴레옹 1세 시대의 군사화 유산은 오늘날까지 에콜 폴리테크니크의 정체성을 잘 보여주는 주된 특징으로 남았다. 나폴레옹 1세는 에콜 폴리테크니크의 교훈인 '모두 조국, 과학, 영광을 위하여'를 하사하고, 군대 열병식이 열릴 때는 에콜 폴리테크니크의 학생 대대가 교훈이 새겨진 교기를 들고 황제의 근위대 바로 뒤에서 선두로 행진하도록 하는 등 독특한 군사

문화를 남긴 장본인이었다. 이 행사는 지금까지도 이어져 매년 프랑스의 최대 국경일인 7월 14일이면 샹젤리제 대로에서 벌어지는 군사 퍼레이드에서 에콜 폴리테크니크의 학생 대대가 검은색 제복에 붉은색 띠, 이각모에 흰 장갑을 낀 채 긴 칼을 차고 제일 선두에서 종대 행진을 벌이는 전통적인 의식으로 자리 잡았다. 또 프랑스의 첨단 과학기술이 주로 전쟁무기나 군사과학 분야에서 발달한 점도 결코 우연이랄 수 없다. 프랑스가 오늘날까지 과학기술 강국의 위상을 오랫동안 누려올 수 있는 저력은 과학기술의 진흥이 부국강병의 원천이라고 믿었던 나폴레옹 1세의 각별한 지원 정책에 빚진 바가 크다.

나폴레옹 1세 시대의 종식과 부르봉 왕가의 복귀도 에콜 폴리테크니크 중심의 고등교육 체제를 바꾸지는 못했다. 1816년 9월 5일 루이 18세의 왕령에 따라 에콜 폴리테크니크가 육군부에서 다시 내무부로 이관되면서 학생은 군복 대신 부르주아 복장을 입는 등 세속화하는 듯 보였으나 병영제는 그대로 유지되었다.[14] 에콜 폴리테크니크를 여전히 지배하던 자코뱅주의와 공화주의 그리고 보나파르트주의의 제거를 급선무로 여겼던 루이 18세는 1817년 1월 17일 에콜 폴리테크니크를 '왕립학교Ecole Royale Polytechnique'로 바꾸었다. 그는 과학이 더 이상 무신론의 도구이자 받침대가 아니라 '신과 왕 그리고 조국Dieu, Roi, et Patrie'을 위해 봉사하는 것이어야 한다고 여겨 부르봉 왕가의 정치·사회철학을 이 왕립학교에 심기 위해 개혁을 시작했다.[15] 이런 보수적인 분위기 속에서도 이론적·수학적 지식을 지적 우월성과 사회적 권력의 상징으로 내세우며 강한 단체정신을 강조하던 에콜 폴리테크니크의 엘리트주의적 교육방식은 그대로 유지되었다.

그러나 19세기 초 산업시대가 개막하자 영국, 독일, 미국과 비교해 뒤떨어진 산업화에 대한 각계의 우려가 커지면서 민간 부문의 전문 기술인력 양성을 위한 새로운 공학교육체제의 필요성이 제기되었다. 그 결과 1829년 프랑스 최초의 사립 공학교육기관인 중앙공예학교Ecole Centrale des Arts et Manufactures와 같은 새로운 경쟁자가 나타났다. 1830년 7월 왕국이 수립되자 '시민왕' 루이 필리프는 '공교육과 교육의 자유'를 담은 헌장을 발표하며 학교의 재조직화에 착수했고, 이는 1833년 6월 28일 이른바 기조법으로 알려진 초등교육법의 제정으로 이어졌다. 이때 에콜 폴리테크니크도 내무부에서 다시 육군부로 이관되는 등 부분적 개편이 있었으나, 이후 약 50년에 걸쳐 정권의 파수꾼이자 엘리트주의 교육의 요람으로서의 역할을 이어갔다. 그러나 에콜 폴리테크니크의 독점과 특권도 제2차 산업혁명과 제3공화국 초기의 공교육개혁운동 속에서 강력한 도전에 직면하게 되었다.

제3공화국 초기 중등실업교육   03
바칼로레아 신설 논쟁 |

프랑스-프로이센 전쟁(1870~1871)과 파리 코뮌(1871) 이후 제3공화국 초기 10년 동안 정부와 에콜 폴리테크니크 사이의 정치적 동맹은 계속 이어졌다. 대부분 우파 공화주의에 영향을 받은 학생들은 신생 공화국을 방어하고 수호하는 데 참여하면서 공화국만이 프랑스의 영광을 회복하고 활력을 되찾게 해줄 것이라고 믿었다. 에콜 폴리테크니크와 그 응용학교들로 구성된 엘리트주의 교육체제는 여전히 공고한 지위를 누렸으나, 당시 미국,

독일과 비교할 때 그 교육방식은 여전히 이론적·연역적·정태적 수준에 머물러 있었다. 프랑스 자본주의의 급성장 및 산업기술의 변화와 더불어 새로운 경제적·사회적·정치적 상황에 적응하기 위한 고등교육 개혁의 필요성은 사실 독일에서 연구와 실업교육이 확대되던 1860년대부터 본격적으로 대두되었다. 특히 프랑스-프로이센 전쟁의 패배는 독일을 향한 경계심과 위기의식을 불러일으켰을 뿐만 아니라, 제3공화국 수립 이후 중·고등학교에서 고전교육 대신 실용적 응용교육을 장려하고 대학체제를 강화하려는 개혁운동으로 이어지게 만들었다.

한편 1850년 이래 가톨릭 운동의 결과 국가에 의한 고등교육의 독점이 깨지기 시작하면서 종교적으로 '도덕질서'에 영향을 받았던 1875년에 고등교육의 자유화와 세속화가 추진되었다. 당시 새로운 가톨릭 대학들이 주된 경쟁자로 떠오르자 고등교육 문제는 주요 정치 쟁점이 되었다. 이런 상황에서 에콜 폴리테크니크와 재학생들은 처음에는 정부의 교육 세속화 정책을 지지하는 듯했다. 그러나 위계·권위·질서·애국심 같은 학교의 전통적 정신과 가치의 연속성을 강조하던 학내외의 보수파는 급진파와 사회주의자로 구성된 혁신파의 교육개혁 프로젝트에 거부감을 나타냈다.

당시에는 중등교육의 형태와 바칼로레아baccalauréat 제도(중등교육을 마치고 고등교육기관에 입학하기 위해 치르는 시험)를 둘러싸고 세 그룹이 서로 치열한 논쟁을 벌였다. 첫 번째 그룹은 엘리트 양성을 위한 언어·문학·철학 같은 고전교육이 중등교육의 핵심이어야 하며, 만약 고전교육을 포기할 경우 프랑스의 위대함이 약화되거나 파괴될 수 있다고 주장했다. 주로 오를레앙파, 정통 왕조 지지파, 상업·금융·산업을 통해 엄청난 부를 쌓은 상층 부르주아 계급이 이에 속했다. 이들은 1874년 이전 중등학업을 7년 만에 끝내야 하는 두 가지 형태의 바칼로레아, 즉 그리스어와 라틴어의 '문학 바칼로레아'와 '과학 바칼로레아'만 인정하고 새로운 바칼로레아 제도에는 반대했다. 두 번째 그룹은 전통적 고전교육의 일부를 유지하는 데 우호적인 온건공화파였다. 이들은 라틴어를 계속 유지하는 대신 그리스어를 과학과 현대어로 대체할 것을 주장했고, 또한 중·하층 부르주아 출신 학생에게 장학금을 수여하고 새로운 바칼로레아 제도를 실시해 더 많은 아이에게 중·고등교육의 혜택을 줌으로써 사회적 신분 상승의 기회가 확대되기를 기대했다. 세 번째 그룹은 중등교육의 구조와 교과과정의 전면 개편을 요구하는 현대주의자로, 일부 급진공화파와 사회주의자가 이에 속했다. 이들의 일부는 바칼로레아 제도의 전면 폐지를, 또 다른 일부는 그리스어와 라틴어를 폐지하고 현대적 과목을 다루겠다는 조건하에 바칼로레아 제도의 유지를 주장했다.[16]

제3공화국 초기에 정부는 사회적·정치적 영향력이 강한 이 세 그룹의 주장과 반론에 대응해야 했다. 1873~1874년 온건파 공교육부장관인 시몽은 고등학교 교과과정의 다양화를 시도했는데, 그의 시도는 제2제국 당시 현대주의의 선구자이자 공교육부장관을 역임한 뒤뤼Victor Duruy가 실행한 개혁의 연장선상에 있었다. 뒤뤼는 1865년 6월 21일 독일의 실업학교Realschulen 모델을 본떠 프랑스의 실업교육 조직화를 위한 법, 즉 중등실업교육법 제정에 앞장섰다.[17] 그러나 뒤뤼 식의 중등실업교육은 고전교육론자에게는 침입자나 다름없었다.[18] 뒤뤼는 훗날 자신의 회고록에서 "산업군대의 간부를 양성하기 위한 중등실업교육은 현대사회의 요구에 매우 당연하고 적절했다"라면서 "이 실업교육은 중등 단계에 해당했다. (……) 이것은 주요 산업의 성격에 따라 지역마다 달라야만 했다. 그런 이유 때문에 중등실업교육을 실시하는 학교가 각 지역 산업의 요구에 더 잘 부합하도록 하기 위해서는 커리큘럼이 매우 광범위해야 했다. 예컨대 농업 중심지인 샤르트르에서는 '들판 손질에 유용한' 화학·물리학·역학의 응용을, 생테티엔에서는 광산업·제철업·염색업 등에 유용한 커리큘럼이 운영되어야 했다"[19]라고 적었다. 프랑스 전역에서 중등실업교육을 받은 학생 수는 1865년 1만 6882명에서 1876년 2만 2700명으로 크게 증가했으며, 당시 공교육을 받던 학생의 35~41퍼센트가 이에 해당했다.[20]

그런데 1868년에 도입한 현대적 교과과정을 공부한 후 고등교육기관에 입학하기 위한 자격을 부여할 마땅한 바칼로레아가 없자 시몽은 중등교육 연한 축소 및 수업료 감액과 더불어 문학 바칼로레아의 개혁을 시도하게 된다. 시몽은 만약 공교육고등위원회[21]가 바칼로레아 개혁 프로젝트를 승인한다면 프랑스의 교육체제는 전례 없는 민주화 수준에 도달할 것이고, 현대적 교과과정은 대학 입학 자격자만이 진출할 수 있는 경제와 행정 분야의 경력에 중간계급이 쉽게 접근토록 만들어줄 것이라고 기대했다.[22] 그러나 시몽의 개혁 프로젝트는 보수파의 반대로 실패로 끝났다. 1874년 교육개혁 관련법은 기존의 문학 바칼로레아를 7년의 학업연한과 교과과정을 그대로 따르는 '문학-철학 바칼로레아'로 이름을 바꿔 신설하고, '문학-수사학 바칼로레아'는 6년의 학업연한과 일부 문학과목을 현대어나 회계로 대체할 수 있도록 하는 등 기존의 바칼로레아 제도를 약간 수정하는 데 그쳤다.[23]

여기서 중요한 점은 정부가 문학-수사학 바칼로레아를 문학-철학 바칼로레아나 과학 바칼로레아 같은 다른 바칼로레아와 마찬가지로 고등교육기관 및 공공기관의 선발시험에서 동등한 가치를 부여하고 인정했다는 것이다. 하지만 6년 학업연한의 문학-수사학 바칼로레아보다는 7년 학업연한의 과학 및 철학 바칼로레아가 실제로 더 평판이 높았기 때문에 시몽의 바람대로 중등교육 연한의 단축은 쉽지 않았다. 다른 보수파와 마찬가지로 에콜 폴리테크니크는 법적 바칼로레아로서의 문학-수사학 바칼로레아 신설에는 동의했으나, 6년의 짧은 학업연한으로는 고전교육 이수자만큼 동일한 지적 노력이 요구되지 않으므로 문학-수사학 바칼로레아를 프랑스 교육 수준의 비참한 퇴화의 원인이자 결과로 간주함으로써 문학-철학 바칼로레아만 사실상 인정했다. 새로운 바칼로레아를 입학시험에 도입하는 제안에 대한 에콜 폴리테크니크의 거부는 신설 바칼로레아 제도와 중등교육 개혁의 실패라는 정부의 이중 실패로 이어졌다. 제3공화국 초 10년 동안 에콜 폴리테크니크는 세 개의 바칼로레아가 동등한 가치를 가진다는 법률을 사실상 위반했음에도 고등교육 개혁에 관한 모든 정부의 시도를 저지할 수 있는 막강한 영향력을 행사했다.

하지만 1877년 선거 결과 공화파 엘리트의 승리로 고등교육에 관한 관심이 다시 커지면서 대학개혁을 위한 이들의 목소리도 커졌다. 다양한 계층과 정파에 속하면서 대개 학계에 몸담았던 공화파 엘리트는 학문적으로 학부체제의 문제에 민감한 중간계급을 양성해왔다. 또 페리, 고블레, 부르주아Léon Bourgeois와 같이 대학개혁이 갖는 이데올로기적 중요성에 주목했던 공화파 정치인은 대학이 정치적·사회적 합의를 도출해낼 것이라는 확신을 가졌다.[24] 그뿐 아니라 비슷한 시기에 고등교육 개혁을 주장하는 여러 압력단체가 조직되었다. 그 가운데서 1878년 고등교육 개혁을 위해 당시 명성이 높았던 대학교수를 중심으로 설립된 고등교육협회Société de l'Enseignement Supérieur는 기관지인《국제교육회보Revue Internationale de l'Enseignement》를 통해 자신들의 개혁 의지를 거듭 표명했다.[25] 공교육부장관은 신설된 바칼로레아를 문학-철학 바칼로레아와 동등한 것으로 간주했지만, 에콜 폴리테크니크 교수들은 신설 바칼로레아가 프랑스 중등교육의 질을 훼손할 뿐이며, 실제로 문학-철학 바칼로레아를 통과한 학생은 문학과 역사보다 수학과 과학에 뛰어나고, 문학-수사학 바칼로레아나 과학 바칼로레아를 통과한 학생보다 모든 교과목에서 최고라는 평판을 받기 때문에 반드시 고전교육을 받은 수험생만이 에콜 폴리테크니크의 입학시험을 볼 수 있다는 기존의 입장을 굽히지 않았다.[26]

이처럼 에콜 폴리테크니크와 그 응용학교들의 반대에도 공교육고등위원회는 마침내 1881년 8월 4일 '중등실업교육 바칼로레아'의 신설을 공표했다. 이어 8월 31일 육군부는 공교육부장관과의 협력을 거부하는 에콜 폴리테크니크의 태도는 신흥 사회계층에게 문호를 개방하려는 시도에 대한 정치적·사회적 반감을 나타내는 명백한 징표라고 비난했다. 동시에 에콜 폴리테크니크 당국이 새로운 바칼로레아를 인정할 것과 입학시험에서의 추가 점수 같은 특권을 통해 문학-철학 바칼로레아를 통과한 학생에 대한 혜택을 중단할 것을 지시하면서 공교육고등위원회의 입장을 지지했다. 그해 말 육군부는 다시 에콜 폴리테크니크가 모든 바칼로레아 유형을 인정하고 그것들을 입학시험에 받아들이되, 문학-철학 및 문학-수사학 바칼로레아를 통과한 학생에게 추가 점수를 주는 방안을 제안했다. 에콜 폴리테크니크가 타협안을 검토하는 동안 1882년 7월 28일 학업연한 5년의 중등실업교육을 이수하고 바칼로레아를 통과한 학생은 대학 이학부와 의학부에 지원할 수 있다는 중등실업교육 바칼로레아 법이 마침내 제정되었다.[27] 이에 에콜 폴리테크니크는 1887년도 입학시험부터 중등실업교육 바칼로레아를 인정은 하지만 추가 점수는 허용하지 않겠다고 한 반면, 문학-수사학 바칼로레아는 문학-철학 바칼로레아와 같이 처음으로 추가 점수를 줄 것이라는 결론을 내놓았다.[28]

1890~1914년 교육문제를 둘러싼 논쟁이 더욱 격렬해지면서 정부 내 개혁 세력은 엘리트층을 유지하려는 보수파와의 투쟁을 선포했다. 온건파

와 현대주의자는 고전문화를 보유한 상층 부르주아가 공교육체제와 모든 공적 생활에서 행사하는 지배력을 약화하고, 중등교육기관 내 고전교육의 독점 폐지라는 공동의 목표를 위해 의기투합했다. 1890년 급진파 공교육 부장관 부르주아는 중등교육 교과과정과 바칼로레아 체제를 단순화하고 교과과정과 수업의 질을 개선하면서 중등실업교육 바칼로레아를 강화하고자 했다. 그해 8월 8일 부르주아의 개혁에 따라 중등실업교육 바칼로레아 외에 문학-철학, 문학-수사학, 과학 바칼로레아 세 가지를 모두 포함하는 '고전교육 바칼로레아'가 신설되었다.[29]

그런데 새로운 바칼로레아 제도를 검토한 에콜 폴리테크니크는 입학시험에 새로운 체제를 적용하려 하지 않았다. 입학시험 심사위원들은 1890년 이전의 바칼로레아 체제와 명칭에 따라 추가 점수를 주었는데, 이런 비타협적 태도는 즉각 공교육고등위원회와 하원 내 급진공화파 및 사회주의자들의 분노를 불러일으켰다.[30] 이들은 모두 교육의 민주화를 거부하고 수험생에게 당대의 요구 조건에 맞지 않는 준비반 형태를 선호하는 에콜 폴리테크니크의 태도를 공개적으로 비난했다. 또한 수학과 과학, 현대어와 경제학, 국가 생활에 유용한 과목 대신 사어死語와 당시 거의 통용되지 않던 철학 같은 고전교육 지식을 입학시험 합격의 주된 요소로 정당화하는 것을 비판했다. 이들에게 에콜 폴리테크니크의 고전교육에 대한 굳건한 신념은 중·하층 계급 출신 학생이 에콜 폴리테크니크에 입학하는 것을 저지하기 위한 방해 작전이나 다름없었기 때문이다.

이 지루한 논쟁 과정에서 에콜 폴리테크니크의 주장에 일침을 가하는 한 편의 논문이 발표되었다. 1891년 교육개혁가 고티에Paul Gautier는 논문 〈부르주아 계급과 중등교육 개혁〉[31]에서 상층 부르주아 계급이 자신들의 우월의식을 증명해줄 수 있는 그리스어와 라틴어 교육에 토대를 둔 고전교육을 확실히 선호한다는 점을 일갈했다. 그는 에콜 폴리테크니크와 일부 그랑제콜은 오래전부터 상층 부르주아 계급의 전유물이었고, 고전교육과 현대교육을 동등한 것으로 간주하기를 거부하는 그들의 완고함은 경쟁자로 부상하는 프티부르주아의 야망으로부터 스스로를 보호하기 위한 하나의 전략에 불과하다면서, 상층 부르주아 계급이 모든 과학적·사회적 진보의 걸림돌이 된다고 비판했다. 결론적으로 고티에는 공화국이 진정한 민주주의를 이루기 위해서는 하나는 상층 부르주아 계급과 에콜 폴리테크니크가 두 가지 유형의 바칼로레아를 동등하게 인정해야 한다는 것이고, 다른 하나는 고전교육을 고수하려는 엘리트주의적 상층 부르주아 계급을 몰아내야 한다는 것이었다.[32]

1896년 급진공화파 콩브Emile Combes가 공교육부장관으로 임명되면서 반보수주의 투쟁은 새로운 국면을 맞았다. 당시 대부분의 명문 고등학교는 오히려 그랑제콜, 특히 에콜 폴리테크니크 입학시험을 대비한 교과과정을 체계화하는 등 정부의 방침과는 반대로 행동했다. 그런데 파리 고등사범학교Ecole Normale Supérieure를 위시한 몇몇 그랑제콜이 공교육고등위원회의 바칼로레아 개혁을 수용하자,[33] 기존의 태도를 바꾼 에콜 폴리테크니크는 입학시험을 위한 교과과정을 변경하는 대신 철학을 선택한 고전교육 바칼로레아(옛 문학-철학 바칼로레아) 수험생에게는 기존의 50점이 아닌 30점만 주고, 수사학을 선택한 고전교육 바칼로레아(옛 문학-수사학 바칼로레아) 수험생에게는 15점을 준다는 새로운 점수제를 채택함으로써 정부의 요구 조건을 일부 수용했다.[34] 하지만 이 변경 조건이 적용될 경우 중등실업교육 바칼로레아와 과학 선택의 고전교육 바칼로레아는 그리스어와 라틴어 교육을 바탕으로 하는 바칼로레아에 비해 계속 불리해질 수밖에 없는 문제점을 안고 있었다.

시간이 지날수록 중등교육 개혁 논쟁이 격렬한 양상을 띠자 새로운 교육개혁 관련법을 제정하려던 하원과 공교육고등위원회는 다양한 정치적 성향을 가진 연구위원회를 조직하게 된다. 여기서도 보수파는 7년 연한의 중등고전교육을 계속 고집했고, 온건파는 훨씬 더 과학적·실용적인 과목을 도입하면서 중등교육을 현실화하자는 입장을 보였다. 현대주의자는 7년간 비싼 수업료를 물어야 하는 중등교육 연한을 축소하고, 서민층 학생에게 더 많은 장학금을 수여하며, 과학과 현대어 수업을 위해 그리스어와 라틴어 과목을 폐지하고, 입학시험을 통해 고등교육으로 접근해야 한다는 조치를 내세워 교육의 민주화를 촉구했다.[35] 심지어 이들은 시대에 뒤떨어진 바칼로레아의 폐지까지 요구했다.

이 과정에서 토론을 주도하던 온건파는 과학과 현대어 위주의 교육 방향이라는 원칙은 수용했지만 바칼로레아의 폐지에는 반대 입장을 밝혔다. 이들은 그리스어와 달리 라틴어는 과학이나 현대어와 양립할 수 있다는 생각에서 두 개의 새로운 현대적 바칼로레아, 즉 라틴어-현대어 바칼로레아와 라틴어-과학 바칼로레아의 신설을 제안했다. 또 한편 이들은 보수파를 달래기 위해 그리스어와 라틴어를 현대문학이나 과학의 몇몇 개념과 결합시키면서 8년 연한의 중등교육을 인정하는 '완전한 바칼로레아'의 신설도 제안했다. 이 새로운 제도는 1902년 하원에 회부되어 통과됨으로써 같은 해 여름 A계열(그리스어-라틴어), B계열(라틴어-현대어), C계열(라틴어-과학), D계열(현대어-과학)의 네 계열과 완전한 바칼로레아로 구분되는 새로운 바칼로레아 체제가 공표되었다.[36]

당시 연구위원회 활동에 참여한 열두 명의 에콜 폴리테크니크 출신 하원 의원 중에 열한 명이 온건파의 입장을 지지했다. 이들이 온건파의 중재안을 받아들인 이유는 하원 내에서 증가하던 현대주의자의 지지층을 약화하려는 정치적 목적 때문이었다. 공교육부장관의 지시와 새로운 법을 거부하던 에콜 폴리테크니크는 네 계열의 바칼로레아 체제의 정당성은 인정했으나, 그것을 에콜 폴리테크니크에 완전히 적용하기는 어렵다고 판단했다. 그래서 내놓은 대안이 모든 바칼로레아(완전한 바칼로레아, 네 계열의 바칼로레아)를 인정은 하나 추가 점수는 A계열 바칼로레아와 완전한 바칼로레아를 선택한 수험생에게만 허용한다는 것이었다.[37]

이에 에콜 폴리테크니크의 결정을 비난하며 전체 사회에 활기를 불어넣을 교육혁신 정신을 거부하지 말라는 육군부의 촉구가 이어지자, 에콜 폴리테크니크 당국은 다시 입장을 바꿔 1903년 입학시험부터 완전한 바칼로레아와 A, B, C계열의 바칼로레아 수험생에게 모두 13점의 추가 점수를 주겠다는 결정을 내렸다. 이 최소한의 변화가 제1차 세계대전 직전까지 보수파와 온건파 그리고 현대주의자 사이의 갈등을 부추겼다. 당시 개혁가들은 에콜 폴리테크니크의 육군부에서 공교육부 산하로의 이관이 중·하층 부르주아 계급 출신 학생에게 성공의 기회를 제공할 뿐만 아니라, 에콜 폴리테크니크 내 상층 부르주아 계급의 지배를 분쇄할 진정한 교육개혁의 기본 조건이라고 보았다. 반면 에콜 폴리테크니크는 이 논거에 반론을 제기했는데, 온건파와 현대주의자는 프랑스에 '실용적 인간'만 양성하기를 원한다면서 프랑스 사회가 이러한 '기술자'를 필요로 하는 것은 맞지만 국민을 이끌고 조직화할 수 있는 우수한 인재의 양성 역시 고려해야 한다고 목소리를 높였다.[38]

대학 이학부의 확대와
고등교육 체제의 변화

1860년대 이래 본격화된 중등실업교육 바칼로레아 신설을 둘러싼 논쟁 속에서 맞이한 이른바 제2차 산업혁명은 프랑스의 경제적·물적 토대를 크게 변모시키면서 산업공학과 응용과학의 발달을 가져왔다. 1870년 산업 생산과 무역 부문에서 세계 2위를 차지할 정도로 산업이 급성장하면서 1891년 프랑스 총인구의 46퍼센트가 농업, 25퍼센트가 산업, 13.5퍼센트가 상업과 수송, 6.6퍼센트가 자유직업에 종사했고, 제1차 세계대전 직전 프랑스의 산업생산량은 세 배, 국민소득은 두 배, 산업 부문의 실질임금은 50퍼센트 그리고 해외투자는 무려 600퍼센트나 증가했다.[39] 1880년 이후 프랑스의 산업은 물리·화학 및 전기의 응용과 매우 밀접한 관련이 있었으며, 당시 첨단기술 부문에서 괄목할 만한 성장을 구가했다.

하지만 그랑제콜이 배출한 엔지니어 수가 증가 추세에 있었는데도 소수 정예주의에 입각한 인력 양성 정책으로 인한 노동시장의 부족 상태는 해소될 기미가 보이지 않았다. 이에 부족한 인력을 메우기 위한 기존 공학교육체제의 개편 내지 새로운 공학교육기관의 설립이 절실히 요구되었다. 파리에는 물리·화학·전기·전신 관련 공학학교가, 지방에는 지역 산업의 활성화와 산학협동을 위한 대학 부설 공학연구소가 설립되면서 본격적인 응용과학교육의 길이 열렸다.[40] 또 사회적·정치적 변화가 밀접한 상관관계를 가진다는 점에서 볼 때 제3공화국 초기 교육체제의 확대와 의사, 변호사, 교사 등 자유직업군의 꾸준한 성장은 공화국 정권의 사회적 토대에서 아래로의 변화를 수반했다. 그 가운데 교육, 특히 중등교육은 부르주아 계급의 보전에 필수적 요소로 인식되었을 뿐만 아니라, 산업사회의 발달은 대학 이학부의 성장 및 그랑제콜과의 제도적 경쟁으로 이끄는 주요 동기로 작용하게 된다.

제3공화국 초기에 에콜 폴리테크니크의 아성을 위협한 것은 역대 정부의 중등교육 개혁의 일환이자 그랑제콜의 대항마로 등장했던 대학 이학부의 확대 조치였다.[41] 사실 제3공화국 이전까지만 해도 대학 이학부가 프랑스 사회에 끼치는 영향력은 미미했으나, 1880년에 이르러 앞에서 살펴봤던 바칼로레아 제도의 개편을 둘러싼 여러 논쟁과 더불어 변화의 조짐이 나타나기 시작했다. 공교육부장관 페리는 1880년 2월 27일 '대학법'을 제정해 과학기술의 향상, 공화국 엘리트 양성, 국가경쟁력의 강화를 내세워 대학체제의 개혁에 착수했다. 이 개혁의 목적은 공화주의 이념을 정당화하고, 사회개혁 프로젝트의 버팀목이 될 대학 이학부를 에콜 폴리테크니크 및 다른 그랑제콜과 균형을 이룰 수 있는 공화주의의 보루로 만들어, 중·하층 부르주아 출신 이학부 졸업생이 전통적 엘리트의 자리를 차지해 새 정권의 버팀목 역할을 하도록 만드는 것이었다. 이에 대학체제를 강화하고 확대하기 위해 현대어, 정치학, 경제학, 최신 공학교육 교과과정의 현대화 그리고 이학부를 위한 정부 예산의 증가, 이학부 교수의 증가, 서민층 학생에 대한 장학금 증가, 이학부 교육방식으로 귀납법과 실습을 강조하는 등의 여러 조치가 취해졌다. 산업화 과정은 대학에 새로운 기능을 부여했으며, 프랑스 기업의 연구와 개발 인력 부족은 이학부로 하여금 순수연구 대신 응용연구에 더 매진하게끔 만들었다.[42]

특히 지방대학 이학부의 가장 큰 특징은 지역의 산업과 농업에 관심이 많은 주도적 과학자가 관장하는 응용과학연구소의 확대였다. 19세기 초 이래 과학자와 기업가는 과학과 산업의 접점을 찾기 위한 노력을 계속 해왔고, 그 결과 릴·낭시·리옹·툴루즈·그르노블·파리 대학 내에 응용과학

연구소가 설립되어 석탄·철강·제철·화학·수력전기 산업의 진전을 일궈 냈다. 제1차 세계대전 당시 대부분의 이학부는 교육과 연구를 기술적으로 조화시키려는 노력을 기울였는데, 특히 프랑스의 화학자이자 미생물학자 인 파스퇴르Louis Pasteur가 몸담았던 릴 대학 이학부가 대표적이다. 파스퇴르의 연구 경력은 지역 및 국가 경제와 밀접하게 연관되었던 학문적 과학자 활동의 전형적인 예라고 할 수 있다.[43] 1897~1907년 응용과학연구소를 포함한 이학부 내 기술 관련 강좌의 전체 수강생 수는 계속 증가했으며,[44] 지방대학의 이학부는 이학사 학위 외에도 자체적으로 엔지니어 학위를 교부하는 등 자율적으로 운영되었다.[45]

이런 변화 속에서 평등한 교육 기회에 대한 요구와 그에 따른 학교 인구의 폭발적 증가를 기존의 사회적 위계를 무너뜨릴 만한 위협으로 인식했던 지배계급과 달리, 에콜 폴리테크니크의 반대 세력은 교육보수주의의 보루로 평가받던 에콜 폴리테크니크의 반민주적인 관행을 폐지하고 누구나 입학시험에 응시할 수 있도록 바칼로레아 제도를 개편하라고 촉구했다. 전통적 교육방식에 새로운 교육방식을 접목하면서 부분적으로나마 교육의 방향을 바꿔야 한다고 주장한 에콜 폴리테크니크 출신 교수는 소수에 불과했고, 학교정책을 좌지우지한 것은 보수파였다. 1896~1903년 정부는 에콜 폴리테크니크를 대학 조직망에 편입하고, 제3공화국의 민주적·실용적 교육 목적과 조화를 이루는 데 유리하도록 그들의 목표를 바꾸려는 운동을 벌였다. 개혁 지지자들 역시 고등교육 내 대학과 그랑제콜이라는 이원적 조직망에 반대하고, 에콜 폴리테크니크와 다른 그랑제콜을 전부 대학 조직망으로 편성해 공교육부 산하로 편입할 것을 요구했다.[46] 또 이들은 에콜 폴리테크니크의 교육이 학생으로 하여금 점점 과학 발명과 기술 혁신에 대한 흥미를 잃게 만들고, 졸업생도 개인의 명성과 직업적·물질적 안정만을 추구하게 되었다고 비판했다.

사실 1890년 이후 프랑스의 과학 연구와 기술 경쟁력은 많이 향상되었지만 독일, 미국과 비교해볼 때 상황은 크게 나아지지 않았다. 개혁가들은 국가적·사회적 목적을 위해 에콜 폴리테크니크를 여러모로 활용할 수 있었기 때문에 이 학교의 폐지를 문제의 근본 해결책으로 보지 않았다. 다만 이들은 에콜 폴리테크니크를 육군부에서 공교육부로 이관하고, 기존의 이론적·추상적 관념을 강조하기보다 문제에 대한 구체적·실용적 접근을 강조하면서 상층 부르주아 계급을 위한 교육과 관행을 바꿔 대학체제로 편입하고자 했다.

1905년 정부는 에콜 폴리테크니크의 교육방식에 대해 공개적으로 비판했고, 하원은 공공과 민간 부문 엔지니어의 효율성과 경쟁력을 검토할 목적으로 조사위원회를 소집했다. 조사위원회의 보고서는 에콜 폴리테크니크의 교육이 여러 국가기관의 기술적 요구나 산업기술에 부적합한데도 이 학교 출신이 국가기관, 민간기업, 군대에서 요직을 독점하고 있다는 사실을 지적했다. 이러한 반민주적인 독점은 제3공화국의 이념과도 대립될 뿐만 아니라, 과학 발전을 위해서도 해결되어야 할 문제였다. 조사위원회는 엔지니어의 질을 높이고, 채용을 민주화하고, 이학부 졸업생의 고용문제를 해결하기 위해 몇몇 제안을 내놓았다. 특히 경쟁에 의한 공직자 선발시험의 신설을 권고하고, 수험생에게 가장 결정적 요소는 학위가 아니라 각자의 능력과 지식이라는 점을 재차 강조했다.[47] 또 당시 일부의 과학자 역시 정부의 주장을 뒷받침하기 위해 첨단산업 분야의 발달에 필수적인 물리학과 화학, 기계공학, 전기공학 등의 응용과학보다 복잡하고 케케묵은 수학이 여전히 우위를 점하고 있던 에콜 폴리테크니크의 교과과정을 비판했다.

1909년 고등교육협회의 보고서에 따르면 이학부의 모델은 기술 관료의 양성보다는 민간산업에서 필요로 하는 체계적으로 훈련받은 전문 기술자의 양성에 그 목적을 두었던 독일의 고등기술학교Technische Hochschulen였다. 1840년대 이후 산업화의 본격적인 진전으로 전문 기술 인력에 대한 수요가 급증하자 독일은 여러 지역에 고등기술학교를 설립했다. 그러나 에콜 폴리테크니크, 중앙공예학교, 광업학교, 토목학교 같은 프랑스의 그랑제콜은 좁은 등용문을 통해 소수정예의 학생만 받아들였고, 다양한 산업을 다루는 백과사전식 공학교육을 실시했으며, 실험보다는 강의에 더 강조점을 두었다는 점에서 독일의 기술교육체제와는 달랐다. 독일의 고등기술학교는 강의를 듣는 데 필요한 최소한의 지식을 가진 사람에게 모두 개방되었으며, 산업 부문에 따른 전문화를 허용했고, 미국과 마찬가지로 대부분의 시간을 실습과 실험에 할애했다.

향후 학교의 교육목표와 교과과정 문제를 둘러싸고 에콜 폴리테크니크 출신들 사이에 과거의 명성을 지키려는 보수파와 일부라도 변화를 모색하자는 혁신파로 나뉘지만, 두 세력이 전적으로 대립했다고 보기는 어렵다. 이들은 에콜 폴리테크니크의 교육을 통해 학생들이 위계, 규율, 질서의 감각을 습득하는 것이 성격 형성에 매우 중요하다고 평가하고, 에콜 폴리테크니크 출신은 이학부 출신처럼 자유분방하고 무질서하지 않고 반대로 의무감이 강한 탁월한 지도자이며, 1789년 이전의 귀족과는 다른 능력본위주의의 사회 개념에 부합하는 엘리트라는 점을 강조했다.[48] 두 세력은 여러 가지로 동일한 견해를 공유했지만, 혁신파가 에콜 폴리테크니크의 교육목표와 교과과정의 적절한 변화를 요구한 반면, 보수파는 학교의 부흥을 위해 교육의 방향과 전통적 가치를 강화하고 여러 문제에 대해 통합적 시각을 가진 지도자의 양성을 강조했다는 점에서 차이가 있었다. 제1차 세계대전이 일어나기 몇 년 전부터 학교의 성격 내지 정신에 변화의 조짐이 나타났다. 1908년 정부는 에콜 폴리테크니크에 개인이나 산업체가 재정 지원을 할 수 있도록 '법인'의 지위를 부여했다. 이러한 변화가 에콜 폴리테크니크가 현대적인 물리학·화학 실험실을 갖추기 위해 외부에 지원을 요청한다든지, 기계물리학이나 전기응용 같은 교과과정의 점진적 개편을 추진한다든지 하는 과정에 영향을 미친 것은 분명하다.[49]

그러나 이러한 교육정신의 변화가 일어났는데도 군사교육과 군대식 가치가 여전히 지배적이었다는 점에서 에콜 폴리테크니크를 실질적으로 변화시키는 데는 성공하지 못했다고 할 수 있다. 프랑스 산업계의 요구에 부응하기 위한 지식의 심화와 다양화 단계에는 이르지 못했고, 실험실의 현대화도 학교의 연구 잠재력을 크게 진전시키지는 못했다. 에콜 폴리테크니크 졸업생은 여전히 토목과 광업 부문의 국가 엔지니어단에서 높은 지위를 누렸고, 그에 따른 우월의식과 독점의 장벽은 무너지지 않았다. 개혁가들에게 30년 이상 사회적·정치적 쟁점이 되었던 에콜 폴리테크니크와 그 응용학교들의 대학 조직망으로의 편입은 사실상 실패로 끝났고, 결국 프랑스의 고등교육 체제의 주된 특징인 그랑제콜과 대학의 이원 구조로 고착화되는 결과를 낳았다.

절반의 성공만 거둔 제3공화국의 고등교육 개혁   05 |

프랑스 혁명기에 공교육개혁의 대표적 모델로 창설된 에콜 폴리테크니크는 제1공화국, 제1제국, 7월 왕국, 제2제국 그리고 제3공화국 초기에 이르기까지 정권 교체에 따른 변화에 늘 직접적인 영향을 받았지만 굳건하게 교육이념과 전통 가치를 수호해왔다. 특히 제3공화국 초기 에콜 폴리테크니크의 위치는 한편으로는 상층 부르주아 계급의 보루이면서, 다른 한편으로는 막 상승 중인 신흥 사회계층의 사회이동에 매개 수단이 되었다는 점에서 얼핏 역설적으로 보인다. 하지만 이러한 역설과 이중성이 프랑스 최고의 엘리트 양성이라는 고유의 역할을 계속 유지할 수 있게 만들어준 주요 동기로 작용했음을 부정할 수는 없다. 1830년 이래 중·하층 부르주아 출신의 신흥 사회계층은 기존의 권위에 도전하면서 지배적 사회계층의 독점과 특권에 저항했고, 사회적 신분 상승을 위해 자식에게 점점 더 많은 교육의 기회를 제공하고자 노력했다. 또 제3공화국 초기 공화주의 이념을 바탕으로 교육·사회·경제 민주화를 실현코자 했던 일련의 공교육개혁은 비록 에콜 폴리테크니크를 대학 조직망 내로 편입하는 데는 실패했지만 개혁의 성과가 전혀 없었던 것은 아니다.

19세기 말에서 20세기 초에 에콜 폴리테크니크는 학생들의 출신 성분 구성에서 주목할 만한 변화를 보였다. 상층 부르주아 계급의 보루였던 에콜 폴리테크니크에 중·하층 부르주아와 하층민 출신 학생의 비율이 1886년 35.6퍼센트, 1900년 45.1퍼센트, 1925년 54.6퍼센트로 계속 증가한 것이다.[50] 이들 중 59퍼센트가 과학 바칼로레아(C계열)를, 12퍼센트가 1880년대 이전 에콜 폴리테크니크에서 가장 흔했던 문학-철학 바칼로레아를 선택해 입학시험에 합격했다. 또 장학금 수여와 관련한 에콜 폴리테크니크의 정책 역시 근본적으로 변화하게 되는데, 매해 입학생의 57퍼센트에 해당하는 서민층 학생과 상층 부르주아 출신 학생의 18퍼센트가 장학금을 받았다.[51]

그런데도 프랑스의 교육 민주화 개혁은 최고의 명성을 가진 중등교육기관이 부유하고 지위가 높은 가문의 보루로 남는 것을 완전히 저지하지는 못했다. 에콜 폴리테크니크 학생의 3분의 2가 가장 비싸고 명성이 높은 파리의 생루이, 루이르그랑 고등학교와 생트주느비에브, 스타니슬라스 같은 가톨릭계 콜레주 출신이었고, 상층 부르주아 출신 학생의 4분의 3이 파리의 중등교육기관에서 문학-철학 바칼로레아(A계열)로 입시를 치렀다는 점에서 더더욱 그렇다.[52] 콜린스Randall Collins의 지적대로 에콜 폴리테크니크 졸업생은 부의 창출을 가져오는 '생산적 노동'보다는 부와 직위의 점유에 더 초점을 둔 '정치적 노동'에 주로 관여하면서 그들의 사회적 지위와 그들이 공유했던 교육과 기술이라는 '문화자본'을 통해 전문 기술 능력을 통제하는 집단이 되었다.[53]

상층 부르주아 계급의 성역으로 인식되었던 에콜 폴리테크니크의 변화는 1900년 이후 서서히 진행되었다. 특히 1890~1914년에 매년 수백 명의 국가 엔지니어가 민간산업 부문으로 '이직Pantouflage'하는 현상이 나타났다는 점과 '산업공학'이 숙련 기술뿐만 아니라 지적 수준을 바탕으로 하는 높은 사회적 지위를 가진 직업이 되었다는 점도 괄목할 만한 변화로 꼽을 수 있다.[54] 제3공화국 초기의 개혁가는 에콜 폴리테크니크와 그 응용학교들을 대학 조직망 안으로 완전히 편입하고자 노력했지만, 그렇다고 기존 엘리트 교육체제를 전면 포기할 의도는 없었던 것으로 보인다. 교육 민주화와 계급 간의 화해를 통해 사회 민주화를 이룩하려는 제3공화국 초기 개혁가들의 이상은 비록 절반의 성공으로 끝났지만, 장학금제도의 확대, 수업료 할인 혜택 등의 도입으로 사회적 신분 상승의 사다리를 놓음으로써 사회적 갈등을 완화하는 데 일정 부분 기여한 것도 사실이다. 그럼에도 현재까지 프랑스 사회의 일각에서 제기되는 그랑제콜 중심의 엘리트주의 교육이 부와 사회적 신분의 대물림으로 사회적 불평등을 재생산하고 있다는 비판과 프랑스의 고등교육 체제가 갖는 특수성이 자칫 기회의 평등을 해칠 수 있는 '양날의 검'의 운명에서 자유로울 수 없다는 점은 우리에게 많은 시사점을 던져준다.

이재원

문명화 사명과
식민주의 교육

프랑스인의 집단(무)의식 속에 각인되어 있는 '인도차이나'는 복합적이고
도 모호한 식민지 시기에 대한 기억 가운데 특별한 위치를 점하고 있다.
그런데 그 역사의 다양한 면, 특히 프랑스의 '문명화 사명使命'이나 식민지
에서의 사회·문화적 행위에 대해서는 잘 알려져 있지 않다. 식민지 문제
와 관련한 대부분의 연구는 식민지에서의 정치적 변화와 지역경제의 발전
이라는 면과 연관된 것이다. 따라서 프랑스의 문명화 사명에 기반을 둔 식
민지에서의 교육, 즉 '정치적 결정의 산물인 사회적 행위'에 대한 연구는
비교적 새로운 것이며, 프랑스 식민화 정책의 영향과 효과를 이해하는 데
도 유용한 주제가 될 수 있다.

제3공화국의 탄생과 함께 가속화된 프랑스의 식민지 정복과 팽창의 역
사는 다양한 문화적 기제를 통한 선전과 전파의 과정이기도 하다. 식민정
책의 필요성과 문명적·인종적 우월성을 제국과 식민지에 인식시키기 위
해 프랑스는 특별히 교육이라는 매체를 적극적으로 활용했다. 19세기 후
반 의무교육법인 페리법을 통해 교육의 일반화가 실현되었다는 점을 감안
하면 식민주의 교육이 미친 영향력과 파급력은 그 무엇보다도 컸다고 할

수 있다.

이 장은 식민지인을 대상으로 한 프랑스의 식민주의 교육에 대한 고찰로서, 문명화 사명의 일환으로 시행된 식민지에서의 교육이 식민화라는 프랑스의 정치활동을 수행하는 데 어떤 방식으로 기능했으며, 어떻게 식민지의 통치수단으로 활용되었는지를 살펴보려는 것이다. 특별히 '제국의 보석'으로 인식되었던 인도차이나에서 '식민화하기'와 '교육하기'라는 프랑스 제3공화국 시기의 두 가지 핵심적인 국가적 목표와 열망이 어떠한 방식과 논리를 통해 작동했는지를 고찰해보고자 한다.

제3공화국 시기에 이루어진 식민화와 (공)교육정책 간의 관계를 살펴볼 때 빼놓을 수 없는 것은 프랑스 국내 정치와의 맥락이다. 이 장에서는 프랑스에서의 일련의 정치적 결정과 해외 식민지 정책 사이의 연결성에 주목하고자 하며, 교육 영역에 한정하여 프랑스 공화국 정부의 교육투쟁과 식민지에서의 교육체제 성립을 연결하는 보다 통합적인 설명 틀을 구성해보고자 한다.[1] 또한 단순히 제국의 교육정책을 탐구하는 것에 그치지 않고, 그것이 식민지 현지에서 어떻게 관철되고 어떠한 갈등을 일으켰는지, 그리고 현지의 반응과 충돌이 다시 식민정책에 어떤 변화를 가져왔는지 살펴봄으로써 본국과 식민지 간의 상호작용에 관심을 두고자 한다. 이러한 작업은 정치와 교육 사이에 형성되는 역학관계를 이해하는 또 다른 척도가 될 것이며, 본국과 식민지의 상호 관계망 속에서 식민정책의 내용과 변화를 탐구함으로써 식민지 문제에 대한 새로운 이해의 가능성을 보여줄 수 있을 것이다.

'식민화하기'와
'교육하기'

식민지, 특히 인도차이나 지역에서 행해진 식민주의 교육 문제를 다루기 전에 먼저 프랑스 본국 자체에 관심을 기울일 필요가 있다. 제3공화국 시기에 이루어진 식민화와 교육정책 간의 관계를 살펴볼 때 빠뜨릴 수 없는 것이 프랑스 국내 정치이기 때문이다. 당시 프랑스 국내의 정치 상황이 해외 식민지 정책의 방향을 결정했으며, 교육투쟁을 주도한 이들은 동시에 '식민지 문명화의 사도'이기도 했다. 이 장에서는 해외 팽창의 원리에서 분리할 수 없는 '교육'과 '식민화'라는 두 가지 주제의 직접적인 상관관계를 조명하며, 정치적 맥락이라 할 수 있는 식민화 문제는 식민지 교육과의 연관하에서만 다룰 것이다. 당연하게도 식민지의 교육 체제나 내용은 프랑스 공화국 정부의 교육투쟁과 밀접한 관련이 있기에 본국과 식민지의 상호 관계망 속에서 식민주의 교육의 내용과 변화를 탐구하고자 한다.

사실 프랑스의 19세기는 교육체제와 교육이념에 중요한 변화와 발전이 이루어지는 시기였다. 이에 대한 이해 없이 식민지 문제를 분석하는 것은 시대착오적인 문제를 유발할 수 있다. 남성 엘리트에게만 적용되었던 교육과 종교인이 주도했던 수많은 교육기관이 지닌 한계를 이해하고, 이전 시기와 구분되는 근대적 교육체제를 검토하는 작업이 선행되어야 한다. 마찬가지로 인도차이나의 전통 교육체제에 대한 이해를 통해 식민지 교육의 산실인 '프랑스 학교Ecole française'가 처음으로 이 지역에 설립되었을 때 맞닥뜨리게 되는 문제점을 분석하면서 제국과 식민지 간의 서로 다른 교육 환경과 체제가 어떤 면에서 서로 충돌하고 상호작용하는지 살펴보는 것이 필요하다.

프랑스 교육의 변신은 과격 왕당파와 온건파 사이의 끊임없는 투쟁으로 요약되는 19세기 초반 이후부터 시작되었다. 과격 왕당파는 종교교육에 치중하는 이전의 상태를 옹호한 반면, 온건파는 기본적인 세속교육의 실현을 주장했다. 이러한 투쟁의 결과와 교육의 양상은 정권을 장악한 세력에 따라 달라졌다.

제3공화국이 등장하기 직전, 그리고 새로운 공화국에서 교육개혁이 이루어지기 이전에 프랑스에는 28퍼센트의 성인 문맹자가 존재했다. 유산계층의 교육을 중시했던 제2제국 시기에는 80만 명 미만이 재학 중이던 초등학교의 교육에 대해서는 상대적으로 무관심했다. 제3공화국은 이전과는 다른 정책을 수행했고, 이러한 정책은 제2차 세계대전이 끝날 때까지 지속되었다. 이후 중등교육은 여전히 엘리트주의적인 반면, 의무이자 무상인 초등교육은 더디지만 지속적인 발전 과정을 거치고 있었다.[2] 제3공화국 시기에 페리[3]와 베르[4]는 초등교육에서 무상·의무·세속화 교육을 실시해 민주주의의 미래를 보장하고 사회 안정을 도모하고자 했다. 페리에 따르면 교육의 정치적인 면은 제3공화국을 영속시키는 데 가장 중요한 것이었다.

> 공화국의 원활한 진행은 각자의 의지 표현에 달렸고, 이 의지는 그것이 논리적이고 식견을 갖추었을 때에만 표현될 수 있다. 따라서 학습과 교육은 공화국의 목표이자 수단이다. 오직 교육만이 각각의 국민을 온전히 시민이 될 수 있게 하기에 공화국의 목표가 되는 것이며, 오직 시민만이 공화국을 작동시키기 때문에 수단이 되는 것이다. 여기서 우리의 '교육공화국République enseignante'이 탄생하는 것이다.[5]

1880년대의 개혁 이전에 이미 '교사의 세속화' 그리고 지역마다 여성 교사를 위한 사범학교의 창설[6]을 권장하는 내용으로 인해 격렬한 논쟁을 촉발한 '고등교육의 자유'[7]와 관련한 몇몇 예비 조처가 제안되었다. 모든 교육개혁 과정은 1879년 페리가 공교육부장관에 임명되어 고등교육 관련 법안[8]을 공포하면서부터 진척되기 시작했다. 프랑스 교육의 개념을 근본적으로 변화시킨 몇몇 중요한 조처는 공립 초등학교와 초등사범학교école normale에 대한 무상교육과 교사에게 초등교육수료증을 요구하는 내용을 골자로 하는 1881년 6월 16일의 법령에서부터 시작되었다.

1882년 3월 28일 법령은 두 번째 교육혁명을 예고했다. 6~13세의 남녀 학생은 공립학교나 사립학교 혹은 그들의 가정에서 의무교육을 받게 되었다. 법령은 미묘한 문제인 '종교 색'을 없앤 세속교육의 문제도 다루었는데, 이 문제는 많은 열정과 논쟁을 유발했지만 결국은 채택되고 시행될 수 있었다.[9] 종교교육은 이후 도덕교육과 시민교육으로 대체되었다. 근대 교육의 기초를 정립한 중요한 조치는 페리의 열정적인 추진력 덕에 몇 년 사이에 제정되었는데, 그는 여성 교육을 포함하여 기존의 사회적 관습과 편견을 타파하고자 했다.[10]

교육 차원에서 교사는 잘 양성되었고, 교과 내용은 통합되었으며, 2~6세의 선택적 교육은 6~13세의 의무교육으로 변화되었다. 초등교육에 한정되긴 했지만 수입이 적은 가정이나 그때까지 완전히 무시되었던 여성도 교육을 받을 수 있게 되었다. 1878년부터 1882년까지 1만 9678개의 초등학교가 설립되거나 재정비되었다. 1889년, 공립 초등학교 학생 수는 444만 3000명에 이르렀고 유치원에 다니는 학생도 62만 7000명이나 되었다. 학생이 학교에 출석하는 비율도 높았는데, 1878년에 결석률이 21퍼센트였던 것이 1887년에는 8퍼센트로 줄어들었다. 중등교육기관에 재학 중인 학생은 2000명에서 1880~1889년에 1만 1000명으로 증가했으며, 고등교육기관의 의학부 학생은 두 배로 늘어났다. 근본적인 교육개혁이 시행되었고, 지난 30년 동안의 교육개혁에 대한 극단적인 반대자는 잠잠해졌으며, 프랑스는 이 교육체제를 식민지에 이식하는 것이 가능하다고 생각했다.[11]

식민지 문제와 관련하여, 공화주의자는 식민화의 원칙과 방식, 목표에 대해 의문스러워하지 않았다. 한편 새로운 공화국의 정치지도자는 식민화가 1870년 프랑스-프로이센 전쟁의 쓰라린 패배에 대한 일종의 보상이 될 수 있으며, 식민의 땅 혹은 개발의 땅을 활용하는 것이 프랑스의 위대함에 기여할 것이라고 생각했다.[12] 또한 프랑스는 식민화를 통해 그때까지 어둠 속에서 헤매던 민족에게 빛을 선사할 수 있을 것이라고 생각했다. 정복된 국가는 우수한 프랑스의 정치와 문명의 혜택을 입게 될 것이라고 확신했다. 1885년 7월 28일 의회 연단에서 행한 페리의 연설은 '문명인의 위임통치'라고도 불리는 문명화 사명에 대한 그의 입장을 요약한 것이었다.

우리는 식민지 체제를 세 가지 이념과 결부할 수 있다. 그것은 경제적 이념, 문명적 이념, 정치적 혹은 애국적 이념이다. (……) 두 번째 이념에 대해 살펴보고자 한다. 그것은 인본주의적이고 문명적인 것이다. 우등 인종은 열등 인종에 대한 권리를 갖는다. 내가 얘기하고자 하는 것은 의무가 있기에 권리를 갖는다는 말이다. 우등 인종에게는 열등 인종을 문명화할 의무가 있다. 오늘날 유럽 국가가 너그러움과 위대함과 정직함을 가지고 문명의 이 우월적인 의무를 이행하는 것을 나는 지지한다.[13]

프랑스 대혁명 이후 성립된 '위대한 프랑스'에 대한 생각과 이를 외국과 식민지에 전파해야 한다는 문명화 사명 개념은 프랑스의 해외 팽창에 근거로 작용했다. 18세기에 프랑스가 고안한 문명화 사명의 개념은 19세기 말에 이르러 전 유럽이 공감하는 개념이 되었다. 이는 프랑스 문명의 우월성과 프랑스인의 완전성에 기반을 둔 개념이며, 프랑스인의 의무이자 권리였다. 서구 우월주의와 서구 보편주의에 입각한 문명화 사명이나 근대화 개념은 19세기 말 프랑스 제3공화국의 광대한 새 제국에서 공식적인 이데올로기가 되었다.

이러한 맥락에서 교육, 특별히 식민지의 교육은 무엇보다 정복과 지배의 도구로 활용될 수 있었다. 그것은 문명화 사명이라는 개념을 통해 식민화 사업의 정당성에 대한 중요한 논의를 구축하게 해주었다. 식민화를 통해 프랑스는 어떤 지역에는 존재하지 않고, 다른 지역에서는 쇠퇴한, 그러나 모든 지역에서 당시 서구인이 생각하는 '근대적 교육'이라는 개념과는 차이가 있는 식민지의 교육체제를 개편하고 새롭게 정립하고자 했다. 문명화 사명은 정권을 장악하고 수행하기 위한 정치인의 단순한 논리 이상으로 프랑스의 제3공화국을 출범시킨 이들의 핵심 관심사였다. 사실 교육정책과 식민정책의 상징적인 두 인물인 페리와 베르에게 '식민화하기'와 '교육하기'라는 두 열망은 분리될 수 없는 것이었다.

프랑스 제3공화국의 출범 그리고 페리의 등장과 함께 기존의 교육체제에 변혁이 일어나고 대중교육 시대가 열리면서 모든 것이 빠르게 변화해 갔다. 페리의 등장 시기는 프랑스의 식민지 정책이 발전하는 시기와 일치하는데, 교육개혁이라는 이 새로운 문화 변수는 식민지에도 직접적으로 전파될 것이었다. 그 첫 번째 경우가 식민지 가운데 '가장 진보된' 인도차이나였다. 세속교육과 의무교육에 대한 논의가 막 끝난 프랑스에서는 이제 식민지 교육에 대한 논쟁이 격화되었으며, 식민지의 교육 책임자는 식민지 교육 관련 법규의 제정을 요구했다.

인도차이나에서의
식민화 교육

식민지의 교육체제와 관련한 모든 보고서가 언급하듯이, 프랑스는 인도차이나에서 다른 식민지, 특히 아프리카에서처럼 그 지역의 과거를 완전히 지워버리려 하지 않았다. 인도차이나의 특수성을 고려한 가운데 진행된 프랑스의 교육정책 확립 과정은 인도차이나에서 대중교육과 관련하여 총독이 제출한 보고서에 잘 요약되어 있다. 그는 원주민 교육에 대한 식민지 관료의 입장을 다음과 같이 묘사했다.

> 베트남에서와 같이 캄보디아와 라오스에서도 우리는 민족과 국가의 요소들,
> 비록 정체되었지만 완전한 문명의 요소들을 발견했다. 이들 나라는 근대적
> 인 삶을 영위하진 않지만 서구와의 교류를 통해 깨어나기를 갈망한다.[14]

교육의 전통이 강하고 서양식 교육개념과는 다른 사회·문화적 특징을 지닌 인도차이나에서 신속하게 식민지 정책을 결정하고 실행해야 할 필요성이 제기되면서 프랑스 내에서도 식민지 교육을 둘러싼 논쟁이 격화되었다. 페리가 볼 때 제한적이고 엘리트적이며 영국식의, 단지 행정의 필요성에 한정된 교육을 구상하는 것은 더 이상 의미가 없어 보였다. 문명을 전

파하는 프랑스는 극동 지역에 자리 잡은 순간부터 '인본주의적 목적'을 실현하고자 했다.[15]

이렇듯 시작부터 인도차이나에서 행해진 교육은 강력한 정치적 원리를 제시했다. 식민지 정책을 실행하는 것은 바로 '인권의 프랑스', '계몽의 프랑스'를 선전하는 것이었다. 인도차이나에서의 식민화 사업은 단지 경제적인 것에 국한되어서는 안 되며, 무엇보다도 '문명적인 것'이 되어야 했다. 그러나 다른 식민지 제국과 차별화하고자 하는 이러한 의도는 프랑스 정부를 딜레마에 빠지게 했다. 이후 식민지 사회와 다른 서구 열강 그리고 프랑스 내에서도 '선한 의도'뿐만 아니라 그 '실현'을 요구하게 되었던 것이다. 프랑스는 식민지에서 위신을 잃지 않으려면 프랑스의 보호하에 있는 식민지인에게 교육을 실행해야 하는 의무에 놓이게 되었다.[16]

인도차이나에서의 식민지 교육은 이제 핵심적인 정치적 과제가 되었다. 지식을 전달하는 교육의 기능은 지배의 본질과 밀접하게 연결되었으며, 정치적 도구의 역할을 수행하게 되었다. 이러한 정치적 기능은 교육의 핵심 기능 중 하나인 사회·문화적 근대화와 밀접하게 연결되는데, 이는 식민지인과의 교류를 통해, 즉 유럽인의 사고로 볼 때는 매우 낯선 기준을 바꿈으로써 이루어질 수 있었다. 강제적으로 프랑스의 교육제도를 식민지에 이식하는 것이 매우 어렵다는 사실을 인식한 가운데 인도차이나에 정착한 식민지 정부는 서구적 방식에 식민지인을 순응시키든지, 아니면 지역 상황에 맞추는 방식으로 식민지인의 마음을 사로잡아야만 했다.

인도차이나에 적용할 교육방식에 대한 논쟁과 주저함이 프랑스의 교육 개혁이 정착되는 각 국면의 기반이 되었다. 각각의 교육방식이 적용되었던 기간과 밀접하게 연관된 이러한 변화와 관련하여 이 장에서는 연대기적으로 세 가지 중요한 국면을 소개하고자 한다. 이를 통해 프랑스가 인도차이나에서 행한 식민지 교육의 시기별 특징과 변화의 흐름을 살펴볼 수 있을 것이다.

첫 번째 국면은 '교육체제의 탐색기'다. 1860년대부터 1917년까지 프랑스의 행정 관료와 인도차이나의 주민은 함께 지내면서 서로를 발견해갔다. 특히 '근대 학교'의 첫 번째 전개 시기라고 할 수 있는 1870년대 초반부터 1890년대까지는 식민지 정복의 국면과도 일치하는, 식민지 교육이라는 면에서 볼 때 매우 불안정한 시기였다. 정치적 상황은 혼란스러웠고 식민지 지역의 책임자는 무엇보다도 군인이었는데, 대부분은 해군 장교였다. 관료와 본국 출신의 식민지 주민은 드물었고, 비록 해군 장교가 폭넓은 교양을 지녔고 지역 언어와 문화를 어느 정도 이해했다고는 하지만, 교육은 그들의 주된 임무가 아니었다. 그 결과 첫 번째 '상호 인식의 국면'은 서로의 문화에 대한 심각한 몰이해로 이어졌고, '평정과 대치의 국면'은 진정한 교육체제를 정착시키는 데 불리하게 작용했다. 또한 이 시기는 프랑스에서 페리의 개혁을 통한 교육목표의 근본적인 변화가 이루어지는 때였다. 새로운 교육체제의 정립이 이제 막 프랑스 본국에서 실현되는 상황에서 제3공화국의 교육제도를 식민지에 이식하는 문제는 좀 더 많은 논의와 시간을 필요로 했다.

게다가 인도차이나에서 프랑스는 두 개의 다른 문명을 접하게 되었다. 통킹, 안남, 코친차이나로 구성된 '안남국베트남이라 불림'에서 문화의 기준은 중국적이고 유교적이었는데, 그것은 모든 학생이 고급관리를 지원할 수 있는 선발시험제도에 기반을 둔 것이었다. 모든 이들에게 개방된 이 제도의 중요한 목표는 지방관료의 양성이었다.[17] 하지만 캄보디아와 라오스의 교육목표는 완전히 달랐다. 종교적이고 인도불교에서 영향을 받은 이 지역의 교육은 지도층 양성이 목표가 아니었다. 그보다는 젊은 남학생에게 종교, 철학, 사회적 기준을 발견하게 하면서 단체생활에 편입시키는 것이었다.[18] 교육목표의 이러한 근본적 차이는 부분적으로 왜 처음부터 프랑스가 식민지 경영에서 베트남인에 대한 교육이 훨씬 쉽고, 특히 훨씬 유용하다고 생각했는지를 설명해준다. 이 지역에 정착한 프랑스의 교육기관은 선발시험제도에 따라 기능하지는 않았지만, 행정직으로의 접근은 가능케 해주었다. 따라서 이 학교들은 캄보디아나 라오스에서보다 베트남에서 환대를 받았다.

프랑스가 식민지에 정착하기 시작한 상대적으로 긴 이 첫 번째 국면의 전반부는 1890년을 기준으로 끝나는데, 1890년은 프랑스가 인도차이나의 특수성을 인식하기 시작하는 해였다고 볼 수 있다. 이때부터 기존의 학교가 기능하는 조건에 대해 현지에서 파악하기 시작했고, 몇몇 개선 사항을 시행하고자 했으며, 프랑스 내에서 식민지 교육은 어떠해야 하는가에 대한 논의가 시작되었다. 프랑스의 교육방식을 전파할 것인가, 아니면 엘리트에게만 한정된 프랑스의 제도와 대중교육을 위한 식민지 교육체제의 '평화적 공존'의 형태를 시행할 것인가, 또는 실용적인 서구의 지식을 제공하면서 동시에 가장 오래된 이 지역의 교육제도를 근대화하는, 두 제도 간의 일종의 공생관계를 추구해야 할 것인가 등에 대한 논의가 이루어졌다.

1905년 원주민교육개선위원회가 제안한 교육정책은 1910년대에 실패로 끝났다. 제대로 준비되지 않은 가운데 지역의 요구에 부합하지 못했기 때문이 아니라, 잘못된 조직 때문에 실패한 것이다. 러시아에 대한 일본의 승리라는 국제적 정치 환경과 새로운 근대적 식민지 지식인 계층의 요구는 보다 일관된 교육정책을 정착시킬 필요성을 제기했다. 시간은 더 이상 기다려주지 않았고, 동화주의 정책은 시행되지 않은 가운데 프랑스는 전반적인 식민지 교육정책을 보다 분명하게 규정해야 했다.

두 번째 국면은 식민지 상황에 맞는 정책으로의 이행기로, 1917년부터 1930년 사이에 이루어졌다. 이 시기는 교육적 혁신을 포함해 모든 것이 적응하는 시기였다. 이 '인도차이나의 황금시대'는 사로Albert Sarraut[19]가 제안한 공교육법이 발표되면서부터 시작되었다. 인도차이나 총독이었던 사로는 이 지역의 교육제도 전반을 규정했다. 그는 고등교육과정을 창설했고 교육 내용과 교육과정을 결정했다. 프랑스가 지배한 지 50년이 지난 후에야 인도차이나는 식민지 교육체제를 갖출 수 있게 되었다. 하지만 그것은 순수한 교육적 결정이라기보다는 식민지 정책의 일환으로 이루어진 것이었다.

이 시기에 프랑스는 인도차이나에서 대중교육에 착수했다. 사실 전반적인 식민지 교육의 정치적 목적은 이른 시기부터 결정되었는데, 유럽의 다른 식민제국과 달리 프랑스는 엘리트 교육만을 고집하지 않았던 것이다. 식민지 대중교육은 인도차이나 연합의 다섯 지역에 모두 동일하게 적용되지 않았는데, 시행되는 시기와 기간에도 차이가 있었다. 1920년대에는 지역문화의 특성을 감안하는 정책을 수행하는 가운데 혁신이 순조롭게 진행된 반면, 교육의 토대를 정립하거나 고등교육의 혜택을 누리게 하는 정책은 1930년대의 경제적·정치적 위기로 인해 중단되기도 했다.

인도차이나의 식민지 교육정책과 관련한 결정적 단계는 1924~1925년에 인도차이나 총독을 지낸 메를랭Martial Merlin의 개혁으로 특징지어진다. 당시 인도차이나는 완전한 교육구조를 갖추었을 뿐만 아니라 고유의 제도도 구비된 상황이었다. 새로운 교육개념은 프랑스 본국에 정착되기 전에 인도차이나에서 먼저 시도되었는데, '단일학교Ecole Unique' 개념이 바로 그것이다. 단일학교 개념은 교육문제와 관련하여 모든 아동에게 똑같은 기회를 제공하자는 프랑스 대혁명이 선포한 평등 원칙의 합리적 결과였다.

교육혁신은 시작에 불과했다. 안남에서 지역 교육이 실시되었고, 캄보디아에 뒤이어 코친차이나와 라오스에서는 '에콜 드 파고드Ecole de Pagode'를 세워 종교교육을 혁신했으며, 심지어 소수민족 교육도 시행되었다. 동시에 초등교육은 근본적인 개혁을 경험했다. 수업은 더 이상 프랑스어가 아닌 지역 언어로 진행되었고, 수업 일정은 상황에 맞게 조정되었으며, 교과서는 새롭게 재구성되었다. 무엇보다 더 많은 학생에게 초등교육이 보급될 수 있도록 조처가 취해졌다.

하지만 이 제도는 근본적인 모순을 안고 있었다. 학교교육의 저변은 끊임없이 확대되어 나갔지만, 상대적으로 고등교육의 발전은 이루어지지 않았던 것이다. 경쟁은 치열했고, 중등교육기관이나 고등교육기관에 식민지인이 입학하는 경우는 거의 없었다. 이러한 양면성은 학업을 계속하고자 하는 학생들을 프랑스로 향하게 만들었다. 자신들의 나라에서 학위를 받을 수 없음을 인식한 인도차이나의 학생들은 일찍부터 모국을 떠나기로 결심할 수밖에 없었던 것이다. 게다가 학위를 마치고 인도차이나로 돌아온 후에도 문제였다. 프랑스의 그랑제콜에서 학위를 받은 이들은 귀국 후 그들이 원하는 행정직에 취직할 수 없었는데, 오직 하급관리직만이 그들에게 제공되었던 것이다.[20]

이런 상황에서 1920년대의 '파열'과 학교에서의 저항이 시작되었다. 점점 더 수적으로 증가하고 점점 더 결의를 다진 식민지 학생들은 파업과 시위로 자신들의 요구를 관철하고자 했다. 그러나 식민지 정부는 단호했다. 프랑스는 사용 가능한 모든 수단을 동원하여 '반란자'를 진압했다. 이러한 와중에 거대한 '식민지 축제'인 1931년 파리 국제식민지박람회가 개최되었다. 이 박람회는 성공적이었다고 평가되며, 식민지 문화의 절정을 이루었던 박람회 기간 동안 프랑스는 식민지 활동, 특히 문명화 활동의 정당성을 입증해 보이고자 했다.

마지막 식민지 교육의 국면은 1930년대 경제위기 와중에 인도차이나의 민족주의 운동의 발달 그리고 프랑스의 긴축재정으로 인한 식민지 경영의 어려움과 함께 시작되었다. 이때부터 프랑스의 선택은 제한되었다. 앞으로 전개될 유일한 식민지 교육은 상당 부분 식민지인의 비용으로 운영될 것이었다. 이 시기에 새로운 학교의 창설은 드물었고, 프랑스에서 받은 학위와 인도차이나에서 받은 학위를 동등하게 취급하는 방안이 모색되었으며, 기존 대학의 재정비가 이루어졌다.

인도차이나에서 학교의 황금기는 10년 미만의 실질적인 발전 끝에 이미 완성된 것처럼 보였다.[21] 그러나 1930년대에 식민지 학교의 교육원리는 위기에 처했고, 식민지인에 의해 비난의 대상이 되었다. 프랑스와 인도차이나 간의 마지막 대화 시도는 1936년 인민전선의 도래와 함께 시행되었다. 이 시기는 식민지인의 요구를 규명하기 위한 특별한 '사명의 시기'로, 식민지 문제와 관련하여 많은 논의가 진행되었다. 이 같은 시도가 불러온 '식민지인의 희망'은 오래가지 않았는데, 프랑스 정부가 식민지 문제보다 유럽의 상황에 훨씬 더 관심을 두었기 때문이다.

이 마지막 시기는 제2차 세계대전과 함께 끝이 났다. 제3공화국이 종말을 고하고 비시 체제가 새롭게 들어섰다. 이제 식민지는 프랑스 본국과 단절되었고 프랑스 제국을 문제 삼았다. 식민지 행정은 마비되었고, 프랑스는 일본군과 함께 행정을 운영해야만 했다. 그러나 공식적으로 프랑스는 여전히 인도차이나에 남아 있었다. 프랑스는 더 이상 식민지인을 설득하거나 탄압하지 않았고, 아니 그럴 수 없었고, 유일한 선택은 식민지인의 자발적인 지지를 얻어내는 것뿐이었다. 강제할 수단이 없는 가운데 프랑스는 위신의 하락을 최소화하면서 교육적 도구를 활용하고자 했다. 젊은이를 교육하여 과거 프랑스의 영웅에 대한 기억을 고양하기 위해 집단시위를 조장하고, 프랑스에 대한 충성과 페탱Philippe Pétain 수상에 대한 숭배를 강조했다. 비시 정부 시기는 실질적인 개혁과 취학의 확대, 엘리트 계층의 재평가, 동시에 맹렬한 식민주의적 선전이 동시에 행해진 모호한 시기였다. 5년간의 이 불분명한 시기의 막바지에 일본은 1945년 8월 25일 교육국Direction Générale de l'Instruction Publique을 해산했고, 이와 함께 베트남·캄보디아·라오스의 학교 발전을 목표로 했던 프랑스가 경영하던 인도차이나의 학교 또한 사라지게 되었다.

'식민지 교육의 위기'와 식민지인의 저항

04

여기서는 식민지 행정과 식민지 주민 간의 상호작용 문제를 다루고자 한다. 식민지 교육과 교육제도의 변화에 대한 식민지(인)의 반응을 살피는 작업은 분명 중요하다. 식민지인의 요구를 모두 다루지는 않겠지만, 식민지 교육의 수용 여부와 교육의 개선에 대한 요구는 프랑스의 식민지 정책이 미치는 영향과 효과에 대해 살펴볼 수 있다는 점에서 중요하다고 본다.

식민지 정부는 식민지인의 요구와 비판에 직면하여 어느 정도 대처할 수 있었던 반면, 베트남과 캄보디아의 식자층과는 관계가 수월하지 않았다. 식민지 당국은 '인도차이나의 발전'을 위해 유용한 사회계층을 결집하고자 하는 욕망과 보다 많은 자유와 책임을 부여해야만 하는 부담감 사이에서 주저했다. 프랑스 본국에서 이러한 문제를 놓고 논쟁이 진행되는 가운데, 인도차이나에서는 근대적 엘리트 계층이 형성되기 시작했다.

프랑스 최초의 인도차이나 식민지였던 코친차이나에서 학생들의 '열망'에 직면하게 된 프랑스 정부는 그들의 저항이 내용보다는 형식에 있다는 점에서 상대적으로 대처하기가 용이했다. 사이공 등지에서 프랑스어로 교육받은 학생들의 꿈은 프랑스에서 고등교육을 받는 것이었다. 따라서 식민지 정부는 인도차이나에서 장학금을 신청하는 학생은 넘치도록 많은데 그들 중 소수에게만 장학금 혜택을 줄 수밖에 없다는 문제 외에 식민지 학생들이 유발하는 문제는 없다고 생각했다. 이런 점에서 학생 단체가 사이공의 사범학교장에게 보낸 편지는 새로운 식민지 세대의 희망과 기대를 보여주는 사례가 될 수 있을 것이다.

> 교장선생님께서 총독께 편지를 써주신다면, 혹은 사범학교가 6년 전에 설립되었지만 지금까지 어떤 학생도 프랑스에 가지 못했다는 사실을 언급해주신다면, 저희는 프랑스에 가서 학업을 계속할 수 있을 것입니다. (……) 저희가 생각하기에 부모님이나 저희 그리고 다른 누구도 아닌 오직 교장선생님만이 저희의 이런 계획을 실현해주실 수 있을 것입니다.[22]

반면에 점점 수가 줄어드는 '전통적 식자층'이 보다 많은 것을 요구하는 '근대적 식자층'에게 자리를 내주는 안남과 통킹에서의 상황은 프랑스 정부로서는 염려스러운 것이었다. 새로운 지식인 계층이 전통 교육보다 근대 교육을 선택했다면, 그것은 교육의 근본적인 변화가 보다 나은 양질의 교육을 제공할 수 있다고 생각했기 때문이다. 그들은 서구식 교육을 통해 자신들의 국가가 발전할 수 있고, 이를 통해 프랑스와 대등하게 맞설 수 있으며, 결국은 독립을 쟁취할 수 있을 것이라고 생각했다. 당시 이 새로운 세대에게는 적극적인 협조 혹은 무장투쟁이라는 두 가지 선택이 주어졌다. 수십 년에 걸쳐 식민지의 지식인 계층은 이처럼 두 부류로 나누어졌다. 한쪽은 과거를 수호하기 위해 투쟁했고, 다른 한쪽은 근대적 '기술'을 습득하고자 했다.[23]

어떤 방식을 취하든 두 그룹 모두 국가를 근대화하고 프랑스의 지배에서 벗어나고자 했다. 이 두 근대주의적 운동은 근대 베트남 지식인의 상징이라 할 수 있는 판보이쩌우潘佩珠[24]와 판쭈찐潘周槙에 의해 확립되었다. 이들이 내세운 새로운 전망의 요점은 우선 서구에서 배운다는 전략이었다. 이는 물론 프랑스와의 긴밀한 협력관계를 유지하기 위해서가 아니라 베트남 사회에 변화를 가져오기 위해서였다. 이러한 변혁 후 베트남이 효과적으로 서구의 식민 세력에 맞설 수 있다고 생각했던 것이다. 두 번째 전략은 독립을 유지한 주요 아시아 국가, 즉 중국이나 일본과 실용적인 연계를 구축한다는 것이었다. 판쭈찐은 첫 번째 전략과 밀접히 관련 있었으며, 판보이쩌우는 두 번째 전략에 힘썼다.[25] 서구식 교육과 서구 방식의 사용에 호의적이었으며, 베트남어의 로마자 표기인 꾸옥응우國語를 통한 '근대 교육'을 권장했기에 그리 과격하지 않았는데도 프랑스로선 판쭈찐의 민족주의 운동을 저항운동으로 인식하여 가차 없이 진압했다.[26]

> 매우 신중하게 개혁을 추진하는 것이 필요하다. 우리의 권위에 가장 위험한 적은 우리의 방식과 우리의 사고 안에서 교육받은 식민지인이다. – 식민지부, 1919년

1919년 식민지 교육 관련 각 부 공동위원회에서 식민지부 책임자들이 언급한 약간은 금언조의 이 주장은 1920년대 후반기에 발생했던 학교의 동맹파업 때 더욱 설득력을 갖게 되었다.[27] 적어도 이 시기 상당수의 파업이 직접적인 정치적 동기를 지니지 않았고 가혹행위가 수반된 신입생 신고식과 한 학생의 퇴학과 같은 '작은 사건'에 기인했지만, 인도차이나 사람들은 이 모든 것이 식민지 교육에서 야기되었다고 생각했다. 그러면서도 자신들의 권리를 주장하기 위해 인도차이나의 학생들은 근대적이고 서구적인 표현과 요구의 방식을 사용했는데, 이는 오히려 식민지 정부의 불안을 가중하는 요인으로 작용했다.

1920년대 후반 이후에 식민지 문제, 특히 교육문제와 관련하여 인도차이나에서 일어난 사회·정치운동이 구체화되었다면, 학교와 교육문제를 둘러싼 저항의 싹은 이미 이전부터 학생들 내부에서 움트고 있었다고 볼 수 있다. 식민지 정부는 다수의 소규모 학생운동에 이미 주목하고 있었다. 이 소규모의 저항은 빠르게 진압되었지만, 프랑스에서 돌아온 학생들에 의해 지역신문에 가끔은 신랄한 내용이 담긴 기사의 형태로 표출되기도 했다. 이러한 저항의 징후는 식민지 정부의 관심을 끌기에 충분했고, 새로운 인도차이나의 지식인 계층에 대한 감시는 점점 더 강화되었다. 이러한 사실이 과장되었다고 보기 힘든 이유는, 식민지 정부가 프랑스에 유학 온 인도차이나 장학생들의 우편물을 수시로 검사했다는 사실이 입증한다.[28]

1930년대 이후 고등교육, 심지어 중등교육 발전의 한계에 직면하여 인도차이나인, 특히 베트남인은 침묵하지 않았다. 사실 학생들 스스로 자체적으로 조직한 저항운동인 1920년대의 동맹파업운동과, 1930년대의 출판인 그리고 지식인의 운동은 구분되어야 한다. 출판물이 주로 인도차이나에서 나왔다면, 지식인의 공식적인 운동은 파리에서 시작되었다. 그렇다고 해도 두 경우 모두 동기는 같았다고 볼 수 있는데, 가끔 논쟁적인 대화를 통해 식민지인은 식민지 교육을 책임진 자들에게 교육체제의 개혁과 발전에 대한 필요성을 인식하게 했던 것이다. 학생들의 동맹파업 역시 일반적으로 학교의 내적인 문제와 관련한 것이었고, 학교라는 기관 자체에 대한 문제제기는 아니었다고 볼 수 있다.[29]

여기서 교육과 관련한 수많은 인도차이나인의 다양한 요구를 일일이 열거할 수는 없다. 그것들은 너무나 서로 상이하다. 사실 어떤 것은 마을 주민에 의해 집단적으로 작성되어 지역 식민지 기관에 제출되었다. 일반적으로 마을 근처에 학교가 부족하다거나 여학교가 없다는 불만, 초등교육 이후 중·고등교육으로 접근하기 어렵다는 불만 등의 문제였다. 다시 말해 이러한 요구는 프랑스가 제공한 식민지 교육에 대한 근본적인 문제를 제기한 것이라기보다 그 적용의 확대와 관련이 있었다. 교과목이나 학업 과정 같은 교육 내용에 대한 비판이 아니라, 학교 부족과 같이 양적으로 충분한 교육의 기회가 제공되지 않는 것에 대한 비판이었다. 지식인이 종종 정치화된 조직을 중심으로 결집하여 식민지 권력에 압력을 가하고 교육의 양적이고도, 특별히 질적인 발전을 요구한 반면, 그리고 그들이 선호하는 언론이라는 매체를 통해 인도차이나인들이 결집할 것을 끊임없이 독려[30]한 반면, 일반 주민은 이러한 이론적이고도 원칙적인 관심사로부터는 멀어져 있었다.

실질적으로 인도차이나에 개설된 '식민지 학교'가 무엇이었는지를 규정하기 위해서는 교육과 관련한 법률적·행정적 변화를 살피는 작업보다 주요 행위자, 그중에서도 가장 먼저 프랑스인과 인도차이나인 교사가 누구였는지를 밝히는 작업이 필요할 것이다. 또한 학교교육의 영역뿐만 아니라 문화적인 면에서 끼친 영향과 결과를 고찰하기 위해서 종합적으로 교육에 대한 평가를 행할 필요가 있다. 이러한 작업 후에 인도차이나의 학교에서 파생된 '근대화' 전반에 대한 보다 폭넓은 고찰을 할 수 있을 것이다. 새로운 교육제도의 전파는 과학적 지식이나 철학적 사고와 관련된 근대적 개념을 전파하는 것을 의미하기도 했다. 식민화 초기부터 프랑스는 특별히 베트남어의 로마자 표기인 꾸옥응우의 사용을 발전시키면서 교육 언어를 변화시켰다. 이 새로운 문자는 언론이나 문학작품과 같은 새로운 매체를 통해 '근대적 사고'의 전파를 가능케 했다.

프랑스는 식민지 교육을 대체로 긍정적으로 평가한다. 식민지 환경에 맞게 특히 예술학교와 장인학교를 창설했고, 이 학교들을 통해 잊혀가는 인도차이나의 문화유산을 보존하고 가치를 회복할 수 있게 기여했다고 자부한다. 또한 세속교육을 강조하는 프랑스 학교école française는 캄보디아와 라오스에서 학식 있는 승려를 양성하는 고등 종교교육의 발전을 용이하게 해주었다고 한다. 근대적 학교는 학생의 필요를 고려했으며, 단체 안에서 개인의 가치를 발견하게 해주었고, 항상 배제되었던 여학생에게도 문호를 개방함으로써 그들로 하여금 새로운 사회적 지위를 요구할 수 있게 했다고 한다. 학교는 교과서를 통해 새로운 위생 개념을 전파했고, 신체와 건강이 서로 밀접하게 관련되어 있다는 새로운 사실을 알게 했다고도 평가된다. 그러나 인도차이나에서 실시된 교육에 관한 질문은 매우 다양하며, 교육이 기여한 면뿐 아니라 그것이 갖는 한계를 인식하는 작업 역시 필요하다.

이 장에서는 프랑스가 보유한 다른 식민지나 여타 서구 제국주의 열강의 사례와는 비교하지 않았다. 물론 인도차이나의 교육체제가 갖는 역사와 특징은 프랑스 제국 전체의 맥락을 살펴보면 좀 더 명확하게 규명할 수 있다. 인도차이나 내에서도 지역 전통에 따라 교육에 대한 내용과 반응이 달랐다. 게일 켈리Gail Kelly는 베트남과 서아프리카를 비교 연구함으로써 매우 흥미로운 결과를 도출했다. 베트남의 경우 전통적인 국가 교육체제가 존재한 반면, 서아프리카에는 그와 같은 전례가 없었는데, 이에 따라 식민지인의 교육에 대한 수용성은 물론이고 식민 당국의 교육 방식과 목표, 식민지와 제국 내부에 위치하는 교육 수혜자의 지위까지도 달라졌다는 것이다.[31] 따라서 인도차이나의 교육과 식민화의 역사는 프랑스 제국 내의 다른 식민지와의 비교를 통해서, 또한 프랑스 식민정책의 전체적 변화(특히 assimilation에서 association으로의 변화)와 연결해볼 때 더 명확히 정의할 수 있을 것이다.[32]

프랑스의 제도와 프랑스에서 행해진 논의에 기반을 두었기에 큰 틀에서 볼 때 식민지의 교육정책은 프랑스의 그것과 유사했다고 볼 수 있다. 그러나 식민지 교육의 시행 기간은 지역마다 상이하며, 서로 다른 식민지에 실질적으로 적용된 교육제도 역시 동일하지 않았다. 특히 인도차이나의 경우 프랑스는 각각의 서로 다른 지역에 맞는 교육제도를 적용하고자 했다. 이 주제가 흥미로운 점은 지역마다 독자적인 법률체계로 인해 교육제도의 적용이 매우 달랐다는 것이다. 따라서 다룰 수 있는 광대한 역사적 영역에 대해 인식하면서 지역적인 개별 연구 혹은 제한된 시기에 대한 전반적인 분석을 행하는 것도 가능하다. 이러한 서로 구분되는 발전 과정을 통해 식민지 사회에 대한 서구 개혁정책의 영향과 국가별로 서로 다른 근대화에 대한 영향과 효과를 분석할 수 있을 것이다. 그러나 이러한 작업에는 많은 시간이 필요하다. 따라서 이 장에서는 개괄적이나마 장대한 식민지 시기 동안의 프랑스령 인도차이나 전체를 분석함으로써 인도차이나에서의 식민지 교육이 갖는 전반적인 특징을 고찰해보고자 했다.

특히 관심을 둔 것은 '식민지에서 행한 정책, 특별히 교육정책이 식민지 발전의 요소로 작용했는가?'였다. 이러한 물음에 답하기 위해서는 프랑스에서 있었던 일련의 정치적 결정과 그것이 식민지에 미친 영향에 대해 끊임없이 숙고해볼 필요가 있다. 또한 식민지 행정과 식민지 주민 간의 상호작용을 이해하고, 교육제도의 변화에 대한 식민지의 반응을 살피는 작업도 필요하다. 교육의 수용, 교육체제와 교육 내용 전반에 대한 식민지의 요구는 우리의 문제의식에서 중요한 위치를 차지한다.

학교교육 보급의 실질적 중요성에 비추어 이 개혁정책이 사회문화적인 근대화에 이르게 했는지에 대한 물음에 답해보자. 프랑스에서 '식민지의 문명화'를 위한 첫 단계는 교육 영역을 통해 시행되었다. 식민지인을 위한 근대적인 학교체제의 필요성이 제기되었고, 교육의 실시와 학교 설립에 대한 논의가 시작되었다. 그러나 프랑스 '공화정의 구현'이라는 이상적인 목표가 제시되었음에도 프랑스인과 동등한 권리를 행사하는 정치적 주체로서 식민지인을 만들기 위해 프랑스가 노력했다고 보기는 어려울 것이다. 누구를 위한 교육이었으며, 궁극적으로 무엇을 위한 교육이었는지를 생각해볼 필요가 있다. 식민지에서의 근본적인 교육 목적은 식민지인을 통치에 적합한 인간형으로 만들어내는 데 있지 않았을까?

전간기의 교원노조와 교육개혁 : 교육 민주화와 교육 모델 논의

09

신동규

제3공화국 교육제도의 성과와 한계

19세기 후반 프랑스에서는 페리법에 의해 무상·의무 그리고 정교 분리의 원칙에 기반을 둔 세속화 교육이 실시되었다. 그러나 교육제도의 이러한 혁명적 변화에도 프랑스 제3공화국의 교육목표는 사회적 불평등의 해소보다 사회적 위계질서를 유지하는 데 있었다. 공화주의자가 고안한 교육제도는 다양한 사회계층 간의 경제적·문화적 격차를 전제로 하는 한편, 교육 프로그램에서는 '사회적 불평등', '부조리' 등의 사회문제와 관련된 주제를 철저히 배제했다. 왕정복고주의자와 싸우는 공화주의자에게 교육은 인간의 존엄성과 법 앞에 평등한 사회, 즉 공화국을 만들기 위해 요구되는 자립형 개인을 양성하기 위한 수단이었으며, 이것은 공화주의 기치 아래 무엇보다도 우선시되는 정치적·사회적 과제였다. 즉 안정적인 공화국 건설이라는 목적 아래 교육의 가치가 정립되었으며, 이러한 이유로 새로운 인간형을 양성하는 학교는 공화주의자에게 해방의 공간으로 인식되는 데 부족함이 없었다.

이러한 교육 이데올로기는 19세기 말에 공공교육의 기틀을 확립한 공화주의자의 정치적 언어에서 주로 관찰되는 특징이었지만, 이 이념은 교과서를 통해 20세기 전반기에 걸쳐 교육에 반영되고 퍼져나갔다. 1877년에 출판되어 1950년대까지 초등학교 프랑스어 교재로 널리 이용된《두 소년의 프랑스 일주_Le Tour de la France par deux enfants_》는 개인의 노력을 통한 신분 상승보다는 능력과 상관없이 부모와 같은 신분과 직업을 계승하는 것을 미덕으로 소개했으며,[1] 1906년에 발행된 개정판에서는 교회와 종교 관련 내용을 삭제하면서 세속성에 입각한 공화주의적 교육의 토대를 제공했다. 또한 제3공화국의 역사 교과서는 '공화국, 민주주의, 인권, 문명의 진보와 복지의 향상 등의 내용을 조합하여' 내용을 구성했으며, 민주주의를 가장 이상적인 정치체제로 소개하는 것을 주저하지 않았다.[2]

그러나 공화주의와 민주주의의 가치를 절대화하는 제3공화국의 교육제도는 역설적이게도 사회계층에 따라 불평등한 교육 기회를 제공하는 비민주성을 내포하고 있었다. 1882년 페리법에 따라 6~13세 아동의 의무교육이 시행되면서 초등교육 대상자인 아동 취학률이 급격히 높아지고 문맹률이 낮아지는 긍정적인 효과가 나타났다. 그러나 의무교육 대상자 중 대부분은 학업성취도에 관계없이 상급학교 진학을 포기해야만 했다. 노동자와 농민의 자녀에게 학교의 문턱은 아직 높았던 것이다. 유료인 중학교와 고등학교로 구성된 중등교육은 부르주아층 자녀를 위한 교육과정으로 인식되었으며, 초등학교 졸업 후 중등교육이 너무 과하다고 생각하는 소부르주아의 요구에 부응하기 위해 초등교육 과정을 보완하는 고급 상급반과 실업계로 구분되는 '실용적'인 학교가 세워지면서 사회적 신분과 경제적 지위에 따른 교육체제가 자리를 잡았다. 중등학교에 진학하기 위해서는 어려운 입학시험을 통과해야만 했으며, 이를 위해서는 학생의 학업성취도가 중요했다. 그러나 대학교육을 전제로 한 중등교육에 대한 비용 부담으로 저소득층 자녀 가운데 진학을 포기하는 경우가 많아졌다. 결국 학생 선발은 자연스럽게 부모의 사회적 신분과 경제적 지위를 우선적으로 고려하여 이루어졌다. 따라서 학교가 개개인의 학생을 평등한 교육 대상으로 파악하는 것을 가로막는 사회적·문화적 구조가 생겨났다.

이러한 상황을 극복하기 위해 19세기 말에서 20세기 초의 전환기에 평등 원칙에 입각해 학교와 학생의 관계를 재정립하려는 교육개혁 방식이 사회주의자와 급진공화파 사이에서 논의되었다. 이러한 논의는 사회적 불평등을 묵인하는 교육제도에 대한 비판으로 시작되어 20세기 전반기 프랑스의 교육제도 형성에 중대한 영향력을 미치게 된다. 그 결실은 전간기戰間期의 학제 개편과 제2차 세계대전 이후 마무리되는 의무교육의 확대로 나타났다. 1926년 에두아르 에리오Edouard Herriot가 중등교육을 콜레주와 리세로 분리하는 교육체제를 확립한 후, 1936년 인민전선 시기의 교육부 장관 장 제Jean Zay는 의무교육 연령을 14세로 연장했고, 1959년 드골De Gaulle은 교육제도의 근대화와 민주화라는 이름으로 의무교육을 16세까지로 확대하여 현재의 초중등 의무교육체제를 완성했다. 이것은 모든 학생이 교육을 평등하게 받을 권리가 강조되는 방향으로 점차 교육개혁이 이루어진 결과였다.

이러한 정치적 논의와 교육정책의 실행 과정에서 현장 여론을 형성한 주체는 교사였다. 이들은 제3공화국 초기 교육 현장에서 세속성의 원칙을 실천하면서 '공화주의적 교육' 체제를 확립하는 데 중요한 역할을 수행했다. 특히 교원노조는 공무원의 지위로 말미암아 1924년 뒤늦게 합법화되었지만, 불평등과 사회적 부조리를 묵인하는 제3공화국의 교육제도를 비판하고 노동계급의 이익에 부합하는 교육제도를 구축하기 위한 논의를 진행하면서 전간기 교육개혁에서 중요한 역할을 수행했다.

공화주의적 친목회에서
노동조합으로

1901년 7월 1일 결사법[3]은 공무원 신분으로 인해 노동조합 활동이 금지된 교사에게 단체 활동의 길을 열어주었다. 즉 이 법은 페리법으로 형성된 교사라는 직업군의 각종 모임을 활성화하는 데 유리한 상황을 만들었다. 결사에 관한 법에 따라 공무원 사이에서 친목회 형태의 모임이 발달했으며, 특히 우체국원과 교사 사이에서 빠르게 확산되었다. 교사의 친목회 결성은 결국 정교 분리 원칙에 입각한 공립학교 발전의 정치적 토대가 되었으며, 동시에 교원노조 설립의 길을 여는 계기가 되었다.

1901~1907년에 515개의 공무원 친목회가 만들어졌으며, 이 중 106개의 모임이 교사친목회였다(초등교사친목회 77개, 중등교사친목회 22개, 대학교수친목회 7개). 1901년에는 보르도에서 '프랑스와 식민지의 초등교사전국연맹'이 82개의 친목회를 대표하는 400명의 대의원이 참석한 가운데 창설되었다. 1907년에는 전체 12만 명의 초등교사 중 8만 5000여 명이 친목회에 가입했다.[4] 친목회의 활동은 교사의 경제적 집단행동을 금지한 정부의 통제를 받았으며, 교육부의 승인을 받은 내용만 총회에서 토론할 수 있었다. 정부는 주로 교육 방법론, 상호부조 등의 문제를 취급할 때는 승인했을 뿐이다. 임금 문제는 회보에 언급되기는 했지만 총회에서 토론하지는 못했다. 이러한 제한이 노동조합과 친목회를 구분 짓는 중요한 요인이었다. 정부와 친목회는 협력관계를 유지했고, 친목회의 지도부는 주로 학구장, 도장학사, 초등장학사, 사범학교 교장 등이 맡았다. 이러한 위계에 따른 친목회 활동의 목표는 회원의 권익 보호보다는 정교 분리 원칙에 입각한 공립학교 확립을 통한 공화국 건설에 있었다.[5]

교사친목회를 중심으로 이루어지던 교사의 활동에 새로운 변화의 바람이 불어온 것은 1905년을 전후한 시기에 권위주의적인 교장과 교육 당국을 거부함으로써 독자적인 교사 조직을 만들려는 교원노조운동이 활발해지기 시작하면서부터다. 이 새로운 변화는 결국 교사들이 만든 노동결사조직이 노동총연맹CGT을 중심으로 모이게 되는 전환점이 되었다. 사실 프랑스에서 첫 번째 교원노조 결성 움직임은 1884년 발데크루소Waldeck-Rousseau법 이전으로 거슬러 올라간다. 1863년경부터 노동자동업조합이라는 이름으로 다양한 동일 직종의 노동자 결사가 파리를 중심으로 이루어지고 있었다.[6] 이러한 물결 속에서 파리 코뮌에 참여했던 마리 본비알Marie Bonneviale의 주도로 세속자유교사노동조합이 1872년에 결성되었다. 이 교원노조는 1884년 노동회관에 가입했고, 1901년 이후 이 교원노조 활동이 사라지는 1907년까지 주요 간부들은 합법적인 활동이 가능했던 교사친목회에 동시에 가입하여 활동했다. 즉 초기 교원노조의 활동은 사실상 교사친목회의 합법적 영역에 의지하고 있었다. 교사친목회의 합법적 영역에 포섭되는 동시에 그와 경쟁해야 했던 제1세대 교원노조운동이 점차 그 생명력을 잃어가고 있을 때, 바로 그 교사친목회로부터 새로운 노동조합 결성 운동이 싹트고 있었던 것이다.

제3공화국의 국가 이데올로기에 부합하는 교육정책을 옹호했던 교사친목회 지도부에 대한 반발과 그에 따른 급진적인 교사들의 집단 저항은 1899년부터 가시화되었다. 교사친목회에 가입한 보조교사를 중심으로 해방지부라는 이름을 가진 급진적인 모임이 하나둘 만들어지면서 교육 현장의 위계질서에서 가장 하층에 위치한 교사들의 이해를 대변하기 시작했던 것이다. 이들 모임은 정교 분리주의와 반교권주의적 성향을 지녔으며, 종교적이거나 평화주의에 어긋나는 내용을 실은 교과서에 반대하는 캠페인을 주된 활동으로 삼았다. 1903년에 파리 지역에서 노동조합 활동을 지지하는 교사들이 '교사해방'이라는 독자적 결사조직을 만들어 권위주의적이고 친정부적인 교장의 영향하에서 벗어나려던 시도는 이 운동의 가장 대표적인 사례다. 곧 이러한 운동이 지방의 여러 지역으로 확대되자 교사친목회에 소속된 교장들은 자연스럽게 이 독자적인 교사들의 결사체를 반대했다. 그러나 이에 반하여 젊은 생디칼리슴 성향의 교사들은 해방지부를 노동조합으로 조직 형태를 바꾸고 1905년 7월에 '프랑스와 식민지의 교사노동조합전국연맹FNSI'을 설립하는 한편, 노동총연맹에 가입할 것을 의결했다.

또한 1905년 11월에는 121명의 교사가 서명한 생디칼리스트 교사선언이 신문《인류애L'Humanité》에 실렸다. 해방지부의 회원이었던 에밀 글레와 교사친목회의 한 형태인 사범학교 동문회 회장이었던 루이 루셀 등이 참여한 이 선언은 교원노조를 금지하는 법적 근거가 존재하지 않으며, 행정명령으로 노동조합 형태의 교사 결사조직을 금지하는 것은 부당하다고 주장하면서 교원노조의 필요성과 당위성을 강조했다. 선언문은 학구장, 장학사, 사범학교 교장 등이 지도부에서 중요한 역할을 하는 교사친목회와는 확연하게 구분되는 노동조합의 역할을 강조했다. 이것은 부조리한 교육정책과 부당한 학교 운영에 대한 적극적인 개입, 그리고 쥘 페리의 교육개혁에서 소외된 노동계급을 위해 교육을 재구성하려는 생디칼리슴 성향 교사들의 의지를 담은 것으로, 이후 교원노조 교육관의 바탕이 되었다. 생디칼리슴 성향의 교사들은 기존의 교사친목회가 정부와 협력관계를 유지하면서 정치적으로 자유롭지 못했던 한계를 비판하면서 노동계급과 연대하기 위해 노동총연맹에 가입해야 한다고 강조했다. 선언문에 서명한 이들은 이것을 '공화주의적 진전'이라고 믿었다.[7] 사실 이 '진전'은 쥘 페리의 '공화주의적' 교육체제에서 배제된 소외계층에게 평등한 교육 기회를 제공한다는 의미에서 제3공화국의 공화주의에 도전하는 사회주의적 인식의 발전이었다.

정부에 의해 통제되는 교사친목회 활동은 제3공화국의 불평등한 교육체제를 개선하는 데 많은 제약이 있었기 때문에 교사들은 노동조합을 통해 정치에서 독립된 결사조직을 추구했다. 교사친목회가 정교 분리 원칙에 입각한 공립학교를 만드는 데 중요한 역할을 했다면, 이제 정부의 감독에서 벗어난 교원노조는 기존 노동운동과의 결합을 추구하면서 교육에 '평등'과 '계급'이라는 화두를 던졌다. 그러나 이것이 공화주의적 원칙의 포기를 의미하는 것은 아니었다. 프랑스와 식민지의 교사노동조합전국연맹을 결성한 생디칼리슴 성향의 교사들은 스스로 노동계급의 자식이라고 규정하면서 공화주의자와 함께 만들어낸 비종교적인 공립학교를 수호하는 한편, 노동계급에게 균등한 교육의 기회를 보장하기 위해서 산업노동자를 중심으로 한 기존의 노동운동과 결합하는 전략을 택했다. 이미 가장 급진적인 혁명적 생디칼리슴 성향의 교사를 중심으로 교원노조 활동을 시작한 프랑스와 식민지의 교사노동조합전국연맹은 1919년 초등·중등·고등 교사를 망라하는 단일 조직으로 확대 개편하면서 세속교육회원조합연맹FSMEL으로 명칭을 바꾸고, 연맹의 기관지로《해방된 학교Ecole émancipée》를 발행했다. 그리고 세속교육회원조합연맹은 1919년 8월 투르에서 열린 총회에서 노동총연맹의 정치적 목표인 '임금제도와 자본가 집단의 해체'에 동의하지 않는 교사친목회연맹과 완전히 결별할 것을 선언하고 독자적인 활동에 들어갔다.

1919년 가을, 교사친목회연맹 내부에서도 변화가 일어났다. 9월 23일과 24일에 열린 총회에서 친목회연맹의 노동조합으로의 개편을 240 대 2라는(기권 5) 압도적 다수로 의결했다. 그러나 노동총연맹에 가입하는 문제에는 상대적으로 미온적인 태도를 보였다. 170명의 대의원이 노동총연맹 가입에 찬성했으며 43명이 반대, 35명이 기권에 표를 던졌다. 그러나 대의원 표결과는 반대로 노동총연맹 가입 반대 여론이 교사친목회연맹 내부에 팽배했다. 이 문제에 대한 회원 총투표에서는 4242명이 찬성했으며, 1만 1446명이 반대함으로써 대의원들과는 다른 의견을 표출했던 것이다. 논쟁은 계속되었으나 결국 1919년 12월에 찬성 154명, 반대 50명, 기권 34명으로 노동총연맹 가입을 확정했다.

그러나 이미 노동총연맹에 가입해 있던 세속교육회원조합연맹은 단결된 혁명 노선을 유지하기 위해 교사친목회연맹과의 통합을 거부했다. 결국 교사친목회연맹은 노동조합으로 전환하면서 사립·공립교사노동조합연맹FSI을 결성하고 1920년에 공무원연맹FF을 통해 노동총연맹에 가입했다. 1920년 철도 파업의 실패로 노동탄압이 심해지면서 정부가 교원노조를 1901년 결사의 법이 규정하는 형태의 친목회로 전환할 것을 명령하자, 사립·공립교사노동조합연맹은 탄압에 대한 법적 대응에 효과적으로 대처하고자 도별로 조직된 노동조합을 전국적인 단일노조로 전환하면서 '프랑스와 식민지의 전국초등교사노동조합SNI'으로 조직을 개편했다.

노동조합의 분열과 교사들의 이념적 대립

03
|

1920년 여름, 노동총연맹의 분열은 명약관화한 사실이 되었다. 1917년 러

시아에서 혁명을 성공시킨 볼셰비키에 대한 지지 문제에서 촉발된 서로 다른 두 정치 노선의 대립은 레닌의 주도로 1919년 3월 창설된 공산주의 인터내셔널에 가입하느냐 마느냐 하는 문제로 표출되었다. 공산주의 인터내셔널이 1920년에 산하의 국제노동연맹으로 적색노동조합 인터내셔널의 설립을 의결하자, 공산주의 인터내셔널과 노동총연맹의 관계는 더욱 중요한 정치적 쟁점이 되었다. 노동총연맹 내부의 두 정치 노선의 갈등이 격화되면서 1919년 피에르 모나트Pierre Monatte의 주도로 결성된 '혁명적 노동조합위원회CSR'는 러시아 혁명을 지지하는 공산주의자와 무정부주의자를 결집시키면서 노동총연맹 소수파의 구심점 역할을 했다. 혁명적 노동조합위원회는 프롤레타리아 직접 주권체제를 주장하는 동시에 폭력을 통한 프롤레타리아 독재를 옹호하면서 제1차 세계대전 당시 신성동맹에 가담했던 반볼셰비키 성향의 레옹 주오Léon Jouhaux의 다수파 노선과 대립했다.

1920년 9월 27일부터 10월 2일까지 오를레앙에서 열린 제15차 노동총연맹대의원대회에서는 국제문제에서 표출된 대립이 국내 정치에 대한 전술 차이로까지 확대되는 양상을 보이며 두 노선의 반목은 더 깊어졌다. 혁명적 노동조합위원회를 지지하는 대의원은 다수파가 주도하는 노동경제위원회와 국제노동기구 산하의 국제노동사무국 활동을 비판했다.[8] 다수파의 노선은 점진적 개혁을 위해 국가 정책에 대한 개입 추구를 의미하는 것으로, 소수파에게는 제1차 세계대전 기간 동안 레옹 주오가 주도한 참여정책의 연속일 뿐이었다. 당시 다수파와 소수파는 모두 1906년 노동총연맹의 노선을 규정하기 위해 채택된 아미앵 헌장Charte d'Amiens의 원칙을 통해 상대방을 비판하면서 각자 정치 노선의 정당성을 주장했다. 즉 소수파는 아미앵 헌장에서 규정한 즉각적인 직접 행동을 통한 혁명적 노동조합

운동의 원칙을 내세우며 다수파의 점진적 개혁 노선을 비판했고, 다수파
는 정당을 비롯한 모든 정치조직에서 자유로운 노동조합운동의 독립성과
자율성 원칙을 내세우며 친볼셰비키 성향의 소수파를 경계했다.

이러한 상황에서 1920년 12월 투르에서 열린 '노동자 인터내셔널 프랑
스 지부SFIO'의 제18차 대의원대회에서 레닌의 노선을 지지하는 공산주
의자가 분당을 결정하고 '공산주의 인터내셔널 프랑스 지부SFIC'의 창립을
결정했으며, 곧 당명을 공산당으로 바꾸었다. 이러한 상황은 노동총연맹에
서 소수파의 정치적 입지를 강화했으며, 혁명적 노동조합위원회의 영향력
은 점점 확대되었다. 노동총연맹의 다수파가 정치로부터 노동운동의 독립
을 주장하면서 공산주의 인터내셔널과 공산당의 영향력 아래 있는 소수파
에 대한 제명을 시도하자 결국 1921년 12월 공산주의 성향의 소수파는 자
신들을 제명하려는 다수파에 맞서 노동총연맹에서 탈퇴하기로 의결하고
통합노동총연맹CGTU을 결성하게 된다. 이에 따라 이념에 따른 교원노조
의 이합집산은 피할 수 없게 되었다.

교원노조도 제1차 세계대전 이후 변화된 국제정세의 영향 아래 자유로
울 수 없었다. 세속교육회원조합연맹은 이미 1919년에 공산주의 인터내
셔널에 가입할 것인가를 두고 논의를 벌였다. 투르에서 열린 대의원대회
에서 세속교육회원조합연맹의 위원장인 루이 부에Louis Bouët는 "만약 '정
치'가 약탈당한 생산계급의 안녕을 위한 모든 교육의 사명이자 모든 선동
이며 모든 행동이라면, (……) 결연히 (……) 노동조합운동의 본질인 바로 이
정치를 반드시 해야만 한다"[9]라고 주장하면서 아미앵 헌장의 정치적 독립
성을 재해석하는 기조 발표를 통해 공산주의 인터내셔널 가입을 반대하
는 주장을 논박했다. 그러나 당시 세속교육회원조합연맹에는 루이 부에를
중심으로 하는 친볼셰비키 성향의 교사와 공산주의 인터내셔널에 적대적

인 태도를 보이는 무정부주의자 성향의 교사 그리고 이들 사이에 혁명적 노동조합주의자까지 혼재해 있었다.[10] 따라서 세속교육회원조합연맹은 공산주의 인터내셔널 가입 문제에 대한 표결에서 찬성 58명, 반대 58명, 기권 16명으로 팽팽한 균형을 이루며 의견이 나뉘었다. 결국 지역 본부의 대표자까지 포함하는 제2차 투표를 실시한 결과 찬성 73명, 반대 60명, 기권 16명으로 세속교육회원조합연맹의 공산주의 인터내셔널 가입이 가결되었다.

루이 부에는 이 결과에 따라 반볼셰비키 정서가 지배적인 노동총연맹에서 세속교육회원조합연맹의 대표자로서 공산주의 인터내셔널 가입을 주장했다.[11] 그러나 세속교육회원조합연맹은 정치적으로 분열되었으며, 이는 곧 세력 약화로 나타났다. 1920년 세속교육회원조합연맹은 68개의 산하 노동조합에 소속된 1만 2000명의 조합원을 거느리면서 최고의 전성기를 누렸으나, 1921년에는 그 수가 8000명으로 줄어들었으며, 1922년에는 35개의 노동조합에 4000여 명의 조합원을 거느린 채 노동총연맹과의 결별을 선언하고 통합노동총연맹에 가입했다.[12] 이렇게 세속교육회원조합연맹은 비교적 통일된 이념적 정체성을 가지고 재편성되었다. 통합노동총연맹에 합류한 세속교육회원조합연맹은 통합교육연맹FUE이라는 별칭을 일상적으로 사용하면서 공산당 계열이라는 정체성을 드러냈다.

분열의 소용돌이 속에서 공무원연맹은 노동총연맹과 통합노동총연맹 사이에서 중립을 지키기로 결정하면서 독립 노조로 남았으나, 그 산하단체인 프랑스와 식민지의 전국초등교사노동조합(이하 전국초등교사노동조합)은 독립 노조가 된 공무원연맹의 산하단체 자격을 유지한 채 1922년에 노동총연맹에 가입했다. 당시 총 12만 명의 초등교사 중 5만 8000명이 전국초등교사노동조합에 가입해 있었다. 그러나 전국초등교사노동조합이 조합원에게 상급 단체에 개인적 가입을 의무화하지 않았기 때문에 1923년 7만 명의 조합원 가운데 1만 2000명만이 노동총연맹에 가입했을 뿐이었다. 결국 전국초등교사노동조합은 1925년에 모든 조합원에게 노동총연맹의 가입을 의무화했다.[13] 통합교육연맹은 친볼셰비키적 급진화로 인해 불과 10년이 지나지 않아 조합원 수가 절반으로 급감한 데 반해, 교사친목회에서 노동조합으로 전환한 전국초등교사노동조합은 노동총연맹에 가입하여 같은 기간 동안 약 35퍼센트의 조합원이 증가했다.

이러한 전국초등교사노동조합의 대중적인 성공은 어떻게 가능했을까? 20세기 초 영향력을 상실했던 교권주의자는 1914년 전쟁의 발발과 함께 신성동맹에 참여하면서 정치적 정당성을 확보했다. 그리고 1919년 총선에서 국민연합에 참여해 정치적 영향력을 다시 회복할 수 있었다. 국민연합은 "볼셰비즘을 지지하기 또는 볼셰비즘에 반대하기"라는 표어를 통해 53.42퍼센트를 획득했을 정도로 반소비에트적 태도가 분명한 데 반해, 가톨릭에는 우호적인 정책을 폈다.[14] 국민연합에 의해 구성된 레이몽 푸앵카레Raymond Poincaré 정부는 20세기 초 반교권주의 운동의 영향으로 금지된 수도회congrégations religieuses 관련 인사들이 제1차 세계대전 참전 후 활동을 재개하자 이를 묵인했으며, 1904년에 단절된 바티칸과의 외교관계를 전후 복원했다. 특히 1871년 독일에 할양되었던 알자스로렌 지방을 회복한 후 이 지역에 국가와 교회의 분리를 명시한 1905년 법을 적용하는 데 미온적이었다. 따라서 이 지방에 속하는 세 개의 도에서는 종교학교가 허용되었으며, 이에 따른 종교교육이 의무화되었다.

이러한 정치적 상황에서 1924년 총선은 푸앵카레 정부의 친가톨릭 정책에 대한 반대 정서가 명확하게 드러나는 계기가 되었으며, 세속성 문제가 중요한 정치적 쟁점으로 부상했다. 그리고 반교권주의 성향의 교사는 공무원노조의 합법화를 거부하는 푸앵카레 정부의 정책에 반대해 1924년 좌파연합의 승리에 중요한 역할을 한다. 통합교육연맹의 루이 부에가 당시 상황에 대해 "혁명의 전망은 도처에서 희미해졌다. 대중에 러시아 혁명은 이미 명성을 많이 잃었으며, 사람들은 자본주의의 전복을 거의 믿지 않는다"[15]라고 썼듯이, 통합교육연맹의 조합원조차 혁명을 통한 변혁보다는 좌파연합의 승리를 통한 변화를 기대했다.

좌파연합의 1924년 총선 승리로 프랑스 전국에 1905년 법이 적용되고 교육 부문에서 세속성이 확대되는 한편, 공무원노조의 합법화로 교원노조가 정상적인 법적 지위를 가질 수 있게 되었다. 그러나 1926년 7월 재정 위기로 에두아르 에리오가 주도하던 좌파연합 정부의 내각이 총사퇴하고 국민연합의 푸앵카레가 재집권하자마자 내부의 적을 섬멸하겠다는 명목 아래 다시 반볼셰비키 반공산당 선동이 강화되었다. 교사에게 1920년대의 정치 상황은 혁명의 전망보다는 공화주의적 기치 아래 세속학교의 가치를 지키는 것이 더욱 중요한 상황으로 인식되었으며, 러시아 혁명의 기억은 점차 희미해져갔다.

그렇다면 노동총연맹과 통합노동총연맹 소속의 교원노조인 전국초등교사노동조합과 통합교육연맹의 규모 차이는 어떤 의미를 가지는가? 교원노조의 이합집산은 노동총연맹의 일반적인 분열 양상과는 차이를 보인다. 특히 노동총연맹을 선택하는 교사의 비율이 압도적이었다는 사실은 당시 대다수 교원노조 지부의 이념적 지향성을 잘 보여준다. 레옹 주오를 중심으로 하는 개혁주의 계열과 이후 통합노동총연맹의 모체가 되는 혁명적 노동조합위원회를 중심으로 하는 혁명주의 계열 사이의 팽팽한 대립은 1921년 7월 릴에서 개최된 노동총연맹의 제16차 대의원대회에서 극명히 나타난다. 다수파인 개혁주의 계열이 주도한 기조 보고서에 대한 표결에서 1556 대 1348이라는 근소한 격차로 소수파인 공산당 계열의 혁명 노선이 세를 과시했던 것이다.[16] 이는 1918년 파리에서 개최된 대의원대회에서 20.1퍼센트를 기록하며 영향력 있는 소수파로 등장한 이후 꾸준히 정치적 입지를 강화해온 공산당 계열의 성장을 보여주는 것이었다.[17] 노동총연맹이 분열되기 직전인 1921년 여름 릴에서 선명한 대립을 보인 양측 대의원들이 대표하는 조합원 수는 개혁주의 계열이 48만 8000명, 공산당 계열이 34만 9000명으로 개혁주의 노선이 우위에 있었으나, 열두 개의 산별 연맹과 파리, 리옹 등 전통적 산업지대의 지역 본부에서 다수파가 된 혁명 노선의 의미 있는 전진을 견제하기에는 부족했다.[18] 1921~1922년 노동총연맹의 분열 과정에서 이 숫자는 중요한 의미를 갖는다. 분열 후 양 노총이 거느린 조합원 수는 제16차 대의원대회에서의 대립 양상을 그대로 반영하는 것이었기 때문이다. 1922년 통합노동총연맹의 창립 대의원대회의 열기도 이 비율의 균형을 깨지는 못했다.[19]

통합교육연맹에 소속된 교사 수는 노동총연맹 소속 교원노조 조합원에 비해 현저히 적었지만, 통합교육연맹은 1921년 제16차 대의원대회에서 개혁 노선의 영향력에서 완전히 벗어나 공산당 계열이 다수를 차지했던 열두 개의 산별 연맹 중 하나였다. 특히 급진적 교육개혁 노선을 소개하는 기관지 《해방된 학교》를 통한 선전 활동으로 교사들 사이에서 조합원 수 이상의 영향력을 가지고 있었다. 또한 《노동자의 삶La Vie Ouvrière》과 《인류애》에 실린 각종 성명서와 정책 설명을 통해 통합노동총연맹 조합원과 공산당원에게 통합교육연맹의 존재감을 알릴 수 있었다. 보수 언론에 자주 등장하는 '극단주의적 교사instituteurs extrémistes'라는 표현은 통합교육연맹의 이러한 영향력이 갖는 사회적 파급력을 간접적으로 보여준다.[20] 교사의 대중적 지지를 통한 온건 노선(전국초등교사노동조합-노동총연맹)과 소수의 급진 노선(통합교육연맹-통합노동총연맹)은 각각 두 진영의 특징으로 정의된다. 이렇게 제1차 세계대전 후 교사친목회연맹과 연속성이 강한 전국초등교사노동조합은 노동총연맹에서, 노동계급으로서의 정체성을 강화하기 위해 교사친목회와 결별한 해방 지부 계열의 전통을 이어받은 통합교육연맹은 통합노동총연맹에서 각각 교육개혁 논쟁에 참여하게 된다.

전간기 교육 민주화 논쟁   04
: 단일학교와 평등 |

1882년에 쥘 페리의 교육개혁으로 만들어진 6~13세 어린이의 의무교육 제도를 바탕으로 한 이원적인 교육체제는 부모의 사회·경제적 지위에 따라 학생에게 불평등한 교육 기회를 제공했다. 초등학교 기본교육 과정을 이수한 학생은 고급 초등학교로 진학하거나, 중등 교육과정에 포함된 고등학교 기초반Classe élémentaire des lycée에 진학할 수 있었다. 소학급Petites classes이나 소고등학교Petit lycée로 불리던 고등학교 기초반의 교육 내용은 오히려 초등교육에 가까웠으나, 고등교육을 받기 위한 준비 과정으로 인식되면서 부자를 위한 학급으로 취급되었다. 장학금을 받은 소수의 노동계급 자녀만이 이 과정에서 수학할 수 있었을 뿐이다. 제3공화국의 교육제도가 만들어낸 교육 기회의 심각한 불평등은 1880~1930년에 수업료를 내야 하는 중학교와 고등학교에서 중등교육을 받은 학생이 전체 취학 아동의 3~4퍼센트에 불과했다는 사실로도 확인할 수 있다.[21]

1906년 사회주의자인 장 조레스Jean Jaurès와 급진주의자인 페르디낭 뷔송Ferdinand Buisson 사이의 논쟁은 당시 프랑스 사회가 교육 불평등 문제를 어떻게 인식했는지를 보여준다. 조레스는 사회 자체에 사회계급이 존재하는 한 단지 교육제도 안에서 사회계급을 철폐하는 것은 오히려 부조화를 더욱 증가시킨다고 판단했다.[22] 따라서 조레스에게는 사회변혁이 무엇보다도 선결해야 할 문제였다. 반면에 뷔송은 학교를 개혁하는 것이 사회변혁의 가장 빠른 지름길이라고 생각했다. '사회보다 더 나은 학교를 만들자'[23]는 뷔송의 주장은 아이에게 기존 사회에서는 불가능한 사회관계를 경험할 수 있는 공간과 기회를 제공해 사회변혁의 가능성을 높여보자는 것이었다. 뷔송이 강조한 '더 나은 학교'는 제1차 세계대전 이후 모든 학생에게 평등한 교육 기회 제공이라는 원칙으로 만들어진 '단일학교Ecole unique' 계획의 모델이었다.[24]

1918년 급진당 성향의 교육개혁 모임인 '새로운 대학의 동반자'는 단일학교를 통해 모든 학생에게 평등한 교육 기회를 제공해야 한다고 주장했다. 즉 초등학교 기본 과정 이수 후 고급 초등학교와 고등학교 기초반으로 이원화된 교육체제에서 발생하는 불평등을 해소하는 것이 개혁의 1차 과제였다. 일반적으로 부모의 경제력에 따라서 가난한 집 학생은 고급 초등학교에 진학하여 대부분 이 과정에서 학업을 마치는 데 반해, 부유한 집 학생은 고등학교 기초반에서 초등 교육과정을 이수한 후 상급 과정으로 진학했다. 이렇게 이원화된 체제에서 발생하는 불평등을 해소하기 위해 제시된 단일학교는 단일한 교육과정, 단일한 (교사 양성 과정을 이수한) 교사, 단일한 평가를 통해 학생에게 동등한 교육의 기회를 제공하고, 학업 능력에 따라 상급학교에 진학할 학생을 선발하는 것을 목표로 했다.[25] 이를 통해 출신이 아닌 능력에 따라 교육 기회를 부여함으로써 보편적 이익을 위해 복무하는 엘리트를 선발하는 것이 교육의 민주화라고 정의했다.[26] 새로운 대학의 동반자 그룹에서 에두아르 에리오, 페르디낭 뷔송 그리고 에드몽 고블로Edmon Goblot 같은 급진주의자가 주도한 단일학교의 이론화는 급진당의 교육개혁 정책의 기본 토대가 되었다. 급진주의자의 교육정책 이론화는 제1차 세계대전 직후 오랜 참호전투를 경험한 병사들을 중심으로 새로운 사회적 유대감과 연대의식이 형성되고, 이에 따라 사회계급이 만들어낸 장벽을 허물고자 하는 새로운 분위기가 무르익으면서 대중의 주목을 받았다.

이러한 단일학교를 교육정책에 적극적으로 수용한 것은 바로 노동총연맹이었다. 1927년 7월 파리에서 열린 대의원대회에서 노동총연맹은 1919년과 1925년 대의원대회에서 결의한 '생산의 합리적 정비'를 가능하게 하는 교육제도를 마련하기 위해 노력한다는 원칙을 다시 한 번 강조했다. 이를 위해 산하의 초등교원 노조인 전국초등교사노동조합과 중등교원 노조인 중등교사연맹에 교육의 국유화와 단일학교 실행 문제를 일임했으며, 각 지역 본부는 단일학교 실행에 유리한 여론을 형성하기 위한 행동을 조직화하라고 의결했다. 노동총연맹 소속의 교원노조는 "단일학교 계획은 모든 민중의 아이들에게 지식의 문을 개방하기 때문에 우리의 평등에 대한 열망을 충족시킨다. 이 계획은 각각의 개인에게 최대한의 소양을 심어주고자 하는 우리의 이상주의적인 관심에 정확히 부합한다"라고 지지를 표명했다.[27] 그러나 이러한 계획이 '민중으로부터 나온 모든 지적인 힘을 자본주의를 위해 쓰이게 할 위험성을 가지고 있다'는 사실 또한 경계하고 있었다.[28]

통상적으로 12~16세의 어린이가 당시의 교육제도에서 배제되는 것을 비판하면서 노동총연맹은 단일학교 계획을 통해 의무교육 기간의 연장을 전제로 한 3단계의 초등교육제도를 제안했다. 노동총연맹이 제안한 단일학교제도는 12세까지 기본교육, 15세까지 보충교육, 15세 이상 청소년에 대한 의무적 후기 교육을 통해 15세 또는 16세에 직업 수습 생활을 시작하는 것을 목표로 했다.[29] 이것은 부르주아 교육체제와 구분되는 노동자 교육의 관점에서 본 교육개혁안으로, '생산의 합리적 정비'를 교육의 목표로 설정한 노동총연맹의 노선에 부응하는 것이었다.

그러나 1929년 크뢰즈Creuse의 전국초등교사노동조합 교육비서는 단일학교 체제가 만들어낼 '새로운 엘리트는 이전의 엘리트와 다른가?'라는 질문을 통해 능력주의에 기반을 둔 교육체제에 대해 문제를 제기했다.[30] 이것은 능력주의를 교육 민주화의 근간으로 간주하는 단일학교의 기본 원칙에 대한 본질적인 비판이었으나, 기존의 교육체제에서 장학금을 통해 중등교육을 받는 극소수 노동자 자녀의 엘리트화를 '부르주아의 하수인'이 되는 과정이라고 노동총연맹 스스로가 경계했던 관점의 연장이기도 했다.[31] 이에 반해 공산주의자는 원칙적으로 부르주아 교육체제의 장학금과 단일학교가 같은 원리라고 파악했다. 1924년 12월 28일 발행된《인류애》에서 통합노동총연맹 소속의 한 교사는 부르주아 교육체제 아래서 단일학교의 역할을 "자기 계급을 배신한 자들을 공급하는 것"이라고 폄하하면서 "단일학교가 혁명의 영향 아래 있거나 노동계급을 위해 기능할 때에만 받아들일 수 있다"라고 논평했다.[32]

통합교육연맹은 1925년부터 단일학교 문제에 본격적인 관심을 보이기 시작했다. 기관지인《해방된 학교》를 통해 단일학교 문제를 소개하기 시작한 통합교육연맹은 이 문제를 곧 조합원의 교양을 위한 5대 주제 중 하나로 다루었다. 그러나 노동총연맹 산하의 교원노조가 즉각적인 지지를 표명한 데 반해, 통합교육연맹은 논의를 관망하는 태도를 보였다.[33] 통합교육연맹은 조합원들에게 단일학교 문제에 대해 민주적 조치라는 환상을 가지지 말 것을 강조했지만, 정치적으로는 대응하지 않았던 것이다. 이러한 분위기를 반영하듯 1925년 파리에서 열린 통합노동총연맹의 제3차 대의원대회에서 단일학교 문제는 논의되지 않았다.[34] 그러나 1926년 이후 "진정한 단일학교, 그것은 혁명이다"라고 규정한 통합교육연맹이 단일학교에 보내는 비판은 명확해졌다.[35] 공산주의자 교사들은 1872년 주택문제에 대한 엥겔스의 논리나 1906년 교육개혁에 대한 조레스의 주장과 유사한 태도를 취하면서 단일학교제도에 반대했던 것이다. 사회변혁, 즉 혁명이 부분적인 개혁에 우선한다는 것이었다.

노동학교를 통해 본 교육과 계급 정체성의 관계   05

단일학교가 부르주아 계급의 이익에 부합하는 교육기관이라는 인식 아래 공산주의자는 소련의 '노동학교école du travail'를 대안으로 삼았다. 노동학교는 1917년 이후 새로운 체제에 부응하는 소비에트 교육체제를 구축하기 위한 실험적인 학교로, 1921년 소련의 교육 현장을 방문한 네덜란드인 세톤J. C. Ceton이 1923년에 브뤼셀에서 출간한《소비에트 러시아에서 학교와 아동L'Ecole et l'enfant en Russie sociétique》을 통해 프랑스에 널리 알려졌다. 세톤이 소개한 소련의 노동학교에서 교육은 "아이들이 일을 하고, 노동을 통해 익히고, 질문하고, 경험하고, 창조"하면서 이루어졌다.[36] 특히 세

톤은 노동학교에서 행해지는 이론적이지 않은 교육과 현실적 활동이 모든 교육의 기초가 된다는 점에 주목했다.

노동을 통해 교육을 실현한다는 원칙은 프랑스의 공산주의자 교사가 생각하는 학교의 개념과 일치하는 것이었다. 따라서 노동학교는 곧 통합교육연맹이 추구하는 학교의 모델이 되었으며, 1924년 8~9월에는 친공산당 계열의 교육운동가가 소련의 노동학교를 방문하여 그들의 교육 실험을 참관하기도 했다. 장 피아제, 존 듀이, 마리아 몬테소리 등과 함께 신교육국제연맹을 주도했던 셀레스탱 프레네Célestin Freinet는 1927년 11월에 발간된 《해방된 학교》에서 "소비에트 러시아는 우리의 교육적 조국이다"라고 선언했으며,[37] 공산주의 계열의 교사에게 소비에트 교육 모델에 대한 확신을 심어주었다.

그러나 통합노동총연맹과 공산당은 소련에서 막 시작된 교육 실험을 프랑스에 적용하기 위해 노동학교 계획을 구상하고 실현할 정치적 능력이 없었다. 더욱이 1927년부터 노동학교의 문제점을 알리는 보고서들이 소련에서 발간되었으며, 이 실험학교의 한계가 곧 프랑스에도 알려지게 되었다. 이러한 현실과 이상의 불일치는 통합교육연맹이 단일학교에 대한 태도를 명확하게 보여줘야만 하는 상황을 만들었다. 특히 1926년부터 공교육부장관 에리오에 의해 주도된 교육개혁은 먼 미래의 노동학교보다는 현실의 단일학교 문제를 정치쟁점화하고 있었다.

그리하여 통합교육연맹은 1929년 대의원대회에서 단일학교에 대한 보고서를 발표하고 공식 입장을 표명한다. 통합교육연맹 사무국 간부인 모리스 위송Maurice Husson이 작성한 이 보고서는 단일학교를 '부르주아 체제의 부조리'로 정의했다.[38] 즉 단일학교가 프롤레타리아 출신의 노동자 엘리트를 그들의 계급에서 분리하여 결국 미래의 노동계급 지도자를 형성하지 못하게 함으로써 노동계급을 돌이킬 수 없는 비참함 속으로 몰아넣는 수단이 될 것이라고 파악한 것이다. 이것은 계급 대립으로 지탱되는 모든 사회에서는 학교 역시 계급적 성격을 가질 수밖에 없으며, 이러한 학교는 권력을 가진 계급의 이익을 즉각적으로 반영할 수밖에 없다는 인식의 표현이었다. 이러한 마르크스-레닌주의적 해석은 혁명을 통한 사회변혁이 부분적인 개혁에 우선한다는 기존의 입장을 반복하는 것으로, 대의원대회에서 어떠한 비판도 없이 승인되었다. 이후 통합교육연맹의 기관지《해방된 학교》는 위송의 글을 통해 노동계급의 자녀 중 가장 명석한 학생을 변절자가 아닌 착취당하는 계급의 지도자로 키워내야 한다고 주장하며 단일학교를 비판했다.[39] 통합교육연맹에게 진정한 평등을 추구하는 단일학교는 '계급과 성차별이 존재하지 않는 노동이 지배하는 사회에서만 가능하고, 단지 노동계급의 승리만이 이룰 수 있는'[40] 교육개혁 모델로, 계급혁명 이후에나 정치적 의미를 가질 수 있었다.

따라서 단일학교에 대한 비판은 자연스럽게 노동을 중심에 두고 현장교육을 추구하는 소비에트 방식의 '프롤레타리아 노동학교'의 필요성 강조로 이어졌다. 그리고 통합교육연맹은 노동학교 개념을 중심으로 단일학교를 통한 교육의 민주화에 대비되는 담론을 구성했다. 통합교육연맹은 왜 이상과 실제의 한계가 이미 드러난 소비에트 모델에 집착했을까? 통합교육연맹 소속의 공산주의자 교사에게 계급은 존재의 문제였기 때문이다. 이들은 실제로 가난한 농민이나 노동자 출신 부모를 가진 경우가 많았기에 사회경제적으로 노동계급과 동일시되는 경향을 보였다. 이들에게는 대안 모델인 노동학교가 현실화될 수 없는 상황에서 부르주아의 이익을 대변하는 교육체제에 맞서 계급 정체성을 유지하는 것이 무엇보다도 중요했다. 즉 사상적으로 사회변혁이 부분적인 사회개혁에 우선한다는 생각을 가진 이들은 노동학교를 혁명의 전제조건인 계급 정체성의 유지를 도와주는 수단으로 인식했던 것이다.

교육 민주화로 향하는 두 가지 길 　　　　　06

1881~1882년의 페리법은 무상·의무 교육 그리고 정교 분리에 기반을 둔 세속교육의 제도화를 통해 교사라는 직업군이 형성되는 데 중요한 역할을 했다. 제3공화국에서 초등사범학교는 공공교육을 담당하게 될 예비 교사에게 동일한 공화주의적 가치를 심어주면서 교원을 양성했다. 이를 통해 교사는 비교적 동일한 이념적 지향을 가지게 되었으며, 이것은 이들의 동업의식이 강화되는 조건을 만들었다. 이렇게 교사는 제3공화국의 정국을 주도했던 공화주의자와 이념적 친밀성을 가진 직업군으로 성장할 수 있었다. 특히 종교교육 철폐와 공화주의적 시민교육으로 요약되는 교사의 교육관은 급진당과 상호공제조합운동의 공화주의 기치의 핵심 요소였던 반교권주의 및 정교 분리 원칙과 일맥상통하는 것이었다.

그러나 노동조합의 합법화를 규정한 발데크루소법이 1884년에 반포되었는데도 교사의 공무원 지위로 말미암아 교원노조 결성은 1924년까지 불법으로 간주되었다. 따라서 교사의 독립적이고 합법적인 결사체는 오랫동안 금지되었다. 1901년 결사에 관한 법에 의거해 친목회 중심의 몇몇 교원모임이 결성되었으나, 이들의 활동은 국가의 통제를 받았다. 정부는 교사의 경제적 이권과 관련된 모든 집단행동을 금지했으며, 교육방법론에 대한 연구나 상호부조를 위한 단체행동만을 용인했을 뿐이다. 특히 이 친목회들은 이른바 '교육 귀족'으로 불리는 교육감, 장학관, 사범학교 교장 등에 의해 운영되었다. 따라서 제3공화국의 국가 이데올로기에 부합하는 교육정책을 옹호했던 교사친목회는 회원의 권익 보호보다는 정부와 친목회의 협력관계를 통한 공립학교 확립과 그에 따른 공화국의 이념적 토대 강화를 목표로 했다.

그러나 교육 현장의 위계질서에서 가장 하층에 위치한 교사는 권위주의적인 친목회 지도부에 대한 집단저항을 통해 자신들의 목소리를 내기 시작했다. 1899년부터 가시화되기 시작한 이러한 흐름은 친정부적인 교장의 영향에서 벗어나 독자적인 결사조직을 만들려는 운동으로 확대되었으며, 교원노조의 건설로 귀결되었다. 이 과정에서 1905년의 생디칼리스트 교사선언은 노동조합 형태의 교사 결사조직이 발전하는 중요한 기점이었다. 이 선언은 교원노조를 금지하는 것이 부당하다고 강조하면서, 부조리한 교육정책과 부당한 학교 운영에 교사가 적극적으로 개입하기 위해서는 노동조합이 필요하다는 것을 강력하게 주장했다. 그러나 교사친목회의 영향에서 벗어나 독자적인 결사체를 추구하는 급진적인 교사와 교사친목회를 노동조합으로 변화시키려는 온건한 교사 사이의 갈등은 교원노조가 하나의 단일한 조직으로 통합되는 것을 가로막았다. 게다가 당시 국가 체제의 전복을 통한 자본주의 질서의 해체를 정치적 목표로 삼았던 노동총연맹에 가입하는 문제는 이 두 노선이 첨예하게 대립하는 요인이었다.

당시 교육개혁에 앞서 사회변혁이 무엇보다도 선결 문제라고 인식했던 장 조레스와 학교를 개혁하는 것이 사회변혁을 위한 가장 빠른 지름길이라고 믿었던 페르디낭 뷔송 사이의 논쟁은 20세기 초반 급진적인 교사와 온건한 교사 사이의 관점 차이를 대변한다. 이 논쟁은 제1차 세계대전 발발 이전에 일어났지만 전후 단일학교에 관한 논쟁은 이 두 관점의 차이를 그대로 반영하고 있다. 단일학교 개념은 제1차 세계대전 직후 제3공화국의 교육체제가 안고 있는 교육의 불평등 문제를 극복하기 위한 대안으로 급진주의 진영에서 제안한 것이다. 단일학교는 출신이 아니라 능력에 따라 교육 기회를 부여함으로써 보편적 이익을 위해 일하는 엘리트의 양성을 목표로 했다. 이러한 능력에 따른 학생 선발이 곧 '교육의 민주화'라고 인식한 것이다. 이에 대한 논쟁의 대립점은 1921년 러시아 혁명에 대한 지지 문제를 놓고 갈등이 벌어져 노동운동 진영이 개혁 노선의 노동총연맹과 혁명 노선의 통합노동총연맹으로 분열되면서 더욱 분명하게 드러났다.

이러한 분열 속에서 교원노조들은 한쪽 진영을 택하면서 급진주의 진영이 제안한 이 교육개혁 패러다임에 대한 태도를 명확하게 했다. 노동계급과의 연계에 비교적 미온적 태도를 보였던 교사친목회연맹과의 연속성이 강한 전국초등교사노동조합은 노동총연맹 산하의 교원노조로서 학업 성취도가 높은 노동자의 자녀에게 중등교육의 기회가 확대되는 것을 민주적 조치라고 판단하여 단일학교 정책을 지지했다. 이것은 모든 학생에게 평등한 교육 기회를 제공해야 한다는 의지의 표현이었으며, 학교개혁을 통해 사회변혁의 가능성을 높여보고자 했던 뷔송의 논리와 일맥상통하는 것이었다. 이에 반해 공산당의 영향 아래 있던 통합노동총연맹은 노동계급으로서의 정체성을 강화하기 위해 교사친목회와 결별한 급진적인 생디칼리스트 교사의 목소리를 통해 단일학교가 엘리트 노동자 자녀를 노동계급에서 분리하려는 기만적인 술책이라고 비판하면서, 조레스의 주장대로 교육개혁에 앞서 사회변혁이 이루어져야 한다고 주장했다. 따라서 통합노동총연맹 산하의 통합교육연맹은 대안 모델로 소비에트 방식의 노동학교를

제시했으며, 이것은 노동계급 출신 엘리트의 '부르주아 계급화'를 막는 수
단으로 인식되었다. 이는 노동총연맹이 '교육 민주화'라는 이름으로 더 많
은 노동자 자녀에게 교육의 기회를 주려고 했던 교육개혁 전략과 상충하
는 것이었다. 그러나 공산당과 통합노동총연맹은 현실적으로 노동학교를
세우고 운영할 만한 정치적 역량이 없었다. 결국 이 논쟁의 성격을 이해하
기 위해서는 현실의 의회정치를 통한 교육개혁이라는 부분적인 사회개혁
이 아닌 사회변혁을 통한 교육체제의 근본적인 변화를 추구했던 공산주의
자의 전략 속에 노동학교와 계급의 문제를 위치시켜야만 할 것이다. 또한
정책의 실현 가능성에 주목한 개혁 노선의 현실 인식 속에서 교육 민주화
담론을 이해해야 할 것이다.

비시 정부와 공교육의 변화

박지현

비시 정부와
공교육 간의 관계

프랑스 교육과 정치의 유기적 관계가 공교육체제 안에서 정착하고 발전하는 데 결정적인 역할을 한 두 가지 법령이 있다. 하나는 1881년과 1882년의 페리법이고, 다른 하나는 1901년의 결사법과 1905년의 정교분리법이다. 전자는 교육의 혜택을 시민의 권리로 확대하여 공교육이 전면적으로 실시될 수 있었던 법적 토대가 되었고, 후자는 가톨릭교회의 교육 역할을 금지했던 법이다. 비록 프랑스 혁명 이후 가톨릭교회의 영향력은 정치적으로 상당히 약화되었지만, 가톨릭교회는 당시 프랑스 시민의 교육을 담당하는 주요 기관이었다. 이에 제3공화국은 이를 법적으로 금지하여 가톨릭교회 대신 국가가 주도하는 공교육체제를 완성하고자 했다.

그러나 제3공화국 시기에 공교육체제가 완성되었다고 단언하기는 어렵다. 이 법령들이 오늘날 프랑스 공화국의 이념과 교육정책을 이루는 큰 중심이었음을 의심할 여지는 없지만, 제3공화국의 공교육체제 아래서 드레퓌스 사건을 비롯해 1934년 2월 극우파 시위와 같은 반공화주의 사건들이 일어났기 때문이다. 1940년 제3공화국의 붕괴 이후 독일 점령 아래 세워진 비시 정부는 반공화주의 기치를 내걸고 종교교육을 실시했다.[1]

비시 정부의 교육정책에서 주목해야 할 점은 제3공화국의 공교육이라는 틀을 완전히 와해시키지도 않았고, 종교교육을 위한 새로운 교육제도를 마련하지도 않았다는 것이다.[2] 당시 비시 정부의 교육부 정무차관인 슈발리에Jacques Chevalier는 '가톨릭 정신'을 낳는 새로운 교육체제가 필요하다고 주장하면서 '신앙의 학교'라는 기치 아래 종교교육을 실행하고자 했다. 하지만 비시 정부의 원수 페탱Philippe Pétain은 이를 거부했고, 오히려 슈발리에를 경질했다. 페탱은 종교교육을 허용하되, 교리교육의 부활은 불가능하다는 선에서 수위를 조정하여 공교육의 기본 틀을 존속시켰다.

비시 정부는 가톨릭교회의 교육 내용이 필요했지만, 제3공화국과 마찬가지로 전체 시민교육을 담당할 기관은 교회가 아닌 국가임을 명시하기 위해 공교육의 틀을 유지하고자 했다. 모든 종교는 국가의 법에 복종해야 하기 때문에 가톨릭교회가 단독으로 교육을 담당할 수 없으며, 교육제도는 국가가 주도해야 하는 영역임을 재확인한 것이다. 비시 정부는 개인주의 가치를 창출하는 제3공화국의 공교육에 반대하고, 가톨릭 종교교육을 통해 민족정신을 육성하고 문화가치를 생산할 수 있는 국가 주도형 세속교육을 이루고자 했다.[3]

제3공화국 때부터 공화주의 정신을 낳는 공교육체제에 대한 비판이 있었고, 이 정신을 없애려 했던 비시 정부가 제3공화국의 공교육 틀을 유지했다는 사실이 역설적이다.[4] 이 때문에 다음과 같은 질문을 던질 수 있다. 첫째, 제3공화국의 공교육 연장으로 볼 수 있는 비시 정부의 교육정책은 무엇인가? 둘째, 제3공화국과 달리 비시 정부 시기 초·중·고등 공교육은 어떻게 변화되었는가? 셋째, 비시 정부의 공교육 변화는 프랑스의 정치와 교육 간의 유기적 결합이라는 관점에서 어떤 역사적 의미를 갖는가? 이 세 가지 질문을 염두에 두면서 1940년부터 1944년까지 비시 정부의 공교육 변화에 대해 살펴보고자 한다.

민족혁명과
페탱의 교육이념

비시 정부는 1940년 7월 11일 자《관보Journal officiel》[5]를 통해 새로운 헌법이 제정되었음을 알렸다. 이때 '노동, 가정, 조국'이라는 슬로건을 내세워 비시 정부의 정치이념을 상징하는 단어를 제시했는데, 처음에는 이를 '민족혁신'으로 표현했다가[6] 1940년 10월 9일 페탱의 담화문에서 '민족혁명Révolution nationale'[7]을 사용하면서부터 이 단어로 쓰기 시작했다. 페탱은 '권위에 기초한 공동체 원리'로 민족혁명을 정의했다.

> 인간은 기본적인 권리를 자연에서 타고난다. 그러나 그 권리는 인간을 둘러싼 공동체, 즉 인간을 키우는 가정, 인간을 부양하는 직업, 인간을 보호하는 민족에 의해 보장받을 수 있다.[8] 민족혁명은 다시 태어난다는 의지이며, 걱정과 후회의 날로부터 우리 본성을 바로 찾을 수 있다는 의지인 것이다.[9]

이어서 페탱은 1940년 8월 15일 민족혁명에 부합하는 교육이념을 다음과 같이 제시했다.

> 비시 정부가 해야 할 필요불가결한 과업 중 민족교육 개혁보다 더 중요한 것

은 없다. 우리 교육체제의 기반에는 심각한 착각이 있다. (……) 학교교육은 가정의 교육을 도와주는 데 있다. 따라서 (그것만이) 인간을 육성하고 강한 민족을 만든다. 우리 공교육의 또 다른 심각한 오류는 바로 개인주의를 양성하는 학교라는 데 있다. (……) 진실, 그것은 개인이란 가정, 사회, 조국에 의해서만 존재할 뿐이며, 그것들에 의해 개인은 살아갈 모든 방법을 받아들이는 것이다. 내일의 프랑스 학교는 인격, 가족, 사회 그리고 조국을 존중하도록 가르칠 것이다. 프랑스 학교는 더 이상 중립적이지 않다. (……) 프랑스 학교는 우선 민족적일 것이다. (……) (또한) 교육의 목적은 모든 프랑스인을 노동의 맛과 수고의 열의를 가진 인간으로 만드는 데 있다. 이와 같은 인간의 덕목을 모두 완전히 복구하는 것, 그것이 우리 앞에 놓인 가장 큰 사안이다.[10]

이를 통해 페탱은 학교교육에 대한 세 가지 차원의 변화를 예고했다. 첫째, 학교교육의 정신은 공동체 원리에 기본을 둔 인격주의Personne humaine여야 한다. 둘째, 학교교육 내용은 민족교육을 육성하는 데 있다. 셋째, 직업교육은 전통적인 크리스트교공동체에 바탕을 두어야 한다. 페탱은 전반적인 교육개혁의 방향성을 제시했다. 첫째, 초등교육 조직의 변화가 필요하다는 것이다. 인격주의라는 교육 정신을 함양하는 데 가장 효과적인 시기가 초등학교 때이기 때문에 제3공화국에서부터 제기된 초등교육 체제의 불평등성을 제거해야 한다는 것이다. 둘째, 민족공동체의 운명에 대한 책임은 지도자 육성에 달렸기 때문에 일반 대중교육기관의 설립뿐만 아니라 엘리트 교육기관도 세워야 한다는 것이다. 셋째, 자본가와 노동자라는 두 계급에 의해 분리된 노동공동체 대신 전통적인 크리스트교공동체와 같은 노동공동체를 회복하여 정치적, 사회적 갈등이 해소될 수 있도록 종교교육을 실시해야 한다는 것이다. 이 개혁의 주된 대상은 미래의 지도자, 예비 노동자, 민족공동체의 토대인 청소년이고, 비시 정부는 이들을 국가 차원에서 교육하고 통제할 수 있도록 청소년 정책 수립과 청소년 교육기관의 설립에 큰 관심을 가졌다.[11]

이와 같은 방향성은 실제로 초등교육제도의 개혁, 청소년 교육기관의 설립, 청소년 교육행정의 변화를 가져왔다. 첫째, 1940년 9월 18일 초등교육 개혁이 이루어졌고, 이후 중등교육 개혁, 대학교육 개혁으로 확대되었다. 둘째, 1940년 12월 7일 에콜 뒤리아주École des Cadres d'Uriage[12]라는 엘리트 교육기관이 세워졌다. 셋째, 청소년 관련 국가 행정기관이 교육부 소속으로 전환되어 1940년 12월 13일 청소년총사무국SGJ : secrétariat général à la jeanesse이 창설되면서 기존의 청소년 단체 조직을 국가기관 안으로 흡수, 통합했다. 이 같은 교육정책의 변화를 통해 제3공화국의 공교육과 어떤 점이 같고 어떤 점이 다른지 살펴보자.

교육부 개혁
: 카르코피노와 보나르의 교육정책

03

프랑스 교육부의 첫 번째와 두 번째 시기(1940년 6월 16일~9월 6일)에 장관은 리보Albert Rivaud와 미로Émile Mireaux였다. 그들은 공통적으로 프랑스의 재건을 위해 페탱의 민족혁명을 지지하는 입장이었다. 리보는 소르본 대학 철학 교수였고, 미로는 오트피레네 지역의 상원 의원이었다. 두 장관 모두 공화주의자로서 제3공화국 말기 평등의 원리에 부합하지 않는 교육체제의 개혁을 요구했다. 당시 리보는 반나치주의자였기 때문에 나치 독일이 그의 사임을 요구했고, 리보도 비시 정부의 실체를 빨리 깨닫고 장관직을 사임했다. 반면 미로는 독일이 프랑스를 점령한 상황을 제3공화국의 정치적 책임으로 간주하여 비시 정부의 민족혁명을 지지했다.[13]

세 번째 시기(1940년 9월 6일~12월 13일)에는 리페르Georges Ripert가 장관에 임명되었는데, 그는 파리 법대 학장으로 정치인이 아닌 법조계 인사였다. 외국인 혐오주의자인 그는 반유대주의를 찬성했고, 대학에서 유대인 출신 교수의 해임에도 적극적인 입장을 취했다. 하지만 1940년 11월 11일 대학생의 시위를 막지 못하자 나치 독일이 그를 신임하지 않았고, 라발Pierre Laval의 해임과 더불어 장관직에서 물러나게 되었다.[14]

네 번째 시기(1940년 12월 13일~1941년 2월 23일)에는 슈발리에가 교육부를 담당했는데, 그는 옥스퍼드 대학에서 수학했고 유럽 사회에서 독일의 영향력이 커지는 상황에 경계심을 가졌던 인물이다. 그는 자신의 가계가 부르봉 왕가와 연결되어 있기 때문인지 가톨릭 중심의 복고적 경향이 강했고, 따라서 종교교육의 실시를 강력하게 주장했다. 그의 교육개혁안은 가톨릭 교리교육의 부활이나 다름없었기에 해임되는 직접적인 원인이 되었고, 그의 후임인 카르코피노Jérôme Carcopino가 이를 해결하기 위한 새로운 개혁안을 제시했다.[15]

다섯 번째 시기(1941년 2월 25일~1942년 4월 18일)에 장관으로 임명된 카르코피노는 고대 로마 전공 역사가이며 파리 고등사범학교 총장이었고 공화주의에 정통한 인물이었다. 그는 페탱뿐 아니라 가톨릭의 주요 인사들과 인적 교류가 깊었기 때문에 종교교육 문제(슈발리에 법안)의 논란을 종결할 수 있는 적임자였다. 당시 다를랑François Darlan 내각[16]에서 장관직을 맡았던 그는 복고적 체제보다 현대적 체제에 맞는 교육정책을 추진하고자 종

[표 1] 비시 정부의 교육부

교육부 개편 시기와 유지 기간	교육부의 명칭 변화[17]	담당 장관	주요 특징과 개혁
1940년 6월 16일~7월 12일	교육부 Ministère de l'Éducation nationale	알베르 리보 Albert Rivaud	반나치주의자. 나치 독일의 압력으로 사임함
1940년 7월 12일~9월 6일	교육·미술부 Ministère de l'Instruction publique et des Beaux-Arts	에밀 미로 Émile Mireaux	공화주의자. 프랑스 재건운동 위해 민족혁명의 교육정책 지지함
1940년 9월 6일~12월 13일	교육·청소년 정무 담당부 Secrétariat d'État de l'Instruction publique et de la Jeunesse	조르주 리페르 Georges Ripert	반유대주의자. 대학의 유대인 교수 사임시킴
1940년 12월 13일 ~1941년 2월 23일	교육부 Ministère de l'Éducation nationale	자크 슈발리에 Jacques Chevalier	공교육체제에서 종교교육 도입 시도함
1941년 2월 25일 ~1942년 4월 18일	교육·청소년 정무 담당부 Secrétariat d'État à l'Éducation Nationale et de la Jeunesse	제롬 카르코피노 Jérôme Carcopino	반유대주의자. 초중등과 대학 교육의 개혁 주도함
1942년 4월 18일 1944년 8월 20일	교육부 Ministère de l'Éducation nationale	아벨 보나르 Abel Bonnard	친독주의자, 반성직자주의자, 나치식 교육정책 실시함.

교교육을 부분적으로 수용하려고 했다. 카르코피노는 다를랑 내각과 협의하여 공립학교에서 가톨릭 교리교육의 금지법을 계속 유지하는 대신 사립학교에서 이미 시행되고 있는 종교 교과 내용이 공립학교에서도 실시되도록 했다.[18]

마지막 시기(1942년 4월 18일~1944년 8월 20일)에는 보나르Abel Bonnard가 교육부를 담당했다. 그는 전쟁 이전부터 우파 모임인 퓌스텔 드 쿨랑주 서클Cercle Fustel de Coulanges의 회원으로, 공교육의 이념과 공화주의 이론에 반대하는 입장이었다. 당시 그는 친독주의자로서 독일과 협력하는 것에 적극적이었다. 프랑스 주재 독일 대사 아베츠Otto Abetz와 친분이 있어 교육부장관 슈발리에가 해임되자 아베츠가 페탱에게 보나르를 추천할 정도였다.[19] 비록 페탱의 반대로 임명되지는 못했지만, 친독주의자 라발이 정계에 복귀한 이후 보나르는 교육부장관이 될 수 있었다. 그는 유대인, 공산주의, 레지스탕스 진영과 싸우기 위해서 프랑스 대학생을 의무노동국(강제노동국STO)과 민병대(친독의용대Milice)에 가입시키는 친독일 교육정책을 실시한 인물이다.

교육부는 첫 번째 시기에서 다섯 번째 시기까지, 즉 1940년 7월부터 1941년 9월까지 민족혁명의 내용을 신속하게 반영할 수 있도록 초중등교육법 개정(1941년 9월 24일 법령)을 먼저 실시했다. 교육부장관[20] 카르코피노가 이를 주도했기에 그의 이름을 따서 '카르코피노법Loi Carcopino'이라고 불렀다. 이 법의 특징은 크게 세 가지로 요약할 수 있다.

첫째, 초중등교육의 교과 내용이 개편되었다. 국가에 대한 의무, 전체 이익과 법에 대한 존중, 봉사정신의 확대, 민족감정과 애국심의 고취 등을 강조했다. 특히 지역사와 민족사라는 교과 내용을 보충하여 국가État와 조국Patrie에 대한 의식을 심어주고자 했다.[21]

둘째, 초등교육의 이원화를 가져오는 초등사범학교를 폐지했다. 이것은 1902년 교육법 개정 이래 드러난 프랑스 교육의 불평등을 해결하기 위한 것이었다. 당시 중등교육에서 사회계층의 차이가 컸는데 그 원인이 초등교육에 있었다. 오늘날 프랑스의 초등교육은 단일체제지만, 1941년 개정 이전까지 초등교육은 엄밀히 말해서 이원적 구조였다. 즉 대중 초등교육과 엘리트 초등교육 체제로 이루어졌다. 전자는 쥘 페리가 말한 대로 일반인이라면 누구나 무상으로 교육받는 초등학교를, 후자는 전통적인 엘리트 교육기관인 중고등부 수준의 초등사범학교를 말한다. 초등사범학교와 일반 초등학교 출신 사이의 학습 능력 차이가 그대로 중고등부로 반영되어 사회계층의 차이로까지 이어졌다. 공교육이라는 평등한 교육체제 안에 사회의 특권층이 형성될 수 있는 교육 환경이 조성되었던 것이다.[22] 이것은 제3공화국에서부터 비판받아온[23] 교육문제였다.[24]

셋째, 고등학교와 대학에서 인문주의 교육과 종교교육이 강조되었다.

고등학교에서는 라틴어가 필수 과목이 되었고, 대학에서는 종교교육이 정규 과목으로 개설되었다.[25] 또한 중고등학교에서 고전(라틴어, 그리스어)과 현대 교육(과학기술 지식)을 제한적으로 실시했던 교과과정을 의무적으로 확대 실시하여 서로 다른 영역의 지식을 습득할 수 있도록 개편했다.[26] 이로써 비시 정부는 교육법 개정을 통해 프랑스 민족의 정체성을 그리스-라틴 문화와 크리스트교 문화에서 찾을 수 있게 육성하고자 했다.

마지막 시기에 교육부는 민족혁명, 나치 독일과의 협력 관계 그리고 이를 모두 정당화하는 교과 내용으로 개정했다. 일명 '이데올로기 학교'라고 부를 만큼 정치적 이념인 민족혁명이 학교의 교과과정에도 그대로 반영된 시기였다. 친독주의자인 교육부장관 보나르에 의해 주도되었는데, 그 특징은 크게 두 가지로 나눠볼 수 있다.

첫째, 청소년교육을 구실로 나치 독일과의 협력을 정당화했다. 1942년 5월 13일 공문과 5월 31일 권고문을 통해 교육부는 페탱을 위한 대학생 조직을 만들 수 있도록 허용했다. 1943년 4월부터는 대학에서 인종주의와 관련한 과목을 도입하여 유대인 억압 정책을 정당화하는 교과과정을 마련했고, 초중등학교 교과서에 독일 민족과 독일군에 대한 불리한 내용을 삭제하는 교과서 개정을 시도했다. 프랑스 교과서를 만드는 데 초석이 되었던 말레Albert Malet와 이자크Jules Isaac의 노력이 물거품이 되어 1879년부터 1882년 사이에 형성되었던 제3공화국의 교과서 내용은 해체되고 말았다.[27]

둘째, 대중교육에 대한 이중적인 정책이 마련되었다. 보나르는 기본적으로 대중은 교육할 필요가 없다는 입장이었다. 교육은 엘리트에게나 필요하지, 대중을 교육할 경우 오히려 그들의 삶이 황폐화된다고 보았다. 본성에 충실하며 살아야 할 사람을 교육으로 논쟁하게 만들어 오히려 시민들 사이에 갈등을 증폭하는 결과만 초래한다는 것이다.[28] 그래서 보나르는 자신의 본성을 찾도록 안내하는 단순하면서도 민족 정체성을 키울 수 있는 최소한의 대중교육이 실행되어야 한다고 주장했다. 여기서 보나르가 말하는 본성교육이란 민족혁명에서 강조하는 전통적 공동체의 삶을 의미한다. 즉 '흙으로 돌아가라'거나 '지방으로 돌아가라'와 같은 슬로건과[29] 일맥상통한다. 전통적 공동체의 삶을 유지하기 위해 민속문화를 통한 대중교육이 필요하다는 것이며, 이러한 민속문화를 유지하기 위해 지방문화교육이 강조되었다. 이 교육을 강조하는 궁극적인 이유는 민족 정체성을 강화하는 데 있었다. 지방공동체의 활성화를 통해 민족공동체를 발전시킬 수 있는 국가 주도형 문화교육 정책을 실시하려는 의도였다. 이 정책은 비시 정부가 갑자기 만들어낸 것이 아니라, 본질적으로는 1936년 인민전선 정부의 문화정책을 이어받은 것으로, 새로운 대중문화·민속문화·지방문화를 국가 차원에서 생산하기 위해 실시한 문화정책의 일환이었다. 연극, 영화, 박물관 같은 지방문화를 국가 차원에서 새롭게 교육기관 안으로 흡수해 현대적 감각으로 프랑스의 민족 정체성을 재건하고 공유하려는 정책인데, 이미 1936년 인민전선 정부의 교육부장관 장 제에 의해 시도된 개혁이었다.[30]

여기서 주목할 점은 이 정책이 제3공화국 시기의 단일학교 논의와 관련이 있다는 사실이다. 제3공화국 말기 좌파와 우파의 정치적 갈등이 전국의 학교 현장에 영향력을 미치고 있을 때, 잔레Serge Jeanneret[31]와 같은 정치인은 민족교육이 학교에서 제대로 시행되지 않고 있음을 비판했다. 그는 공화주의 공교육에서 부족했던 시민정신을 프랑스 고유의 민족문화에서 찾아야 하며, 이를 위해 프랑스의 정체성을 형성할 공통적 프랑스 민족 시민교육이 필요하다고 주장했다.[32]

현재 프랑스에는 국립·공립·사립 학교가 공존하고 있지만, 공교육체제 아래 국가 주도형 교육기관으로 통합되어 있다. 하지만 이전에는 다양한 형태의 사립형 학교가 주요 도시와 지방에 깊이 뿌리박고 있었기에 이를 국가 차원에서 관리하거나 통제하기에 어려움이 많았다.[33] 더구나 여전히 계층별, 지방별, 도시별 문화 차이가 컸기 때문에 같은 민족이라는 정체성을 형성하는 단일학교 체제가 이루어졌다고 말할 수 없다.[34] 이러한 상황에서 독일 점령과 비시 정부의 수립이 오히려 새로운 교육개혁 환경을 가져와 단일학교 체제에 대한 논의가 다시 쟁점화될 수 있었다. 비록 학교 형태에 대한 논의가 나치형과 제3공화국형이냐, 엘리트 교육형과 대중교육형이냐 등등으로 갈라졌지만, 비시 정부하의 교육부는 국가 차원에서 민족 정체성을 공통적으로 갖기 위한 단일학교 체제의 필요성에 공감대를 형성했다.[35]

따라서 교육개혁을 주도한 비시 정부의 두 장관, 카르코피노와 보나르의 교육정책은 넓게 보면 제3공화국의 공교육이라는 연속성 위에서 이루어졌다고 볼 수 있다. 첫째로 제3공화국 시기부터 내려온 전통, 즉 엘리트 교육과 대중교육의 이중적 구조 문제를 해결하고자 했고, 둘째로 민족 정체성을 통해 국가 주도형 교육기관 체제를 정비하고자 했으며, 셋째로 이를 위해 청소년 교육정책을 실시하고자 했다.

그럼 이제부터 제3공화국의 공교육과 달리 비시 정부가 엘리트와 대중의 청소년 교육기관을 창설하여 민족 정체성을 어떻게 교육하려 했는지 살펴보기로 하자.

비시 정부의 엘리트와 대중 청소년 정책 : 에콜 뒤리아주와 청소년프랑스

비시 정부는 제3공화국에서 문제가 된 엘리트와 대중 교육에 대한 갈등을 해소해 시민들의 지지를 받고자 했다. 페탱은 지방 각 도시의 초등학교를 방문하여 공교육기관의 대중적인 이미지를 확보했고, 민족혁명을 위한 청소년 교육기관의 설립을 추진할 수 있었다. 그러나 비시 정부는 엘리트 교육을 포기한 적은 없었다. 당시 청소년 교육기관의 유형은 두 가지로 나누어볼 수 있다. 하나는 일반 청소년을 대상으로 하는 교육기관이다. 전쟁 이전 민간 차원과 종교적 차원에서 설립된 청소년 단체를 국가 교육기관 안으로 통합해 공동의 정체성을 형성하고자 했다. 이에 청소년총사무국의 관리와 통제 아래 '청소년작업소Chantiers de Jeunesse', '프랑스동지Compagnons de France' 그리고 '청소년프랑스Jeune France'가 창설되었다.[36] 다른 하나는 미래의 프랑스 지도자, 엘리트 청소년을 육성하기 위한 교육기관이다. 민족혁명 정신에 따른 지도자를 육성하며, 동시에 기술 능력까지 교육하는 현대식 교육기관을 설립하고자 했다. 이것이 특수 엘리트 교육기관인 에콜 뒤리아주다.

그런데 엘리트와 대중문화 교육기관이라는 차이점은 있지만, 에콜 뒤리아주와 청소년프랑스 사이에는 공통점이 많다. 두 기관의 교육 프로그램은 무니에Emmanuel Mounier에 의해 상당한 영향을 받았기 때문이다. 무니에는 1930년대의 비순응주의자로, 인민전선 정부에 우호적인 가톨릭 좌파 잡지《정신Esprit》을 발간했으며, 1940년부터 1941년까지 민족혁명에 상당한 호감을 가졌던 인물이다. 그는 '공동체적 인격주의 혁명'이라는 개념[37]을 내세워 정신혁명이 정치혁명보다 먼저 이루어져야 민족혁명이 가능하다고 주장했다.

> 민족혁명은 가장 건전하고 활기찬 민족 전통으로의 회귀라고 할 수 있으며,
> 사회혁명이나 사회주의적 혁명은 인간이 되기 위한 보다 공동체적인 방향을
> 열정적, 종교적으로 수용하는 것이라고 말할 수 있다.[38]

이 개념이 에콜 뒤리아주와 청소년프랑스에서 어떻게 적용되었는지, 그리고 책임감과 연대감이 강한 공동체 질서에 부합하는 엘리트와 대중의 청소년교육은 어떤 차이점이 있는지 알아보자.

페탱은 1940년 패배의 궁극적 책임을 엘리트의 부패로 돌렸다. 그리하여 프랑스를 재건하기 위해서는 새로운 엘리트의 양성이 시급하다고 판단했다.[39] 그는 1872년 부트미Émile Boutmy가 세운 정치학 자유학교École Libre des Sciences Politiques와 같은 엘리트 교육기관의 창설을 주장했다.[40] 이 학교는 현재 시앙스 포Sciences Po라는 이름으로 알려졌는데, 1871년 프랑스-프로이센 전쟁의 패배로 인해 세워진 사립 고급 고등교육기관이다. 독일의 정치와 학문 발전에 자극을 받은 프랑스는 이론뿐만 아니라 실제 정치 현장에서 실력을 갖춘 엘리트가 필요했던 것이다.[41]

페탱은 시앙스 포와 같은 교육기관의 설립을 젊은 장교 드 스공자크 Pierre Dunoyer de Segonzac에게 맡겼다. 에콜 뒤리아주는 1940년 12월 7일 법령을 통해 민족혁명을 수행하기 위한 새로운 엘리트를 양성하려는 비시 정부의 청소년 정무 담당부 산하기관이 되었다. 프랑스 남동쪽에 위치한 도시 그르노블에서 약 12킬로미터 떨어진 곳, 생마르탱뒤리아주라는 마을의 옛 성城에 이 엘리트 학교가 세워졌다. 페탱의 적극적 지원으로 창설되었고 페탱이 주장한 공동체 원리를 중시하는 교육 프로그램이 실행되었기

때문에 페탱의 청소년 엘리트 교육기관으로 흔히 알려져 있다.

하지만 실제로 에콜 뒤리아주를 운영하는(1940년 12월~1942년 12월) 주요 인물은 드 스공자크의 측근인 르네 드 노루아 사제Abbé René de Naurois[42] 그리고 《정신》의 편집진, 무니에와 위베르 뵈브메리Hubert Beuve-Méry[43]였다. 그들은 에콜 뒤리아주를 '공동체적 인격주의 혁명'을 주도할 미래의 엘리트를 육성하는 정신교육기관으로 규정했다. 이 혁명은 인격을 중시하는 정신적 가치를 회복하고, 이를 토대로 하는 공동체(가정, 직업, 정치, 종교 등)를 재건하는 데 목표를 두었다.[44] 그들은 에콜 뒤리아주의 운영이나 교육 프로그램을 위한 세 가지 원칙에 합의했다. 첫째로 공동체 원리에 충실하고, 둘째로 크리스트교 문화를 수용하되, 가톨릭교회의 조직에서 완전히 독립된 세속교육 체제로 유지하며, 셋째로 엘리트 청소년을 위해 현대식 교육을 시행한다는 원칙이었다.[45]

이러한 원칙을 토대로 1942년 민족공동체를 재건하는 에콜 뒤리아주의 교육 목표와 이념을 명시한 문서가 작성되었다. 문서는 모두 3부로 구성되는데, 1부는 학교의 교육 사명을, 2부는 에콜 뒤리아주의 정신을, 3부는 학교 규정을 설명한다.[46] 특히 2부의 내용은 세 가지로 요약할 수 있다. 첫째, 프랑스 정신을 가진 자로서 민족공동체 안에서 통합을 우선시한다. 민족혁명의 이행자로서 인격을 토대로 한 새로운 사회질서를 만들어야 한다는 것이다. 프랑스 민족의 사명을 되찾는 일이 곧 민족공동체의 재건을 의미하며, 이것이 에콜 뒤리아주의 청소년이 해야 할 일이라는 것이다. 둘째, 민족공동체의 재건을 위한 기사도 정신과 공동체 정신을 교육받아야 하며, 진정한 엘리트란 자본 경쟁으로 황폐해진 정신적·도덕적 가치를 회복하는 동시에 대중과의 연대감을 가져야 한다. 셋째, 경제적·신체적·정신적 합일이 이루어지는 건강한 인간공동체를 유지하기 위해 개인적 이익보다 공동체적 이해관계를 우선시하는 사회체제를 구축해야 한다. 이를 위해 정치적·사회적 현실에 직면하여 새로운 공동체 질서를 만들 때 진정성을 잃지 않는 행동의 방향이 중요하다는 것이다.

이 가운데 세 번째 내용은 에콜 뒤리아주와 비시 정부 사이의 갈등을 예고하는 것이다. 현실에서 정치사회적 문제가 발생한다면 새로운 공동체 질서를 마련하기 위한 투쟁이 필요하며, '무용한 정치놀이'를 경계해야 한다고 했기 때문이다. 초기의 운영진은 이미 '공동체적 인격주의 혁명'의 원칙을 규정할 때 소련식 마르크스주의 유형, 나치즘 유형, 자본독재주의 유형을 경계했다.

하지만 비시 정부가 1942년 친독주의자 라발에 의해 장악되면서 나치 독일과 협력 관계를 강화했고, 이에 따라 정치적 현실이 달라졌다. 점차 친나치주의 정치인의 방문이 많아지면서 에콜 뒤리아주를 나치식 교육기관으로 전환하려는 움직임이 커졌다. 드 스공자크는 여전히 페탱주의자였지만 비시 정부의 요구에 거리를 두기 시작했다. 급기야 비시 정부가 1942년 9월 그를 해임하고 체포하겠다는 위협을 가하면서, 에콜 뒤리아주와 비시 정부는 돌이킬 수 없는 관계로 치닫게 되었다.[47] 결국 페탱과 교육부장관은 1942년 12월 27일 에콜 뒤리아주의 폐지를 결정했고, 1943년 1월 비시 정부의 법령에 따라 공식적으로 폐교되었다.

이러한 상황에서 에콜 뒤리아주의 운영진과 학생들은 공동체적 인격주의 혁명의 매뉴얼대로 현실의 정치문제를 해결하기 위한 선택을 해야만 했다. 일부는 비시 정부의 진영에 계속 남기도 했지만 드 스공자크와 뵈브메리 등을 비롯한 운영진과 상당수의 학생은 민족공동체의 재건이 먼저이고, 새로운 공동체 질서를 재건할 수 있도록 투쟁해야 한다는 원칙 아래 저항의 길을 선택했다.

이처럼 에콜 뒤리아주는 비시 정부에 의해 창설된 엘리트 교육기관이었지만 비시 정부의 한계점, 즉 독일 점령 아래 협력 정부라는 정치적 환경 때문에 비시 정부 스스로가 폐교를 단행할 수밖에 없었던 것이다. 제3공화국에서 엘리트와 대중 교육의 이원성에 대한 비판이 있었는데도, 비시 정부는 강력한 국가 주도형 엘리트 교육기관을 확대하려 했다. 그러나 스스로의 정치적 한계로 인해 민족공동체를 붕괴시키는 결과를 초래하면서 해체 순서를 밟게 된 것이다. 그렇다면 대중문화 교육단체인 청소년프랑스는 민족공동체를 우선시하는 에콜 뒤리아주와 어떤 공통점과 차이점을 가질까?

청소년프랑스는 1940년 11월 청소년총사무국의 지원 아래 창설되어, 1942년 3월에 해체된 청소년 문화기관이었다. 이 기관은 국가 차원에서 설립한 자율적 청소년 문화 공동체로서 각 지역의 문화 보급을 도모했다. 프랑스의 전통을 전파하기 위해 지역마다 예술과 문화 분야에서 연극, 음악, 도서관, 전시회, 학술대회, 축제와 같은 행사를 열도록 균등한 기회를 주어 '단일한 청소년 문화'를 만들고자 했다.[48]

이 기관의 창설자인 셰페르Pierre Schaeffer는 이공대학 출신의 젊은이로, 라디오-청소년 방송을 진행하는 라디오 전문 기술자였다. 그는 당시 청소년총사무국 정무 담당 장관인 라미랑과 깊은 친분 관계가 있어서 라디오-청소년 방송을 진행하면서 이 기회를 통해 ' 청소년프랑스'라는 청소년 문화단체를 창설했던 것이다. 자유 지역은 자신이 맡고, 점령 지역은 젊은 소설가 플라망Paul Flamand이, 북부 아프리카 지역은 영화인 렌하르트Roger Leenhardt가 담당했다.[49]

그들의 목적은 전통과 현대 예술과 문화교육을 통해 민족적, 민중적 정체성을 청소년에게 부여하는 데 있었다. 기존의 문화 전통과 당시 예술가의 개인적 자유가 공존하고 성장할 수 있는 문화공동체의 필요성이 제기되었기 때문이다. 일종의 '문화혁명'이라 할 수 있다. 이는 마치 민족혁명이 새로운 공동체 질서를 재건하려는 것처럼 그에 부합하는 공동체 문화를 창출한다는 뜻이다. 지역별 문화를 발전시키면서 공동 문화를 공유케 하여 궁극적으로는 민족공동체 문화를 형성하겠다는 의미다. 1941년 보르도에서 청소년프랑스의 지역 기관을 열면서 그 역할을 다음과 같이 정의했다.

> 청소년총사무국 아래 비시에서 창설된 청소년프랑스 기관은 다음과 같은 의도를 가진다. 한편으로는 최고의 청소년 예술가와 작가를 결속시켜 도움을 주려는 것이며, 특히 청소년총사무국의 관리 아래 청소년 모임을 통해 대중 계층의 예술과 문화를 발전시키려는 것이다. 다른 한편으로는 공동체적 의미를 축제, 놀이, 기념제에서 찾고, 각 지역의 진정한 가치와 영예를 되찾아 우리 안의 전통과 합치시키려는 것이다. (그 가치와 영예란) 노골적이고 유쾌한 연극, 영적 전통과 매력 넘치는 아름다운 이야기가 풍부한 문학을 말한다. 또한 새로운 대중예술의 창조를 이끄는 호의적인 이해관계를 불러일으켜 위기에 처한 (지역별) 관례 (문화)를 유지시키려는 것이다.[50]

청소년총사무국은 이 기관을 지원하면서 두 가지 목적을 이루고자 했다. 첫째, 청소년 문화정책을 통해 청소년이 민족혁명을 쉽게 수용할 수 있도록 했다. 둘째, 단일 청소년 조직을 만들기 위한 기본 토대를 형성하고, 이를 활용하고자 했다. 단일 문화에서 성장해야 프랑스 청소년의 민족 정체성이 강해질 수 있다고 판단했기 때문이다.[51]

청소년프랑스를 이끈 정신적 지도자는 에콜 뒤리아주에 참여했던 무니에였다. 무니에는 교육이란 교육정책이 아니라 '표현 활동'이라고 정의하면서, 진정한 민족공동체를 재건하는 일은 청소년 문화정책에 그 열쇠가 있다고 주장했다.

> 청소년프랑스의 모든 표현 활동은 정보를 주는 일이고, 무상이며, 동시에 교육적인 방향으로 이루어져야 한다. (……) 청소년프랑스의 기능 자체는 하나의 공통된 삶, 공통된 양식, 공통된 관심을 통해 사사로운 범주를 없애는 데 있다.[52]
>
> (따라서) 청소년은 국가의 통제 대상이며 정치화의 대상이 아니다. 하지만 청소년을 토대로 청소년에 의해 일종의 민족 통합 조직이 이루어질 것이다.[53]

이는 제3공화국의 청소년 대중문화 교육을 통해 이루고자 했던 단일 청소년 문화를 양성하겠다는 의미다. 같은 문화(문학·연극·음악·미술 등)를 형성하는 일, 그것이 청소년프랑스의 역할인 것이다. "프랑스 대중의 문화적 갱신을 책임지는 일, 문화원의 조직망을 구성하는 일이 청소년프랑스가 해야 할 몫이다."[54] 무니에는 제3공화국의 공교육에서 지방의 전통예술 문화를 방치했기 때문에 단일 문화 정체성을 형성하지 못했다고 지적한다.

그러나 무니에는 단일 문화 정체성을 이루기 위한 청소년프랑스와 나치 유형의 청년조직은 구별했다. 비시 정부의 재정 지원 아래 국가의 청소년 조직 대신 독립성을 유지하는 문화단체 조직으로서 나아가고자 했던 것이다. 당시 다른 청소년 단체조차 단일 조직을 유도하는 청소년총사무국의 의도를 파악하고 비시 정부와 거리를 두기 시작했다. 이에 페탱은 1942년 3월 3일과 5일, 청소년 조직에 대한 원칙을 공개적으로 정의했다.

단일 청소년 조직이란 국가를 정의하는 시민과 조국이라는 공동 부분을 가진 모든 청소년 단체 사이에서 존재해야만 한다. (……) 청소년은 개인의 소유물이 아니다. (……) 그것은 국가의 청소년과 관련된 것이다. 우리 청소년은 민족적이어야만 한다. 그러나 국가청소년jeunesse d'État을 창설하는 문제에 대해서는 아는 바가 없다.[55]

이처럼 페탱은 나치의 청년단체처럼 단일 국가청소년 단체를 만들지 않겠다고 우회적으로 표현했지만, 1942년 나치 독일이 자유 지역까지 완전히 점령하고 친나치주의자가 비시 정부의 주요 직책을 차지하면서 청소년프랑스를 나치식 단일 청소년 조직으로 만들려는 시도가 있었다.[56] 이에 1942년 3월 청소년프랑스는 전격적으로 해체되었다. 아무리 비시 정부가 청소년프랑스를 통해 국가 주도형 대중문화 교육을 시도했다고 하더라도, 협력 정부라는 비시 정부의 자체적인 한계가 기관 해체라는 결과를 가져올 수밖에 없었던 것이다.

정치국가에서 문화국가의 공교육으로

05

|

비시 정부가 청소년 담당의 국가 행정기관을 정식으로 발족시키면서 전형적인 정치이념과 교육의 공식 관계가 이루어졌다. 민족혁명과 청소년 교육문화 정책 사이의 관계는 예견된 사실이었다. 그런데도 청소년 정책

에는 또 다른 차원의 공식이 존재한다. 먼저 공교육의 공식이다. 현대 국가에서 정치체제의 변화가 있어도 교육제도는 곧 국가의 권력이다. 상반된 정치체제일지언정 제3공화국과 비시 정부 사이의 연결고리가 공교육의 공식인 셈이다. 국가 주도형의 공교육 틀은 제3공화국에서부터 비시 정부를 거쳐, 오늘날 제5공화국까지 유지되고 있기 때문이다.

다른 하나는 대중교육의 공식이다. 1936년 인민전선 정부 이후 국가 차원의 대중교육이 본격적으로 시작되었다. 19세기의 유산으로 제3공화국의 교육제도는 엘리트 교육과 대중교육으로 이미 나누어졌다. 이 교육 수준의 격차를 줄이고자 인민전선 정부의 교육개혁이 시도되었지만, 성공하지 못했다. 대신 장 제 장관에 의해 청소년 문화정책이 마련되었다. 이 정책이 대중교육 차원에만 머문 것은 아니다. 장 제 장관은 계급·문화·도시·지역 등으로 갈라진 프랑스인을 위해 국가 주도형 문화정책을 통한 공통의 문화를 창출하려는 궁극적인 목적을 갖고 있었다.[57] 비록 나치 독일의 점령이라는 배경 때문에 비시 정부가 청소년 정책에 비상한 관심을 둔 것이지만, 교육·문화 차원에서 청소년 정책은 필수였다. 앙드레 말로는 1959년부터 1966년까지 문화부장관을 지낼 때 다음과 같이 말했다. "모든 이에게 공유되는 것이 문화의 본질이다. 어떤 문화도 민중에 의해 창조되지 않는다. 모든 문화는 민중을 위해 창조된다. (……) 대중이 더 나은 것에 익숙해지는 것은 우리에게 달렸다."[58] 이처럼 비시 정부에 의한 국가 주도형 문화정책은 제5공화국에서도 마찬가지로 계승되고 있는 것이다.

결과적으로 비시 정부가 공교육과 대중교육의 공식을 풀어나가면서 프랑스 공화국의 정치·교육·문화 정책이 유기적으로 결합될 수 있는 계기가 되었다고 할 수 있다. 오히려 제3공화국의 공교육과 청소년 정책이 당시 프랑스인의 삶을 완전히 장악하지 못했던 반면, 점령이라는 특수한 상황의 비시 정부에서는 그 결속 관계가 훨씬 단단해졌다고 볼 수 있다. 따라서 비시 정부의 공교육 틀은 교육 주도형에서 문화 주도형으로 전환되는 시점의 매개 역할을 담당했다고 볼 수 있다.

현대
프랑스의
교육과
정치

4

프랑스의 아랍어 교육과 무슬림 이민자 문제

박단

아립어는
프랑스의 제2언어인가?

프랑스에서 아랍어의 사용은 그 연원이 매우 오래되었지만, 1830년 알제리가 프랑스의 식민지가 된 이후에야 아랍어는 프랑스의 주요 '지역어' 가운데 하나가 되었다. 그뿐만 아니라 프랑스에는 2000년대 말 현재 약 600만 명의 무슬림 이민자가 거주하며, 이 가운데 약 400만 명이 아랍어를 사용하는 것으로 추정되어[1] 아랍어가 프랑스의 제2언어라고 할 수 있으나, 프랑스의 교육 현장에서 실제 아랍어 교육은 매우 소홀한 편이다.

현재 프랑스의 45개 도에 있는 공립 중고등학교에서는 아랍어를 전혀 가르치지 않으며, 파리에서도 아랍어를 가르치는 중학교는 111개교 가운데 단지 세 곳에 불과하다. 더욱이 프랑스 전국의 중고등학교에서 아랍어를 선택한 학생은 겨우 6000명[2] 정도에 불과한데, 600만 명의 무슬림 이민자가 있는데 6000명밖에 안 되는 중고등학생의 아랍어 선택은 정상이라고 보기 힘든 것임에 틀림없다. 왜 이러한 현상이 나타날까? 현상적으로만 파악할 때, 중고등학교의 아랍어 강좌 수 부족은 프랑스 정부의 의지 부족에 따른 아랍어 교사 미충원 문제일 수도 있고, 교육부가 주장하는 대로 중고등학교에서 아랍어 반을 꾸릴 수 없을 정도로 그 수요가 적은 게 문제일 수도 있다.³ 하지만 이러한 현상적 설명만으로는 그 원인을 파악하기 쉽지 않다. 이 장에서는 이러한 현상의 원인으로 크게 두 가지를 살펴보고자 한다.

우선 역사적 맥락에서 프랑스의 언어정책과 아랍어 강좌 부족 상황 간의 관계를 고찰할 필요가 있다. 일반적으로 1789년 프랑스 혁명 이후 특히 강조되어온 단일 언어 정책은 프랑스의 지역어와 관련이 있지만, 알제리 역시 130여 년간 식민통치를 받는 동안 프랑스의 한 지방이었음이 틀림없고 알제리인의 언어인 아랍어도 독립 이전까지는 외국어라기보다 프랑스의 한 지역어였던 것이 분명한 만큼 프랑스의 단일 언어 정책의 대상과 전혀 무관하다고 볼 수는 없을 것이다.

한편 20세기 들어 미국의 영향력이 커지고 세계화가 진행되면서 영어의 위상은 날로 높아지는데, 반면 프랑스어의 위상은 위기에 봉착하게 되었다. 영어의 막강한 영향력은 프랑스도 피해갈 수 없었으며, 이에 프랑스 정부는 자국어의 위상을 강화하고자 다양한 법령을 제정하기에 이르렀다. 영어와 프랑스어 간 경쟁으로 아랍어를 포함한 다른 소수 외국어는 프랑스에서 더욱 주변화될 수밖에 없었다.

다음으로 고려해야 할 것은 프랑스의 중고등학교에서 아랍어 수요가 상대적으로 적은 이유가 프랑스의 무슬림 이민자 문제와 연관성이 있는지를 고찰해보는 것이다. 사실 프랑스의 중고등학교에서 제2외국어 선택은 영어 일변도이고, 유럽 통합이 진행됨에 따라 독일어나 에스파냐어 등 유럽의 주요 언어 채택률이 높아지는 것은 당연하다고 할 수 있다. 그뿐만 아니라 이들 유럽 국가의 경제력이나 프랑스와의 역사적 관계를 고려한다면 더욱 수긍되는 부분이기도 하다. 하지만 이 장에서 제기하고자 하는 것은 프랑스에 600만 명에 달하는 압도적인 아랍어 사용 잠재인구가 있는데도 왜 아랍어가 다른 소수민족의 언어와 거의 채택률에서 차이를 보이지 않는가 하는 문제다.[4] 이는 프랑스의 무슬림 이민자 사회와 주류 사회 간의 갈등에 기인하는 것이 아닐까? 이 부분과 관련해서는 1990년대를 전후해 출현한 뵈르beurs(마그레브Maghreb 이민자 2세대)와 주류 사회 간의 관계를 고려해볼 수 있을 것이다.

이러한 문제의식 아래 이 장은 우선 20세기 초반까지 전개된 프랑스의 단일 언어 정책과 20세기 후반에 전개된 프랑스의 영어 견제 언어정책을 설명할 것이다. 다음으로는 프랑스 내 아랍어의 위상을 고찰하되, 현재 상황뿐만 아니라 역사적 배경 또한 함께 살펴볼 것이다. 마지막으로는 프랑스의 중고등학교에서 아랍어 교육에 끼친 무슬림 이민자 2세의 문제를 다룰 것이다. 이러한 설명은 오늘날 프랑스의 아랍어 사용 잠재인구가 막대한데도 왜 프랑스 청소년의 아랍어 수요가 그렇게 미미한지에 대한 이해를 가능하게 해줄 것이다.

프랑스의 단일 언어 정책과 세계화 시대의 언어 갈등

02

|

한 국가의 언어정책이란 '해당 국가가 정당한 언어와 언어의 사용을 규정하고, 이를 인위적으로 강요하거나 확산시키는 행위'를 뜻한다. 프랑스도 근대국가 성립 이후 언어정책을 강력한 중앙집권책의 일환으로 추진했다. 모든 공문서에서 프랑스어 사용을 의무화한 1539년의 빌레르코트레

Villers-Cotterêts 칙령에서 1635년의 아카데미 프랑세즈의 창립, 공문서에서 프랑스어의 사용을 다시 의무화한 공화국 2년 테르미도르 2일(1794년 7월 2일)의 공표, 같은 해 11월 '학교에서 프랑스어를 프랑스어로 가르친다'는 것을 재천명한 초등학교에 관한 라카날 법령을 거쳐 이러한 정책은 지속되었다.

이러한 정책이 지속된 이유는 무엇일까? 프랑스 혁명 당시인 18세기 후반만 하더라도 프랑스 인구 2500만 명 가운데 적어도 600만 명이 프랑스어를 몰랐고, 또 다른 600만 명은 프랑스어로 대화를 계속할 수 없었으며, 고작해야 300만 명 정도만이 프랑스어를 말할 수 있었다. 이러한 문제를 해결하기 위해 프랑스 혁명정부는 언어정책을 실시하게 되었고, 그 정책은 일정 부분 성공을 거두었다. 사실 혁명기에 얻은 결과가 혁명 이전 100년 동안 프랑스어의 자발적인 보급을 능가했을 뿐만 아니라, 프랑스어를 프랑스의 명실상부한 국어로 확립한 19세기 말의 학교정책에도 커다란 영향을 끼쳤다.

주지하다시피 19세기 후반 페리에 의해 무상·의무·세속화의 3대 교육원칙이 확립된 이후 학교교육에서 프랑스어 수호를 위한 노력이 집중되었다는 사실은 익히 알려져 있다. 그 결과 1914년에는 프랑스의 청소년 거의 전체가 프랑스어를 읽고 쓸 줄 알게 되었으며,[5] 프랑스 국민의 대대적인 이동을 가져온 제1차 세계대전은 프랑스어가 전 국민에 의해 공통으로 사용되는 언어로 자리 잡는 계기가 되었다고 할 수 있다.[6]

20세기 초까지 프랑스의 단일 언어 정책이[7] 지역어의 확산을 막고 프랑스어를 국어로 만드는 일에 초점을 맞추었다고 한다면, 20세기 중반 이후의 단일 언어 정책은 프랑스에서 많이 사용되는 외국어, 특히 영어의 침투를 막는 문제와 직접 연관된다고 할 수 있다. 사실 프랑스 정부가 지역어

혹은 유력 외국어로부터 프랑스어의 보호와 확산을 위해 노력한 일은 일일이 열거하기 어려울 정도다. 그 가운데 샤를 드골 대통령 때인 1966년에 조르주 퐁피두 총리의 주도로 '프랑스어 수호와 확산을 위한 고위위원회'가 구성된 것은 특기할 만하다. 프랑스어 문제를 전담하는 프랑스 역사상 최초의 정부기구로 평가되는 이 기구는 프랑스뿐만 아니라 유럽 전역에서 강력한 외국어로 떠오른 영어의 침투를 염두에 두고 창설된 것이다.

이러한 정부의 노력은 한편으로는 프랑스인의 외국어 구사 능력을 감소시키는 역설적인 기능을 하기도 했다. 예를 들어보자. 《뉴스위크》에는 "니콜라 사르코지도 대통령에 당선됐을 당시에 영어를 거의 하지 못했다. 자크 시라크와 프랑수아 미테랑 전 대통령 역시 영어로 말하기를 거부했다. 어쩌다 영어로 말할 때면 투박한 프랑스어 억양이 두드러졌다"[8]라는 기사가 실렸다. 또 다른 호의 《뉴스위크》에서는 "외국어 능력에서 프랑스는 늘 다른 유럽 국가보다 뒤떨어진다. (……) 유럽연합EU의 제1차 유럽 외국어 능력조사에서 프랑스는 꼴찌에서 두 번째였다"라고 지적하면서, 프랑스인의 외국어 실력이 형편없음을 보도했다. 이 주간지는 그 원인도 제시했는데, 프랑스의 문화 예외주의, 즉 단일 언어 정책이 대표적인 원인이라고 지적했다. 예를 들어 '프랑스에서는 대다수 외국어 TV 프로그램과 할리우드 영화가 프랑스어 자막으로 처리되지 않고 프랑스어로 재녹음된다. 대중의 요구도 있지만 프랑스 정부가 외국어, 특히 영어의 침투를 막으려 하기 때문에 생긴 관행'이다.[9]

프랑스어의 수호는 프랑스라는 국가의 정체성과도 상당히 밀접한 관계를 갖는다. 1994년 투봉Toubon법 발의를 앞두고 여론조사 기관인 소프레 SOFRES가 1994년 3월 4일과 5일 실시한 여론조사 결과, 97퍼센트의 프랑스인은 모국어에 애착을 갖고 있으며, 70퍼센트의 응답자는 프랑스어의 국제적인 보급과 확산에 자부심을 느낀다고 답했다. '언어가 정부 정책의 대상이 될 수 있는가?'라는 질문에도 다수의 응답자가 긍정적으로 답했다. 그뿐만 아니라, 78퍼센트의 프랑스인은 유럽에서 영어의 독주보다는 다언어주의를 훨씬 더 선호했다.[10] 이는 영어에 대한 프랑스인의 위기의식과 자국어에 대한 애착 그리고 국가의 강력한 언어정책 수행을 프랑스인이 지지하는 것으로 해석할 수 있다.

프랑스어의 정체성을 강조하는 이러한 국가적 분위기와 다수의 무슬림 이민자로 인한 사회적 갈등이 높아져가는 20세기 말, 프랑스에서는 '분리될 수 없는 단일한 공화국' 유지에 대한 주장이 갈수록 힘을 얻어갔다. 이 같은 정황이니 프랑스인이 비록 영어의 독주보다 다언어주의를 선호한다고 할지라도, 식민지인의 언어이자 무슬림 이민자의 언어인 아랍어를 구태여 특별하게 활성화시킬 이유는 없었다. 아랍어는 프랑스 식민지 역사의 상징성을 갖고 있기도 하고, 무엇보다 프랑스 공화국의 단일성을 해치는 무슬림 이민자의 언어이기도 하기 때문이다. 무슬림과의 갈등이 커져가는 시기에 아랍어 교육의 활성화는 주류 사회가 그리 반기는 정책이 아니었다고 할 수 있다.

프랑스 내 아랍어의 현황과 위상

03
|

아랍어는 현대 프랑스에서 사용되는 다수의 외국어와는 분명 차별화된 위

상을 갖고 있다. '프랑스에서 아랍어는 무엇을 의미하는가?' '아랍어는 프랑스인에게 외국어인가, 지역어인가?' 프랑스 내 아랍어의 위상을 논하기 위해서는 이 부분에 대한 논의를 우선 거쳐야 한다. 엄격히 말해서 아랍어는 프랑스인에게 외국어이기도 하고, 하나의 지역어이기도 하다. 달리 말하면, 일부 프랑스인에게는 외국어지만 또 다른 일부 '프랑스인'에게는 모국어 내지 지역어다. 이처럼 아랍어는 다른 외국어와 달리 오랫동안 또 다른 '프랑스인'의 언어였기에 프랑스에서 전혀 생소한 언어가 아니었다는 사실을 우선 상기할 필요가 있다.

그 기원은 생각보다 오래되었다. 프랑스는 1530년 프랑수아 1세 때 서구 유럽 국가 중 처음으로 왕립학교(현 콜레주 드 프랑스Collège de France)에 아랍어 교수를 채용했다. 또한 루이 14세 때인 1669년에 콜베르Jean-Baptiste Colbert는 오스만 제국과의 외교 및 무역 교류에 필요한 통역관을 양성할 목적으로 청소년언어학교(통역학교)를 세웠고,[11] 1795년에 정식으로 국립 동양어 및 문화학교인 이날코INALCO를 세웠다. 이 학교의 임무는 살아 있는 동양 언어, 즉 '정치와 상업을 위해 상당히 실용적인' 동양 언어를 가르치는 것이었다. 여기서 교습된 세 개의 언어는 터키어, 아랍어 그리고 페르시아어였다. 공화국은 초기부터 아랍어 전공자를 배출하는 데 관심을 가졌다고 할 수 있다.

게다가 아랍어는 유럽과 매우 인접한 근동 지방과 북아프리카 지역에서 약 2억 명이나 모국어로 사용하는 매우 중요한 언어 가운데 하나다.[12] 달리 말하면 약 20개국 이상이 아랍어를 공식 언어로 사용하고 있으며, 이슬람이 중요한 역할을 하는 모든 문화에서 하나의 표준이 된다.[13] 아랍어는 오늘날의 프랑스에서도 프랑스 시민과 외국인을 포함해 약 300만~400만 명 이상이 일상적으로 사용하고 있다. 프랑스에서는 주로 식민지인이었던 마그레브인이 사용하지만, 이보다 규모가 작은 레바논, 이집트, 시리아 공동체 등에서도 여전히 사용 중이다.[14]

이러한 내외부적 여건하에서 아랍어 교육은 처음에는 상업·외교·선교·군사에 한정된, 즉 일반인이 통상적으로 사용하지 않는 특정 분야에 국한된 '보완적인 교육'이었으나, 북아프리카 국가의 식민지화 이후 점차 실생활에서도 사용하는 '완전한 교육'으로 인식되어갔다. 마침내 1905년에는 아랍어 교수 임용시험Agrégation이 생겼다. 아랍어 교수 임용시험이 생겼다는 것은 이때부터 고등교육에서 본격적으로 아랍어가 강의, 연구되었다는 것을 의미한다. 프랑스 정부가 이날코가 창설된 1795년부터 20세기 초까지 아랍어 전문가를 계속 양성해온 것은 지중해 지역에 대한 프랑스의 식민지 확대 야망에 이들이 필요했기 때문일 것이다. 프랑스에서 아랍어 중등교육자격증인 카페스CAPES가 생긴 것은 1975년에 들어서다.[15] 이는 중고등학교에서 본격적으로 아랍어 수업이 개설되었다는 것을 의미하는 것으로, 무슬림 이민자의 2세대 문제와 별개로 생각할 수 없는 부분이다.

이러한 과정을 거쳐 프랑스의 초·중·고등학교의 언어교육 프로그램에는 아랍어가 포함되게 되었다. 이 프로그램에는 두 개의 언어로 존재하는 아랍어가 모두 포함되어 있었다. 중고등학교와 대학이날코와 일반 대학에서 우선적으로 가르치는 언어는 아랍 세계 전체에서 공통적으로 소통이 가능한, 즉 작문과 관련되는 문어 아랍어이며, 다른 하나는 구어 아랍어 방언이다.[16] 아랍어 방언이란 마그레브 아랍어[17]라고 볼 수 있는데, 이는 '알제리의 수도 알제, 모로코의 카사블랑카뿐만 아니라 프랑스의 대표적 마그레브 이민자 도시인 리옹 근교의 빌뢰르반이나 파리 근교의 라쿠르너브에서 사용되는 아랍어'이기도 하다. 그뿐만 아니라, 이 아랍어는 랩이나 록 음악, 프랑스에서 성공한 일부 아랍계 방송인에게서, 그리고 일상에서 들을 수 있는 언어다.[18] 문어 아랍어인 표준 아랍어는 구어 아랍어와는 많이 다르고, 구어에는 여러 변종이 있기 때문에 상호 소통이 쉽게 이루어지지 않는다는 점도 지적할 필요가 있다. 학교에서 주로 강의되는 문어만 알아서는 일상어를 이해하기 쉽지 않고, 그 반대도 마찬가지다. 이날코에서는 이 아랍어 방언을 19세기 이래 오늘날까지 가르치고 있다.[19]

이처럼 아랍어 교육이 계속 유지되어온 것은 프랑스에서 아랍어 교육이 상당히 중요하기 때문인데, 이를 좀 더 부연하여 설명하면 다음과 같다.[20] 첫째, 아랍어는 경제적·기술적·문화적·정치적 차원에서 프랑스가 오랫동안 밀접한 관계를 갖고 있던 지역의 언어적·문화적 자산이기 때문이다. 지중해연합UPM[21]의 계획안이 이러한 현실에 바탕을 두고 있다. 둘째, 프랑스 공동체로 통합되기를 원하는 이민자 출신이자 역사를 공유하는 인구가 프랑스에 다수 존재하기 때문이다. 이는 알제리를 위시한 북아프리카의 식민지 문제와도 무관하지 않다. 셋째, 프랑스의 대학이나 문화 공간에서 수세기 동안 아랍학이 차지하는 뛰어난 위치 때문이다. 프랑스는 이 영역의 핵심 전문가나 교사의 양성과 연구 잠재력을 가지고 있다. 이것은 다른 유럽 국가나 미국이 부러워하는 점이며, 아랍 세계에서도 인정받는 사실이다. 잘 알려진 대로 프랑스 고등교육기관에서의 아랍어 교육은 매우 오래전에 시작되었다. 이는 2006년 11월 아랍어 교수 임용시험 시행 100주년 기념 국제 콜로퀴움colloquium이 소르본 대학과 아랍 문화원IMA 주최로 개최된 것만 봐도 알 수 있다. 그동안 아랍어 교육 방식에 커다란 진전이 있었고, 이는 매우 질 높은 교육 자원을 제공했다. 그리하여 다른 유럽 국가와 달리 프랑스는 아랍어와 그 문화를 단순히 하나의 공동체적인 것으로 국한하지 않고 보편적인 것으로 다룬다고 볼 수 있다. 그 밖에도 프랑스의 대학은 수많은 아랍어 학자를 받아들이기도 하고, 아랍 문화원을 중심으로 하는 문화 활동이 커다란 성공을 거두고 있기도 하다.[22] 이 모든 것이 아랍어가 프랑스에서 중요시된다는 증거가 된다.

이처럼 다른 외국어와 달리 프랑스에서 아랍어의 위상은 특별했다. 하지만 근래에 와서 탈식민화의 영향과 '악마화'된 무슬림 이민자에 대한 이미지로 인하여 아랍어의 위상이 일정 정도 쇠퇴한 것 또한 사실이다. 예를 들어보자. 1999년 발드마른 지역 출신 대중운동연합UMP의 하원 의원 베니스티Jacques Alain Benisti는 이주 가정의 자녀와 범죄 사이의 연관성을 다룬 〈범죄 예방에 관한 예비 보고서〉를 당시 대통령 비서실장 도미니크 드 빌팽Dominique De Villpin에게 전달했다. 그는 보고서에서 "아동의 '일탈행동'을 방지하려면 이주 가정의 자녀가 단일 언어(프랑스어)에 익숙해지도록 이주 여성 엄마가 집에서 의무적으로 프랑스어만 쓰도록 해야 한다"라고 주장했다.[23] 여기서 이주 가정이 마그레브인을 가리킨다는 것은 두말할 나위도 없다. 이 보고서는 교육 전문가의 비판으로 수정되기는 했지만, 이는 프랑스의 단일 언어 이데올로기뿐만 아니라 무슬림 이민자가 주로 사용하는 아랍어에 대한 주류 사회의 반감을 잘 보여준 사례라고 할 수 있다.

프랑스 학교에서의 아랍어 교육과 무슬림 이민자 문제　　　　04

'아랍어의 위상은 프랑스에서 점점 하락하고 있는가?' 아랍어 교육 기피 현상은 앞에서 살펴봤듯이 우선 주류 사회와 무슬림 이민자 간의 갈등과 밀접한 관련이 있다고 볼 수 있다. 이제 프랑스에서 무슬림 이민자 문제가 크게 화제로 떠오른 1970년대의 가족 재결합 정책 이후부터 시작하여, 뵈르라 일컬어지는 무슬림 이민자 2세가 본격적으로 활동하는 오늘날에 이르기까지 아랍어 교육이 어떠한 변화를 겪었는지 살펴보자.

무슬림 이민자 문제가 본격적인 화제로 떠오르게 된 것은 역설적으로 이민자 중단 정책이 본격화된 1973년 이후부터다. 다른 나라와 마찬가지로 제4차 중동전쟁으로 인하여 오일쇼크를 겪게 된 지스카르 데스탱 정부는 마그레브 출신 이민자의 본국 귀환에 정책의 주안점을 두었다. 프랑스 정부는 이들 이민자가 언제라도 프랑스를 떠나 본국으로 귀국할 수 있도록 이들이 문화적으로 다르다는 것을 권리로 인정했다. 바꾸어 말하면, 이민자에게 미래에 대한 선택권을 보장한다는 명목 아래 이들의 문화적 정체성을 유지, 지원해주는 노선을 취한 것이다. 그래서 마그레브 이민자의 경우 마그레브 국가들이 책임을 지고 학교에서 그들의 문화나 언어 교육을 지원하도록 하는 정책을 구상했다.[24]

제일 먼저 1973년에 포르투갈 이민자 자녀를 목표로 했으며, 그 후 다른 민족에게도 확대되었다. 예를 들면 이탈리아와 튀니지 이민자에게는 1974년, 모로코와 에스파냐 이민자에게는 1975년, 유고슬라비아 이민자에게는 1977년, 터키 이민자에게는 1978년 그리고 알제리 이민자에게는 1981년에 이러한 정책이 실현되었다. 알제리의 경우는 사회당이 정권을 잡은 후, 알제리가 자국 교사를 파견해서 아랍 문화나 언어를 프랑스의 학교에서 교육할 수 있게 되었다. 이렇게 됨으로써 향후 모로코, 튀니지, 알제리 출신 학생은 학생 수에 따라 한 반에서 아랍어 수업을 함께 들을 수 있도록 조정되었다.[25]

그러나 '본국 언어와 문화 교육'이라고 일컬어지는 이 프로그램은 초기에는 커다란 효과를 거두지 못했다. 1988~1989년도 교육부의 조사에 따르면, 초등학교의 경우 그 호응도가 알제리 어린이는 평균 14퍼센트, 모로코 어린이는 15퍼센트, 튀니지 어린이는 15퍼센트, 터키 어린이는 35퍼센트로 비교적 낮은 편이었다.[26] 그 원인에는 여러 가지가 있을 수 있으나 우선 이들이 배우는 아랍어가 문어 아랍어로, 일상에서 쓰는 각 마그레브 지역의 방언과 다르다는 것을 지적할 수 있다. 즉 이 아랍어는 마그레브 출신 어린이에게는 사실상 하나의 외국어와 다름이 없었으며, 모로코인의 반은 아랍어를 말하지 않고 베르베르어를 구사하는 것도 한 가지 이유로 지적될 만하다. 그뿐 아니라 이들이 모국어를 배우는 시간은 주당 세 시간에 불과하며, 다른 수업 시간과 겹치는 데서 오는 학업 부진, 프랑스 친구들과 교실이나 과목을 달리하는 데서 오는 '불명예', 때로는 기존 수업을 등한시하는 부작용도 생겨났다.[27] 하지만 근래 들어서는 점차 이러한 문제가 해결되면서 아랍어를 배우려는 학생 수가 늘어나고는 있다.[28] 마그레브 3국이 직접 교사를 채용해 임금을 주며 시행하는 이 정책은 현재도 지속되고 있다.

한편 1990년대 말부터 2000년대 초까지 초등학교에서와 마찬가지로 성인이 배우는 대학에서도 아랍어를 공부하는 학생 수가 상당히 증가하여 이날코의 아랍어과는 어떤 해에는 약 1000명의 신입생을 받아들이기도 했다.[29] 하지만 중고등학교에서의 아랍어 교육은 그리 커다란 호응을 얻지 못하고 있다.

일단 프랑스 중고등학교에서 아랍어 교사 충원이 타 언어에 비해 현격히 적음을 보여주는 통계를 이용해보자. 프랑스 교육부 홈페이지가 제공하는 자료를 살펴보면, 2012년 카페스 충원의 경우 이탈리아어 45자리, 옥시탕-랑그도크어 4자리, 크리올어 4자리, 브르타뉴어 2자리인데 비해, 아랍어의 경우 겨우 1자리가 배당되었을 뿐이다. 이는 코르시카어, 바스크어, 카탈루냐어 등 지역어와 같은 위상이다.[30] 2010년의 통계를 보아도 크게 달라지지 않는다. 아랍어가 5자리 할당(응시 89명)되어 있지만, 중국어는 12자리(응시 62명), 이탈리아어는 60자리(응시 413명), 옥시탕-랑그도크어 4자리(응시 19명), 크리올어 4자리(응시 56명), 브르타뉴어 2자리(응시 6명) 등이다. 합격률로 보아도 아랍어가 가장 낮다(5.62퍼센트). 물론 영어, 독일어, 에스파냐어는 수백 명의 자리가 할당되어 있으니 언급할 필요조차 없을 것이다.[31] 카페스에서의 아랍어의 낮은 위상은 몇 년을 거슬러 올라가보아도 마찬가지다. 교육부의 같은 홈페이지를 살펴보면, 2002년에 아랍어 신규 교사 충원을 나타내는 카페스의 자리가 10자리였던 것[32]이 2008년부터 2010년까지는 5자리뿐이다. 그것이 2012년에는 단지 1자리로 줄어들고, 그나마 152명이 응시했으나 합격자가 없었다. 이는 중국어의 경우와 크게 대비된다. 중국어의 경우, 카페스는 통계를 알 수 있는 2008년부터 계속 12자리가 유지되고 있다.[33] 이러한 결과 프랑스 전국을 통틀어 약 259개의 중고등학교에 214명의 아랍어 교사만이 수업을 하고 있을 뿐이다.[34]

이러한 통계를 통해 무엇을 알 수 있는가? 적어도 중고등학교 교사 충원 시 아랍어보다 다른 외국어의 위상이 상대적으로 높으며, 아랍어는 일부 지역어에 비해서도 대체적으로 낮은 위상을 차지한다고 볼 수 있다. 프랑스 거주자 600만 명의 언어인 아랍어의 현재 상황은 한마디로 너무 '비참하다'. 이것은 프랑스 정부의 아랍어, 아랍 문화에 대한 낮은 인식을 반영한 결과라고밖에 해석할 수 없다. 아랍어와 아랍 문화에 대한 인식은 결국 무슬림 이민자에 대한 프랑스 주류 사회의 인식과 유사할 수밖에 없을 것이다. 프랑스에서는 '외국인=이민자=마그레브인=알제리인=아랍어 사용자'라는 등식을 무시하기 어렵다.[35]

이러한 점은 프랑스 교과과정에도 그대로 반영된다. 프랑스 고등학교의 문학, 역사, 철학 수업에서 아랍 문명이 차지하는 비율은 매우 낮다. 프랑스 학교에서 아랍 문학은 거의 배우지 않으며, 고등학교 마지막 학년 철학 시간에 중세 이슬람 철학자인 이븐 루슈드(1126~1198)에 대해서 배울 뿐이다. 역사 수업에서도 중세 이슬람 문화의 출현만 단지 중2 수업에서 배우고, 그다음에는 고2 때 출판사에 따라서 오스만 제국에 대해, 그리고 고등학교 마지막 학년에 식민지 시기의 아랍 세계에 대해서 배울 뿐이다.[36] 서구 중심주의 역사관의 전형이라고 할 수 있다. 이러한 수업을 통해서 학생들은 아랍의 역사와 문화에 대해서 상당히 빈약한 지식을 습득할 뿐만 아니라, 심지어 왜곡된 지식을 가질 수도 있다. 이 같은 교과과정의 불균형으로 말미암아 비무슬림 프랑스 청소년, 더 나아가 무슬림 청소년조차 아랍어를 거의 선택하지 않게 된다고 볼 수 있다.[37] 이러한 상황에서 만일 어떤 무슬림 학생이 자신의 원래 문화를 더 잘 알겠다고 아랍어를 공부하겠다고 한다면[38] 주류 프랑스인에게 그 학생은 '극단적 이슬람주의자'가 될 가능성이 많은 학생으로 낙인찍힐 수 있다.

프랑스 주류 사회의 이러한 경향은 프랑스 정부의 보편적 동화주의 정책과 연계하여 볼 수도 있다. 즉 무슬림 이민자에 대한 프랑스 정부의 통합 및 동화주의 정책이 그것이다. 이러한 정치는 늘 있었지만, 특히 최근 들어 '다를 권리'에 대한 반발로 인해 근본적 공화주의 논리가 다시 눈에 띄게 추진되고 있다.[39] 이렇게 본다면, 결국 프랑스 중고등학교에서의 아랍어 교육 문제는 프랑스의 무슬림 이민자 문제, 특히 뵈르라 일컬어지는 마그레브 출신 이민자 2세대 문제와 연계될 수밖에 없다.

1990년대에 걸프전 등의 여파로 중동 지역이 국제정치에서 중요한 부분을 차지하고, 뵈르의 출현이 가시적으로 중요해지는 정황하에서 프랑스 중고등학교에서의 아랍어 교육은 정치적, 이데올로기적 희생자가 되었다고 할 수 있다. 무슬림 이민자 출신의 학생이 학교에서 아랍어 수업을 선택한다는 것은 정치적, 이데올로기적 선택으로 간주되기에, 한편으로는 다른 이들에게 불안감을 조성하고, 다른 한편으로는 아랍어 수업 이미지에 위험한 성격을 덧칠하는 데 공헌한다고도 할 수 있다.[40] 이러한 학생들은 아랍어 교육이 학교에서 정말로 환영받고 있지 못하다는 것을 의식하게 된다. 이는 학생들만의 입장도 아니다. 다수의 학교장은 아랍어 교육으로 인해 이민자 출신 학생이 소외 상황 혹은 공동체주의 상황에 처하게 될까 봐 두려워한다. 아랍어 교육을 제공하는 학교는 아랍어 수업을 받는 학생들과 마찬가지로 오명을 쓰게 될 수도 있는 것이다. 이에 따라 교육부는 아랍어 교사 충원에 소극적일 수밖에 없고, 결국 아랍어는 학교에서 거의 교습되지 못하는 처지에 놓이게 된다.[41]

왜 뵈르의 출현이 이러한 결과를 가져오게 되었는가? 잘 알려졌다시피, 1983년 리옹 남쪽 방리외Banlieue의 맹게트Minguettes 구역에서 발발한 폭동은 '평등 및 인종차별 반대 행진', 이른바 전국적 차원의 '뵈르들의 행진'으로 번졌다. 그리고 1989년 파리 북쪽 피카르디 지방에 위치한 우아즈Oise도 크레유Creil 시의 무슬림 여중생 세 명은 히잡을 벗으라는 학교의 지시를 어겨 퇴학되었다. 이외에도 무슬림 이민자의 이미지를 악마화할 수 있는 사건이 줄을 이었다. 1995년 7월 파리 생미셸 전철역 폭파 사건, 일명 '켈칼 사건'이 뵈르에 의해 저질러졌다는 사실로 프랑스 사회는 또 한 번 큰 충격을 받았다. 또 이로부터 딱 10년 후에 발생한 2005년 이민자 '소요사태'도 전 세계의 이목을 집중시킨 사건이었다.

이러한 폭력 사건들로 인하여 프랑스에서 이슬람이라는 종교와 문화는 폭력, 테러, 광신이라는 이미지로 덧씌워졌다. 결국 이 같은 사건이 언론에 대서특필되며 프랑스 무슬림 공동체의 이미지는 '위험한 세력'으로 바뀌었고, 무슬림 이민자 문제는 프랑스에서 최대 쟁점 가운데 하나가 되었다. 프랑스 아랍 문화원의 이사회 의장 라발루아Bruno Lavallois는 "이때부터 학생들로 붐비던 아랍어 강좌가 없어지기 시작했다. 대부분의 학교장과 교육청장은 프랑스에 거주하는 모든 아랍인과 대면하는 것조차 겁을 냈다. 아랍어를 배우는 사람들이 바로 그들이었기 때문이다"[42]라고 말했다. 이는 학생들이 아랍어를 용이하게 배우지 못하고 또 학교장이 아랍어 교과목을 학교에 개설하기 힘들게 하는 중요 원인이 될 수 있다. 이러한 현상은 프랑스의 중고등학교에서 아랍어가 상당한 잠재적 사용 인구를 갖고 있으면서도 러시아어나 중국어와 같은 다른 소수언어에 비해 왜 상대적으로 채택 비율이 낮은지 그 이유를 어느 정도 설명해준다.

이 현상은 이미 고찰한 대로 이민자 문제, 특히 프랑스 정부의 이민자 정책과 뵈르의 문제를 함께 고려하지 않고는 이해하기 쉽지 않다. 그 외의 다른 변수로, 1990년대가 유럽 통합이 진전되면서 유럽의 단일시장이 완성되고 유럽연합이 본격적으로 출범한 시기라는 점을 들 수 있다. 그만큼 학생들 사이에 주요 유럽 언어를 습득하는 일이 중요해졌다고 볼 수 있다. 한편 투봉법이 비록 프랑스어의 사용을 강화하기 위하여 마련된 법안이긴 하지만, 이는 당시 이민자의 '다를 권리' 요구뿐만 아니라 지방분권 차원에서 강조되던 '다를 권리' 또한 수용하지 않을 수 없었던 환경에서 태어났다는 점도 강조할 만하다. 지방 문화를 보호하고 육성해야 한다는 문화 다원주의의 주장은 결코 프랑스의 단일성을 부정하기 위한 움직임이 아닌 것이다.[43] 이러한 분위기에 편승하여 지방의 많은 학생들이 제2외국어 대신 자신의 지역어를 선택하는 현상이 나타났는데, 이 또한 아랍어와 같은 소수언어 선택에는 유리한 환경을 제공하지 않았음이 틀림없다.

또 하나의
'히잡 사건'

지금까지 프랑스의 아랍어 교육과 무슬림 이민자의 관계에 대하여 살펴보았다. 일찍부터 프랑스에서 상대적으로 중요한 외국어로 인식되었으며 현재 약 300만~400만 명이 일상어로 사용하고 있는 아랍어의 위상, 중고등학교에서의 아랍어 교육 환경, 그리고 아랍어 교육과 무슬림 이민자 간의 영향 관계 등을 검토하는 것이 이 글의 목적이었다. 그 가운데 특히 관심이 가는 것은 아랍어를 사용하는 잠재인구는 막대한데, 오늘날 프랑스의 중고등학교에서 아랍어를 외국어로 선택하는 학생들은 왜 적은가 하는 것이었다.

아랍어는 20개국 이상, 약 2억 명이 모국어로 사용하는 언어다. 오늘날처럼 청년실업이 특히 높은 현실에서 취업과 관련하여 아랍어는 그들이 무슬림이건 그렇지 않건 다양한 방면에서 탈출구를 제공해줄 수 있는 매우 매력적인 언어이기도 하다. 그것이 어학원에서 아랍어를 배우는 비율이 크게 증가하고, 대학에서 아랍어 수강 등록 비율이 높아지는 이유일 것이다.[44] 하지만 중고등학교에서는 아랍어 선택 비율이 매우 낮다. 일반적으로 학생이나 학생의 선택에 영향을 끼치는 학부모의 언어 선택이 그 언어를 사용하는 국가 혹은 문명의 위상과 연결된다고 볼 때 학생들이 아랍어를 선호하지 않는 것은 어느 정도 이해할 수 있는 부분이다. 아랍어의 위상은 오늘날 상대적으로 높다고 할 수 없으며, 아랍이라는 단어가 주는 부정적 이미지가 프랑스 사회에 좋지 않은 영향을 끼치고 있기 때문이다. 하지만 프랑스 정부의 보편적 동화주의 이민자 정책 또한 중고등학생들이 아랍어를 선택하는 데 매우 부정적인 영향을 끼쳤다고 할 수 있다. 이는 결국 아랍어 교사 수급에 대한 부정적 영향, 교과과정에서 이슬람 문화에 대한 상대적 소외 등으로 나타났다.

결국 청소년 시기에 학생들이 아랍어 수업을 기피하는 문제를 이해하기 위해 다시 프랑스 내 마그레브 이민자 문제로 돌아오지 않을 수 없다. 뵈르가 프랑스 사회에 본격적으로 그 존재를 각인시킨 것은 1980년대 이후라고 할 수 있다. 이미 1970년대 혹은 1980년대 초부터 엘코ELCO 정책으로 학교에서 '수치스럽게' 아랍어를 배워온 이들은 1980년대 말 프랑스를 떠들썩하게 한 크레유의 '히잡 사건'으로 인해 주류 집단에게 이슬람 극단주의자로 인식되게 되었다. 게다가 이들을 악마화하는 민족전선의 선거 선전으로 뵈르는 프랑스 사회의 문제아로 계속 낙인찍힐 수밖에 없었다.

국제 환경도 이들을 어려운 처지로 몰아넣는 데 일조하기는 마찬가지였다. 1989년 베를린 장벽이 붕괴된 이후 냉전 이데올로기는 점차 이슬람 세계와 기독교 세계를 대립시키는 새로운 이데올로기로 대체되어갔다. 서유럽 밖에서는 유고슬라비아 내전, 걸프 전쟁, 9·11테러, 아프가니스탄 전쟁, 이라크 전쟁 등 이슬람과 관련된 사건이 꼬리를 물었고, 서유럽에서도 무슬림 이민자와 관련된 문화적 충돌뿐만 아니라 각종 테러, 소요사태 등 이들을 악마화할 사건이 끊이지 않았다. 이러한 정세 속에 프랑스의 중고등학교에서 자신의 정체성을 찾겠다고 혹은 자신의 본래 문화를 더 잘 이해하겠다고 아랍어를 선택한다는 것은 무슬림 청소년에게는 무슬림 소녀가 히잡을 쓰고 등교하는 것까지는 아니라 하더라도 주류 사회의 눈총을 받을 수밖에 없는 행위가 될 것이다. 프랑스 중고등학교에서의 아랍어 학습은 더 이상 하나의 단순한 외국어 학습이 아니다. 그것은 또 다른 형태의 공립학교 내 히잡 사건으로 간주될 수도 있는 일이다.

역사 사용설명서
: 사르코지 대통령과
프랑스 역사

이용재

정치권력과 역사교육
: 역사의 정치적 이용

01

19세기 말 제3공화국 이래로 공화주의 공교육이 확립되는 과정에서 프랑스의 역사교육은 공민의식을 함양하고 국민 총화를 이루는 데 널리 이바지해왔으며, 과거의 역사는 현재의 정치와 늘 밀접한 관계를 맺어왔다.[1] 흔히 '프랑스 특유의 열정'이라 불릴 정도로 프랑스인이 역사적 사유와 성찰에 남다른 흥미와 애착을 지니고 있다는 것은 잘 알려진 사실이다.[2] 서점마다 역사 관련 책이 눈에 잘 띄는 곳에 가지런히 진열되어 독자의 눈길을 사로잡고 있으며, 학술서든 소설류든 역사와 관련한 것은 흔히 베스트셀러 목록에 오르곤 한다. 역사 지식은 정치인의 정책 안건이나 언론인의 시사 논평에 단골 메뉴로 등장하며, 여론을 형성하고 현실 정치를 판단하는 준거로 활용되기도 한다. 민족의 공유된 기억이 현재 정치공동체의 결속을 다지는 주요 수단으로 활용되면서 역사 지식의 함양과 교육은 현실 정치와 밀접한 관련을 맺게 되는 것이다.[3]

'역사의 정치적 이용'이라는 명제가 '역사'와 '정치'의 관련성을 상징하는 표제어처럼 등장한 것은 아마도 20세기 후반 제5공화국에 접어들면서부터일 것이다. 좌파든 우파든 드골에서 데스탱과 미테랑을 거쳐 시라크에 이르기까지 프랑스의 역대 대통령들은 자신의 정치 이념이나 노선과 어울리는 역사관을 피력하면서 공식·비공식으로 교육 현장에 상당한 영향력을 행사했다.[4] 프랑스 대통령이 재임기의 치적을 자신의 역사적 안목으로 치장하여 박물관이나 도서관 등 거대한 기념물을 세우는 일이 마치 통치 관행처럼 굳어진 것도 아마도 이 무렵부터일 것이다. 퐁피두 대통령이 파리 한복판에 자신의 이름을 붙인 퐁피두 센터(국립문화예술관)를 건립하자, 미테랑 대통령은 세계 최대 규모를 자랑하는 프랑스 국립도서관을 세웠고, 시라크 대통령은 아프리카·아메리카·오세아니아 등 주로 원시문명권에서 수집한 문화재를 전시한 케 브랑리 박물관Musée du quai Branly을 개관했다.

정치권력의 향배가 역사교육의 내용과 성격을 좌우한다고 할 때, 우선 관건이 되는 것은 권력의 정점에 선 국가 지도자가 과연 어떤 역사관을 지니고 있는가 하는 것이다. 이 점에서 최근에 세인의 이목을 집중시킨 것은

잡지 《쟁점Le Point》(오른쪽)과
파트리크 랑보의 풍자소설 《니콜라 1세 통치 연대기》(왼쪽).
비평가들은 강권 통치 우파 대통령 사르코지를 황제 나폴레옹에 빗대어 비난하곤 했다.

단연 전 대통령 사르코지다. 사르코지만큼 독특한 개성과 정치 스타일로 사람들의 입방아에 오르고 인기와 멸시, 추종과 거부를 한 몸에 안은 정치인이 또 있을까? 그는 자신의 사생활과 스캔들까지도 인기몰이에 이용하고 매스컴에 연출된 이미지를 드러내 팬들의 열광을 얻는 대중 스타였고, 일반 국민의 눈높이에 맞추어 거칠지만 계산된 말투로 기성 정치를 공격하면서 화려한 언어로 장밋빛 약속을 늘어놓을 줄 아는 선동가였으며, 유리한 여론을 동원해 국민의 화합과 안전을 명분으로 정책을 밀어붙이는 강권 통치자였다. 요컨대 현대판 포퓰리즘 정치인의 전형이었다.[5]

흔히 거물급 정치인이 오랜 정치 여정의 어느 길목에서 자신의 정치 철학과 소양을 엿볼 수 있게 해주는 역사적 사건이나 인물을 골라 전문 역사가 못지않은 필력을 과시하곤 하는 것은 아마도 프랑스 특유의 정치문화일 것이다.[6] 사르코지 역시 프랑스 역사에 대한 해박한 지식으로 자신의 정치 이력을 장식하는 데 게으르지 않았다.

1983년 약관 28세에 사르코지는 파리 근교의 뇌이 시장으로 당선되어 정계에 입문했다. 10년 후 에두아르 발라뒤르가 이끄는 우파 정부에서 예산부장관에 임명되어 거물급 정치인으로 급부상한 사르코지는 1994년에 자신의 첫 저서 《조르주 망델, 정치의 수도승》을 내놓았다.[7]

부유한 유대인 가문 출신인 망델Georges Mandel(1885~1944)은 인민전선 정부의 개혁정책을 비판하고 독일의 침공 위협을 경고한 거물급 우파 정치인이었다. 내무부장관 망델은 독일의 침공 직후 아프리카로 망명해 항독 투쟁에 앞장섰으나 독일군에 체포되어 포로수용소를 전전한 끝에 파리 해방을 한 달여 앞두고 비시 정권에 의해 총살되었다. 헝가리계 이민자 가정에서 태어나 모친을 통해 유대인 핏줄을 이어받은 우파 정치인 사르코지에게 망델은 정서적 친화성을 느끼게 해주는 동시에 정치적 사표로서도 손색이 없는 인물이었을 것이다. 더구나 적어도 20세기 후반 프랑스의 정치 토양에서 민족정기의 선양과 국민 화합을 내세우며 정치적 입지를 강화하려는 정치인에게 레지스탕스 영웅은 물리치기 힘든 신화적 매력을 지니고 있었다.

망델 다음으로 사르코지가 관심을 기울인 인물은 독일군을 무찌르고 파리를 해방한 전쟁영웅 르클레르Ph. Leclerc 장군이었다. 2003년 내무부장관 사르코지는 역사가 장미셸 가야르와 함께 르클레르 장군이 인도차이나 식민지에서 일본군의 항복을 받아내고 프랑스의 지배를 재건하는 역사적인 장면을 담은 TV 시나리오를 썼다.[8] 전후의 혼란을 수습하고 실추된 프랑스의 권위를 회복하려 거침없이 나서는 고고한 영웅, 2003년 7월 TV에 방영된 르클레르 장군의 이미지는 불법 이민과 가두시위에 맞서 국민의 안녕과 치안을 유지하는 '강성' 내무부장관의 이미지와 잘 어울렸다.

국가 이익과 사회 안녕을 내세우는 '정치인' 사르코지는 이렇게 국난을 타개한 민족 영웅과 조국애를 선양하는 '역사가' 사르코지의 확대판에 다름 아니었다. 그는 개방과 진보를 내세우는 사회주의 좌파 세력에 맞서 화합과 질서를 기치로 내걸고 보수주의 우파의 맹주로 나섰다. '유구한 프랑스 역사'에 대한 그 나름의 안목과 자부심은 급기야 정치 현장에서 국민의 눈높이에 맞추어 '민족 정체성의 회복'이라는 슬로건으로 나타날 것이었다.

민족 정체성의
정치학

사르코지가 본격적으로 역사 담론을 정치 현장에 끌어들이기 시작한 것은 집권 여당 인민운동연합UMP의 후보로 2007년 대통령 선거전에 나서면서 부터였다. 프랑스에서 무슬림 이주민의 유입과 동화 문제는 사회적 갈등을 낳는 핵심 사안이자 선거철이면 어김없이 불거지는 정치적 쟁점이었다. 좌파 정당은 이민 문제의 정치 쟁점화를 꺼린 반면, 보수 우파 정당은 선거 전략의 일환으로 이민과 그에 따른 사회불안을 적극적으로 부각하곤 했다. 이민 문제를 해결할 적임자라는 여론[9]에 고무된 사르코지는 한걸음 더 나아가 이민 문제의 심각성을 민족 정체성의 위기와 연결하는 선거 전략을 구사하면서 유권자의 표심을 공략했다. 사르코지가 "만일 내가 대통령에 당선된다면 '이민과 민족 정체성 부처'를 신설할 것이다"라는 공약을 내놓았을 때를 기점으로 판세가 집권당 쪽에 유리하게 기울기 시작했다는 것이 당시 정치평론가의 분석이다.[10]

"우리 공화제 모델은 위기에 처해 있다. (……) 이 위기는 가치의 위기이자 좌표의 위기이며, 방향의 위기이자 정체성의 위기다."[11] '위기에 처한 프랑스'라는 선거용 단골 메뉴를 들고 나오는 데서 사르코지는 여느 대권 후보와 그리 다르지 않다. 하지만 사르코지는 위기 담론을 곧장 국가와 민족의 정체성 문제로 몰고 간다. "나의 프랑스, 그것은 자신의 정체성을 요구하는 민족, 자신의 역사를 떠맡는 민족입니다."[12] 실로 사르코지는 모든 유세 연설을 '프랑스', '프랑스인', '민족', '역사', '정체성' 따위로 가득 채웠다.[13]

프랑스란 무엇인가? 사르코지는 언제나 "프랑스란 인종도 종족도 아니며, 하나의 영혼이자 하나의 정신적 원리"라고 말한다. 프랑스는 "오랜 역사를 지닌 나라…… 수백 년에 걸쳐 하나의 정체성을, 지울 수도 무시할 수도 없으며 존중해야 마땅한 하나의 인격체를 형성해온 나라"다.[14] 그것은 "각자가 그 심원을 알 수 없는 어떤 신비한 유대에 의해 결속되어 있다고 느끼는, 단절될 경우 무언가 자신의 본질을 잃게 되는…… 지상에 실현된 땅"인 것이다. "프랑스인은 지난 2000년 동안…… 여러 상충된 가치를 조화해 진정한 하나의 민족을 구현해냈다."

여럿이 뒤섞여 하나가 된 프랑스에 대한 강조는 흔히 '왕정과 기독교 정신의 프랑스'와 '공화정과 세속 정신의 프랑스'로 나뉘는 식의 이른바 좌파적 역사 해석을 거부하는 동시에 자신이야말로 민족 전체의 진정한 대변자로 자처할 수 있는 정치 공학적 셈법에서 나온 것이기도 하다. 프랑스는 "2000년 기독교 문명이며, 생드니Saint Denis이자 렝스Reims이고 몽생미셸 Mont Saint-Michel"이다. 그런데 프랑스는 또한 "공화국이며, 인권이자 자유"다. "공화국 프랑스, 그것은 지난 2000년 동안의 기독교 가치관을 몸속에 지닌 세속적 모럴입니다." "공화국은 국왕들의 오랜 꿈을 실현했습니다." 요컨대 사르코지는 우파의 정치 자산과 좌파의 정치 자산을 하나로 묶어 그것을 자신의 몫으로 전유하는 능란한 수사법을 구사한다. "우리 모두는 자부심을 가져야 마땅한 단일하고 같은 하나의 역사 계승자입니다." 이러한 프랑스 역사의 영속성과 단일성에 대한 강조는 프랑스 혁명과 공화국에서 역사적 정통성을 찾으며, "여전히 계급투쟁을 꾀하는" 좌파 사회당에 대한 비판으로 이어진다. "좌파는 '앙시앵레짐은 프랑스가 아니다. 십자군은 프랑스가 아니다. 기독교 정신은 프랑스가 아니다. 우파는 프랑스가 아니다'라고 말합니다. 나는 이 좌파를 고발합니다. 나는 다시 좌파의 파벌적 편협성을 고발합니다." 사르코지가 볼 때, 좌파식의 역사 인식은 프랑스의 진정한 민족 정체성을 오도하고 훼손하는 것일 따름이다.

단일한 민족 정체성에 대한 강조는 궁극적으로 대선의 관건인 이민 문제로 향한다. "프랑스인이 된다는 것은 권리를 갖는 동시에 의무를 다하는 일이라는 것을 역사는 가르쳐줍니다. (……) 프랑스에 밀입국한 자들, 프랑스에 동화되려는 어떤 노력도 하지 않는 자들, 이들이 프랑스인과 동일한 권리를 누릴 수 있으리라고 기대해서는 안 될 것입니다." 이 말은 곧 '프랑스인의 정체성은 개별적 가치의 선양에 의해서가 아니라, 상충된 가치의 타협과 종합에 의해 이룩되어온 것이다. 그런데 오늘날 민족 정체성이 위기에 처해 있다면, 프랑스 사회에 동화되기를 거리끼는 무슬림 이민자의 공동체주의에서 그 원인의 일단을 찾을 수 있으며, 이민 문제에 유약한 해결책을 되풀이해온 사회당도 그 책임에서 자유로울 수 없다'는 뜻이다. 사르코지는 프랑스 사회의 현안인 이민문제를 민족 정체성 문제와 연결하는 선거 전략으로 유권자의 표심 속으로 파고들었다.

더 흥미로운 점은 정통 보수를 자부하는 우파 후보 사르코지가 동일한 역사, 하나의 민족 정체성을 내세우며 좌파로 분류되는 역사 인물마저 서슴없이 자신의 정치적 사표로 내세우곤 했다는 사실이다. 사르코지는 유권자 앞에서 국가의 영예를 드높인 수많은 민족 영웅과 위인을 즐겨 언급했다. 2007년 1월 말, 푸아티에의 유세 현장에서 그는 "그렇습니다, 나는 조레스와 블룸Léon Blum, 페리와 클레망소Georges Clemenceau를 받아들입니다. 내가 리요테Lyautey 원수와 드골 대통령을 받아들이듯이 말입니다."[15] 라며 좌파 유권자에게 유화적인 손길을 내뻗었다. 2006년 9월부터 2007년 5월 대선 전야까지 8개월 남짓 펼쳐진 본격 유세전에서 그는 우파 대통령 드골은 92번 언급한 반면, 제3공화국에서 공화주의 정치이념의 굳건한 토대를 닦은 좌파 정치인, 이를테면 페리는 58번, 블룸은 50번, 그리고 조레스는 무려 97번이나 언급했다.[16] 인민운동연합의 대선 후보 사르코지가 자기 정파의 비조인 드골보다 사회당의 창건자인 조레스를 더 앞세운 것이다. 사회당 후보를 당혹스럽게 만든 이러한 '유산 전취captation d'héritage'[17]는 우선 선거 판세와 여론 동향을 주시하며 국민의 표를 얻어내기 위해서는 상대 진영의 정치적 이념과 자산을 널리 받아들이는 포용력을 과시해야 할 선거공학적 계산에 따른 전술적 선택일 것이다. 이것은 또한 대내외적으로 프랑스인의 정체성이 위협받고 있다고 여겨지는 역사의 전환기에 차이와 배제보다는 화해와 공영의 정치수사학, 즉 '화합의 논리'[18]가 더 힘을 발휘하기 때문일 것이다. 우파 후보는 국민화합의 수사학을 구사하는 데 좌파 후보보다 더 적극적이었으며 더 능수능란했다.[19]

기 모케 사건
: 레지스탕스 기억 전유하기

03

레지스탕스는 현대 프랑스의 시발점이며 국가 정통성의 초석이다. 대통령이든 야당 총수든 정치 지도자라면 서로 경쟁하듯 저마다 레지스탕스의 적자임을 내세우며 집권의 명분을 찾고자 한다. 사회당 출신 대통령 미테랑이 취임 첫날 팡테옹을 찾아가 레지스탕스 영웅 물랭Jean Moulin의 묘 앞에 장미를 헌화한 것은 잘 알려진 일화다. 인민운동연합 후보 사르코지는 2007년 대선 결선 투표 이틀을 앞두고 돌연 알프스 산록에 자리한 레지스탕스의 성지 질리에르 고원을 방문하는 깜짝 쇼를 연출하기도 했다. 사르코지가 집권한 5년 동안 질리에르는 대통령의 연례 순례지가 되었다.

하지만 사르코지가 레지스탕스 기억을 전유하는 방식은 기존의 사례를 훌쩍 뛰어넘는다. 이른바 '사르코지 스타일'은 대통령 취임식 당일(2007년 5월 16일)부터 뚜렷하게 나타났다. 파리 한복판 개선문 광장에서 성대하게 취임식을 거행한 후, 신임 대통령은 인접한 불로뉴 숲으로 향했다. 불로뉴 숲 중앙광장은 파리가 해방되기 직전인 1944년 8월에 35명의 젊은 레지스탕스 용사가 독일 게슈타포에 의해 처형된 장소다. 사르코지는 새 정권의 출범을 기리는 상징 의례로 레지스탕스에 대한 추모를 택했으며, 여기서 그가 국민 앞에 내세운 레지스탕스의 상징은 무명의 순국 청년 기 모케Guy Môquet(1924~1941)였다. 프랑스가 독일에 항복한 후 학교를 그만두고 공산당 소속 지하 청년조직에 가담한 기 모케는 파리에서 공산당 전단지를 배포하다 프랑스 경찰에 체포되었다. 1941년 10월 프랑스 중부 샤토브리앙에서 공산주의자 포로 27명이 암살된 독일군 장교에 대한 보복으로 게슈타포에 의해 총살되었다. 이 중 가장 어린 사람이 17세 청년 기 모케였다.

이른바 '기 모케 사건'은 사르코지 특유의 역사 전유 방식을 잘 보여준다. 해방 프랑스의 정통성 문제를 놓고 드골주의 기억과 공산주의 기억이 서로 드잡이하는 현대 프랑스 사회에서 레지스탕스 신화는 좌·우 정치 세력 간의 이념 투쟁 무대이기도 했다.[20] 레지스탕스 유산을 선점하고자 한 사르코지는 이미 대선 유세 때부터 한때 자신의 정치적 사표로까지 삼았던 우파 레지스탕스 인물인 망델보다 기 모케를 더 자주 내세우곤 했다. 물론 그는 자신이 높이 평가하는 것은 '공산주의자' 기 모케가 아니라, 조국을 위해 목숨을 바친 '프랑스인' 기 모케라는 단서를 잊지 않았다.[21] 레지스탕스의 유산을 좌파나 우파가 아닌 국민 전체의 몫으로 돌려 국민 화합의 정치인이라는 면모를 부각하려 했던 것이다.

더 놀라운 것은 대통령이 직접 레지스탕스 역사를 교육하는 방침까지도 구체적으로 제시했다는 점이다.

기 모케가 처형되기 직전에 부모에게 보낸 이 감동적인 편지가 읽히기를 원합니다. 우리 아이들에게 이 프랑스 젊은이가 누구인지를 설명해주는 일, 역사 교과서에 나오지 않는 이 이름 없는 영웅들 중 몇몇의 희생을 통해서 인간의 위대함이 무엇인지를 보여주는 일은 아주 중요하다고 믿기 때문입니다. (……) 나는 기 모케의 편지를 읽을 때마다 형언할 수 없는 감동에 사로잡히곤 합니다. (……) 공화국 대통령으로서 나의 첫 결정은 이 편지가 매 신학기 초 프랑스의 모든 고등학생에게 읽히도록 교육부장관에게 조치하는 것입니다.[22]

이렇게 사르코지는 순국 청년 기 모케에 대한 추모의 열정을 역사교육 시책으로 연결한다. 대통령의 추모 연설이 곧장 교육부의 훈령 구실을 하는 셈이다. 이는 정치권력의 정점에 선 대통령이 직접 공개적으로 일선 교육에 간여하는 흔치 않은 사례이기도 했다.

청년 공산주의자 기 모케의 기억은 그동안 프랑스 공산당이 추모제를 독점할 정도로 정작 대통령을 비롯한 집권 여당의 정치 노선과는 거리가 멀었을 뿐만 아니라, 일반 국민에게도 서서히 잊혀가고 있었다. 레지스탕스 운동사를 연구하는 역사가에 따르면, 사실 기 모케가 체포된 것은 레지스탕스 활동 때문이 아니라 당시 불법이던 공산당 경력 때문이었다.[23] 더구나 편지 내용도 독일군의 잔학성을 밝혀주는 자료로 쓰일 수는 있을지언정 레지스탕스 정신을 가장 잘 구현한 문건으로 보기는 어렵다는 것이 일부 역사가들의 판단이다. 요컨대 기 모케의 죽음과 그가 남긴 편지가 전국의 모든 고등학교에서 다른 자료를 제쳐두고 배타적으로 교육될 만큼 레지스탕스의 역사와 정신을 대표하는 상징성을 가지고 있는가에 대한 이의 제기가 잇달았다.

기 모케가 죽기 전에 가족에게 남긴 편지

샤토브리앙, 1941년 10월 22일

사랑하는 엄마, 아끼는 내 동생,
존경하는 아빠,

나는 죽습니다! 엄마, 힘내시길 바랍니다. 나 역시 용기를 가지고, 나보다 먼저 떠난 이들처럼 용감해지려 해요. 물론 난 살고 싶어요. 하지만 내가 진정으로 원하는 것은 나의 죽음이 헛되지 않는 것입니다. 장과는 작별인사를 할 시간이 없었어요. 나의 두 형제, 로제와 리노와는 작별인사를 나눴어요. 나는 정말 어쩔 수가 없어요! 내 유품들 모두 세르주가 쓸 수 있도록 엄마에게 보내져서 훗날 세르주가 자랑스럽게 지니기를 바랍니다. 아빠, 엄마에게 한 것처럼 아빠에게도 모든 고통을 주게 되었어요. 마지막 인사를 보냅니다. 아빠가 이끌어준 길을 따르려 최선을 다했음을 알아주세요.

내 친구들, 사랑하는 내 동생에게 작별인사를 보냅니다. 열심히 공부해서 훗날 훌륭한 사람이 되길.

열일곱 살 반, 내 생은 너무 짧아요. 하지만 여러분과 이별해야 하는 것 말고는 어떤 후회도 없어요. 나는 탱탱, 미셸과 함께 처형될 것입니다. 엄마, 엄마에게 바라는 것은 힘을 내어 이 고통을 이겨내겠다고 내게 약속하는 것입니다.

더 쓸 수가 없어요. 엄마, 세르주, 아빠, 마음속 깊이 모두를 껴안으며 떠납니다. 힘내세요!

당신들을 사랑하는 기Guy

대통령의 지침을 받은 교육부는 기 모케가 처형된 10월 22일을 전국의 고등학교에서 기 모케의 편지를 낭독하는 날로 정하는 훈령을 발표했다. '기 모케의 날'이 다가오면서 편지 낭독을 둘러싸고 일선 교육 현장과 역사 학계에서 갑론을박이 벌어졌고, 심지어 정치권에서도 찬반양론이 팽팽하게 맞섰다. 교육 당국의 조처는 당혹스럽기는 하지만 레지스탕스의 기억, 그것도 공산당의 항독 투쟁에 대한 교육적 관심을 배가하는 효과를 가져다주리라는 기대에서 프랑스 공산당 측은 애초의 거친 비판을 거두고 수용하는 쪽으로 돌아섰다.[24] 반면에 사회당은 역사교육이 정치적 목적에 동원되는 현상을 우려하면서 편지 낭독을 일선 교육자의 자율적 선택에 맡겨야 한다는 취지의 성명서를 내놓았다.

하지만 문제의 본질은 기 모케의 대표성과 편지 내용의 적절성 여부를 넘어 공권력이, 그것도 대통령이 직접 교육 현장에 개입하려 한다는 사실 자체에 있었으며, 이 점에서 낭독 거부에 앞장선 것은 관련 역사학계와 교원노조 그리고 일선 교사였다. 전국의 역사지리 교사를 대표하는 역사지리교원연합APHG은 교육부의 지침을 따르되 교사의 수업 자율권을 최대한 활용해서 "적절하다고 판단되는 때에 학생에게 가장 적합한 방식으로" 진행하라는 지침을 발표했다.[25] 비판적 역사가의 모임인 '역사의 공적 이용에 맞선 자경위원회CVUH'는 "비판적 성찰보다는 애국적 몰입만을 불러오는…… 정치 도구화된…… 역사교육"[26]에 반대하는 선언문을 공표했다. 그런가 하면 전국중고교원노조SNES는 소속 교사에게 편지 낭독을 보이콧하라는 호소문을 발송하고, 대통령에게 직접 반박문을 보내는 운동을 주도했다. 교원노조 차원에서 편지 낭독 거부 운동을 벌이자, 교육부는 불응 교사를 처벌하지는 않을 것임을 밝히면서 한걸음 물러섰다.

결국 기 모케의 날은, 전국 고등학교의 95퍼센트에서 어떤 방식으로든 편지 낭독이 진행되었다는 교육부의 공식 발표가 뒤따르기는 했지만, 사실상 일선 교사와 학생들의 수동적 방관과 미온적 참여 속에서 어중간하게 치러지는 것으로 끝났다. 반대자의 시위를 예상한 대통령 사르코지는 기 모케가 다녔던 파리 17구의 카르노 고등학교에서 직접 편지를 낭독하는 깜짝 쇼를 포기해야만 했다. 하지만 기 모케의 날은 사르코지 대통령의 재임 기간 내내 불거질 공권력과 교육 현장 사이의 긴장 관계를 보여주는 신호탄에 지나지 않았다.

역사가와 교사가 기 모케의 편지 낭독을 반대한 것은 그것이 오히려 레지스탕스의 역사적 의의를 훼손하는 역효과를 가져올 수 있다는 우려 때문이었다. 레지스탕스 운동 전반의 역사적 맥락을 생략한 채 개인의 희생만을 부각하는 것은 무모한 애국심만 조장할 뿐이다. 편지 낭독은 학생에게 감성적 몰입만을 가져올 뿐 토론과 이해를 바탕으로 올바른 역사 인식에 도달하는 길과는 거리가 멀다는 것이다. 더구나 독일과의 화해 분위기를 타고 프랑스와 독일 젊은이들의 발의에 의해 역사상 처음으로 《독일-프랑스 공동 역사교과서》의 출판을 눈앞에 둔 마당에 편지 낭독은 학생들에게 불필요한 반독일 정서를 심어줄 수 있다는 우려도 적잖았다.[27]

하지만 역사단체와 교사가 반발한 가장 큰 이유는 무엇보다 공권력이, 그것도 대통령이 교육 현장에 개입한다는 사실 자체에 있었다. 교육 현장은 학생이 교사의 지도 아래 지식을 나누고 자신의 견해를 형성하는 자율적 공간이며, 국가 공권력은 전반적인 지침을 제시하는 선을 넘어서 교육 현장에 개입해서는 안 된다. 역사교육은 역사의 정치 도구화를 경계해야 하며, 다원적 가치를 추구하는 민주주의 사회의 역사교육은 국가가 기획한 획일적인 역사관과는 어울릴 수 없다는 것이다.

프랑스 역사의 집: 민족사 성전 세우기

04

|

프랑스 역사를 집대성해서 프랑스인의 정체성을 복원하고, 이를 통해 국민에게 새로운 역사교육의 장을 마련하겠다는 대통령 사르코지의 원대한 계획이 마침내 종합적으로 드러난 것이 바로 '프랑스 역사의 집' 건립 프로젝트였다. 이 계획은 2009년 1월 16일 대통령이 문화계 인사들에게 보내는 신년사에서 공식 천명되었다.

> 프랑스에 예술박물관은 아주 많습니다만, 프랑스의 이름에 걸맞은 거대한 역사박물관은 아직 없습니다! 우리 프랑스 역사를 총괄적으로 조망할 어떤 장소도 존재하지 않습니다. (……) 프랑스 역사는 하나의 전체이자 하나의 체계이기 때문입니다. 일반적으로 영광의 장면이든 다소 고약한 장면이든 작은 끄트머리에서 프랑스 역사를 들여다보는데, 이제 그것을 총괄적으로 접할 수 있어야만 합니다. (……) 기존 박물관과 기념물의 '연합체'일 수 있는 프랑스 역사박물관을 원합니다. 그것은 상징적인 장소에 자리한 하나의 본부를 가진 박물관입니다. 이 사업은 우리의 정체성, 문화적 정체성을 강화해줄 것으로 생각합니다.[28]

기존 박물관을 하나로 묶는 연합체이자 중추기구로서 프랑스의 역사를 총괄적으로 조망하게 해주고 프랑스인의 정체성을 북돋아주는 단일한 역사박물관, 즉 프랑스 역사의 집 건립은 거대한 기념관을 업적 과시용으로 남기곤 하는 프랑스 대통령들의 통치 관례의 연장선에 있는 동시에, 다가올 대선을 염두에 두고 여론의 집중 조명을 받고자 하는 정치적 포석이기도 했다.

사르코지가 역사의 집 건립을 계획한 것은 사실 대통령에 취임한 직후부터였다. '민족 정체성의 회복'이라는 정치 슬로건을 통해 정국을 주도해온 사르코지는 프랑스인의 자부심과 정체성을 되살릴 방안을 역사의 집에서 찾으려 한 것이다. 2008년 4월에 역사의 집 건설 취지와 구성, 소재지 선정과 전망 등을 담은 〈프랑스 역사의 집 기초 보고서〉가 발간되었다. "공화국 대통령이 원하는…… 프랑스의 민간과 국방의 역사에 대한 상설 연구·수집 기구를 만드는 데 구체적인 해결책을 강구하라"[29]라는 문화부의 훈령(2007년 11월)에 따라, 사르코지의 대선 캠프에 참여했던 국방부 소속 문화재관리관이 작성한 이 보고서는 첫머리부터 프랑스 역사의 영속성과 프랑스인의 영예를 기리는 애국주의적 지향을 담뿍 담고 있다. 국방부의 기조가 밴 이 보고서가 루이 14세로부터 나폴레옹을 거쳐 드골 장군의 기억이 서린 파리 한복판의 군사박물관 앵발리드를 신설 역사의 집 소재지로 추천했다는 것은 어쩌면 당연한 일이기도 했다.

역사의 집 건립 계획이 공식적으로 천명되자 몇몇 저명한 역사가는 달라진 시대 상황과 역사학의 새로운 동향에 어울리지 않는 낡고 획일적인 역사교육 마당을 우려하는 논평을 내놓았다.[30] 일부 역사가의 우려와 이의 제기를 염두에 두고 사르코지는 이듬해 신년사에서 신설할 역사의 집은 '관제 역사'가 아니라 다양한 '우리 프랑스의 역사'를 제시하는 공간이 될 것이라며 계획을 밀고나갈 뜻을 분명히 했다.[31] 역사의 집 소재지 문제를 둘러싼 잡음을 의식한 문화부는 관련 역사가와 문화재 전문위원을 동원해 첫 보고서의 기본 골격을 그대로 유지하면서 소재지 선정을 재검토하는 새 보고서를 연달아 내놓았다.[32]

2010년 9월 대통령은 직접 신설될 역사의 집 소재지를 파리 한복판에

'국가기록원을 살리자', 국가기록원 직원들이 역사의 집
건립에 반대하며 점거 시위를 벌이고 있다.

위치한 국가기록원Archives nationales으로 결정한다는 담화를 발표했다. 국
가기록원은 이미 포화 상태에 이른 보존 공간을 확충하기 위해 프랑스 혁
명 이후의 공공 기록물은 파리 북부 피에르쉬르센에 새로 마련한 청사로
이관하는 중이었다. 따라서 이관 후 빈 공간으로 남을 로앙수비즈 청사에
역사의 집을 들여온다는 계획이었다. 신설 역사의 집은 전국에 소재한 아
홉 개 역사 관련 국립박물관을 연결하는 중추기관으로 재구성되어 2015
년에 문을 열 예정이었다.[33]

소재지 확정 이후부터 역사의 집 프로젝트는 정권 홍보용이자 대통령
의 정치 기획이라는 의혹의 눈초리를 피하기 위해 문화부의 주도로 추진
되었다. 하지만 박물관 건립이 구체화되고 문화부 산하 추진위원회가 결
성되자 역사의 집은 학계·문화계 인사와 관련 단체가 총동원된 엄청난 논

쟁 속으로 빨려들어갔다. 관제 민족사박물관의 국민 교육적 함의에 대한 논쟁은 한편으로 정권 홍보성 국책 사업의 타당성 여부에 대한 논쟁으로, 다른 한편으로 국가기록원을 역사의 집으로 전용하는 적절성 여부에 대한 논쟁으로 이어졌다. 기록원 고유의 문서 보존 기능이 훼손되는 것을 우려한 국가기록원 직원들은 정부의 결정에 맞서 파업과 점거 농성에 돌입했다. 저명한 역사가들은 '위험하고' '편협한' 국가주의 역사관을 비판하고 계획 철회를 요청하는 연대 성명을 발표했다.[34]

학술 세미나와 TV 토론 때마다 국가정책을 밀고나가려는 문화부와 문화재 관련 부서 그리고 이를 비판하는 역사학자 사이에 설전이 이어졌다. 하지만 2011년 1월 문화부장관이 서둘러 역사가들로 구성된 학술자문단을 만들자, 역사가들 사이에도 찬반양론이 엇갈렸다.[35] 학술자문위원회에 참여한 역사가는 비록 역사의 집 프로젝트가 다수 역사가에게서 따가운 눈총을 받고 있기는 하지만, 그 설립 취지가 반드시 대통령의 일방적인 의도에 따른 것은 아니고 정치권의 압력을 배제할 수 있으며, 아무튼 민족사를 정립하고 교육하는 박물관이 있어야 한다는 시대적 요청에 공감한다는 입장을 견지했다.[36] 하지만 학술자문단 소속의 일부 역사가는 국가기록원을 역사의 집으로 전용하는 것이 부적절하다는 내용을 담은 반대파 역사가의 성명에 가담하기도 했다.[37]

2011년 6월에 학술자문단은 역사의 집 조직과 구성을 담은 최종 청사진을 문화부에 올렸으며, 이를 바탕으로 역사의 집은 2012년 벽두부터 공공 행정기관으로서의 법적 지위를 획득했다. 하지만 대선 국면에 접어들면서 역사의 집은 선거 정치의 무대에 올랐다. 2011년 9월에 사회당의 대선 후보로 선출된 올랑드François Hollande는 문화계 인사를 만날 때마다 역사의 집 건립에 담긴 정치적 의도를 우려하는 담화를 내놓았으며, 사회당은 역사의 집 프로젝트의 폐기를 당론으로 확정했다. 반면에 사르코지는 대선 후보 수락 선언을 이틀 앞두고 역사의 집이 개최한 첫 전시회를 찾아 축사를 잊지 않았다. 2012년 5월 올랑드가 대통령에 당선되고 사르코지가 재선에 실패하자 역사의 집은 공식 개장 테이프를 끊기도 전에 조용히 문을 닫았다.

사르코지의 집권 후기 내내 언론과 방송을 뜨겁게 달군 역사의 집 건립 논쟁에 대해 일반 국민은 그리 큰 관심을 두지 않은 듯하다. 대선을 앞둔 유권자에게 그것은 프랑스가 앞으로 해결해야 할 산적한 정치 현안 중 극히 일부에 지나지 않았을 것이다. 사실 일반 국민으로서는 프랑스인의 긍지를 선양하는 대규모 박물관을 건립하려는 당국의 계획에 굳이 반대해야 할 명분을 찾기 힘들었을지도 모른다. 하지만 역사의 집은 대다수 역사가와 관련 단체의 거센 반대에 부딪혔다. 이들이 반대 의견을 내놓은 이유는 무엇일까? 첫 번째, 국가기록원을 신설 역사의 집 소재지로 전용하는 것에 대한 반발을 들 수 있다. 반대편에 선 역사가는 국가기록원에 역사의 집이 들어설 경우 어쩔 수 없이 기록원 고유의 국가 공문서 보존과 연구 기능이 훼손될 수밖에 없다고 우려를 표명했으며, 이러한 우려는 국가기록원 직원들의 집단적인 농성과 시위로까지 연결되었다. 하지만 역사의 집 건립에 앞서 이미 계획된 대로 상당수 기록물을 파리 근교의 다른 청사로 이관한 후 빈 공간을 역사의 집으로 활용할 것이라는 점에서, 국가기록원을 전용하려는 계획은 사실 그리 큰 무리수가 아니었다. 오히려 국가기록원과 역사의 집이 나란히 자리를 잡을 경우 전문 연구자에게든 일반 관람객에게든 연구와 교육의 효과를 배가하는 상승효과를 가져올 수도 있으리라는 것이 적어도 찬성파 역사가의 입장이었다.[38] 아마도 국가기록원 전용 문제는 반대파 역사가에게도 결정적이라기보다는 부차적인 논거였을 것이다.

두 번째, 단일하고 유구한 민족사를 선양하는 낡은 역사교육에 대한 거부감을 들 수 있다. 민족 정체성을 선양하는 박물관 건립은 그것에 반대하는 연대 성명에 직접 가담하지 않은 역사가에게도 시대착오적인 발상으로 보였을 것이다. 그것은 '한 세기 전 민족주의 역사가 에른스트 라비스가 제3공화국 역사교과서에서 보여준 것을 박물관에서 되풀이하는' 일에 지나지 않았다.[39] 어느 나라나 건국신화와 민족 서사를 가지고 있다. 하지만 최근의 역사 연구 동향은 민족 서사란 어떤 불변의 실체라기보다는 그 자체가 연구 대상이 되어야 할, 특정 시기에 만들어진 역사적 구성물일 따름이라는 것을 잘 보여준다.[40] 따라서 역사박물관을 건립할 때는 낡은 민족 서사를 불변의 진실처럼 제시해서는 안 되며 다양한 시각을 제공할 수 있어야 한다. 그런데 프랑스 역사의 집은 현대 역사학과 역사교육의 추세와도 어울리지 않는 어설픈 정치 작품이라는 것이다.

사실 국책 사업으로 발의된 역사의 집 기획 취지와 구성은 해묵은 민족 서사의 재현이라는 비판에서 벗어나기 힘든 것으로 보인다. 역사의 집 건축의 기본 틀을 결정한 2008년의 〈프랑스 역사의 집 기초 보고서〉에 따르면 프랑스 역사의 집은 '시간과 영토(연대기와 지리)', '기억(주요 사건과 인물 및 민족 서사)', '역사 만들기(역사 담론과 관점)'라는 세 가지 전시 공간으로 구성될 것이며, 그 설립 취지는 '프랑스의 영혼'[41]이 시공간 속에 구현되는 모습을 보여주는 것이었다. 프랑스의 영광을 떨친 영웅과 위인을 강조하고 프랑스의 영속성을 내세우는 이런 박물관은 개방과 공영을 외치는 유럽 통합 시대에 그리 어울리지 않는 발상이었다. 유럽 공통의 역사교육이 강화되고 유럽연합 차원에서 유럽의 민족 전부를 아우르는 '유럽사 박물관'을 기획하는 시점에서 프랑스 역사의 집은 미래 지향적이라기보다 퇴영적인 발상에 불과하다는 것이다.[42]

하지만 역사가가 프랑스 역사의 집에 반대 입장을 표명한 가장 큰 이유
는 애초에 그것이 국민 홍보용으로 부과된 정권의 기획 작품이었다는 데
서 찾아야 할 것이다.[43] 2007년 5월에 사르코지의 대선 공약에 따라 '이민
과 민족 정체성 부처'(이민부)가 신설되었다.[44] 이민부는 관제 민족주의와
외국인 혐오증을 제도화한다는 숱한 논란 속에 민족 정체성과 이민 문제
를 공론화해 나갔다. 사르코지가 프랑스 역사의 집 건립 계획을 공식 천명
한 지 두 달 후인 2009년 3월에 "국민 대중에게 우리의 민족 정체성을 고
양하는 데 이바지할 수 있도록 프랑스 역사의 집 건립에 적극 참여하라"라
는 정부 훈령이 이민부장관 에리크 베송에게 전달되었다. 요컨대 사르코
지는 정국을 주도할 발판으로 프랑스인의 정체성 문제를 다시 끄집어내면
서 역사의 집 건립을 민족 정체성 복원이라는 정치 기획을 완료할 발판으
로 삼고자 한 것이다. 프랑스 역사의 집에 대한 역사가의 반발은 대통령의
건립 계획 발표 직후인 2009년 상반기보다는 이민부 주최로 매스컴의 집
중 조명 속에 열린 민족 정체성 대토론회가 심각한 파장과 역풍을 몰고 오
며 실패로 끝나고 그 여파가 채 가라앉지 않은 2010년 하반기에 절정에
달했다. 이것은 대다수 역사가가 역사의 집 건립을 대통령의 정치 기획 일
환으로 파악했다는 사실을 방증해준다.

프랑스 역사의 집 프로젝트가 역사가의 거센 비판에 직면했을 때, 문화
부장관 프레데리크 미테랑은 신설될 역사의 집이 대통령의 역사의식과 정
치 기획에 맞춘 정권 홍보용 민족 정체성 박물관이 아니라, 기존 역사박물
관들의 연결망을 형성하는 현대화된 구성 방식일 따름이며, 프랑스의 역
사와 프랑스인의 정체성을 학문적으로 연구하고 개방적으로 교육하는 열
린 공간이 될 것이라고 거듭 강조했다.[45] 일부 역사가가 수동적으로나마
역사의 집 추진 학술자문위원단에 참여한 것도 민족사 연구와 박물관 자

체는 필요한 만큼 그 안에 깃들 수 있는 정치적 의도만 배제하면 된다는 입장에서였다. 그러나 반대 입장에 선 역사가가 볼 때는 애초부터 '그 계획은 불순하고 정치적인 동기에서 벗어날 수 없는' 것이었다.[46] 그것은 역사교육 현장에 정치권력이 노골적으로 개입한, 현대 민주주의 사회에서는 바람직하지 않은 사례라는 것이다. 하지만 역설적이게도 역사의 집 건립이라는 '정치 기획'을 둘러싼 '역사 전쟁'은 결국 대선의 승패에 따라 '정치적으로' 해결되었다.

정치가 역사를
만날 때

05

|

아마도 사르코지 대통령은 역사에 남다른 관심과 애착을 지녔을 것이다. 그가 휴가나 국제 회담에 참석할 때면 보란 듯이 역사책을 들고 다녔으며, 대통령궁에서 자주 역사가들과 점심식사를 즐겼다는 것은 잘 알려진 일화다. 그는 전임 대통령들만큼이나 해박한 역사 지식을 과시했으며, 정치 담화를 역사 담론으로 장식하고 역사적 준거를 동원해 국민에게 국정을 설명하곤 했다.

하지만 정치인 사르코지와 역사의 '만남'은 주로 국민의 감성에 호소하는 그의 정치 스타일만큼이나 즉흥적이고 단편적이었다.[47] 그는 알제리를 방문해서 식민주의 체제의 부당성을 고발하고 유럽인이 아프리카에 심어준 아픈 상처를 위로하는가 하면, 세네갈에서는 아프리카의 역사를 폄훼

하는 발언을 해 물의를 일으켰다. 그는 홀로코스트 추념제 때마다 프랑스의 희생과 대비되는 독일의 가혹성을 비판해 외교적 마찰을 일으키는가 하면, 국제무대에서는 역사가 맺어준 영원한 우방 독일을 찬양하는 발언을 내놓아 주변을 어리둥절하게 만들었다. 그는 '프랑스 유대인대표위원회 CRIF' 대표와 회담하는 자리에서 앞으로 초등학교 5학년CM2 학생들이 홀로코스트로 희생된 프랑스의 유대인 어린이 1만 1000명 중 한 명을 '친형제'로 삼아 교실에서 애도하는 교육을 시행하도록 하겠다고 밝혀 교육 관계자를 혼란에 빠뜨리기도 했다.

대통령 사르코지는 취임을 전후해서 프랑스 역사에 대한 자신의 독특한 취향과 관점을 선뜻 국민 앞에 펼쳐놓는 깜짝 쇼를 연출하곤 했을 뿐만 아니라, 관련 역사가나 교육과 문화 관련 부처를 총동원해 국민 역사교육을 재편하고 프랑스 역사를 새롭게 해석하는 작업에 몰두했다. 물론 국가 지도자가 정권과 체제 유지에 유리한 방향으로 역사교육에 영향력을 행사하는 사례가 비단 사르코지에게만 국한되지는 않을 것이다. 하지만 사르코지의 프랑스 역사에 대한 관심과 정치 도구화 전략은 전임자들을 훌쩍 뛰어넘을 정도로 방대한 궤적과 체계적인 전망을 지니고 있었다. 그것은 실로 프랑스의 역사와 프랑스인의 정체성에 대한 전면적인 재구성 작업인 동시에, 대규모 국책 사업으로 확장된 관제 '역사 만들기' 기획이었다.

대통령 개인의 역사관과 국정 철학에 기반을 둔 국민교육 정책은 때로 엄청난 논쟁을 불러일으켰다. '기 모케 사건'과 '프랑스 역사의 집'은 가장 큰 파장을 불러왔던 사례다. 사르코지는 국민 화합을 명분으로 레지스탕스의 기억을 좌파도 우파도 아닌 국민 전체의 몫으로 교육하고자 했다. 그러나 그것은 역사에 대한 비판적인 성찰이기에 앞서 정권의 이해에 맞춘 정치적 기획이었다. 한걸음 더 나아가 사르코지는 민족 정체성의 회복을 외치며 프랑스의 영광을 선양하는 역사의 집이라는 민족사박물관을 건립하고자 했다. 하지만 그것은 개방과 화해의 시대에 어울리지 않는 자민족 중심의 배타적 교육정책이었으며, 선거 국면과 연결된 국민 홍보용 정치전략이기도 했다.

사르코지가 집권한 5년 동안 대통령을 필두로 한 관련 당국과 비판적 입장에 선 역사가 사이에 올바른 역사 인식과 교육정책을 둘러싸고 힘겨운 줄다리기가 계속되었다. 자율적이고 개방적인 교육을 원하는 일선 교육자가 역사를 정치적으로 이용하려는 정치권력에 맞선 것이다. 대선에 패해 권좌에서 물러났지만 사르코지 대통령의 5년 재임 기간은 대국민 역사교육의 성격과 향배를 놓고 역사가와 교육단체가 정치권력과 팽팽한 긴장관계를 유지한 '역사 전쟁'의 시기로 기억될 것이다.

중세 말과 구체제의 교육과 정치
1장 정치격변 속의 중세 말 파리 대학

1 Jacques Verger, *Les universités au Moyen Âge* (Paris: PUF, 1999), pp.41~42; Jean-Philippe Genet, *La mutation de l'éducation et de la culture médiévales*, t. 1 (Paris: Seli Arslan, 1999), pp.199~205.

2 1270년과 1277년 두 차례에 걸쳐서 이루어졌다고 하는 에티엔 탕피에Étienne Tempier의 아베로에스 이론에 대한 정죄는 얼마나 현실적인 규범으로 작동했으며, 실제 처벌로 이어졌을까? 최근 에티엔 탕피에가 교황에게 보낸 서신이 새로 발견되었다. 그것은 이단적 사상을 지닌 교수들의 명단을 보내라는 교황의 주문에 파리 대학장 에티엔 탕피에가 파리 대학에서 자율적으로 알아서 처리하겠다며 명단 제공을 거부하는 내용이다. 이와 관련하여 최근의 중세 철학 연구자들은 파리 대학이 강압적으로 지적 탄압을 행했다는 기존의 주장을 완화해 바라볼 것을 제기한다. 이에 따르면 아베로에스에 대한 연구 제재는 실질적인 조치로 이어지지 않고 일종의 경고성 선언으로 끝났을 가능성이 크다. 이에 대한 대표적인 연구로는 Kent Emery Jr. & Andreas Speer, "After the Condemnation of 1277: New Evidence, New Perspectives, and Grounds for New Interpretations", *Nach Der Verurteilung Von 1277: Philosophie Und Theologie an Der Universitat Von Paris Im Letzten Viertel Des 13. Jahrhunderts. Studien Und Texte* (Walter De Gruyter Inc, 2000), pp.3~19; Dragos Calma, "Du bon usage des grecs et des arabes. Remarques sur la censure médiévale", L. Bianchi (éd.), *Christian readings of Aristotle from the Middle Ages to the Renaissance* (Turnhout, Brepols, 2011), pp.51~100 참조. 한편 이른바 '아베로에스주의'에 대한 경고는 14세기에 둔스 스코투스나 윌리엄 오컴과 같이 아베로에스주의를 비켜가는 새로운 철학적 논리와 사유방식을 창출하는 데 기여했다. Gordon Leff, *The Dissolution of the Medieval Outlook. An Essay on Intellectual and Spiritual Change in the Fourteenth Century* (New Yok: Harper Torchbooks, 1976), pp.24~31.

3 《가톨릭대사전》에서는 지복직관을 이렇게 풀이한다. "하느님을 직접 보는 것, 이것이 천국의 행복한 상태다. 교회의 정의에 따르면 의인의 영혼은 하느님의 본성을 직접 얼굴을 맞대고 본다. 그 결과 신의 본질은 어떤 피조물을 통해 간접적으로가 아니라 직접, 있는 그대로, 명확히 숨김없이 알려진다. (……) 하느님을 직접 보는 결과로서 하느님의 행복에 참여하게 된다. (……) 천사도 지복직관을 누리고 있고, 그리스도의 인성은 지상 생활을 하고 있는 동안에도 지복직관의 상태에 있었다." 출처: 가톨릭대사전(http://info.catholic.or.kr)

4 '학문 중심지 이행trnaslatio studii'이라는 주제는 몇몇 선구적인 담론에도 불구하고 13세기 후반 신성로마제국 지역에서 독일제국론을 강조하던 몇몇 정치저술가에 의해 본격적으로 제기된 것으로 보인다. 대표적으로 오스나브뤼크의 요르다누스Jornanus von Osnabrück(약 1220~1284)가 쓴 《로마제국 특권론*De praerogativa Romani imperii*)과 로에스의 알렉산더Alexander von Roes(약 1225~1300)가 쓴 《로마제국의 특권에 대한 비망록*Memoriale de prerogativa Romani imperii*》을 들 수 있다(윤비, 〈중세 독일 민족의식의 발전과 로에스의 알렉산더의 제국론〉, 《서양중세사연구》 28호, 2011년 9월, pp.124~125). 프랑스의 유약함과 신성로마제국의 강건함을 대비하면서 독일 지역의 우월감과 일

종의 민족 감정을 내세우기 위한 이러한 논의는 14세기에 들어와 파리 대학의 성장 및 '현명한 군주'라는 이데올로기의 등장과 함께 프랑스의 지적 우월성을 내세우는 담론으로 역이용되기 시작했다. Alain Boureau, "Le prince médiéval et la science politique", R. Halévi (éd.), *Le savoir du prince du Moyen âge aux lumières* (Paris, 2002), pp.31~34.

5   이에 대한 전반적인 논의는 Serge Lusignan, *Vérité garde le roy. La construction d'une identité universtaire en France(XIIIe~XVe siècle)* (Paris, 1999), Ch.5 참조. 13세기까지 파리 대학을 후원한 주요 세력은 프랑스 왕권은 물론 교황권이었다. 하지만 14세기 초부터 15세기 중반까지 이어진 아비뇽 유수와 교회대분열을 거치면서 파리 대학을 후원하던 교황권은 결국 프랑스 왕권에 종속적인 모습을 보일 수밖에 없었다.

6   자크 르 고프, 최애리 옮김, 《중세의 지식인들》, 동문선, 1998, p.226.

7   H. Denifle & E. Chatelain, *Chartularium Universitatis Parisiensis* (Paris, 1891~1897) 이하 CUP.

8   CUP, t. II, No.657.

9   E. Perrot, *Les cas royaux. Origine et dévéloppement de la théorie aux XIIIe et XIVe siècles* (Paris: Arthur Rousseau, 1910), p.98, 각주 1, pp.120~122. 대학의 교사와 학생에게는 결혼이 허용되었다.

10   S. Lusignan, *Vérité garde le roy*, pp.140~168.

11   J. Verger, "A la naissance de l'individualisme et de la pensée individuelle: la contribution des universités médiévales", J. Coleman (dir.), *L'individu dans la théorie politique et dans la pratique* (Paris: PUF, 1996), pp.75~76.

12   대표적인 사례가 바로 필리프 5세의 즉위였다. 이에 대해서는 홍용진, 〈프랑스 필리프 5세 통치 시기 정치적 문제들과 왕권의 대응〉, 《서양중세사연구》, 29호, 2012년 3월, pp.113~116.

13   Nathalie Goroschov, *Le collège de Navarre de sa fondation(1305) au début du XVe siècle(1418)* (Paris: Honoré Champion, 1997).

14   Jacques Verger, *Histoire des universités en France* (Toulouse, 1986), pp.38~39.

15   잔Jeanne de Navarre 1세는 나바라 왕국의 여왕이자 샹파뉴 여백작이었다. 12~13세기 봉건 제후들 중 가장 명망이 높았던 샹파뉴 백작 가문의 티보Thibaut 3세는 1199년 나바라 왕 산초Sancho 6세의 딸 블랑카Blanca, 즉 블랑슈와 결혼했다. 이후 이 둘 사이에서 태어나 작위를 이어받은 티보 4세(1201~1253)는 1234년 외삼촌인 산초 7세가 사망하자 나바라 귀족들의 추대로 나바라 왕위에 오르게 되었다. 이후 나바라 왕위는 잔 1세까지 샹파뉴 백작 가문에서 승계하게 되며, 1305년 잔 1세 사후에는 필리프 4세와 잔 1세 사이에서 태어난 프랑스 왕세자 루이 10세가 이를 계승했다. 1315년 루이 10세의 요절 후 프랑스 왕위를 찬탈한 필리프 5세는 나바라 왕위만은 루이 10세의 딸인 잔(잔 2세)에게 양보했고, 잔 2세는 사촌인 에브뢰 백작 필리프 3세와 결혼했다. 이 둘 사이에서 태어난 샤를 2세가 후일(1350년대) 성년이 되어 프랑스 왕위를 요구하게 되고, 발루아 가문의 장 2세 및 샤를 5세와 내전을 치르게 된다.

16   Jacques Verger, *Histoire des universités en France*, pp.151~170, 230~237.

17   Françoise Autrand, *Charles V* (Paris, 1994), pp.688~712; J. Quillet, *Charles V, le roi sage* (Paris, 2002), pp.88~91.

18   Jacques Krynen, *L'empire du roi. Idée et croyances politiques en France XIIIe~XVe siècle* (Paris, 1993), p.116, pp.228~231. 니콜 오렘Nicole Oresme은 아리스토텔레스의 《윤리학》과 《정치

학)을 번역했는데, 중세적 해석에 따라 여러 정치체제 중 군주정을 최선의 것으로 평가했다. 하지만 그것은 군주 독단에 의한 통치여서는 안 되고 신학자의 조언이 수렴된 군주정이어야 했다. 또한 그는 혈연적 세습을 통해서만 정치체를 담지하는 왕권과 정치체의 연속성이 확고하게 보장될 수 있다고 보았다.

19   N. Goroschov, *Le collège de Navarre*, pp.321~342.

20   N. Goroschov, *Le collège de Navarre*, pp.523~539. 이 당시의 대표적 인물로 장 드 기니쿠르, 피에르 다이이, 장 제르송, 장 쿠르트퀴스 등이 있다. 이 중 피에르 다이이와 장 제르송은 14세기 말에서 15세기 초의 철학사에서 중요한 신학자로 평가된다. 니콜 오렘, 피에르 다이이, 장 제르송은 모두 스승과 제자 사이로, 나바르 콜레주의 학맥을 잇고 있었다.

21   이들이 진출한 주요 왕실과 정부 관직으로는 국왕 고해신부, 궁정 사제, 왕실에서 건립한 각종 교회 사제, 상서국, 고등법원 국왕참사회, 회계법원 등이 있다.

22   고등법원은 조정회의Curia Regis에서 분화된 최고사법기관으로, 1239년에 사법참사회의를 지칭하기 위한 용어로 처음 등장했다. 이후 루이 9세 때 결투재판을 금지하고 이를 대체하기 위한 재판정으로 정착되어 나갔다. 하지만 항구적이고도 세분화된 조직과 제도는 필리프 4세(1285~1314)와 필리프 5세 치세(1316~1322)의 관료제 확장기를 거쳐 1345년에야 확고해지기 시작했다. Fr. Autrand, "Parlement", Cl. Gauvard et als., *Dictionnaire du Moyen Âge* (Paris: PUF, 2002), pp.1046~1047.

23   홍용진, 〈14세기 수도 파리의 등장과 정치적 의사소통으로서의 왕궁 건축〉, 《도시연구: 역사·사회·문화》 6호, 2011년 12월, pp.73~103.

24   J. Verger, *Les universités au Moyen Âge*, pp.147~155.

25   예를 들어 랑Laon 대성당 참사회원 구성을 보면 1200년경에는 대학 졸업자가 20퍼센트에 불과했다면 1300년경에는 45퍼센트, 1400년경에는 86퍼센트로 증가해 나갔다. 이에 대해서는 Hélène Millet, *Les Chanoines du chapitre cathédral de Laon* (Paris, 1979), pp.243~273 참조.

26   예를 들어 요한 22세 당시 134명의 추기경 중 전공 학부가 알려진 사람이 66명인데, 이들 중 47명이 법학부 출신이고 18명만이 신학부 출신이었다. 이에 대해서는 Bernard Guillemain, *La cour pontificale d'Avignon 1309~1376. Étude d'une société* (Paris: De Boccard, 1966), p.217; J. Verger, "Études et culture universitaires du personnel de la curie avignonnaise", *Aux origines de l'État moderne. Le fonctionnement administratif de la Papauté d'Avignon* (Rome, 1990), pp.61~78 참조.

27   Jacques Verger, *Les gens de savoir en Europe à la fin du Moyen Âge* (Paris, 1998), pp.126~130; *Culture, enseignement et société*, pp.191~194.

28   Fr. Autrand, *Naissance d'un grand corps de l'État. Les gens du Parlement de Paris 1345~1454* (Paris, 1981), p.445(Tableau 26); J. Verger, "Le recrutement géographique des université françaises au début du XVe siècle d'après les *suppliques* de 1403", *Les Universités françaises au Moyen Âge* (Leiden, New York, Köln: Brill, 1995), pp.143~147.

29   Fr. Autrand, *Naissance d'un grand corps de l'État*, pp.259~267(Conclusion: de la seigneurie ès lois à la nolbesse de robe).

30   이는 특히 1297년 루이 9세의 시성식 이후 본격적으로 시작되었다. 이 '성인 왕'에 대한 숭배는 바로 필리프 4세 이후 본격적으로 시작된다. 이에 대해서는 홍용진, 〈13세기 말~14세기 초 프랑스 왕권 이미지 생산〉, 《역사학보》 214집, 2012년 6월, pp.251~256 참조.

31 C. Samaran, "Projets français de croisade de Philippe le Bel à Philippe de Valois", *Histoire littéraire de la France*, t. 41 (Paris, 1981), pp.33~74. 특히 필리프 4세 시기의 법률가들 중 하나인 피에르 뒤부아의 생각이 이러한 종류의 생각을 가장 잘 보여준다. W. I. Brandt (ed. & trans.), *The Recovery of the Holy Land* (New York, 1956). 이러한 견해의 근간에는 바로 프랑스 왕이 '가장 기독교적인 왕rex christianissimus'이라는 생각이 있다.

32 이 이행은 지리적으로 동쪽에서 서쪽 방향으로 이루어진다. 중세 초 로마에서 끝났던 이 이행의 연속은 중세 말 프랑스 파리까지 이어지며, 이후 근대 시기에는 영국 런던이 대열에 합류한다. 이에 대한 전반적인 논의로는 Edouard Jeauneau, *Translatio studii, The Transmission of Learning. A Gilsonian Theme, The Etienne Gilson series 18* (Toronto, Pontifical Institute of Mediaeval Studies, 1995) 참조.

33 S. Lusignan, *Vérité garde le roy*, Ch.5. 이탈리아 인문주의자와의 대결 의식을 가장 강하게 피력했던 프랑스의 대표적인 인문주의자로는 나바르 콜레주 출신으로 피에르 다이이의 제자이자 장 제르송의 동학이었던 장 드 몽트뢰유와 니콜라 드 클라망주 등이 있었다. Ezio Ornato, *Jean Muret et ses amis Nicolas de Clamanges et Jean de Montreuil. Contribution à l'étude des rapports entre les humanistes de Paris et ceux d'Avignon, 1394~1420* (Genève: Droz, 1969). 페트라르카는 이미 교황의 특사로 프랑스를 자주 방문했으며 장 2세와도 친분이 두터웠다. 그는 장 2세의 박식함과 라틴어 실력을 예찬했으며 당시 새로운 프랑스 궁정문화의 주역들과도 막역한 사이였다.

34 이 부분에 대한 장 제르송의 설교는 중세 양자제養子制의 이념과 실상에 비추어 그 의미를 보다 면밀하게 파악해야 할 필요가 있다. 장 제르송은 '대학이 국왕의 딸'이지만 자연적, 즉 혈연적 관계가 아니라 입양에 의해서 부녀관계를 맺는다고 본다. 이때 장 제르송은 입양을 수식하는 말을 "국왕의 입양", "존엄한 입양", "시민적 입양" 등과 같이 다양하게 사용한다. 문제는 중세 기독교는 입양을 비자연적, 부정적인 것으로 보았고, 이보다는 대부모-대자 관계의 영적 친족제를 선호했다는 점이다. 유희수, 〈중세 프랑스에서 '양자제'의 이념과 실상〉, 《서양중세사연구》 16호, 2005년 9월, pp.58~85. 일단 눈에 띄는 점은 장 제르송이 로마법에서 끌어온 양자제와 영적 친족제를 양자의 단점을 보완하며 교묘하게 혼합한다는 사실이다. 먼저 그는 양자제의 비자연성을 존엄함과 시민적인 관계로 변형한다. 그리고 왕권과 대학의 관계에서는 대부모-대자 관계가 영적 위계에 관련한 갈등을 불러일으킬 소지가 있기 때문에 친밀감을 주는 가족관계로 대치한다. 결론적으로 양자의 관계는 영적인 관계도, 자연적인 관계도 아니며, 제르송의 말대로 정치공동체에 의한 '시민적' 결속이다.

35 S. Lusignan, *Vérité garde le roy*, pp.267~281.

36 J. Krynen, *L'empire du roi*, pp.116~124. 트레모공의 입장은 현실적으로 샤를 5세 치세 말기에 가속화된 국가 관료 법률가의 조직적인 행정망 확장과 이들에 의한 일방적 정책 시행을 정당화하는 것이다. 실제로 '현명왕' 샤를 5세는 1370년대 '조세의 아버지'로서 프랑스에서 구체제 조세체제의 근간을 마련한다. 그것은 바로 신분회의 동의 없는 과세와 귀족의 세금 면제라는 특징을 지닌다. 샤를 5세 시기의 과중한 조세는 곧 그의 사망과 더불어 거대한 저항을 초래한다.

37 성백용, 〈14세기 말~15세기 초 프랑스 왕국의 '재정 혁명'과 재정 문제〉, 《전북사학》 36호, 2010, pp.251~282.

38 Jean Gerson, Mgr Glorieux (ed.), *Oeuvres complètes, vol. VII-1. L'Oeuvre française: Sermons et Discours(340-398)* (Paris: Desclée, 1968), pp.1137~1185(398).

39 아르마냐크파와 부르고뉴파 사이의 내전에 대해서는 Bertrand Schnerb, *Les Armagnacs et les Bourguignons. La maudite guerre* (Paris, 2001) 참조. 카보시앵 봉기에 대해서는 성백용, 〈14세기 후반~15세기 초 프랑스 왕정과 북부 도시들의 반란-국가 재정의 문제를 중심으로-〉, 서울대학교 박사학위 논문, 2002, pp.58~79 참조.

40 Bernard Guenée, *L'opinion publique à la fin du Moyen Âge: d'après la 'Chronique de Charles VI' du Religieux de Saint-Denis* (Paris, 2002), p.196.

41 자크 르 고프, 최애리 옮김, 《중세의 지식인들》, 동문선, 1998, pp.232~234; J. Verger, *Les universités au Moyen Âge*, pp.167~171.

2장 절대왕정과 여성 교육: 루이 14세 시대 생시르 기숙학교

1 Jean-Joseph Milhet, "Saint-Cyr, haut lieu voué à l'éducation", Chantal Grell et Arnaud Ramière de Fortanier (éd.), *L'Éducation des jeunes filles nobles en Europe XVIIe~XVIIIe siècles* (Paris: Presses de l'Université Paris-Sorbonne, 2004), p.100.

2 *Ibid.*

3 1635~1718. 프랑스 왕 루이 14세의 두 번째 부인이지만, 정식으로 왕비 칭호를 받지는 않았다.

4 Maud Cruttwell, *Madame de Maintenon* (New York: Dutton, 1930), pp.398~399.

5 김응종, 〈절대왕정의 명암〉, 《서양의 역사에는 초야권이 없다》, 푸른역사, 2005, p.105.

6 Jean-Joseph Milhet, "Saint-Cyr, haut lieu voué à l'éducation", p.99.

7 Daniel Roche, *Les Républicains des lettres: Gens de culture et lumières au XVIIIe siècle* (Paris: Fayard, 1988), p.351.

8 J. Prévot, *La première institutrice de France, Madame de Maintenon* (Paris: Belin, 1981), p.20.

9 S. J. John J. Conley, (ed), *Dialogues and Addresses: The Other Voice in Early Modern Europe by Madame de Maintenon* (Chicago: University Of Chicago Press, 2004), p.5.

10 Madame de Maintenon, (éd.), par Théophile Lavallée, *Correspondance générale de Madame de Maintenon* (Paris: Charpentier Libraire-Éditeur, 1865), p.342.

11 *Ibid.*, p.343.

12 S. J. John, J. Conley, (ed), *Dialogues and Addresses*, p.5.

13 서정복, 〈17~18세기 프랑스의 교육과 교육공간 문제〉, 《서양사학연구》15집, 2006, pp.9~10.

14 S. J. John J. Conley, (ed.), *Dialogues and Addresses*, p.15.

15 Karen L. Taylor, "Cher espoir de la nation sainte: the maison royale de Saint Louis at Saint-Cyr", Ph. D, Sidwell Friends School/Georgetown University (2000), p.77.

16 H. C. Barnard, *Madame de Maintenon and Saint-Cyr* (London: A. & C. Black, 1934), pp.39~40.

17 Elfrieda Dubois, "The Education of Women in Seventeenth-Century France", Marilyn J. Boxer and Jean H. Quatrant (eds.), *Connecting Spheres: Women in the Western World, 1500 to the Present* (New York: Oxford University Press, 1987).

18 Karen L. Taylor, "Cher espoir de la nation sainte", p.85.

19 Ibid.

20 H. C. Barnard, *Madame de Maintenon and Saint-Cyr*, p.50.

21 Karen L. Taylor, "Cher espoir de la nation sainte", p.127.

22 Georges Synders, *La Pedagogie en France Aux XVIIe et XVIIIe Siècles* (Paris: PUF, 1965), pp.164~170.

23 Karen L. Taylor, "Cher espoir de la nation sainte", p.77.

24 백인호, 〈구체제의 교회제도와 국가권력〉, 최갑수 외, 《프랑스 구체제의 권력구조와 사회》, 한성 대출판부, 2009, p.294.

25 Théophile Lavallée, *Histoire de la Maison Royale de Saint-Cyr (1686~1793)* (Paris: Furne et Cie, 1853), p.34에서 재인용.

26 최갑수, 〈서문: 구체제의 제도사-절대군주제, 국가, 신분사회〉, 최갑수 외, 《프랑스 구체제의 권 력구조와 사회》, 한성대학교출판부, 2009, p.24.

27 Gabriel Audisio, *Les Français d'hier, t. II* (Paris: Armand, 1996), pp.49~50. (백인호, 〈구체제의 교회 제도와 국가권력〉, 최갑수 외, 《프랑스 구체제의 권력구조와 사회》, 한성대학교출판부, 2009, p.282에서 재인용.)

28 백인호, 앞의 글, 2009, p.283.

29 루이 14세의 귀족정책에 대해서는 강미숙, 〈생시르 기숙학교를 통해 본 루이 14세의 귀족정책〉, 《서양사학연구》 16집, 2007 참조.

30 이영림, 〈태양-왕에서 인간-왕으로: 정치사의 부활과 루이 14세 연구〉, 《서양사론》 84호, 2005, pp.313~316.

31 피에르 구베르, 김주식 옮김, 《앙시앙레짐》 I, 아르케, 1999, p.262.

32 앞의 책, 1999, p.268.

33 Théophile Lavallée, *Histoire de la Maison Royale de Saint-Cyr (1686~1793)*, pp.42~44.

34 J. Prévot, *La première institutrice de France, Madame de Maintenon*, p.23

35 Instruction pour le Dauphin, in *OEuvres de Louis IV* (1806), II, p.270. (H. C. Barnard, *Madame de Maintenon and Saint-Cyr*, p.46에서 재인용.)

36 Gobinet, "Instruction chrétiennes des jeunes filles instruites dans les écoles, religions et pensions, 1687", p.27. (H. C. Barnard, Ibid., 재인용.)

37 Louis XIV, *Mémoires de Louis XIV pour l'instruction du Dauphin*, Charles Dreyss (ed.), vol. II (Paris: Librairie Academiques, 1860), p.531.

38 Daniel Roche, *Les Républicains des lettres: Gens de culture et lumières au XVIIIe siècle*, p.365.

39 Gobinet, "Instruction chrétiennes des jeunes filles", p.74.

40 Théophile Lavallée, *Madame de Maintenon et la maison royale de Saint-Cyr, 1686~1793* (Paris: Henri Plon, 1862), pp.4~5

41 Ivan Betskoi, *Les plans et les statuts des differens etablissements ordonnés par sa majeste imperiale Catherine II pour l'education de la jeunesse et l'utilite generale de son empire* (Amsterdam: Chez Marc-Michel Rey, 1775). (Karen L. Taylor, "Cher espoir de la nation sainte", p.336에서 재인용.)

42 Ivan Betskoi, *Les plans et les statuts*, p.112. (Karen L. Taylor, Ibid., p.337에서 재인용.)

1   필리프 아리에스, 문지영 옮김,《아동의 탄생》, 새물결, 2003, p.246.

2   사회복지법에 따르면 아동은 18세 미만의 사람을 일컬으며, 어린이는 4~5세에서 초등학생까지를 가리킨다. 이를 근거로 이 글에서는 아동이라는 단어를 택했음을 밝혀둔다.

3   쇼뉘Chaunu에 따르면 17세기 중엽 파리에는 166개의 유료학교, 80개의 무료학교와 수도회가 운영하는 소학교가 존재했다. G. Sicard, *Enseignemnet et politique en France de la Révolution à nos jours*, t., 1 (Editions Godefroy de Bouillon, 2010), p.15

4   D. Julia, "Christian education", S. J. Brown and T. Tackett, *The Cambridge History of Christianity*, V. 7, *Enlightenment, Reawakening and Revolution 1660~1815* (Cambridge Univ. press, 2006), p.155.

5   7~14세 남자 어린이의 25퍼센트, 도시의 경우 40퍼센트가 학교교육을 받았다. 1815년에는 이들의 비율이 53~55퍼센트로 증가했다. R. Grevet, *Ecole, pouvoirs et société fin XVIIe siècle-1815, Artois Boulonnais* (Lille: Presse de l'Univ. de Charles de Gaule, 1999), p.8.

6   M. Cottret, *Culture et politique dans la France des Lumières, 1715~1792* (Armand Colin, 2002), p.45. 프랑스 남성의 문자 해독률은 1700년 3분의 1에서 1740년 3분의 2로 증가했다. 지리적으로는 북쪽과 북동쪽의 문자 해독률이 높았으며 실제로 이 지역의 학교 보급률이 높았다. 남성이 여성보다, 도시가 농촌보다 높은 문자 해독률을 보인 것도 같은 이치로 설명할 수 있다.

7   이영림, 〈17세기 후반 프랑스에서의 아동교육-샤를 데미아의 무료 학교를 중심으로〉,《역사학보》164집, 1999, p.259.

8   R. Chartier, M-M. Compère et D. Julia, *L'Education en France du XVIe au XVIIIe siècle* (Société d'Edition d'Enseignement Supérieur, 1976), p.208.

9   교육이념에 관한 철학자들의 모호함에 초점을 맞춘 H. Chisick, *The Limits of Reform in the Enlightenment: Attitudes towards the Education of the Lower Classes in Eighteenth-Century France* (Princeton Univ. Press, 1981) 참조. 이 책은 18세기의 교육에 관한 다양한 논쟁을 불러일으켰다.

10   댕빌과 프리조프가 학생들의 인구학적 구성을 분석하는 데 몰두한 반면, 줄리아와 샤르티에는 가톨릭과 개신교의 차이에 주목하며 장기 지속적 시각에서 교육과정을 추적했다. 비게리는 아날파는 약간 다른 관점에서 가정과 교회, 교실, 국가의 상호관계에 초점을 맞추었다: F. Dainville, *L'Education des jésuites: XVIe~XVIIIe siècles* (Editions de Minuit, 1978); W. Frijhoff et D. Julia, *Ecole et Société dans la France d'Ancien Régime. Quatre Exemples: Auch, Avallon, Condom et Gisors* (A. Colin, 1975); R. Chartier, M-M. Compère et D. Julia, *L'Education en France du XVIe au XVIIIe Siècle*; J. de Viguerie, *L'Institution des enfants: L'Education en France XVIe~XVIIIe siècles* (Calmann-Lévy, 1978).

11   9~10세의 어린이 3분의 1이, 11~12세의 어린이 3분의 2가 작업장에서 일했다. G. Sicard, *Enseignemnet et politique*, p.22.

12   콜레주의 기원과 성장에 관해서는 필리프 아리에스, 문지영 옮김,《아동의 탄생》, 새물결, 2003, pp.269~460과 R. Chartier, M-M. Compère et D. Julia, *L'Education en France du XVIe au XVIIIe Siècle*, pp.147~173 참조.

13   D. Julia, "Christian education", p.159.

14   J. de Viguerie, *L'Institution des enfants*, p.71·78.

15   원제목은 *Ratio ataque institutio studiorum societatis Iesu*다.

16   라틴어와 고전문헌 교육은 프랑스만이 아니라 유럽 가톨릭과 개신교 국가의 콜레주에서 나타난 공통된 현상이었다. D. Julia, "Christian education", p.156.

17   대학에 진학하려는 학생은 철학 과정에서 논리학·형이상학·윤리학을, 학교에 따라서는 물리학과 자연과학을 배웠다. C. R. Bailey, *French Secondary Education, 1763~1790: The Secularization of Ex-Jesuit Collèges* (Philadelphia: The American Philosophical Society, 1978), p.4.

18   M. Cottret, *Culture et politique dans la France des Lumières*, p.48·101.

19   Voltaire, *Siècle de Louis XIV*, p.142. J. McManners, *Church and Society in Eighteenth-Century France*, p.515에서 재인용.

20   루이르그랑에서 수사학 교실은 300명의 통학생과 60명의 기숙생으로 구성되었다. G. Chaussinand-Nogaret, *Les Francais Çsous Louis XV* (Texto, [1979]2012), p.103.

21   콜레주는 기숙학교로 출발했으나 점차 기숙학생은 소수에 불과했고 통학생이나 하숙생이 대부분을 차지했다. 이는 콜레주 자체의 재정 사정이 나빠져 기숙사 시설이 부족했고 학생들의 부담도 커졌기 때문이다. 기숙생은 보통 한방에 15~20명이 사용했으나, 대귀족의 아들은 별도의 거처에 하인과 가정교사까지 함께 지냈다. J. McManners, *Church and Society in Eighteenth-Century France*, pp.517~518.

22   D. Julia, "Christian education", p.179.

23   1603년 앙리 4세는 추방했던 예수회를 다시 불러들이면서 라플레슈에 있는 자신의 성을 학교로 사용하도록 허가하고 2만 리브르의 재원을 마련해주었다. 이 학교의 철학 과정은 전 유럽에서 최고 수준이라는 명성을 얻었으며, 데카르트도 1604년부터 8년간 이 학교에서 수학했다.

24   F. Bluche, *Les Maigstrats du parlement de Paris au XVIIIᵉ siècle* (PUF, 1975), p.245.

25   J. McManners, *Church and Society in Eighteenth-Century France*, pp.516~517.

26   J. de Viguerie, *L'Institution des enfants*, pp.120~122.

27   1842년에는 45분의 1로 비교적 완만하게 증가했을 뿐이다. 참고로 1789년 프랑스 인구는 2630만 명이며, 그중 남성은 49.3퍼센트, 8~18세의 청소년은 19.1퍼센트였다. Ibid., p.190.

28   18세기에는 여성과 아동 교육도 급성장해서 파리에만 250여 개의 학교에 1만 1000명의 여학생이 있었다. K. E. Carter, "Les garçon et les filles sont pêle-mêle dans l'école: Gender and Primary Education in Early Modern France", *French Historical Studies*, Vol. 31, No.3(Summer, 2008), p.418.

29   필리프 아리에스, 문지영 옮김, 《아동의 탄생》, 새물결, 2003, p.382.

30   R. R. Palmer, *The Improvement of Humanity: Education and the French Revolution* (Princeton Univ. Press, 1985); C. R. Bailey, *French Secondary Education*. A. D. O'Connor, "Reading, Writing, and Representation: Politics and Education in France, 1762~1794", (Univ. of Pennsylvania, 2009).

31   *Encyclopédie*, t. III, 1753, p.635.

32   J. McManners, *Church and Society in Eighteenth-Century France*, p.531.

33   예수회 수사들은 중국의 전통적인 개념과 방식을 수용하며 어렵게 개종의 성과를 얻었으나 18세기 초 교황이 중국의 제사를 이단으로 단죄하면서 치열한 전례 공방에 휩싸였다. 예수회에 적대적인 세력에게 전례 문제는 예수회를 공격할 수 있는 호기로 작용했다. *Anecdotes sur*

l'état de la religion dans la Chine, 1733~1742, 3vols. R. Etiemble, *Les Jésuites en Chine 1552~1733: la querelle des rites* (1966) 참조.

34 J. McManners, *Church and Society in Eighteenth-Century France*, p.538.

35 D. G. Thompson, "The Lavalette Affair and the Jesuit Superiors", *French History*, Vol. 10, No.1 (1996), pp.206~239.

36 La Chalotais, *Compte rendu des Constitutions des Jésuites… les 1, 3, 4, et 5 décembre 1761, en exécution de l'arrêt de la cour du 17 août précédent* (1762).

37 J. McManners, *Church and Society in Eighteenth-Century France*, p.536.

38 La Chalotais, *Essai d'éducation nationale, ou Plan d'études pour les jeunes* (Nabu press, [1763], 2012); Guyton de Morveau, *Mémoire sur l'éducation publique* (1764), Rolland d'Erceville, *Compte rendu aux Chambres assemblées par M. Rolland des différants mémoires envoyés par les universités dans le ressort de la cour, en exécution de l'arrêt des Chambres assemblées du 3 septembre 1762* (1768).

39 이영림, 〈18세기 프랑스: 종교적 갈등에서 정치적 저항으로〉, 《역사학보》 213집, 2012, pp.201~202.

40 "Nation", Ides, *Dictionnaire critique de la Rvolution Franaise* (Flammarion, 1992), p.340에서 재인용.

41 La Chalotais, *Essai d'éducation nationale*, p.20.

42 Guyton de Morveau, *Mémoire sur l'éducation publique*, pp.3~5. (A. D. O'Connor, "Reading, Writing, and Representation", p.82에서 재인용); Rolland d'Erceville, *Compte rendu*, p.25. (Ibid., p.83에서 재인용.)

43 La Chalotais, *Essai d'éducation nationale*, p.102.

44 Rolland d'Erceville, *Compte rendu*, p.36. (A. D. O'Connor, "Reading, Writing, and Representation", p.95에서 재인용.)

45 Guyton de Morveau, *Mémoire sur l'éducation publique*, pp.103~105. (Ibid., p.87에서 재인용.)

46 Rolland d'Erceville, *Compte rendu*, pp.42~43. (Ibid., p.88에서 재인용).

47 C. R. Bailey, "Educational Administration and Politics: The Collège of Louis-Le-Grand, 1763~1790" *History of Education Quarterly*, Vol. 19, No.3 (Autumn, 1979), p.333.

48 파리 고등법원 관할 구역 내 콜레주는 모두 110개로 예수회 소속 38개, 다른 수도회 소속 38개, 시가 운영하는 콜레주가 34개였다. C. R. Bailey, "Municipal Colleges: Small-Town Secondary Schools in France Prior to the Revolution", *French Historical Studies*, No.3 (1982), p.354.

49 C. R. Bailey, "Educational Administration and Politics", p.334.

50 M. Cottret, *Culture et politique dans la France des Lumières*, p.101.

51 A. D. O'Connor, "Reading, Writing, and Representation", p.103.

52 R. Chartier, M-M Compère et D. Julia, *L'Education en France du XVIe au XVIIIe Siècle*, p.209.

53 A. D. O'connor, "Reading, Writing, and Representation", pp.109~110.

54 20명은 4·5·6학년 문법과 고전 기초교육, 다른 20명은 2·3학년 수사학, 나머지 20명은 2년간 철학 수업을 담당하기 위한 교육을 받았다. A. D. O'conn or, "Reading, Writing, and Repre-

sentation", p.126.

55 *Lettres Patentes du roi*, 1763. 2. p.2. (*Ibid.*, p.123에서 재인용).

56 C. R. Bailey, *French Secondary Education*, p.16·25.

57 C. R. Bailey, "Municipal Colleges: Small-Town Secondary Schools in France Prior to the Revolution", p.354.

58 독일에서도 1765년 이후 교육개혁이 시도되었다. 독일의 교육개혁은 군대, 재정, 사법 개혁의 수준에 못 미치기는 하지만 교사양성학교 설립과 초등학교에 관한 법규 등 교육체제 전체를 국가의 통제하에 일원화하려는 일련의 정책을 추진했다. D. Julia, "Christian education", p.155.

혁명기와 19세기의 초등교육 개혁
4장 프랑스 혁명기 공공교육위원회의 교육안

1 Alain Rey (dir.), *Dictionnaire historique de la langue française* (Paris: Dictionnaires Le Robert, 1993), pp.1800~1801. 13세기에 출현한 révolution이란 단어는 원래는 천문학적 의미(사물을 그 출발점으로 되돌려놓는 운동, 즉 회전 또는 순환)로 쓰였다. 인문학에서는, 정식으로 목록에 기입된 몇 가지 정치 형태의 반복적인 회귀라는 의미였다고 한다. 그것은 태양의 회전처럼 이전 상태로 반드시 돌아가며 불가항성不可抗性, 질서와 규칙성, 수동성이 특징이고 새로움이라고는 전혀 없는 것이었다. 그러나 17세기부터 영어 단어의 영향으로 전혀 새로운 의미(인간 삶의 부침, 공적인 일에 일어난 비상한 변화 등)가 일반화된 결과, 동일한 상태로의 회귀/새로움의 급작스럽고 격렬한 출현, 예측 가능/불가능, 질서/무질서, 보통/특별의 상반적인 의미가 공존하게 되었다. 18세기의 수많은 논쟁을 통해 후자가 차츰 득세한 것은 사실이지만, 쿠데타의 동의어로 쓰이는 정도여서 '사회의 심오한 변화'를 의미하지는 않았다. 또 이전의 의미도 여전했다. 그래서 영국혁명이나 미국혁명을 정상적인 과거로 회귀한 질서 혁명으로 볼 것인가, 아니면 변질과 소란의 무질서 혁명으로 볼 것인가에 관한 논란이 끊이지 않았다고 한다. 다시 말해서 혁명에 두 가지 종류, 좋았던 과거로 돌아가고 질서를 회복하는 혁명 그리고 예측이 불가능해서 무질서한 혁명이 있었던 것이다. 프랑스 혁명은 전대미문의 혁명을 지향함으로써 révolution에 새로운 의미를 부여하게 된다. François Furet et Mona Ozouf, *Dictionnaire critique de la Révolution française* (Paris: Flammarion, 1988), pp.848~849.

2 송기형, 〈불란서 대혁명기의 언어정책 ─ 제헌의회에서 열월반동 직전까지〉, 서울대학교 박사 논문, 1989, pp.62~65.

3 1789년 12월부터 지방자치단체 관련법들을 제정하기 시작한 제헌의회는 1790년 2월 26일 자 법에 의해 전국을 83개 도로 구분했다. 도는 3~9개의 군으로, 군은 면canton으로 나누어진다. 1789년 12월 14일 자 법은 구체제의 소교구를 프랑스의 기본 행정단위인 코뮌으로 바꾸었다.

4 이 학교들 위에 국립학사원Institut national이 있는데, 이것은 교육기관이라기보다는 곧(1793년 8월 8일) 해산될 운명인 아카데미 프랑세즈를 대신하는 기관이다.

5 1791년 헌법은 공공교육 바로 다음에 축제의 교육적 중요성을 천명했다. "프랑스 혁명의 기억을 간직하고 시민들 사이의 우애를 유지시키며 시민들이 헌법과 조국 그리고 법에 애착을 갖도록 만들기 위해 국민축제들을 조직한다." Jean Tulard, Jean-François Fayard, Alfred Fierro,

Histoire et dictionnaire de la Révolution française 1789~1799 (Paris: Robert Laffont, 1998), p.677.

6   군 학교는 7년 과정이라고 명시한 반면, 초등학교는 몇 년 과정인지 언급이 전혀 없다. 군 학교
     는 교과과정 등의 관점에서 구체제의 콜레주와 거의 똑같다.

7   James Guillaume, *Procès-verbaux du comité d'instruction publique de l'Assemblée lég-
     islative* (Paris: Imprimerie nationale, 1889), pp.188~246.

8   송기형, 〈공언어주의와 언어교육의 차등화에 관한 르네 발리바르의 연구〉, 《이론》 5호, 1993,
     pp.212~215.

9   1장 2~3조. "초등학교와 중등학교 선생maître은 교사instituteur라고 부른다." 1792년 4월 18일의
     공교위 67차 회의에서, 초등학교 교사를 지칭하는 단어로 régent 대신 instituteur를 쓰기로 결
     정했다. 이 단어는 이때부터 '초등학교 또는 국민학교 교사'라는 의미로 사용되기 시작했다. 차
     후 모든 교육안이 이 용어를 사용한다. Guillaume, *Assemblée législative*, p.187.

10   1792년 4월 20일 입법의회가 오스트리아에 선전포고를 하는 바람에 콩도르세는 보고서 및 법
     안 낭독을 중단하지 않을 수 없었다.

11   James Guillaume, *Procès-verbaux du comité d'instruction publique de la Convention
     nationale*, t. 1 (Paris: Imprimerie nationale, 1891), pp.68~73, 74~80.

12   *Ibid.*, pp.201~220.

13   그레구아르Grégoire 신부의 1794년 6월 4일 자 〈사투리를 근절하고 프랑스어 사용을 보편화할
     필요성에 관한 보고서〉에 따르면, 1789년 혁명 직전의 프랑스에는 "구체제의 봉건제적 행정구
     역인 주province의 명칭을 상기시키는 약 30개의 사투리가 상존하고, 적어도 600만의 프랑스인
     이 국어langue nationale를 모르고, 같은 수의 사람들이 국어로 대화를 이어나갈 능력이 거의
     없으며, 국어를 정확하게 말할 줄 아는 사람의 수가 300만을 넘지 못하고, 국어로 정확하게 글을
     쓸 수 있는 사람의 수는 아마 더욱 적을 것이다". 송기형, 〈공포정치기의 언어정책〉, 《인문과학논
     총》 23집, 1991, pp.109~110.

14   학교가 두 개 이상 설립되는 지역에서는 남교사와 여교사를 두고 남학교와 여학교를 운영한다.

15   Maurice Gontard, *L'enseignement primaire en France de la Révolution à la loi Guizot,
     1789~1833* (Paris: Les Belles Lettres, 1959), p.101.

16   구체제 교육의 가장 중요한 특징은 교회의 전권 행사, 소학교와 콜레주 사이의 비연속성이다. 따
     라서 초등교육이라는 용어 자체가 적합하지 않은 면도 있다. 어쨌든 반종교개혁운동의 결실 그
     리고 라살La Salle의 크리스트교 학교 수사회Frères des écoles chrétiennes가 대표하는 남성 교단들
     의 노력에 힘입어 18세기에는 소학교가 거의 모든 소교구에 설립되어 일종의 초등교육을 담당
     했다고 볼 수 있다. Gontard, *L'enseignement primaire*, pp.6~51; Philippe Ariès, "Problèmes
     de l'éducation", Michel François (dir.), *La France et les Français* (Paris: Gallimard, 1972),
     pp.908~915; 필리프 아리에스, 문지영 옮김, 《아동의 탄생》, 새물결, 2003, pp.461~501.

17   공안위comité de salut public의 전신은 1793년 1월 1일에 여섯 개 위원회(전쟁·재무·식민지·해군·외
     교·헌법)에서 3인씩 차출된 위원들로 구성된 전체방위위원회comité de défense générale였다. 이것
     이 4월 6일, 국민공회와 장관들을 연결해주는 역할을 담당하는 공안위로 대체된다. 그러나 장
     관들에게 결정권이 없었기 때문에 공안위가 집행권을 행사하게 되었다. 처음에 9인으로 구성된
     공안위는 지롱드파의 몰락과 함께 더욱 막강해져 12위원 체제로 확대되어 1793년 9월 5일부
     터 1794년 7월 27일까지 공포정치를 주도한다. 공안위의 독재는 지롱드파가 실각한 직후인 6월

3일 국민공회에서 통과된 법(공안위를 제외한 모든 위원회를 개편한다)에 의해 시작된다.

18 이때까지 국민공회는 지롱드파가 주도했다. 파리 코뮌의 총궐기에 의해 주요 지롱드파 의원들이 체포되자 서부와 남부 지방에서 연방주의자fédéralistes의 봉기가 일어나 프랑스는 중대한 내부 분열의 위기에 직면하게 된다. 더구나 외국군의 공세가 계속되고 있었다. 1793년 5월 말과 6월 초의 이 사건은 공화국 수립(혁명의 급진화)에 못지않은 전환점(혁명의 과격화)이라고 본다.

19 프랑스 혁명기인 1793년에 채택된 달력. 국민공회는 기독교와의 관련성에서 벗어나 과학적·합리적인 달력을 도입하고자 했다. 1년은 12개월이며 1개월은 10일 단위로 나눈 30일로 이루어진다. 1년의 마지막은 남은 날을 묶어 5일(윤년일 때는 6일) 단위가 되었다. 달의 순서는 방데미에르Vendémiaire(포도의 달), 브뤼메르Brumaire(안개의 달), 프리메르Frimaire(서리의 달), 니보즈Nivôse(눈의 달), 플뤼비오즈Pluviôse(비의 달), 방토즈Ventôse(바람의 달), 제르미날Germinal(싹의 달), 플로레알Floréal(꽃의 달), 프레리알Prairial(초원의 달), 메시도르Messidor(수확의 달), 테르미도르Thermidor(열熱의 달), 프뤽티도르Fructidor(열매의 달)다.

20 콩도르세파인 아르보가스트Arbogast의 주도로 마련된 〈공공교육용 교과서 편찬에 관한 보고서 및 법안〉(이하 교과서안)이 국민공회에서 몇 차례 논의되었다. 초등교육용 교과서만 편찬하기로 방향이 수정되어 라카날의 새로운 교과서안이 1793년 6월 13일에 국민공회에서 통과되고, 1794년 1월 28일(공화력 2년 플뤼비오즈 9일)에 '교과서 공모대회'가 개최된다. Guillaume, *Convention nationale*, t. 1, pp.94~101, 492~494; 송기형, 〈불란서 대혁명기의 언어정책〉, pp.116~120.

21 시예스는 신부, 도누는 오라토리오회 수도사, 라카날은 크리스트교 교리 수사회Congrégation des frères de la doctrine chrétienne 출신이다. 이런 경향은 6월 27일 공교위 재편에 따라 그레구아르 등이 가세함으로써 더욱 강화되었다.

22 Guillaume, *Convention nationale*, t. 1, pp.507~516. 라카날안은 보고서 없이 법안만 발표되었다.

23 Ariès, "Problèmes de l'éducation", p.871.

24 로베스피에르는 "시예스는 두더지처럼 국회의 지하도 속에서 끊임없이 움직인다. 그는 땅을 뒤집어놓고 사라지며 파당을 만들고 그들끼리 서로 싸우도록 충동질하면서 자기는 비켜나 있다가 상황이 유리해지면 다시 나타난다. 그는 법이 오늘날까지 처벌한 그 어떤 사람보다도 더 위험하고 자유에 대해 더 죄가 많다"라고 단언할 정도였다. Tulard, *Histoire et dictionnaire*, p.1098.

25 James Guillaume, *Procès-verbaux du comité d'instruction publique de la Convention nationale*, t. 2 (Paris: Imprimerie nationale, 1894), pp.34~61. 고위 귀족 출신으로 루이 16세 처형에 찬성한 르 펠르티에는 왕의 처형일 전날 밤에 암살되었다. 혁명의 순교자로 떠오른 그는 교육안을 유고로 남겼다.

26 "부모는 아이를 공동교육원에 보내야 할 의무가 있다. 그렇지 않은 부모의 시민권을 박탈하고 세금을 부과한다."

27 "국민공회는 공화국의 비용으로 운영하는 공동교육원을 설립하기로 결정했다. 시민들은 아이들을 보내지 않아도 된다." Guillaume, *Convention nationale*, t. 2, pp.XXV.

28 1793년 10월에 통과된 조항들은 초급학교라는 용어를 사용했다. 스파르타식 교육을 주창한 르 펠르티에안에 대한 초기의 열광은 사라지고, 국민공회는 8월 13일에 통과시킨 법(공동교육원 설립)을 10월 19일에 폐기했다. Guillaume, *Convention nationale*, t. 2, pp.673~676.

29 Guillaume, *Convention nationale*, t. 2, pp.849~855.

30 프랑스 혁명기의 언어정책은 지역어 또는 사투리 문제를 해결하기 위해 '학교에서 프랑스어를

프랑스어로 가르친다'는 목표를 제시했다. 이런 목표를 향한 노력이 19세기 내내 계속되어 20세기 초에는 프랑스 청소년 거의 모두가 프랑스어를 읽고 쓸 줄 알게 된다. 롬안은 "학교에서 어린이는 프랑스어를 말하고 읽고 쓰는 법을 배운다"(6조) 또 "교육은 모든 곳에서 프랑스어로 실시한다"(7조)라고 규정함으로써 "학교에서 프랑스어를 프랑스어로 가르친다"라는 조항을 최초로 명문화한 공식 교육안이다. 송기형, 〈불란서 대혁명기의 언어정책〉, pp.158~161.

31 수천 개의 교단학교를 폐쇄한 이 법 때문에 프랑스와 교황청은 외교관계를 단절했다.

32 James Guillaume, *Procès-verbaux du comité d'instruction publique de la Convention nationale*, t. 3 (Paris: Imprimerie nationale, 1897), pp.56~62.

33 당시에는 초등학교와 초급학교, 이 두 단어를 혼용했던 것 같다. 부키에안과 부키에법에는 그냥 학교라는 단어만 나온다.

34 James Guillaume, *Convention nationale*, t. 3, pp.191~194; Gontard, *L'enseignement primaire*, pp.115~120.

35 로베스피에르는 1793년 11월 17일(공화력 2년 브뤼메르 27일) 반종교운동을 이용하여 반혁명을 시도하려는 자들을 고발하는 보고서를 발표했고, 11월 21일(프리메르 1일)에는 종교의 자유를 강조하면서 무신론을 귀족주의적이라고 비난했다.

36 James Guillaume, *Procès-verbaux du comité d'instruction publique de la Convention nationale*, t. 4 (Paris: Imprimerie nationale, 1901), pp.XXV~XXVI. 사범학교école normale, cours normal라는 용어는 오스트리아에서 1774년에 생겼다고 한다. 이 용어를 프랑스에 도입한 사람은 시몽Jean-Frédéric Simon이다. 시몽이 공교위 위원들과 친분이 있었기 때문에 1793년 7월부터 공교위 위원들이 이 용어를 사용하기 시작했다.

37 *Ibid.*, pp.XXI~XXV. 외국과의 전쟁을 원활하게 수행하기 위해 "각 군에서 시민 두 명을 선발해 이들에게 파리에서 30일 동안만 무기와 화약 제조를 가르친 다음 귀향시키는" 방식의 '무기와 화약 제조에 관한 혁명적 강의'(방토즈 1~30일)가 커다란 성공을 거둠으로써 '혁명적 강의'를 다른 분야에도 도입하기로 했다.

38 *Ibid.*, pp.460~461. 이 법안은 각 군에서 교육에 자질이 있는 시민 네 명을 선발하여 파리에서 두 달 동안 집중적인 교육을 시킨 다음 지방으로 돌려보내면, 그들이 교수법을 가르쳐서 교사를 속성으로 양성한다는 내용이다.

39 James Guillaume, *Procès-verbaux du comité d'instruction publique de la Convention nationale*, t. 5 (Paris: Imprimerie nationale, 1904, pp.143~149, 178~184.

40 *Ibid.*, pp.234~237; Gontard, *L'enseignement primaire*, pp.136~140.

41 지롱드파인 도누는 1793년의 산악파 헌법을 공격한 이유 등으로 투옥되었다가 테르미도르 반동 이후에 부활하여 테르미도르파가 장악한 국민공회 그리고 총재정부Directoire의 핵심이 된다.

42 공공교육에 대한 도누의 보고서 및 법안은 1795년 10월 15일(공화력 4년 방데미에르 23일)의 국민공회에서 발표되고 심의를 거쳐 1795년 10월 25일(브뤼메르 3일)에 '공공교육조직법'으로 확정된다. James Guillaume, *Procès-verbaux du comité d'instruction publique de la Convention nationale*, t. 6 (Paris: Imprimerie nationale, 1907), pp.786~800, 869~873; Gontard, *L'enseignement primaire*, pp.152~155.

43 이것은 탈레랑의 국립학술원과 콩도르세의 국립학술협회를 계승한 것이다.

44 Patrice Higonnet, "The politics of linguistic terrorism and grammatical hegemony during

the French Revolution", *Social History*, vol. 5 n. 1(Jan. 1980), p.63. 이것은 트라시Destutt de
Tracy의 말이다.

5장 제2공화국 교육부장관 카르노의 완결되지 못한 교육개혁안

1   Antonin Lefèvre-Pontalis, *Notice sur M. Hippolyte Carnot* (Institut de France, Académie des sci-
    ences morales et politiques, 1894).

2   Paul Carnot, *Hippolyte Carnot et le ministère de l'Instruction publique de la IIe Répub-
    lique, 24 février~5 juillet 1848* (PUF, 1948).

3   Rémi Dalisson, *Hippolyte Carnot, 1801~1888, la liberté, l'école et la République* (CNRS
    édition, 2011).

4   국내에 번역된 프랑스 개설서(예를 들어 다니엘 리비에르, 최갑수 옮김, 《프랑스의 역사》, 까치, 1998; 조르주 뒤
    비·로베르 망드루, 김현일 옮김, 《프랑스 문명사》, 까치, 1995)에는 그의 이름조차 언급되지 않는다. 심지
    어 본문만 637쪽에 달하는 19세기 개설서(Dominique Barjot, Jean-Pierre Chaline et André Encrevé, *La
    France au XIXe siècle 1814~1914*, PUF, 1995)에도 그의 이름은 없다.

5   "카르노를 몰아내고 (교육의 의무화·무상화·세속화를 통해) 초등교육을 발전시키려 했던 그의 계획을
    포기하게 만든 부정적인 성공 이후, 질서파는 1849년 초에 작업에 착수했다. 팔루는……." Mau-
    rice Agulhon, *1848 ou l'apprentissage de la République, 1848~1852* (Seuil, 1992), p.164.

6   Maurice Gontard, *Les écoles primaires de la France bourgeoise* (*1833~1875*) (Toulouse:
    CRDP, s. d.), p.63~90.

7   Antoine Prost, *Histoire de l'enseignement en France, 1800~1967* (Armand Colin, 1968),
    p.173.

8   Françoise Mayeur, *Histoire générale de l'enseignement et de l'éducation en France*,
    Tome III, *De la Révolution à l'École républicaine* (Nouvelle Librairie de France, 1981),
    p.325~326. 반면 이 책은 1833년 기조법에 대해서는 10쪽(pp.314~324), 1850년 팔루법에 대해
    서는 8쪽(pp.326~334), 1867년 뒤리법에 대해서는 3쪽(pp.334~337), 그리고 페리를 비롯한 제3공
    화국 전반기 초등교육개혁에 대해서는 36쪽(pp.323~359)을 할당했다. 결국 제3공화국의 교육개
    혁과 연관되는 긍정적인 조치로서 기조법과 뒤리법의 공헌이 언급되고, 이 둘 사이에 교육에 대
    한 교회의 영향력을 강화시키는 반동적인 조치로서 팔루법이 언급되는 주된 교육사 서술 방식
    에서, 카르노에 대한 언급은 팔루법의 등장을 설명하는 요소들 중 하나에 불과하게 된 셈이다.

9   1848년 혁명에 대해서는 간략하지만 조르주 뒤보의 책을 소개하는 조르주 루데의 소개 글과 김
    인중의 역자 후기를 참고하면 된다. 조르주 뒤보, 김인중 옮김, 《1848년 프랑스 2월 혁명》, 탐구
    당, 1993, pp.5~26, 245~249.

10 모리스 아귈롱의 표현에 따르면, 카르노는 "세속파의 색채가 특히 강한, 약간 사회주의적인 것
    같기도 한 공화주의자républicain vaguement socialiste, mais surtout laïque"였다. Maurice Agulhon,
    1848, p.167.

11 1791년 입법의회 의원에, 1792년 국민공회 의원에 선출된 라자르 카르노는 국왕의 사형에 동
    의했고 공안위원회 위원이 되어 혁명군 조직에 몰두했다. 테르미도르의 반동 이후 기소되었지
    만 테르미도르파는 그가 공안위원회에서 군사적인 문제만을 전담했으며 프랑스군의 승리에 큰

공을 세웠다는 이유로 그를 '승리의 조직재'Organisateur de la victoire'라고 부르면서 놓아주었다. 1795년 총재정부가 수립되면서 그는 5인의 총재 중 한 명이 되었으나, 1797년 9월 4일의 쿠데타로 실각하고 독일로 망명했다. 브뤼메르의 쿠데타 이후 통령정부의 전쟁부장관이 되었지만, 그 기간은 그리 길지 못했다. 그의 약력에 관해서는 Jean-Paul Bertaud, "Carnot Lazare Nicolas Marguerite", in Albert Soboul (dir.), *Dictionnaire historique de la Révolution française* (PUF, 1989), pp.189~191; Adolphe Robert et Gaston Cougny, "Carnot (Lazare-Nicolas-Marguerite)", *Dictionnaire des parlementaires français* (Bourloton, 1889), pp.583~586을 참고하면 된다.

12 Paul Carnot, *Hippolyte Carnot*, p.16.

13 Hippolyte Carnot, *Mémoires sur Carnot par son fils* (Pagnerre, 1861~1863).

14 Paul Carnot, *Hippolyte Carnot*, p.23.

15 이 단체는 영국에서 도입된 상호교육 방식을 전파하려는 목적에서 자유주의적 박애주의자들의 주도로 설립되었다. 상호교육은 학생 중에서 조교들moniteurs을 뽑은 뒤 따로 공부를 시키고, 이들로 하여금 다른 학생을 교육하게 하는 방식으로, 교사 1인이 전체적으로 지도하면서 많은 학생을 동시에 교육할 수 있다는 장점 때문에 7월 왕정기 사범학교의 설립 이전까지 널리 유행했다. 하지만 수사학교에서 사용되던 동시교육 방식이 차츰 일반화되면서 1840년대에 상호교육의 영향력은 줄어들었고 1853년에는 프랑스에서 공식적으로 폐기되었다. Françoise Mayeur, *De la Révolution à l'École républicaine*, pp.372~387.

16 Paul Carnot, *Hippolyte Carnot*, p.23.

17 Hippolyte Carnot, *Doctrine de Saint-Simon. Exposition* (Bureau de l'Organisateur, 1829~1830); *Doctrine Saint-Simonienne. Résumé général de l'éxpostion faite en 1829 et 1830* (Bureau du Globe, 1831).

18 Hippolyte Carnot, *Le ministère de l'Instruction publique*, p.7.

19 Paul Carnot, *Hippolyte Carnot*, p.24.

20 Antonin Lefèvre-Pontalis, *Notice sur M. Hippolyte Carnot*, pp.10~12.

21 Adolphe Robert et Gaston Cougny, "Carnot (Lazare-Hippolyte)", pp.586~587.

22 Maurice Agulhon, *1848*, pp.24~26.

23 Paul Carnot, *Hippolyte Carnot*, pp.25~27.

24 Hippolyte Carnot, *Le ministère de l'Instruction publique*, p.11.

25 *Ibid.*, p.16.

26 "존경하는 교육감님. 방금 완결된 위대한 정치적 사건이 어떤 이유로도 (교육) 서비스를 중단시켜서는 안 됩니다. 모든 수업이 정상적으로 진행되도록 하는 것이 중요합니다." 2월 25일 자 교육청 교육감들에게 보내는 편지, *Ibid.*, p.15.

27 2월 말부터 성인교육을 위한 다양한 움직임이 협회들을 중심으로 자발적으로 진행되었다. 카르노는 민중교육을 지원하기 위해 성인을 위한 야학과 마을문고의 운영을 지원했다. 한편 대혁명 때 만들어진 에콜 폴리테크니크를 모델로 하여 행정가를 양성하기 위한 특수학교인 국립행정학교를 설치하기 위한 포고령이 3월 8일 발표되었으며, 4월 22일 입학시험 공고가 나자 900명 이상의 지원자가 응시하여 이들 중 152명이 선발되었다. 이 학교는 카르노가 사임한 이틀 후인 7월 8일에 공식적으로 문을 열었다. 하지만 정치적 격변 속에서 의회는 1849년 8월 9일 이 학교의 폐쇄를 결정했다. Rémi Dalisson, *Hippolyte Carnot*, pp.147~164.

28 Maurice Gontard, *Les écoles primaires de la France bourgeoise*, p.63, 65~66.

29 선거일은 처음 4월 9일로 정해졌으나 3월 17일 시민들의 시위 이후 2주가 연기되어 4월 23일로 결정되었다. 조르주 뒤보, 김인중 옮김, 《1848년 프랑스 2월 혁명》, pp.100~101.

30 Hippolyte Carnot, *Le ministère de l'Instruction publique*, p.23.

31 이 서한의 원문은 *Ibid.*, pp.23~26을 참고하면 된다.

32 *Ibid.*, p.25.

33 Henri Martin, *Manuel de l'instituteur pour les élections, publié sous les auspices du Ministre provisoire de l'Instruction publique et des cultes* (Pagnerre, 1848); Charles Renouvier, *Manuel républicain de l'homme et du citoyen, publié sous les auspices du Ministre provisoire de l'Instruction publique et des cultes* (Pagnerre, 1848).

34 물론 카르노는 그의 사임이 개인적인 사정에서 기인한 것이라고 주장한다. Hippolyte Carnot, *Le ministère de l'Instruction publique*, pp.36~39. 하지만 카르노의 주장은 널리 받아들여지지 않았고, 당시 교사로서 이 상황을 지켜본 페라르의 증언은 비록 그 역시 공화주의를 받아들였지만, 다니엘 신부를 더 옹호하는 편이었다. C.-D. Férard, *Mémoires d'un vieux maître d'école. Examen critique des méthodes et procédés pédagogiques du dix-neuvième siècle* (Delagrave, 1894), pp.121~123.

35 Maurice Gontard, *Les écoles primaires de la France bourgeoise*, pp.69~71.

36 예를 들어 브르타뉴 지역에 대한 질베르 니콜라의 연구에 따르면 여섯 개의 도 중 입후보한 사람은 렌의 사범학교 출신 교사 장마리 트레알Jean-Marie Tréal이 유일했다. Gilbert Nicolas, *Instituteurs entre politique et religion. La première génération de normaliens en Bretagne au XIXe siècle* (Rennes: Édition Apogée, 1993), p.177

37 렝스의 상호학교 교사 샤를팡티에Léopold Charpentier의 경우 스스로 입후보하기로 결정했으나, 교사들의 입후보를 전국적으로 주관하던 파리의 선거중앙위원회의 명단에서 제외되었다. François Jacquet-Francillon, *Instituteurs avant la République, la profession d'instituteur et ses représentations de la Monarchie de Juillet au Second Empire* (Lille: Presses Universitaire du Septentrion, 1999), p.105.

38 Maurice Agulhon, *1848*, pp.66~69. 조르주 뒤보, 김인중 옮김, 《1848년 프랑스 2월 혁명》, pp.117~121.

39 Maurice Gontard, *Les écoles primaires de la France bourgeoise*, p.71 · 76.

40 Adolphe Robert et Gaston Cougny, "Carnot (Lazare-Hippolyte)", p.586.

41 기조법은 초급 초등교육과 고급 초등교육을 구분하여 전자의 경우에는 종교교육 외에 읽기, 쓰기, 셈하기, 미터법 정도를 가르쳤다. 고급 초등교육 과정에 이르러야만 기하학의 기초와 그 적용(특히 제도와 측량), 실생활에 응용하는 물리학과 자연과학의 관념, 성가, 역사와 지리, 특히 프랑스의 역사와 지리가 교과과정에 포함되었고, 지역의 필요와 재원에 따라 다른 과목을 추가할 수 있었다.

42 기조법에서 공립교사는 지자체로부터 연 200프랑의 봉급을 받았고, 여기에 아이들에게서 받는 수업료가 기본적인 교사로서의 수입원이었다. 당연히 교회나 시청의 다른 부업을 겸해야만 생활이 가능했다.

43 특히 여자아이에 대한 교육을 남자아이와 동일하게 규정하고, 여교사에게 공무원의 자격을 부여한 것은 여성의 직업 선택을 가능하게 했다는 점에서 획기적인 일이었다. 이 점에 대해서는

Sylvie Schweitzer, *Les femmes ont toujours travaillé. Une histoire du travail des femmes aux XIXe et XXe siècles* (Édition Odile Jacob, 2002), p.9, 39~59를 참고하면 된다.

44 Maurice Gontard, *Les écoles primaires de la France bourgeoise*, pp.76~77.

45 Hippolyte Carnot, *Le ministère de l'Instruction publique*, pp.49~50.

46 진한 이탤릭 글씨는 《모니퇴르》의 표기다. Charles Renouvier, *Manuel républicain de l'homme et citoyen*, nouvelle édition publiée par Jules Thomas (Armand Colin, 1904), pp.43~47에서 재인용. 발췌 이전의 원본은 Charles Renouvier, *Manuel républicain de l'homme et citoyen* (Pagnerre, 1848), pp.21~22를 참고하면 된다.

47 장학사의 추천을 받아 명예 포상을 받을 예정이었던 교사들 역시 이 탄압에서 영향을 받았다. 1848년 4월 17일 작성된 추천자 명단에 포함되었던 노르 도의 교사 두 사람의 이름은 1849년 5월 24일 열린 두에 교육청 회의를 통해 삭제되었다. Jung-In Kim, *Le 'Bon maître' du XIXe siècle. Cinq générations d'instituteurs et d'institutrices d'après les dossiers de récompenses honorifiques (1818~1902)*, Thèse de Université Paris IV (2013), pp.229~230.

48 Maurice Gontard, *Les écoles primaires de la France bourgeoise*, pp.106~107.

6장 공화파의 민중교육운동과 제3공화국 초등교육 개혁: 성과와 한계

1 Michel Tricot, *De l'instruction publique à l'éducation permanente* (Tema, 1973), p.41.

2 Antoine Prost, *Historie de l'enseignement en France 1800~1967* (Armand colin, 1968), p.45.

3 Robert Anderson, "Secondary Education in Mid Nineteenth-Century France: Some Socal Aspects", *Past and Present*, n. 53 (1971), pp.130~131.

4 Geneviève Poujol, *L'éducation populaire: historie et pouvoirs* (Ed. Ouvrières, 1981), p.41; Pierre Albertini, *L'École en France 19~20 siècle* (Hachette, 1992), p.8.

5 Antoine Prost, *Historie de l'enseignement*, p.108.

6 Manifeste des Soixante Ouvriers de la Seine 1864, in Eric Cahm, *Politics and Society in Contemporary France 1789~1971: A Documentary History* (G. G. Harrap, 1972), p.84.

7 제2제국 후기에 공화파가 농민에게 관심을 갖기 시작한 것은 공화주의 운동의 중요한 혁신이었다. Claude Nicolet, *L'Idée Républicaine en France 1789~1924: Essai d'histoire critique* (Gallimard, 1982), p.151.

8 Jules Michelet, *Le Peuple* (1846). 전기호 옮김, 《민중》(1979), p.278.

9 *Bulletin de la Ligue de l'enseignement*, n. 4 (novembre. 1867).

10 Marcel Boivin, "Les Origines de la Ligue de l'enseignement en Seine-Inférieure 1866~1871", *Revue d'histoire économique et sociale*, n. 46-2 (1968), p.210.

11 Archives du Cercle parisien, *Bulletin du Cercle Parisien*, n. 2 (novembre. 1869).

12 Jean Paul Martin, *La Ligue de l'enseignement et la République des origines à 1914*, Thése de IEP Paris (1992), pp.27~28; Michel Tricot, *De l'instruction publique*, p.49; Geneviève Poujol, *L'éducation populaire*, p.62.

13 Geneviève Poujol, *L'éducation populaire*, p.21, pp.58~59; Marcel Boivin, "Les Origines de la Ligue de l'enseignement", p.225.

14   Archives du Cercle parisien, *Bulletin du Cercle Parisien*, n. 2 (novembre, 1869). 파리 서클 회원에는 강베타, 페리 등 저명한 공화파 정치가들이 포함되었으나 위원회에는 참여하지 않았다. 이는 동맹이 공화주의적 성격을 외형적으로 드러내지 않으려 했기 때문이다.

15   Serge Berstein, "La franc-maçonnerie et la République 1870~1940", *L'Histoire*, n. 49 (oct., 1982), p.31.

16   Marcel Boivin, "Les Origines de la Ligue de l'enseignement", pp.215~217; Michel Tricot, *De l'instruction publique*, p.25·28.

17   Katherine Auspitz, *The radical bourgeoisie: The Ligue de l'enseignement and the origins of the Third Republic 1866~1885* (Cambridge U. P., 1982), p.123.

18   Abel Chatelain, "Ligue de l'enseignement et éducation populaire en Bourgogne au début de la troisiéme République", *Annales de Bourgogne*, n. 27 (1955), pp.107~108.

19   Katherine Auspitz, *The radical bourgeoisie*, p.99·115·116.

20   Abel Chatelain, "Ligue de l'enseignement", p.108; Marcel Boivin, "Les Origines de la Ligue de l'enseignement", p.225.

21   Katherine Auspitz, *The radical bourgeoisie*, p.106.

22   Archives Nationales, F17, 12527, *La Lettre du préfet de l'Yonne*, le 7 juillet 1877.

23   Katherine Auspitz, *The radical bourgeoisie*, p.109.

24   Alexis Léaud et Émile Glay, *L'école Primaire en France* (La Cité Francaise, 1934), t. 2, pp.39~40.

25   *Journal Officiel de la Commune* (1871), p.129.

26   Archives du Cercle parisien, *L'Echo des Instituteurs: Journal de L'Enseignement Laïque*, le 1 novembre 1871.

27   Archives Nationales, C, 4102, Mouvement national du sou Contre l'ignorance – Pétition.

28   Michel Tricot, *De l'instruction publique*, p.31.

29   Antoine Prost, *Historie de l'enseignement en France*, p.184.

30   Michel Tricot, *De l'instruction publique*, pp.33~34.

31   Loi du 16 juin 1881 établissant la gratuité absolue de l'enseignement primaire dans les écoles publiques, *Journal Officiel*, le 17 juin 1881; La loi du 28 mars 1882 sur l'enseignement primaire obligatoire, *Journal Officiel*, le 29 mars 1882.

32   *Le Temps*, le 29 mars, 1883.

33   Alain Mougniotte, *Les débuts de l'instruction civique en France* (P. U. de Lyon, 1991), p.61.

34   Edmond Benîot-Lévy et F. B. Bocandé, *Manuel Pratique pour l'application de la loi sur l'instruction obligatoire* (1882), préface.

35   Jean Paul Martin, *La Ligue de l'enseignement*, pp.102~103.

36   Edouard Petit, *Jean Macé, sa vie, son œvre* (Aristide Quillet, 1919), pp.383~384.

37   Jacques Ozouf, *Nous, le maîtres d'école, Autobiographies d'instituteurs de la Belle Époque* (Gallimard, 1967), p.189.

38   Pierre Colin, "L'Enseignement Républicain de la Morale à la fin du 19 siècle", *Le Supplément*, n. 164 (avril 1988), pp.108~109.

39   Paul Bert, *L'instruction civique à l'école* (Picard-Bernheim, 1882);. Jules Steeg, *Instruc-*

tion morale et civique–*l'Homme*, le Citoyen (Fauvé et Nathan, 1882); Gabriel Compayré,
Eléments d'instruction morale et civique, (P. Delaplane, 1883. 18ème éd.); Madame Henry
Gréville, *Instruction morale et civique des jeunes filles* (Weill et Maurice, 1882); Alain
Mougniotte, *Les débuts de l' instruction civique*, pp.63~64.

40   Paul Bert, *L'instruction civique*, p.67 · 116.

41   Brian Jenkins, *Nationalism in France: Class and Nation Since 1789* (Routledge, 1990),
pp.76~77.

42   Roger Magraw, *A History of the French Working Class, v.2 Workers and the Bourgeois
Republic* (Blackwell, 1992), p.125.

43   Archives Nationales, F 17, 12527, *Circulaire de la Ligue de l'enseignement du Havre*, le 7,
Mars, 1871.

44   Roger Magraw, *A History of the French Working Class*, p.124.

45   Raymond Labourie, "Education populaire et animation socio-culturelle", *Les cahiers de l'
animation*, n. 34 (1981), p.50.

46   Theodore Zeldin, *France 1848~1945: intellect and pride* (Oxford U.P., 1980), pp.140~142.

47   Paul Bert, *L'instruction civique*, p.76.

48   Claude Nicolet, *La République en France: État des lieux* (Seuil, 1992), pp.75~77.

49   Brian Jenkins, *Nationalism in France*, p.79.

50   Sanford Elwitt, *The Making of the Third Republic: Class and Politics in France
1868~1884* (Baton Rouge, 1975), p.16.

제3공화국 교육체제에 대한 몇 가지 비판
7장 제3공화국 초기 고등교육 개혁과 에콜 폴리테크니크의 대응

1   Charles C. Gillispie, "L'Ecole Polytechnique", *Bulletin de la Sabix*, No 42 (2008), p.5. 에콜
폴리테크니크는 외국의 다수 공학 교육기관의 모델이 되었다. 예컨대 미국의 보스턴 테크Boston
Tech(현 MIT), 영국의 폴리테크닉Polytechnics, 독일의 고등기술학교Technische Hochschulen 그리고
1802년에 창설된 미국의 웨스트포인트 육군사관학교United States Military Academy at West Point가
이에 해당한다.

2   Charles P. Kindleberger, "Technical education and french entrepreneur", in Edward C.
Carter (ed.), *Enterprise and entrepreneurs in nineteenth and twentieth century France*
(Baltimore: Johns Hopkins University Press, 1976), pp.11~13.

3   Bertrand Barère(au nom du comité de salut public), *Rapport à la Convention nationale et pro-
jet de décret*, 21 ventôse an II (11 mars 1794).

4   Gaston Pinet, *Histoire de l'Ecole Polytechnique* (Paris: Librairie Polytechnique Baudry & Cie, 1887),
pp.362~363.

5   Jean-Pierre Callot, *Histoire de l'Ecole Polytechnique* (Paris: Editions Lavauzelle, 1982), pp.7~9.

6   Jânis Langis, *La République avait besoin de savants. Les débuts de l'Ecole Polytechnique: l'*

Ecole Centrale des Travaux Publics et les cours révolutionnaires de l'an II (Paris: Belin, 1987),
p.17; Terry Shinn, "Des Corps de l'Etat au secteur industriel: genèse de la profession d'
ingénieur 1750~1920", *Revue Française de Sociologie*, Vol. 19, No.1 (janvier~mars 1978), p.46.
정규 교과과정을 보면 1학년은 도면 그리기·물리학·화학·기하학·대수학·미적분·기초화학
및 기계화학, 2학년은 건축·축성술·절체법·역학 등의 심화학습 과정을 거쳤으며, 1주일에 열
다섯 시간 정도는 실험실에서 보냈다.

7   Terry Shinn, *Savoir scientifique & pouvoir social. Ecole Polytechnique, 1794~1914* (Paris:
     Presses de la FNSP, 1980), p.18. 예컨대 1794~1804년의 학생기록부를 보면 총 318명의 학생 가운
     데 반 정도는 파리 출신이고 나머지는 지방 출신이었으며, 이들 중 32퍼센트가 농촌 출신의 부
     농 및 중·소 농민, 31퍼센트가 고위 공직자, 9퍼센트가 변호사, 19퍼센트가 상퀼로트, 9퍼센트
     가 기타 계층의 자제였다.

8   Bruno Belhoste, *La formation d'une technocratie. L'Ecole Polytechnique et ses élèves de
     la Révolution au Second Empire* (Paris: Belin, 2003), p.117.

9   Pierre Bourdieu, *La noblesse d'Etat Grandes écoles et esprit de corps* (Paris: Minuit, 1989).

10   Gaston Pinet, *Histoire de l'Ecole Polytechnique*, p.34.

11   *Ibid.*, p.53. 그 결과 에콜 폴리테크니크의 교장을 과학자로 임명하던 기존의 관행을 깨고 제
     10대 교장부터는 장성을 임명하기 시작했으며, 행정직원은 장교로 대체되었고, 학생은 5개 중대
     로 구성된 1개 대대로 편성되었다. 규율이 엄격한 병영에 수용된 학생들은 새로운 제복을 착용
     하고 분대와 중대로 구분되어 하사나 중사로 불렸으며, 강의실의 학생을 지휘하던 보병장교의
     감시를 받았다.

12   Emmanuel Grison, "Napoléon 1er", *Bulletin de la Sabix*, n.23 (2000), pp.12~14.

13   Jean-Pierre Callot, *Histoire de l'Ecole Polytechnique*, pp.80~81.

14   Robert Fox & George Weisz, "Introduction: The institutional basis of French science in
     the nineteenth century", in Robert Fox & George Weisz, *The Organization of Science
     and Technology in France 1808~1914* (Cambridge: Cambridge Univ. Press, 2009), p.8. 당시 대학
     교가 공교육부 산하에 있었던 반면 공학 계열 그랑제콜은 다양한 부ministères에 의해 감독되었
     다. 예컨대 창설 당시 내무부 산하 교육기관이었던 에콜 폴리테크니크는 나폴레옹의 집권 후에
     육군부 산하 기관이 되었고, 에콜 폴리테크니크의 대표적 응용학교였던 토목학교와 광업학교는
     내무부와 1830년대부터는 상공부의 산하 기관이 되었다. 오늘날에도 에콜 폴리테크니크는 교
     육부ministère de l'Education nationale가 아니라 여전히 국방부ministère de la Défense 산하의 교육 및
     연구기관으로 남아 있다.

15   Gaston Pinet, *Histoire de l'Ecole Polytechnique*, p.103.

16   Terry Shinn, *Savoir scientifique & pouvoir social. Ecole Polytechnique, 1794~1914*,
     pp.102~103.

17   Françoise Mayeur, *Histoire générale de l'enseignement et de l'éducation en France*, t. 1(De
     la Révolution l'Ecole républicaine) (Paris: Nouvelle librairie de France, 1981), pp.517~518. 1866년 11월
     몽드마르상Mont-de-Marsan에 최초로 설립된 첫 번째 고등학교의 개교식에서 뒤뤼는 사회개
     혁과 학교교육의 요구에 따라 중등실업교육이 불가피함을 강조했다. 중등실업교육의 학업연한
     은 4년으로, 중앙공예학교나 고등상업학교 같은 그랑제콜 진학을 준비하는 학생은 5년을 다녀
     야 했다. 시간표는 실업교육의 방향성을 잘 보여주는 프랑스어, 역사, 활어, 과학, 특히 응용과학,

운동, 쓰기, 체조, 음악, 도면, 회계로 짜였다. 일부 개혁가는 중등실업교육의 연한이 짧고, 교과내용은 지나치게 실용적이어서 교육적 효과를 보기 어렵다는 비판을 내놓기도 했다.

18   Alexandre Ribot, *La réforme de l'enseignement secondaire* (Paris: Armand Colin, 1900), p.45.

19   Victor Duruy, *Notes et souvenirs(1811~1894)*, t. 1 (Paris: Librairie Hachette & Cie, 1901), p.256.

20   Antoine Prost, *Regards historiques sur l'éducation en France, XIXe~XXe siècles* (Paris: Belin, 2007), pp.113~116; Françoise Mayeur, *Histoire générale de l'enseignement et de l'éducation en France*, p.519. 이외에도 뒤뛰는 중·고등학교 교과과정에 현대사와 현대어의 도입, 공개 강연, 소녀를 위한 실업교육과정 개설 등의 개혁을 추진했을 뿐만 아니라, 1868년 나폴레옹 3세의 승인을 거쳐 기존의 콜레주 드 프랑스, 자연사박물관, 소르본 대학에 분산되어 있던 실험실과 연구시설을 통합해 고등응용연구원Ecole Pratique des Hautes Etudes을 설립했다.

21   Robert Fox & George Weisz, "Introduction: The institutional basis of French science in the nineteenth century", p.13. 공교육고등위원회는 원래 나폴레옹 1세가 만든 공교육부의 집행기구로서, 위원들은 공교육부장관과 대학구장에 의해 인선되었다. 이 위원회의 결정은 육군부 감독 아래 있던 에콜 폴리테크니크와 생시르 같은 그랑제콜을 제외하고 공교육 업무 전반에 관련되었다.

22   Félix Ponteil, *Histoire de l'enseignement en France, 1789~1964* (Paris: Sirey, 1966), pp.301~303.

23   Terry Shinn, *Savoir scientifique & pouvoir social. Ecole Polytechnique, 1794~1914*, p.104.

24   Robert Fox & George Weisz, "Introduction: The institutional basis of French science in the nineteenth century", p.17.

25   *Ibid.*, p.15. 출범 당시 주요 회원으로는 정치학자이자 훗날 시앙스포Sciences-Po의 설립자인 부트미Émile Boutmy, 역사학자인 라비스Ernest Lavisse 그리고 파스퇴르Louis Pasteur, 베르Paul Bert, 베르틀로Marcelin Berthelot 등의 과학자를 포함한 대학교수들이 포함되었다. 1880년에는 500명의 회원을 가진 단체로 성장했다.

26   Terry Shinn, *Savoir scientifique & pouvoir social. Ecole Polytechnique, 1794~1914*, p.107.

27   Antoine Prost, *Regards historiques sur l'éducation en France, XIXe~XXe siècles*, pp.109~112. 1891년 6월 4~5일 법에 따라 중등실업교육과 중등실업교육 바칼로레아는 '현대교육enseignement moderne'과 '현대 바칼로레아baccalauréat moderne'로 이름을 바꾸었다.

28   Terry Shinn, *Savoir scientifique & pouvoir social. Ecole Polytechnique, 1794~1914*, p.109.

29   *Ibid.*, p.110.

30   *Ibid.*, pp.110~111.

31   Paul Gautier, "La bourgeoisie et la réforme de l'enseignement secondaire", *Revue de l'enseignement secondaire et de l'enseignement supérieur* (mai 1891), pp.367~372.

32   *Ibid.*, p.369.

33   Craig Zwerling, "The emergence of the Ecole Normale Supérieure", in Robert Fox & George Weisz, *The Organization of Science and Technology in France 1808~1914*, pp.31~60; Terry Shinn, "The French science faculty system, 1808~1914: institutional change and research potential", *Historical Studies in the Physical Sciences*, No.10 (1979), pp.323~324.

34   Terry Shinn, *Savoir scientifique & pouvoir social. Ecole Polytechnique, 1794~1914*, p.113.

35 *Ibid.*, p.114.

36 *Journal Officiel*, le 14 février 1902, p.686.

37 Félix Ponteil, *Histoire de l'enseignement en France, 1789~1964*, p.329.

38 Terry Shinn, *Savoir scientifique & pouvoir social, Ecole Polytechnique, 1794~1914*, p.119.

39 Harry W. Paul, *From knowledge to power, The Rise of the Science in France, 1860~1939* (Cambridge: Cambridge Univ. Press, 1985), p.15.

40 André Grelon, "La profession d'ingénieur dans les années trente", dans André Grelon (dir.), *Les ingnieurs de la crise, Titre et profession entre les deux guerres* (Paris: EHESS, 1986), p.12. 나폴레옹 1세 시대에 프랑스 대학교 체제 내에서의 고등교육은 주로 중등교육을 담당할 인력 양성에 그쳤다. 1896년 프랑스의 공교육부는 독일식 모델을 본떠 이학부·문학부·법학부·의학-약학부를 토대로 하는 열여섯 개의 지방대학교를 설립했다. 이 가운데서 대학교 부설 연구소는 분야별로 물리·화학(16개), 전기(6개), 기계·야금(4개), 농업식품(3개) 등 36개에 이르렀으며, 1880~1914년에만 총 88개의 공학 교육기관이 신설되었다.

41 Terry Shinn, "From 'corps' to 'profession': the emergence and definition of industrial engineering in modern France", in Robert Fox & George Weisz, *The Organization of Science and Technology in France 1808~1914*, p.198.

42 Antoine Prost, *Histoire de l'enseignement en France*, pp.469~470.

43 Harry W. Paul, *From knowledge to power*, p.134. 1854년 릴 대학교 이학부 학장이었던 파스퇴르는 산업화된 도시의 많은 젊은 노동자를 위한 야간학교를 설립했으며, 그 지역의 큰 공장들 주변에서 학생을 모아 실습 강좌를 개설하는 등 대학교와 산업 사이에, 그리고 이론과 실제 사이에 연관성이 있어야 한다는 자신의 신념을 잘 보여주는 매우 현대적인 교육을 시행했다.

44 *Ibid.*, pp.144~145. 이 기간의 전체 수강생 수는 1897~1898년에 249명, 1898~1899년에 549명, 1900~1901년에 642명, 1901~1902년에 764명, 1902~1903년에 742명, 1903~1904년에 941명, 1904~1905년에 1005명, 1905~1906년에 1074명, 1906~1907년에 1263명으로 크게 증가했다.

45 *Ibid.*, p.148·155·158. 예컨대 릴 대학교는 화학 엔지니어 학위(diplôme d'ingénieur-chimiste)를, 그르노블 대학교는 전기 엔지니어 학위(diplôme d'ingénieur-électricien)를, 낭시 대학교는 기계 엔지니어 학위(diplôme d'ingénieur-mécanicien)를 신설해 자율적으로 운영했다.

46 Terry Shinn, *Savoir scientifique & pouvoir social, Ecole Polytechnique, 1794~1914*, p.126.

47 *Ibid.*, p.132.

48 *Ibid.*, p.133.

49 *Bulletin de la Société des Amis de l'Ecole Polytechnque*, No.5 (1911), p.31.

50 Maurice Lévy-Leboyer, "Le patronat français a-t-il malthusien?", *Le Mouvement social*, No.88 (1974), p.24.

51 Terry Shinn, *Savoir scientifique & pouvoir social, Ecole Polytechnique, 1794~1914*, p.156.

52 *Ibid.*, p.157.

53 Randall Collins, *The credential society: an historical sociology of education and stratification* (N.Y.: Academic/Harcourt Brace Jovanovich, 1979), pp.49~72.

54 Terry Shinn, "From 'corps' to 'profession': the emergence and definition of industrial engineering in modern France", p.206.

1   허먼 르보빅스Herman Lebovics의 연구는 20세기 초반부터 프랑스에서 보편주의 대신 회고적, 보수적인 문화적 근본주의가 대두하는 것을 보면서 이것이 1930년대 이후 베트남에서의 커리큘럼 변화와 어떻게 연결되는지를 관찰했다. Herman Lebovics, *True France: the Wars over Cultural Identity, 1900~1945* (Ithaca: Cornell University Press, 1992).

2   Pascale Bezançon, *Une colonisation éducatrice? L'expérience indochinoise(1860~1945)* (Paris: L'Harmattan, 2002), p.24.

3   1879년부터 1883년까지 (공)교육부장관Ministre de l'Instruction publique을 지낸 쥘 페리에 따르면, 교육의 정치적 측면은 제3공화국의 영속성을 보장하는 가장 핵심 사안이었다. Jean-Michel Gaillard, *Jules Ferry* (Paris: Fayard, 1989), p.185.

4   강베타Léon Gambetta 정부에서 (공)교육·종교부장관Ministre de l'Intruction Publique et des Cultes(1881~1882)을 지낸 폴 베르는 1886년에는 통킹과 안남 지역의 총독이기도 했다. 그의 생애와 관련해서는 Stéphane Kotovtchikhine, *Paul Bert et l'Instruction publique* (Dijon: Éditions universitaires de Dijon, 2000)와 Jean-Pierre Soisson, *Paul Bert, l'idéal républicain* (Bourgogne: Éditions de Bourgogne, 2008)을 참조하면 된다.

5   Jean-Michel Gaillard, *Jules Ferry*, p.185에서 재인용.

6   Loi Paul Bert du 9 août 1879 sur les Ecoles Normales et la création de l'Ecole Normale Supérieure de jeunes filles de Fontenay.

7   Loi du 12 juillet 1876.

8   Loi promulguée le 18 mars 1880.

9   자식에게 종교교육을 받게 하고 싶은 부모는 수업이 없는 날 학교 밖에서 받게 할 수 있었다. '교사의 세속화'는 "5년 내에 교육은 모든 종류의 공립학교에서 오직 비종교인만이 담당한다"라는 점을 분명히 명기한 1886년 10월 30일 고블레Goblet 법령과 함께 4년 후에 시행되었다.

10 Pascal Bezançon, *Une colonisation éducatrice*, p.25.

11 *Ibid.*, pp.26~27.

12 Jean-Michel Gaillard, *Jules Ferry*, p.185.

13 *Ibid.*, p.539.

14 Rapport du Gouvernement Général: L'enseignement populaire. CH IV: "L'Indochine", 1944.

15 Antoine Léon, *colonisation, enseignement et éducation, Etude historique et comparative* (Paris: L'Harmattan, 1991), p.25.

16 Pascal Bezançon, *Une colonisation éducatrice*, p.14.

17 에므리Daniel Hémery에 따르면, 1880년경 베트남에는 40만 내지 60만 명에 달하는 식자층lettrés이 존재했다. Daniel Hémery, *Hô Chi Minh. De l'Indochine au Vietnam* (Paris: Gallimard, Collection Découverte, 1990), p.26. 그러나 찐반짜오는 이 수치가 과장되었으며, 10만 명 남짓한 식자층이 존재했을 뿐이라고 주장했다. Trin Van Thao, *Vietnam, du confucianisme au communisme. Un essai d'itinéraire intellectuel* (Paris: L'Harmattan, Coll. "Recherches asiatiques", 1990), p.49.

18 Thomas Clayton, "Restriction or resistance? French colonial educational development in

Cambodia", *Education policy analysis archives*, vol. 3, No.19 (december 1995), pp.10~15.

19 알베르 사로는 1911~1914년에, 뒤이어 1917~1919년에 인도차이나 총독을 지낸 인물이다. 그는 1919년부터 프랑스령 인도차이나의 독립을 약속한 프랑스의 정치인 중 한 명이었다. 식민지 문제와 관련한 그의 생애에 대해서는 *La Mise en valeur des colonies françaises* (Paris: Payot, 1923); *Indochine, 'Images du monde'* (Paris: Firmin Didot, 1930); *Grandeur et servitude coloniales* (Paris: Éditions du Sagittaire, 1931) 등을 참조하면 된다.

20 "Présence France en Asie", *France-Asie*, No.spécial (octobre-novembre-décembre 1956), p.326.

21 Trinh Van Thao, *L'Ecole français en Indochine* (Paris: Karthala, Coll. "Hommes et Sociétés", 1995), p.287.

22 Le centre n.2 de Hô Chi Minh Ville, Gouvernement de Cochinchine, dossier IA.6/264 (Série IA.6: Instruction Publique).

23 Trinh Van Thao, *L'école française en Indochine*, p.31.

24 판보이쩌우의 생애와 프랑스에 대항한 민족주의 운동에 대해서는 Vinh Sinh (ed.), *Phan B i Châu and the Dông-Du Movement* (New Haven: Yale Center for International and Area Studies, 1988); Yves Le Jariel, *Phan Boi Chau (1867-1940). Le nationalisme vietnamien avant Ho Chi Minh* (Paris: L'Harmattan, 2008) 등을 참조하면 된다.

25 Nguyen Van Ky, *La société vietnamienne face à la modernité. Le Tonkin de la fin du XIXe siècle à la seconde guerre mondiale* (Paris: L'Harmattan), Coll. "Recherches Asiatiques", janvier 1995, pp.64~66.

26 판쭈찐은 1908년에 체포되어 악명 높은 유배지인 풀로 콩도르Poulo Condore에 감금되었으나 인권연맹의 청원으로 1909년에 석방되었다.

27 쩐반짜오는 그의 저서에서 이 시기 동안 학교에서 발생한 시험 부정행위, 학교에 대한 반항, 실질적인 반식민주의 운동 등과 같은 다양한 사건과 저항을, 그리고 이에 대한 퇴학, 감금 등과 같은 학교의 대응과 탄압을 분석했다. Trinh Van Thao, *L'école française en Indochine*, pp.185~215. 여러 번의 파업과 시위에 대한 이러한 사회학적 분석은 저항 그룹의 사회적·지역적 출신과 그들의 교육 정도를 파악하게 해준다.

28 예를 들어 Do Huc H.라는 학생이 가족에게 보낸 편지를 검사한 후 통킹 지역 행정 책임자가 인도차이나 총독에게 보낸 편지를 보면 "(프랑스에 있는) 우리 학교와 대학에 대한 충성심이 의심스러우며, 후일 그들 동료들에게 나쁜 조언을 할 (인도차이나) 젊은이들의 입학을 허용해서는 안 된다고 생각합니다"라는 내용이 나온다(Centre des Archives d'Outre-Mer(CAOM), Gouvernement Général de l'Indochine, dossier 51.369).

29 판쭈찐의 장례식 때를 제외하고는 여러 학교의 다양한 학생 그룹이 조직한 시위에 관해서는 적어도 프랑스 문서에서는 발견할 수 없다.

30 Ha Van Thu, *Luttons contre l'analphabétisme qui paralyse notre peuple* (Hanoi, 1937), pp.11~25.

31 Gail Pardise Kelly, *French Colonial Education: Essays On Vietnam and West Africa* (New York: AMS Press, 2000).

32 2013년 4월 27일(토) 제4회 한국프랑스사학회 학술대회에서 필자의 발표문에 대한 권윤경의 토론문 중에서 인용.

1   Antoine Prost, *Education, société et politiques* (Paris: Editions du Seuil, 1997), p.47; 김정인, 〈프랑스 제3공화정의 세속화와 국민 형성: 초등학교 교과서 분석을 중심으로〉, 《서양사연구》 18집, 1995, pp.102~115.

2   Germain Sicard, *Enseignement et politique en France de la Révolution à nos jours*, t. I: *de Condorcet à De Gaulle* (Paris: Godefroy de Bouillon, 2010), pp.441~442.

3   1901년 결사법의 주요 조항에 대해서는 다음을 참조하면 된다. 민유기, 〈프랑스 급진공화파의 반교권주의와 1901년 결사법〉, 《프랑스사연구》 27호, 2012, pp.107~108.

4   Guy Brucy, *Histoire de la FEN* (Paris: Berlin, 2003), p.33.

5   *Ibid.*, p.34.

6   '노동자동업조합Chambre syndicale ouvrière'이라는 용어는 1863년경에 나타났으며, 동일 직종에 속한 기업주들의 이익을 대변하기 위해 만들어진 '고용주조합Chambre syndicale'에서 차용된 용어다. 당시 코포라티즘Corporatisme적인 노동자 결사를 노동동업조합이라고 했지만, 이후 이 용어는 '노동조합syndicat'으로 대체되었다. Georges Lefranc, *Le syndicalisme en France* (Paris: PUF, 1953), pp.5~8. 당시 '고용주조합'이 동일 산업 종사자들의 모임 성격이 강했기 때문에 이 글에서는 '노동자동업조합'으로 번역한다.

7   "Le Manifeste des instituteurs syndicalistes", *L'Humanité*, le 24 novembre 1905.

8   Michel Dreyfus, *Histoire de la CGT* (Bruxelles: Editions Complexe, 1995), pp.113~115.

9   Roger Martin, *Les instituteurs de l'entre-deux guerres: Idéologie et action syndicale* (Lyon: PUL, 1982), p.49.

10   Jeanne Siwek Pouydesseau, *Le syndicalisme des foncitonnaires jusqu'à la guerre froide 1848~1948* (Lille: PUL, 1989), p.172.

11   R. Martin, *Les instituteurs de l'entre-deux guerres*, p.50.

12   J. Siwek Pouydesseau, *Le syndicalisme des foncitonnaires*, p.172.

13   G. Brucy, *Histoire de la FEN*, p.46.

14   Jean-Jacques Becker et Serge Berstein, *Victoire et frustrations, 1914~1929* (Paris: Editions du Seuil, 1990), p.192.

15   Louis Bouët, *Syndicalisme dans l'Enseingnement* (Paris: Librairie de l'Ecole Emancipée, 1924), p.261. Loïc Le Bars, *La Fédération unitaire de l'Enseignement, 1919~1935* (Paris : Syllepse, 2005), p.137에서 재인용.

16   M. Dreyfus, *Histoire de la CGT*, pp.116~117.

17   René Mouriaux, *La CGT* (Paris: Editions du Seuil, 1982), p.60.

18   M. Dreyfus, *Histoire de la CGT*, p.125.

19   *Ibid.*, pp.125~126.

20   L. Le Bars, *La Fe dération unitaire de l'Enseignement*, p.265.

21   Jean-Yves Seguy, "École unique, démocratisation de l'enseignement et orientation: le rôle des compagnons de l'université nouvelle", *L'orientation scolaire et professionnelle*, 36/3 (2007), p.290.

22   Discours de J. Jaurès, *L'Humanité*, le 7 août 1906.

23   *Le Radical*, 14 août 1906. J.-Y. Seguy, "École unique", p.291에서 재인용.

24   J.-Y. Seguy, "École unique", p.291.

25   G. Sicard, *Enseignement et politique en France*, p.419.

26   *Ibid.*; Loïc Le Bars, *La Fédération unitaire de l'Enseignement*, p.253.

27   Georges Lapierre, "La rapport sur la Réforme de l'Enseingnement", *La Voix du Peuple*, juin 1927, p.319.

28   *Ibid.*

29   *Ibid.*, p.323.

30   S. Lelache, "La sélection de l'élite et le progrèes social", *L'école libératrice*, 4 (1929), p.62. J.-Y. Seguy, "École unique", p.306에서 재인용.

31   G. Lapierre, "La rapport sur la Réforme de l'Enseignement", p.319.

32   *L'Humanité*, le 28 décembre 1924.

33   L. Le Bars, *La Fédération unitaire de l'Enseignement*, p.253.

34   적어도 대의원대회 보고서에는 단일학교 문제가 언급되지 않았다. CGTU, *Bulletin de 3e Congrès national ordinaire*, 26~31 aoû t 1925.

35   M. Husson, "Rapport sur l'école unique", *L'Ecole émancipée*, juin-juillet 1929. L. Le Bars, *La Fédération unitaire de l'Enseignement*, p.258에서 재인용.

36   J.-C. Ceton, *L'école et l'enfant en Russie sovietique* (Bruxelles: Les Editions socialistes, 1923), p.62, L. Le Bars, *La Fédération unitaire de l'Enseignement*, p.258에서 재인용.

37   L. Le Bars, *La Fédération unitaire de l'Enseignement*, p.260.

38   M. Husson, "Rapport sur l'école unique", L. Le Bars, *La Fédération unitaire de l'Enseignement*, p.260에서 재인용.

39   L. Le Bars, *La Fédération unitaire de l'Enseignement*, pp.260~261.

40   Note de M. Dommanget sur l'école unique(IFHS 14 AS 239 g), L. Le Bars, *La Fédération unitaire de l'Enseignement*, p.263에서 재인용.

10장 비시 정부와 공교육의 변화

1   일시적이었지만 프랑스 공화국의 공교육체제가 무너진 경험이 컸다. 이를 두고 로베르 아롱Robert Aron은 짧지만 프랑스인으로서 공화국의 학교가 사라지는 커다란 상실감을 겪었다고 말했다. Robert Aron, *Histoire de Vichy, 1940~1944* (Fayard, 1954), p.159.

2   비시 정부 시기 공교육의 성격에 대해서는 다음의 논문들에서 다루었기에 구체적인 내용은 생략하고자 한다. 박지현, 〈비시 프랑스, 프랑스 공화정의 두 얼굴?〉, 《프랑스사연구》 22호, 2010, pp.231~261; 〈비시 정부와 가톨릭 교회의 라이시테(1940~1941)〉, 《프랑스사연구》 27호, 2012, pp.123~152; 〈비시 정부와 청소년교육 문화정책〉, 《프랑스사연구》 29호, 2013, pp.165~188.

3   1940년 9월 4일 법안이 오늘날 제5공화국에서도 유지되고 있다. 박지현, 〈비시 정부와 가톨릭 교회의 라이시테〉, 《프랑스사연구》 22호, 2010; 김응종·민유기 외, 《프랑스의 종교와 세속화의 역사》, 충남대학교출판사, 2013, pp.270~271.

4   비시 정부와 공교육 간의 관계를 다루는 목적은 비시 정부의 입장을 합리화하기 위한 것이 아니

다. 프랑스 사회는 숙청épuration의 역사를 통해 비시 정부를 단죄했다. 하지만 4년이라는 짧은 점령 기간 동안 비시 정부의 교육정책은 제3공화국의 교육정책을 수용하면서도 동시에 점령 상황에서 새로운 방향을 제시했고, 부분적으로 제4·5공화국으로 이어졌기 때문에 오늘날 프랑스의 교육정책을 이해하는 데 도움이 된다. 이 점에 주목하여 비시 정부의 교육정책을 소개하려는 것이다.

5   *Journal Officiel*, le 11 juillet 1940, p.4513.

6   Ministère de l'intérieur, *Informations générales* No.1 (8 sept. 1940), p.1.

7   민족혁명에 관련해서는 다음의 두 저서를 참조하면 된다. 박지현,《누구를 위한 협력인가-비시 프랑스와 민족혁명》, 책세상, 2004; 박지현,《비시 프랑스, 잃어버린 역사는 없다》, 서강대학교출판사, 2013.

8   Philippe Pétain, "Principes de la Communauté", *Discours aux Français: 17 juin 1940~1920 août 1944*, Édition établie par Jean-Claude Barbas (Albain Michel, 1989), pp.89·90·93.

9   P. Pétain, "Discours du 8 juillet 1941", *Discours aux Français*, p.151. 이 부분은 의역했다.

10 P. Pétain, "Éducation nationale", *Revue des Deux Mondes* (15 août 1940); "L'éducation nationale", *Discours aux Français*, pp.350~351.

11 *Ibid.*, pp.352~353.

12 원래 비시 정부의 엘리트 교육은 세 기관이 담당하여 실시했다. 여성 엘리트 학교인 에콜 페미닌 데 카드르 데퀼리école féminine des cadres d'Ecully, 남성 엘리트 학교인 에콜 마스퀼린 데 카드르 드 라 샤펠랑세르발école masculine des cadres de la Chapelle-en-Serval 그리고 에콜 데 카드르 뒤리아주école des Cadres d'Uriage다. 그중 세 번째가 대표적인 고등교육 기관이다. 이 글에서는 이를 '에콜 뒤리아주'로 축약해서 쓰겠다.

13 Limore Yagil, *L'Homme nouveau et la Révolution nationale de Vichy 1940~1944* (Villeneuved'Ascq: Presses universitaires du Septentrion, 1997), p.114.

14 *Ibid.*, p.115.

15 Michèle Cointet, *L'Église sous Vichy 1940~1945* (Perrin, 1998), p.120.

16 다를랑의 세력 주위에 젊은 테크노크라트들이 포진해 있었기에 다를랑 내각이 정치, 경제, 사회의 현대화를 촉진하는 정책을 마련할 수 있었다.

17 ministère, secrétariat d'État, secrétariat général를 각각 부部, 정무담당부政務擔當部, 총사무국總事務局으로 번역한다. 또한 Ministère de l'Instruction publique는 Ministère d'Éducation nationale의 기능이기 때문에 이를 교육부로 번역한다.

18 *Journal Officiel*, le 12 mars, 1941, p.1117.

19 Jacques Duquesne, *Les Catholiques français sous l'Occupation* (B. Grasset, 1966), pp.90~91.

20 당시 교육부의 정확한 명칭은 표에서 기술했듯이 교육·청소년 정무담당부이고, 장관명은 정무담당장관Secretaire d'État이다. 하지만 실제 기능이 교육부이며 장관에 해당되기 때문에 교육부장관으로 표기한다.

21 Ministère de l'intérieur, *Informations générales*, No.4 (24 sept. 1940), pp.25~27.

22 Antoine Prost, *Éducation, Société et Politiques: Une histoire de l'enseignement en France de 1945 à nos jours* (Seuil, 1997), pp.84~88.

23 제3공화국의 정치가인 페르디낭 뷔송Ferdinand Buisson은 '두 청소년층에는 엘리트와 대중으로 나누어져 있기에 사실상 평등이란 존재하지 않는다'고 말했다. 또한 당시 초등학교 교장이던 폴 라피Paul Lapie도 같은 초등교육에서조차 엘리트와 대중 교과과정이 존재한다고 비판했다. Paul Lapie, *Pédagogie française* (Alcan, 1925), pp.240~241.

24 A. Prost, *Éducation, Société et Politiques*, p.85. 1936년 장 제Jean Zay 장관이 청소년정책에 관심이 컸던 이유가 이 같은 교육의 불평등성을 해결하려는 노력의 일환이었다.

25 *Journal Officiel*, le 12 mars 1941, p.1117.

26 Ministère de l'intérieur, *Informations générales*, No.4 (24 septembre, 1940), pp.21~22. 사실 이 개정처럼 역설적인 것이 없다. 제3공화국의 교육체제가 이미 대중과 엘리트 교육을 구분했기 때문에 오랜 기간 동안 현대교육을 중등교육에서 제한했다. 이러한 불평등한 현대교육이 비시 정부의 카르코피노법을 통해 해결된 측면이 있다. 고전교육과 현대교육을 모두 필수 교과과정으로 만들었기 때문이다. 그러나 개정의 목적이 대학입시를 준비하는 일반 고등학교 학생에게, 그리고 대학 2기 과정 대학생에게 고전교육과 현대교육의 혜택을 주는 특권이라서 실제로는 엘리트 교육을 위한 개정법이라고 할 수 있다. L. Yagil, *L'Homme nouveau et la Révolution nationale de Vichy 1940~1944*, p.119: Antoine Prost, *Histoire de l'enseignement en France 1800~1967* (Armand Colin, 1968), pp.257~260.

27 L. Yagil, *L'Homme nouveau et la Révolution nationale de Vichy 1940~1944*, p.127.

28 Jean-Michel Barreau, "Abel Bonnard, ministre de l'Éducation nationale sous Vichy, ou l'éducation impossible", *Revue d'histoire moderne et contemporaine*, vol. 43 No.3 (1996.3), p.474.

29 Christian Fauré, *Le projet culturel de Vichy. Folklore et révolution nationale 1940~1944* (Lyon: Presses universitaires de Lyon, 1989), pp.93~99.

30 박지현, 《누구를 위한 협력인가-비시 프랑스와 민족혁명》, 책세상, 2004, pp.75~77.

31 그는 보나르와 함께 전쟁 이전부터 《프랑스 학교École française》와 《퓌스텔 드 쿨랑주 서클 카이에Cahiers du Cercle Fustel de Coulanges》잡지의 기고를 통해 단일학교의 필요성을 제기했다. 특히 그는 《프랑스 학교》의 설립자이며 편집장이어서 이와 관련된 글을 쓸 수 있었고, 마침내 1942년 보나르의 교육부에 참여했던 것이다. 나중에 그는 레지스탕스 진영을 선택했지만, 그의 교육관은 전쟁 이후 제4·5공화국에서 지속적인 영향력을 미쳤다. "Serge Jeanneret", *Le Monde* (21 avril 2000).

32 Sege Jeanneret, *L'école et l'esprit civique* (Flammarion, 1943), p.27.

33 A. Prost, *HIstoire de l'enseignement en France 1800~1967*, pp.412~413.

34 물론 1920년대부터 계속해서 작은 중등학교를 폐교하여 점차 단일학교 체제를 만들려는 노력이 있었고, 대표적으로 에두아르 에리오Edouard Herriot 개혁, 중등학교의 무상교육 그리고 장 제 개혁réformes de Jean Zay 등을 들 수 있다. *Ibid.*, pp.413~420.

35 L. Yagil, *L'Homme nouveau et la Révolution nationale de Vichy 1940~1944*, p.132.

36 비시 정부는 1940년 7월 20일 청소년관련법을 발표하여 청년 군인의 군사 의무를 면제해주고 이들을 청소년단체 조직으로 편입했다. 기존 가족청소년부 산하의 청소년총사무국은 교육청소년정무담당부로 이동시켰다. 더 이상 청소년정책은 가족정책의 일환으로 다루어질 사안이 아니었기 때문이다. 비시 정부는 청소년을 국가체제를 유지하는 주요 대상으로 삼았고, 교육부 산하에서 이를 관리, 통제하고자 했다. 이에 기존의 청소년단체를 정리해서 비시 정부의 공식 청소년

단체, 즉 '청소년작업소', '프랑스 동지' 그리고 '청소년 프랑스'가 창설된 것이다. 청소년작업소, 프랑스 동지와 관련해서는 다음의 저서를 참조하면 된다. 박지현,《비시 프랑스, 잃어버린 역사는 없다》, p.180 · 184, pp.190~198.

37   Emmanuel Mounier, *Révolution personnaliste et communautaire* (Paris: Aubier, 1935).

38   "Principes de la Révolution du XXe siècle", *Uriage-Documentataion, document anonyme ronéotypé* (s.éd., printemps, 1942).

39   제2차 세계대전 직후 드골 장군이 프랑스를 이끌어갈 엘리트 교육기관인 국립행정대학교École Nationale d'Administration를 창설했던 이유와 비슷하다. 비록 체제의 성격이나 교육이념이 다르기 때문에 단순히 비교할 수는 없지만, 페탱이나 드골 모두 공교육개혁과 엘리트 교육의 창설을 통해 국가 위기에서 벗어날 방법을 모색했다고 볼 수 있다.

40   Pierre Favre, "Les sciences d'État entre déterminisme et libéralisme, Émile Boutmy (1835~1906) et la création de l'École libre des sciences politiques", *Revue française de sociologie* vol. 22 No.3 (1981), pp.429~465

41   시앙스포는 국립정치학재단Fondation nationale des sciences politiques과 파리 정치학연구원Institut d'études politiques de Paris을 통틀어 일컫는다. 프랑수아 미테랑과 자크 시라크 대통령, 리오넬 조스팽 수상 등이 이곳 출신이다. 이 학교는 전쟁 이후 1945년 최고 공공교육기관으로 편입되었고, 1985년 사바리법Loi Savary에 의거해 그랑제콜이 되어 오늘날 프랑스의 정치가를 육성하는 유명 엘리트 교육기관 중의 하나로 자리 잡았다. Christophe Charle, "Savoir durer: la nationalisation de l'École libre des sciences politiques, 1936~1945", *Actes de la recherche en sciences sociales* vol. 86 No.86~87 (1991), pp.99~105; Rachel Vanneuville, "La mise en forme savante des sciences politiques. Les usages de la référence allemande dans l'institutionnalisation de l'École libre des sciences politiques à la fin du XIXe siècle", *Politix* vol. 15 No.59 (2002), pp.67~88.

42   드 노루아 사제는 처음부터 드골의 임시정부를 지지했기에 영국으로 건너가고자 했으나 교회의 명령으로 프랑스에 남게 되었다. 그는 드 스공자크의 부탁으로 에콜 뒤리아주의 창설에 참여하게 되었고, 1941년 에콜 뒤리아주를 떠나게 되었다. 이후 자유지역에서 레지스탕스 운동에 적극적으로 참여했고, 1942년부터 유대인 구출 조직을 만들어 유대인이 스위스 국경으로 넘어갈 수 있도록 도와주었다.

43   그는 1944년에 〈르몽드Le Monde〉를 창간했다.

44   Hubert Beuve-Méry, "Pour une révolution personnaliste et communautaire", reprint par Bernard Comte, *Une Utopie combattante: L'École des cadres d'Uriage 1940~1942* (Fayard, 1991), p.581.

45   Hubert Beuve-Méry, "Avec les chefs de futurs chefs, dans un château qu'habita Bayard", *Le Figaro*, le 25 janvier 1941.

46   "La mission, l'esprit et la règle d'Uriage", *Uriage-Documentataion*, document anonyme ronéotypé (s.éd., janvier, 1942), reprint par B. Comte, *Une Utopie combattante*, pp.584~587.

47   이미 1941년 다를랑 정권 때부터 에콜 뒤리아주를 정치적 수단으로 이용하고자 했다. 이를 위해 드 노루아 사제와 무니에 대한 해임을 요구했으나, 드 스공자크가 이를 거절했다. 이때부터 에콜 뒤리아주의 운영진은 비시 정부의 요구를 그대로 수용하기보다는 자율권을 갖고자 했다. B. Comte, *Une Utopie combattante*, pp.374~375.

48 박지현,《누구를 위한 협력인가-비시 프랑스와 민족혁명》, 책세상, 2004, p.151.

49 Véronique Chabrol, "L'ambition de Jeune France", Jean-Pierre Rioux (dir.), *La vie culturelle sous Vichy* (Bruxelles: Complexe, 1987), pp.163~173.

50 *France de Bordeaux et du Sud-Ouest*, le 17 octobre 1941.

51 비록 청소년총사무국이 교육단체인 '청소년작업소'와 '프랑스동지'를 통해 단일 청소년 조직을 설립하는 데는 실패했지만, 오히려 문화정책에서 단일 청소년 문화를 형성하는 데는 부분적으로 성공했다고 볼 수 있다.

52 Marc Fumaroli, *L'État culturel. Essai sur une religion moderne* (Fallois, 1992). 마르크 퓌마롤리, 박형섭 옮김,《문화국가-문화라는 현대의 종교에 관하여》, 경성대학교출판부, 2004, p.113.

53 Emmanuel Mounier, "Programme pour le mouvement de Jeunesse français", *Esprit* (janveir, 1941), p.158.

54 마르크 퓌마롤리, 박형섭 옮김, 앞의 책, 2004, p.113.

55 Archives Nationale II AG 650 Message du chef de l'État en date du 5 mars 1942. R. Baudouï, "Du rôle social de la jeunesse dans la Révolution nationale", *Être jeune en France 1939~1945* (Harmattan, 2001), p.143에서 재인용.

56 비시 정부의 민족혁명에 대한 다양한 성격은 다음의 저서를 참조하면 된다. 박지현,《누구를 위한 협력인가-비시 프랑스와 민족혁명》, 책세상, 2004.

57 이 부분에 대해서는 다음의 저서를 참고하면 된다. Olivier Loubes, *Jean Zay: l'inconnu de la République* (Paris: Armand Colin, 2012), pp.95~134.

58 마르크 퓌마롤리, 박형섭 옮김, 앞의 책, 2004, p.138.

현대 프랑스의 교육과 정치
11장 프랑스의 아랍어 교육과 무슬림 이민자 문제

1 자료에 따라 300만 명에서 400만 명을 왔다 갔다 한다. 이들 중에는 북아프리카에서 온 유대인, 아르키(북아프리카에 주둔했던 프랑스군의 원주민 보충병), 피에누아르(독립 이전 알제리 출신 프랑스인) 그리고 그들의 후손이 포함된다. Alexandrine Barontini, "Pratiques et transmission de l'arabe maghrébin en France", *Bulletin de l'observatoire des pratiques linguistiques*, n.15 (Octobre 2009), p.6.

2 부트로스 부트로스갈리Boutros Boutros-Ghali 전 유엔 사무총장은 이집트 카이로에서 열린 '아랍세계의 프랑스어 교사 총회'에서 "아랍 세계 내 20퍼센트의 고등학교에서 프랑스어를 배우는 반면, 프랑스어권에서 아랍어를 배우는 것은 1퍼센트도 되지 않는다"라고 말했다. Xavier North, "De l'arabe au français: allers-retours et figures de l'échange", *Rencontres* 3~5 Feb. 2011; La langue arabe par Délégation générale à la langue française et aux langues de France en France, p.15.

3 Emmanuelle Talon, "L'arabe, une *langue de France* sacrifiée", *Le Monde Diplomatique* (Oct., 2012).

4 다른 소수언어인 중국어, 러시아어, 포르투갈어는 각각 1만 5000명, 1만 4000명, 1만 2000명의

학생이 선택하여 교육하고 있다. *Ibid.*

5   송기형, 〈프랑스의 언어정책〉,《역사비평》52호, 2000, p.148.

6   김진수,《프랑스의 언어정책》, 부산외국어대학교출판부, 2007, pp.23~24.

7   프랑스의 단일 언어 정책에 대해서는 국내 학자들의 연구가 매우 활발하다. 이러한 관계로 이곳
     에서는 핵심 내용만 개관할 것이다. 송기형, 〈프랑스의 언어정책〉,《역사비평》52호, 2000; 송기
     형, 〈프랑스어 사용에 관한 2008~2011년도 대의회보고서 연구 1〉,《한국프랑스학논집》79집,
     2012; 송기형, 〈프랑스의 언어정책과 불어 사용법〉,《한국프랑스학논집》27집, 1999; 최애영, 〈하
     나의 국가, 하나의 국민, 하나의 언어〉,《프랑스 하나 그리고 여럿》, 서울대학교 불어문화권연구
     소, 도서출판 강, 2004; 김진수,《프랑스의 언어정책》, 부산외국어대학교출판부, 2007; 심을식,
     〈프랑스의 언어정책〉,《한국프랑스학논집》38집, 2002.

8   《뉴스위크》1067호, 2013. 3. 11.

9   《뉴스위크》1069호, 2013. 3. 25.

10   송기형, 〈프랑스의 언어정책과 불어 사용법〉, p.393에서 재인용.

11   Emmanuelle Talon, "L'arabe, une *langue de France* sacrifiée".

12   이 지역은 동시에 프랑스어가 많이 사용되는 곳이기도 하다. 아랍권에서 프랑스어가 사용되
     는 구체적인 지역에 관하여는 다음을 참조하면 된다. Xavier North, "De l'arabe au français:
     allers-retours et figures de l'échange", p.10.

13   Julien Dufour, "Langues et Cité: L'arabe en France," *Bulletin de l'observatoire des pra-
     tiques linguistiques*, n.15 (Octobre 2009), pp.1~2.

14   Alexandrine Barontini, "Pratiques et transmission de l'arabe maghrébin en France", p.6.

15   *Ibid.*

16   Jean-François Baldi, "La langue arabe en France: quelques pratiques?" *Rencontres*
     3~5 Feb. 2011; La langue arabe par Délégation générale à la langue franç aise et aux
     langues de France en France, p.22.

17   L'arabe maghrébin est aussi le plus souvent nommé arabe dialectal. Alexandrine Bar-
     ontini, "Valorisation des langues viviantes en France: le cas de l'arabe maghrébin", Le
     Français aujourd'hui. (http://www.cairn.info/article_p.php?ID_ARTICLE=LFA_158_0020 검색 일자: 2013. 2.
     22.)

18   Xavier North, "De l'arabe au français: allers-retours et figures de l'échange", pp.11~12.

19   Julien Dufour, "Langues et Cité: L'arabe en France," pp.1~2.

20   취업시험에는 다양한 방언이 출제되고, 아그레가시옹 오랄 시험(구두시험)에도 출제된다. Bruno
     Levallois, "L'Enseignement de l'arabe dans l'institution scolaire française", *Bulletin de l'
     observatoire des pratiques linguistiques*, n.15 (Octobre 2009), pp.6~7.

21   지중해연합에 대해서는 다음의 논문을 참조하면 된다. 황의갑, 〈EU와 마그레브 공동체 간의 협
     력관계 연구: 지중해연합 출범을 계기로〉,《지중해연구》10권 4호, 2008.

22   Bruno Levallois, "L'Enseignement de l'arabe dans l'institution scolaire française," p.7.

23   Emmanuelle Talon, "L'arabe, une *langue de France* sacrifiée".

24   Patric Weil, *La France et ses étrangers: L'aventure d'une politique de l'immigration
     1938~1991* (Paris : Calmann-Lévy, 1991), pp.245~246.

25   http://www.ac-nancy-metz.fr/casnav/elco/elco_presentation.htm#tp2. (검색 일자: 2013. 2.

22.)

26   Alec G. Hargreaves, *Immigration, Race and Ethnicity in Contemporary France* (London and New York: Routledge, 1995), p.101.

27   Patric Weil, *La France et ses étrangers*, p.247.

28   Emmanuelle Talon, "L'arabe, une *langue de France* sacrifiée".

29   http://fr.wikipedia.org/wiki/Enseignement_de_l'arabe_en_France. (검색 일자: 2013. 2. 22.)

30   http://www.education.gouv.fr/cid60943/donnees-statistiques-des-concours-du-capes-de-la-session-2012.html. (검색 일자: 2013. 4. 1.)

31   http://www.education.gouv.fr/cid52950/donnees-statistiques-des-concours-du-capes-de-la-session-2010.html. (검색 일자: 2013. 4. 1.)

32   Alexandrine Barontini, "Valorisation des langues vivantes en France: le cas de l'arabe maghrébin". (http://www.cairn.info/article_p.php?ID_ARTICLE=LFA_158_0020. 검색 일자: 2013. 2. 22.)

33   그 이전 통계 자료를 구하기 쉽지 않아서 통계 이용에 어느 정도 한계를 지닐 수밖에 없음을 밝힌다. http://www.education.gouv.fr/recherche.php?recMot=capes+arabe&submit=OK&type=Simple&recPer=per&site=educ. (검색 일자: 2013. 4. 1.)

34   Youssef Girard, "La langue arabe et l'Education national"(le 30 Janvier 2006) in SaphirNews. com. 몇 년의 시차가 있는 통계지만 큰 의미는 없을 것으로 보인다. (http://www.saphirnews.com/La-langue-arabe-et-l-Education-nationale_a2124.html. 검색 일자: 2013. 4. 1.)

35   알제리에 대한 나쁜 기억으로 프랑스 여론에는 다음과 같은 방정식이 사용된다. étranger(외국인)=immigré(이민자)=Arab(아랍인)=Maghrébin ou Nord-Africain(북아프리카인)=Algérien(알제리인). Yvan Gastaut, *L'immigration et l'opinion en France sous la Ve République* (Paris: Seuil, 2000), p.71.

36   대략 네 개 출판사에 발행하는 고교 역사교과서 3개 학년치(Terminale, Première, Seconde)를 검토했는데, 거의 비슷한 구성이었다. 필자가 검토한 교과서 발행 출판사는 Nathan, Hachette, Hatier, Belin 등이다.

37   Youssef Girard, "La langue arabe et l'Education national".

38   *Ibid.*

39   Youssef Girard, "La langue arabe et l'Education national".

40   Emmanuelle Talon, "L'arabe, une *langue de France* sacrifiée".

41   Bruno Levallois, "L'Enseignement de l'arabe dans l'institution scolaire française," p.7.

42   Emmanuelle Talon, "L'arabe, une *langue de France* sacrifiée".

43   최애영, 〈하나의 국가, 하나의 국민, 하나의 언어〉, 《프랑스 하나 그리고 여럿》, 서울대학교 불어문화권연구소, 도서출판 강, 2004, p.205.

44   한 통계에 따르면, 중고등학교에서는 아랍어 수요의 15퍼센트만을 흡수하고, 85퍼센트가 사립 어학원에서 수요를 담당한다. Youssef Girard, "La langue arabe et l'Education national".

12장 역사 사용설명서: 사르코지 대통령과 프랑스 역사

1   L. Wirth, "Le pouvoir politique et l'enseignement de l'histoire, L'exemple des finalités

civiques assignées à cet enseignement en France depuis Jules Ferry", *Histoire@Politique, politique, culture, société,* No.2 (septembre-octobre 2007), pp.1~2.

2   Ph. Joutard, "Une passion française: l'histoire", A. Burguiere, & J. Revel (dir.), *Histoire de la France, Les formes de la Culture* (Seuil, 1993), p.511.

3   A. Prost, *Douze leçons sur l'histoire* (Seuil, 1996), p.15.

4   P. Garcia, "'Il y avait une fois la France', le président et l'histoire en France, 1958~2007", F. Dosse, Ch. Delacroix & P. Garcia, *Historicités* (La Découverte, 2009).

5   D. Mayaffre, *Nicolas Sarkozy, mesure & démesure du discours 2007~2012* (Presses de Sciences PO, 2012), pp.235~285.

6   프랑스 현역 정치인들의 역사에 대한 성찰과 역사관에 대해서는 E. Laurentin (dir.), *Que doivent-ils à l'histoire?* (Bayard, 2012)를 참조하면 된다.

7   N. Sarkozy, *Georges Mandel, le moine de la politique* (Grasset, 1994).

8   N. Sarkozy, *Leclerc, un rêve d'Indochine,* avec Jean-Michel Gaillard, scénario de téléfilm (2003).

9   2006년 4월에 실시한 여론조사에서 응답자의 47퍼센트는 이민 문제에 대해 사르코지의 해결책에 동의한다고 밝혔다. 잠재적 대선 후보군 가운데 사회당 소속 랑Jacque Lang은 41퍼센트를, 파비우스Laurent Fabius는 25퍼센트를, 극우파 국민전선 후보 르펭Jean-Marie Le Pen은 20퍼센트를 얻는 데 그쳤다. 'Sondage IFOP', *Le Monde,* (30 avril 2006).

10   G. Noiriel, *À quoi sert 'l'identité nationale'* (Agone, 2007), p.81.

11   N. Sarkozy, discours de Caen, 9 mars 2007. 이하 사르코지의 연설문은 모두 온라인 자료를 참조한 것으로, 별도의 출처를 밝히지 않는다.

12   N. Sarkozy, discours d'investiture du congrès de l'UMP, 14 janvier 2007.

13   A. Koukoutsaki-Monnier, "La construction symbolique de l'identité nationale française dans les discours de la campagne présidentielle de Nicolas Sarkozy", *Communication,* Vol. 28, No.1 (2001), pp.18~19.

14   이하 인용문은 모두 discours de Caen, 9 mars 2007.

15   discours de Marseille, 19 avril 2007.

16   A. Akalay et al.(étudiants en masters à sciences PO Paris), "Nicolas Sarkozy face à l'histoire", *L'Histoire,* No.375 (mai 2012), p.10.

17   "가련한 조레스! 언젠가 자신의 이름이 우파 전당대회에서 울려퍼지리라고 생각이나 을까!" 프랑스 사회당 당수 프랑수아 올랑드François Hollande는 "이러한 유산 전취는······ 정치노선을 희미하게 만들고 혼란을 조장하며 책임을 방기하는 짓이다"라며 유감을 표시했다. *Le Monde,* 15 janvier 2007.

18   G. Noiriel, "Les usages de l'histoire dans le discours public de Nicolas Sarkozy", Comité de Vigilance face au Usages publics de l'Histoire. (http://cvuh.free.fr.)

19   사르코지는 2007년 4월 11일 툴루즈 유세 연설에서 유권자들에게 다음과 같이 말했다. "내가 대통령이 된다면 공화 우파와 중도파가 좌파와 극좌파에게 내맡겨둔 모든 것을 다시 끌어안을 것입니다. 좌파가 내팽개친 모든 것, 프랑스의 가치, 보편적 가치 중에서 좌파가 부정한 모든 것을 다시 찾아올 것입니다."

20   이에 대해서는 피에르 노라, 〈드골주의자와 공산주의자〉, 피에르 노라 외, 《기억의 장소》, 나남출

판사, 2010, 제3권(프랑스들 1)을 참조하면 된다.

21 "나는 젊은 공산주의자를 기리는 것이 아니라, 조국과 자유를 위해 자신을 희생한 프랑스 청년, 모든 프랑스 젊은이들의 귀감이 되는 프랑스 청년을 기리는 것입니다." discours de Tours, 10 avril 2007; "그는 공산주의를 위해 죽은 것이 아니라 프랑스를 위해 죽은 것입니다. 그는 공산주의에 속하지 않습니다." discours de Toulouse, 12 avril 2007.

22 "Discours d'hommage aux martyrs du Bois de Boulogne", *Le Monde*, le 16 mai 2007.

23 J.-P. Azéma, "Guy Môquet, Sarkozy et le roman national", *L'Histoire*, No.323 (sept 2007), p.8.

24 Cf. "Autour de Guy Môquet", Comité exécutif national du P. C. F., *Info Hebdo*, No.309 (Septembre 2007).

25 Communiqué de l'Association des Professuers d'Hisatoire et de Géographie au sujet de la lecture de la lettere de Guy Môquet, Conseil de Gestion, 15 septembre 2007.

26 "Guy Môquet: effacement de l'histoire et culte mémoriel", par 13 historiens du Comité de vigilance face aux usages publics de l'histoire, *Libération*, 19 octobre 2007.

27 N. Offenstadt, "L'icône Guy Môquet", *Libération*, 19 octobre 2007.

28 Discours de M. le Président de la République, Voeux aux acteurs de la Culture, Nîmes (13 janvier 2009).

29 *La Maison de l'histoire de France*, Rapport à Monsieur le ministre de la Défense et Madame la ministre de la Culture et de la Communication, Hervé Lemoine, avril 2008, pp.7~8.

30 D. Roche & Ch. Charles, "La France au musée de l'histoire", *Le Monde*, 8~9 février, 2009.

31 Discours de M. le Président de la République, Voeux aux acteurs de la Culture, Paris (7 janvier 2010).

32 *Sites susceptibles d'accueillir un musée de l'Histoire de France*, Rapport à Madame la ministre de la Culture et de la Communication, Jean-Pierre Rioux, mai 2009; *Éléments de décision pour la Maison de l'Histoire de France*, Rapport à Monsieur le ministre de la Culture et de la Communication, Jean-François Hebert, avril 2010. 2009년 보고서는 신설 역사박물관 후보지로 뱅센Vincennes, 앵발리드Invalides, 퐁텐블로Fontainebleau, 그랑 팔레Grand Palais, 샤요 궁Palais de Chaillot 다섯 곳을 추천했다. 반면에 2010년 보고서는 앵발리드, 오텔 드 라 마린Hôtel de la Marine, 국가기록원Archives nationales, 민속예술박물관musée des Arts et Traditions populaires(ATP), 뱅센, 세갱 섬île Seguin, 퐁텐블로 일곱 곳을 추천했다.

33 '프랑스 역사의 집' 네트워크에 포섭되는 아홉 개의 국립 역사박물관은 다음과 같다. 에이지 드 타야크Eyzies de Tayac 선사박물관, 생제르맹앙레Saint-Germain-en-Laye 고고학박물관, 클뤼니Cluny 중세박물관, 에쿠앙Écouen 르네상스 박물관, 포Pau 성, 퐁텐블로 궁성, 말메종Malmaison 궁성, 콩피에뉴Compiègne 박물관, 앵발리드 모형박물관.

34 "La Maison de l'histoire de France est un projet dangereux", *Le Monde*, 21 octobre 2010. 연대 성명에는 저명 역사가 11명이 참여했다. Isabelle Backouche(EHESS), Christophe Charles(Paris-I), Roger Chartier(Collège de France), Arlette Farge(EHESS), Jacques Le Goff(EHESS), Gérard Noiriel(EHESS), Nicolas Offenstadt(Paris-I), Michèle Riot-Sarcey(Paris-VIII), Daniel Roche(Collège de France), Pierre Toubert(Collège de France), Denis Wonoroff(Paris-I).

35 역사박물관 학술자문위원회는 역사가 20명으로 구성되었다. Jean-Pierre Rioux, Jean Favier, Dominique Borne, Jacques Berlioz, Eric Deroo, Etienne François, Sebastien Laurent, Dominique Missika, Laurent Olivier, Pascal Ory, Jean-Christian Petitfils, Paule Rene-Bazin, Anthony Rowley, Martine Segalen, Benjamin Stora, Elisabeth Taburet-Delahaye, Laurent Theis, Anne-Marie Thiesse, Emmanuel de Waresquiel.

36 Cf. Jean-Pierre Rioux, "La Maison de l'histoire ne participe pas du Sarkozysme", *Rue 89*, 6 février 2011; Pascal Ory, "Une question légitime, autour de la Maison de l'histoire de France", *Le Monde*, 4 février 2011.

37 "La Maison de l'histoire de France ne doit pas s'ériger au détriment des Archives nationales", *Le Monde*, 2 mars 2011. Jean-Louis Beaucarnot, Eric Deroo, Philippe Joutard, Catherine Martin-Zay, Hélène Mouchard-Zay, Mona Ozouf, Benjamin Stora, Laurent Theis, Pierre Nora, Annette Wieviorka, Michel Winock.

38 E. François, "Une trop brève existence", *Le Débat*, No.175 (mai~août 2013), p.213.

39 J.-N. Jeanneney, "La Maison de l'histoire de France doit montrer la diversité des regards", *L'Expresse*, 4 août 2010.

40 대표적으로 다음을 참조하면 된다. S. Citron, *Le mythe national: L'histoire de France revisitée* (Ateliers de l'histoire, 2008); L. de Cock & E. Picard, *La Fabrique scolaire de l'histoire, Illusions et désillusions du roman national* (Agone, 2009); D. Borne, *Histoire de France* (La Documentation française, 2011).

41 *La Maison de l'histoire de France*, pp.25~26.

42 N. Offenstadt, *Histoire bling-bling, le retour du roman national* (Stock, 2009), p.124.

43 I. Backouche & V. Duclert, *Maison de l'histoire de France, Enquête critique* (Fondation Jean Jaurès, 2012), p.97.

44 정확한 명칭은 이민·통합·민족 정체성·연대발전부처Ministère de l'Immigration, de l'Intégration, de l'Identité nationale et du Développement solidaire다.

45 F. Mitterrand, "La Maison de l'histoire de France est une chance pour la recherche", *Le Monde*, 2 novembre 2010.

46 P. Nora, "Lettre ouverte à Frédéric Mitterrand sur la Maison de l'histoire de France", *Le Monde*, 11 novembre 2010.

47 L. de Cock et al., *Comment Nicolas Sarkozy écrit l'histoire de France* (Agone, 2008), p.14.

참고문헌

중세 말과 구체제의 교육과 정치
1장 정치격변 속의 중세 말 파리 대학

사료

Denifle, H. & Chatelain, E., *Chartularium Universitatis Parisiensis* (Paris, 1891~1897).

Jean Gerson, Mgr Glorieux (ed.), *Oeuvres complètes, vol. VII-1. L'Oeuvre française : Sermons et Discours(340-398)* (Paris : Desclée, 1968).

연구서와 논문

Autrand, Françoise, *Charles V* (Paris, 1994).

Autrand, Françoise, *Naissance d'un grand corps de l'État. Les gens du Parlement de Paris 1345~1454* (Paris, 1981).

Boureau, Alain, "Le prince médiéval et la science politique", R. Halévi (éd.), *Le savoir du prince du Moyen âge aux lumières* (Paris, 2002).

Calma, Dragos, "Du bon usage des grecs et des arabes. Remarques sur la censure médiévale", L. Bianchi (éd.), *Christian readings of Aristotle from the Middle Ages to the Renaissance* (Turnhout, Brepols, 2011).

Coleman, J. (dir.), *L'individu dans la théorie politique et dans la pratique* (Paris, PUF, 1996).

Emery Jr., Kent & Speer, Andreas, "After the Condemnation of 1277 : New Evidence, New Perspectives, and Grounds for New Interpretations", *Nach Der Verurteilung Von 1277 : Philosophie Und Theologie an Der Universitat Von Paris Im Letzten Viertel Des 13. Jahrhunderts. Studien Und Texte* (Miscellanea Mediaevalia, 28) (Walter De Gruyter Inc, 2000).

Genet, Jean-Philippe, *La mutation de l'éducation et de la culture médiévales*, t. 1 (Paris : Seli Arslan, 1999).

Goroschov, Nathalie, *Le collège de Navarre de sa fondation(1305) au début du XVe siècle(1418)* (Paris : Honoré Champion, 1997).

Guenée, Bernard, *L'opinion publique à la fin du Moyen Âge : d'après la 'Chronique de Charles VI' du Religieux de Saint-Denis* (Paris, 2002)

Jeauneau, Edouard, *Translatio studii. The Transmission of Learning. A Gilsonian Theme, The Etienne Gilson series 18* (Toronto, Pontifical Institute of Mediaeval Studies, 1995).

Krynen, Jacques, *L'empire du roi. Idée et croyances politiques en France XIIIe-XVe siècle* (Paris, 1993).

Leff, Gordon, *The Dissolution of the Medieval Outlook, An Essay on Intellectual and Spiritual Change in the Fourteenth Century* (New Yok : Harper Torchbooks, 1976).

Lusignan, Serge, *Vérité garde le roy : La construction d'une identité universitaire en France(XIIIe-XVe siècle)* (Paris : Publications de la Sorbonne, 1999).

Ornato, Ezio, *Jean Muret et ses amis Nicolas de Clamanges et Jean de Montreuil. Contribution à l'étude des rapports entre les humanistes de Paris et ceux d'Avignon, 1394~1420* (Genève : Droz, 1969).

Verger, Jacques, *Culture, enseignement et société en Occident aux XIIe et XIIIe siècles* (Rennes, 1999).

Verger, Jacques, *Histoire des universités en France* (Toulouse, 1986).

Verger, Jacques, *Les gens de savoir en Europe à la fin du Moyen Âge* (Paris, 1998).

Verger, Jacques, *Les universités au Moyen Âge* (Paris : PUF, 1999).

성백용, 〈14세기 후반~15세기 초 프랑스 왕정과 북부 도시들의 반란-국가 재정의 문제를 중심으로-〉, 서울대학교 박사학위 논문, 2002.

윤비, 〈중세 독일 민족의식의 발전과 로에스의 알렉산더Alexander of Roes의 제국론〉, 《서양중세사연구》 28호, 2011.

자크 르 고프, 최애리 옮김, 《중세의 지식인들》, 동문선, 1998.
홍용진, 〈14세기 수도 파리의 등장과 정치적 의사소통으로서의 왕궁 건축〉, 《도시연구 : 역사·사회·문화》 6호, 2011.

2장 절대왕정과 여성 교육 : 루이 14세 시대 생시르 기숙학교

사료

John J. Conley, S. J. ed. & trans., *Dialogues and Addresses : The Other Voice in Early Modern Europe by Madame de Maintenon*, (University Of Chicago Press, 2004).

Lavallée, Théophile, ed., *Correspondance générale de Madame de Maintenon: publiée pour la première fois sur les autographes et les manuscrits authentiques*, 4 vols (Paris : Charpentier Libraire- Éditeur, 1865).

Louis XIV, *Mémoires de Louis XIV, pour l'instruction du Dauphin*, Charles Dreyss, ed., vol. II (Paris : Librairie Academiques, 1860).

연구서와 논문

Barnard, H. C., *Madame de Maintenon and Saint-Cyr* (Wakefield : S. R. Publishers, 1971).

Cruttwell, Maud, *Madame de Maintenon* (New York : Dutton, 1930).

Dubois, Elfrieda, "The Education of Women in Seventeenth-Century France", Marilyn J. Boxer and Jean H. Quatrant, eds., *Connecting Spheres : Women in the Western World, 1500 to the Present* (New York : Oxford University Press, 1987).

Dyson, C. C., *Madame de Maintenon, her life and times 1635~1719* (London : J. Lane, 1910).

Lavallée, Théophile, *Histoire de la maison royale de Saint-Cyr(1686~1793)* (Paris : Furne et Cie, 1853).

Lavallée, Théophile, *Madame de Maintenon et la maison royale de Saint-Cyr, 1686~1793* (Paris : Henri Plon, 1862).

Milhet, Jean-Joseph, "Saint-Cyr, haut lieu voué à l'éducation", Chantal Grell et Arnaud Ramière de Fortanier (éd.), *L'Éducation des jeunes filles nobles en Europe XVIIe-XVIIIe siècles* (Paris : Presses de l'Université Paris-Sorbonne, 2004).

Prévot, J., *La première institutrice de France, Madame de Maintenon* (Paris : Belin, 1981).

Synders, Georges, *La Pedagogie en France Aux XVIIe et XVIIIe Siècles* (Paris : PUF, 1965).

Taylor, Karen L., *Cher espoir de la nation sainte : the maison royale de Saint Louis at Saint-Cyr*, Ph. D., Sidwell Friends School Georgetown University (2000).

강미숙, 〈생시르 기숙학교를 통해 본 루이 14세의 귀족정책〉, 《서양사학연구》 16집, 2007.

김응종, 〈절대왕정의 명암〉, 《서양의 역사에는 초야권이 없다》, 푸른역사, 2005.

백인호, 〈구체제의 교회제도와 국가권력〉, 최갑수 외, 《프랑스 구체제의 권력구조와 사회》, 한성대출판부, 2009.

서정복, 〈17~18세기 프랑스의 교육과 교육 공간 문제〉, 《서양사학연구》 15집, 2006.

이영림, 〈태양-왕에서 인간-왕으로 : 정치사의 부활과 루이 14세 연구〉, 《서양사론》 84호, 2005.

최갑수, 〈서문 : 구체제의 제도사-절대군주제, 국가, 신분사회〉, 최갑수 외, 《프랑스 구체제의 권력구조와 사회》, 한성대출판부, 2009.

피에르 구베르, 김주식 옮김, 《앙시앙레짐》 I , 아르케, 1999.

3장 예수회 추방과 교육개혁 시도

사료

Guyton de Morveau, *Mémoire sur l'éducation publique* (1764).

La Chalotais, *Compte rendu des Constitutions des Jésuites... les 1, 3, 4, et 5 décembre 1761, en exécution de l' arrêt de la cour du 17 août précédent* (1762).

La Chalotais, *Essai d'éducation nationale, ou Plan d'études pour les jeunes* (Nabu press, [1763], 2012).

Rolland d'Erceville, *Compte rendu aux Chambres assemblées par M. Rolland des différants mémoires envoyés par les universités dans le ressort de la cour, en exécution de l'arrêt des Chambres assemblées du 3 septembre 1762* (1768).

연구서와 논문

Bailey, C. R., "Educational Administration and Politics : The Collège of Louis-Le-Grand, 1763~1790" *History of Education Quarterly*, Vol. 19, No. 3 (Autumn, 1979).

Bailey, C. R., "Municipal Colleges : Small-Town Secondary Schools in France Prior to the Revolution", *French Historical Studies*, No.3 (1982).

Bailey, C. R., *French Secondary Education, 1763~1790 : The Secularization of Ex-Jesuit Collèges* (Philadelphia : The American Philosophical Society, 1978).

Bell, D. A., *The Cult of the Nation in France, Inventing Nationalism, 1680~1800* (Harvard Univ. Press, 2001).

Bluche, F., *Les Maigstrats du parlement de Paris au XVIIIᵉ siècle* (PUF, 1975).

Carter, K. E., "Les garçon et les filles sont pêle-mêle dans l'école : Gender and Primary Education in Early Modern France", *French Historical Studies*, Vol. 31, no. 3 (Summer, 2008).

Chartier, R., Compère, M-M., et Julia, D., *L'Education en France du XVIᵉ au XVIIIᵉ siècle* (Société d'Edition d' Enseignement Supérieur, 1976).

Chaussinand-Nogaret, G., *Les Francais sous Louis XV* (Texto, [1979] 2012).

Chisick, H., *The Limits of Reform in the Enlightenment : Attitudes towards the Education of the Lower Classes in Eighteenth-Century France* (Princeton Univ. Press, 1981).

Cottret, M., *Culture et politique dans la France des Lumières, 1715~1792* (Armand Colin, 2002).

Dainville, F., *L'Education des jésuites : XVIᵉ-XVIIIᵉ siècles* (Editions de Minuit, 1978).

Frijhoff, W. et Julia, D., *Ecole et Société dans la France d'Ancien Régime, Quatre Exemples : Auch, Avallon, Condom et Gisors* (A. Colin, 1975).

Gilead, T., "On Pliability and Progress : Challenging Current Conceptions of Eighteenth-Century French Educational Thought", *London Review of Education*, vol. 7, no. 2 (2009).

Grevet, R., *Ecole, pouvoirs et société fin XVIIe siècle-1815, Artois Boulonnais* (Lille : Presse de l'Univ. de Charles de Gaule, 1999).

Julia, D., "Christian education", S. J. Brown and T. Tackett, *The Cambridge History of Christianity, V. 7, Enlightenment, Reawakening and Revolution 1660~1815* (Cambridge Univ. press, 2006).

McManners, J., *Church and Society in Eighteenth-Century France, t. 2, Religion of the People and the Politics of Religion* (Oxford Univ. Press, 1998).

O'Connor, A. D., "Reading, Writing, and Representation : Politics and Education in France, 1762~1794" (Univ. of Pennsylvania, 2009).

Palmer, R. R., *The Improvement of Humanity : Education and the French Revolution* (Princeton Univ. Press, 1985).

Sicard, G., *Enseignemnet et politique en France de la Révolution à nos jours, t., 1* (Editions Godefroy de Bouillon, 2010).

Thompson, D. G., "The Lavalette Affair and the Jesuit Superiors", *French History*, Vol. 10, No. 1 (1996).

Viguerie, J. de, *L'Institution des enfants : L'Education en France XVIᵉ-XVIIIᵉ siècles* (Calmann-Lévy, 1978).

이영림, 〈17세기 후반 프랑스에서의 아동교육-샤를 데미아의 무료 학교를 중심으로〉, 《역사학보》 164집, 1999.

이영림, 〈18세기 프랑스 : 종교적 갈등에서 정치적 저항으로 레짐기의 국민 개념〉, 《역사학보》 213집, 2012.

이영림, 〈가톨릭 개혁 시기 프랑스에서의 문자교육〉, 《역사교육》 67집, 1998.

필리프 아리에스, 문지영 옮김, 《아동의 탄생》, 새물결, 2003.

혁명기와 19세기의 초등교육 개혁
4장 프랑스 혁명기 공공교육위원회의 교육안

사료

Guillaume, James, *Procès-verbaux du comité d'instruction publique de l'Assemblée législative* (Imprimerie nationale, 1889).

Guillaume, James, *Procès-verbaux du comité d'instruction publique de la Convention nationale*, t. 1, 2, 3, 4, 5, 6 (Imprimerie nationale, 1891, 1894, 1897, 1901, 1904, 1907).

연구서와 논문

Ariès, Philippe, "Problèmes de l'éducation", Michel François (dir.), *La France et les Français* (Gallimard, 1972).

Furet, François et Ozouf, Mona, *Dictionnaire critique de la Révolution française* (Flammarion, 1988).

Gontard, Maurice, *L'enseignement primaire en France de la Révolution à la loi Guizot, 1789~1833* (Les Belles Lettres, 1959).

Higonnet, Patrice, "The politics of linguistic terrorism and grammatical hegemony during the French Revolution", *Social History*, vol. 5 n. 1 (Jan. 1980).

Rey, Alain (dir.), *Dictionnaire historique de la langue française* (Dictionnaires Le Robert, 1993).

Tulard, Jean, Jean-François Fayard, Alfred Fierro, *Histoire et dictionnaire de la Révolution française 1789~1799* (Robert Laffont, 1998).

송기형, 〈불란서 대혁명기의 언어정책 - 제헌의회에서 열월 반동 직전까지〉, 서울대학교 박사학위 논문, 1989.

송기형, 〈공언어주의와 언어교육의 차등화에 관한 르네 발리바르의 연구〉, 《이론》 5호, 1993.

필리프 아리에스, 문지영 옮김, 《아동의 탄생》, 새물결, 2003.

5장 제2공화국 교육부장관 카르노의 완결되지 못한 교육개혁안

사료

Carnot, Hippolyte, *Doctrine de Saint-Simon, Exposition* (Paris : Bureau de l'Organisateur, 1829~1830).

Carnot, Hippolyte, *Doctrine Saint-Simonienne. Résumé général de l'expostion faite en 1829 et 1830* (Paris : Bureau du Globe, 1831).

Carnot, Hippolyte, *Le ministère de l'Instruction publique et des cultes depuis le 24 février jusqu'au 5 juillet* (Paris : Pagnerre, 1848).

Carnot, Hippolyte, *Mémoires sur Carnot par son fils* (Paris : Pagnerre, 1861~1863).

Férard, C.-D., *Mémoires d'un vieux maître d'école. Examen critique des méthodes et procédés pédagogiques du dix-neuvième siècle* (Paris : Delagrave, 1894).

Martin, Henri, *Manuel de l'instituteur pour les élections, publié sous les auspices du Ministre provisoire de l'Instruction publique et des cultes* (Paris : Pagnerre, 1848).

Renouvier, Charles, *Manuel républicain de l'homme et citoyen* (nouvelle édition publiée par Jules Thomas) (Paris : Armand Colin, 1904).

Renouvier, Charles, *Manuel républicain de l'homme et du citoyen, publié sous les auspices du Ministre provisoire de l'Instruction publique et des cultes* (Paris : Pagnerre, 1848).

연구서와 논문

Agulhon, Maurice, *1848 ou l'apprentissage de la République, 1848-1852* (Paris : Seuil, 1992).

Barjot, Dominique, Chaline, Jean-Pierre et Encrevé, André, *La France au XIXe siècle 1814~1914* (Paris : PUF, 1995).

Bertaud, Jean-Paul, "Carnot Lazare Nicolas Marguerite", Albert Soboul (dir.), *Dictionnaire historique de la*

Révolution française (Paris : PUF, 1989).

Carnot, Paul, *Hippolyte Carnot et le ministère de l'Instruction publique de la IIe République* (*24 février ~ 5 juillet 1848*) (Paris : PUF, 1948).

Dalisson, Rémi, *Hippolyte Carnot, 1801~1888, la liberté, l'école et la République* (Paris : CNRS édition, 2011).

Gontard, Maurice, *Les écoles primaires de la France bourgeoise* (*1833~1875*) (Toulouse : CRDP, s.d.).

Jacquet-Francillon, François, *Instituteurs avant la République, la profession d'instituteur et ses représentations de la Monarchie de Juillet au Second Empire* (Lille : Presses Universitaire du Septentrion, 1999).

Kim, Jung-In, *Le 'Bon maître' du XIXe siècle. Cinq générations d'instituteurs et d'institutrices d'après les dossiers de récompenses honorifiques* (*1818~1902*), Thèse de Université Paris IV (2013).

Lefèvre-Pontalis, Antonin, *Notice sur M. Hippolyte Carnot* (Paris : Institut de France, Académie des sciences morales et politiques, 1894).

Mayeur, Françoise, *Histoire générale de l'enseignement et de l'éducation en France*, Tome III, *De la Révolution à l'École républicaine* (Paris : Nouvelle Librairie de France, 1981).

Nicolas, Gilbert, *Instituteurs entre politique et religion. La premire génération de normaliens en Bretagne au XIXe siècle* (Rennes : Édition Apogée, 1993).

Prost, Antoine, *Histoire de l'enseignement en France, 1800~1967* (Paris : Armand Colin, 1968).

Robert, Adolphe et Cougny, Gaston, "Carnot (Lazare-Nicolas-Marguerite)", *Dictionnaire des parlementaires français* (Paris : Bourloton, 1889).

Schweitzer, Sylvie, *Les femmes ont toujours travaillé. Une histoire du travail des femmes aux XIXe et XXe siècles* (Paris : Édition Odile Jacob, 2002).

다니엘 리비에르, 최갑수 옮김,《프랑스의 역사》, 까치, 1998.

조르주 뒤보, 김인중 옮김,《1848년 프랑스 2월 혁명》, 탐구당, 1993.

조르주 뒤비, 로베르 망드루, 김현일 옮김,《프랑스 문명사》, 까치, 1995.

6장 공화파의 민중교육운동과 제3공화국 초등교육 개혁 : 성과와 한계

사료

Archives du Cercle parisien, *Bulletin du Cercle Parisien*, *L'Echo des Instituteurs* : *Journal de L'Enseignement Laïque*.

Archives Nationales, F17, 12527; C, 4102.

Beníot-Lévy, Edmond et Bocandé, F. B., *Manuel Pratique pour l'application de la loi sur l'instruction obligatoire* (1882).

Bert, Paul, *L'instruction civique à l'école* (Picard-Bernheim, 1882).

Bulletin de la Ligue de l'enseignement.

Journal Officiel de la Commune (1871).

Journal Officiel.

Le Temps.

연구서와 논문

Albertini, Pierre, *L'École en France 19~20 siècle* (Hachette, 1992).

Anderson, Robert, "Secondary Education in Mid Nineteenth-Century France : Some Socal Aspects", *Past and Present*, n. 53 (1971).

Auspitz, Katherine, *The radical bourgeoisie : The Ligue de l'enseignement and the origins of the Third Republic 1866~1885* (Cambridge U. P., 1982).

Berstein, Serge, "La franc-maçonnerie et la République 1870~1940", *L'Histoire*, n. 49 (oct., 1982).

Boivin, Marcel, "Les Origines de la Ligue de l'enseignement en Seine-Inférieure 1866~1871", *Revue d'histoire économique et sociale*, n. 46-2 (1968).

Cahm, Eric, *Politics and Society in Contemporary France 1789~1971 : A Documentary History* (G. G. Harrap, 1972).

Chatelain, Abel, "Ligue de l'enseignement et éducation populaire en Bourgogne au début de la troisiéme République", *Annales de Bourgogne*, n. 27 (1955).

Colin, Pierre, "L'Enseignement Républicain de la Morale à la fin du 19 siècle", *Le Supplément*, n. 164 (avril 1988).

Elwitt, Sanford, *The Making of the Third Republic : Class and Politics in France 1868~1884* (Baton Rouge, 1975).

Jenkins, Brian, *Nationalism in France : Class and Nation Since 1789* (Routledge, 1990).

Labourie, Raymond, "Education populaire et animation socio-culturelle", *Les cahiers de l'animation*, n. 34 (1981).

Léaud, Alexis et Glay, Emile, *L'école Primaire en France* (La Cité Francaise, 1934).

Magraw, Roger, *A History of the French Working Class, v.2 Workers and the Bourgeois Republic* (Blackwell, 1992).

Martin, Jean Paul, *La Ligue de l'enseignement et la République des origines à 1914*, Thése de IEP Paris (1992).

Michelet, Jules, *Le Peuple* (1846); 쥘 미슐레, 전기호 옮김, 《민중》, 율성사, 1979.

Mougniotte, Alain, *Les débuts de l'instruction civique en France* (P. U. de Lyon, 1991).

Nicolet, Claude, *L'Idée Républicaine en France 1789~1924 : Essai d'histoire critique* (Gallimard, 1982).

Nicolet, Claude, *La République en France : État des lieux* (Seuil, 1992).

Ozouf, Jacques, *Nous, le maîtres d'école, Autobiographies d'instituteurs de la Belle Époque* (Gallimard, 1967).

Petit, Edouard, *Jean Macé, sa vie, son œvre* (Aristide Quillet, 1919).

Poujol, Geneviève, *L'éducation populaire : historie et pouvoirs* (Ed. Ouvrières, 1981).

Prost, Antoine, *Historie de l'enseignement en France 1800~1967* (Armand colin, 1968).

Tricot, Michel, *De l'instruction publique à l'éducation permanente* (Tema, 1973).

Zeldin, Theodore, *France 1848~1945 : intellect and pride* (Oxford U. P., 1980).

제3공화국 교육체제에 대한 몇 가지 비판
7장 제3공화국 초기 고등교육 개혁과 에콜 폴리테크니크의 대응

사료

Barère, Bertrand(au nom du comité de salut public), *Rapport à la Convention nationale et projet de décret*, 21 ventôse an II (11 mars 1794).

Bulletin de la Société des Amis de l'Ecole Polytechnique, No. 5 (1911).

연구서와 논문

Belhoste, Bruno, *La formation d'une technocratie. L'Ecole Polytechnique et ses élèves de la Révolution au Second Empire* (Paris : Belin, 2003).

Bourdieu, Pierre, *La noblesse d'Etat Grandes écoles et esprit de corps* (Paris : Minuit, 1989).

Callot, Jean-Pierre, *Histoire de l'Ecole Polytechnique* (Paris : Editions Lavauzelle, 1982).

Caron, François, *Les deux révolutions industrielles du XXᵉ siècle* (Paris : Albin Michel, 1997).

Collins, Randall, *The credential society : an historical sociology of education and stratification* (N. Y. : Academic/Harcourt Brace Jovanovich, 1979).

Duruy, Victor, *Notes et souvenirs(1811~1894)*, t. 1 (Paris : Librairie Hachette & Cie, 1901).

Fox, Robert & Weisz, George, "Introduction : The institutional basis of French science in the nineteenth century", in Robert Fox & George Weisz, *The Organization of Science and Technology in France*

1808~1914 (Cambridge : Cambridge Univ. Press, 2009).

Gautier, Paul, "La bourgeoisie et la réforme de l'enseignement secondaire", *Revue de l'enseignement secondaire et de l'enseignement supérieur* (mai 1891).

Gillispie, Charles C., "L'Ecole Polytechnique", *Bulletin de la Sabix*, No. 42(2008).

Grelon, André, "La profession d'ingénieur dans les années trente", André Grelon (dir.), *Les ingnieurs de la crise. Titre et profession entre les deux guerres* (Paris : EHESS, 1986).

Grison, Emmanuel, "Napoléon 1er", Bulletin de la Sabix, No. 23 (2000).

Kindleberger, Charles P., "Technical education and french entrepreneur", in Edward Carter (ed.), *Enterprise and entrepreneurs in nineteenth and twentieth century France* (Baltimore : Johns Hopkins University Press, 1976).

Langis, Jânis, *La République avait besoin de savants. Les débuts de l'Ecole Polytechnique : l'Ecole Centrale des Travaux Publics et les cours révolutionnaires de l'an II* (Paris : Belin, 1987).

Maurice Lévy-Leboyer, "Le patronat français a-t-il malthusien?", *Le Mouvement social*, No. 88 (1974).

Mayeur, Françoise, *Histoire générale de l'enseignement et de l'éducation en France*, t. 1(De la Révolution l'Ecole républicaine) (Paris : Nouvelle librairie de France, 1981).

Paul, Harry W., *From knowledge to power. The Rise of the Science in France, 1860~1939* (Cambridge : Cambridge Univ. Press, 1985).

Pinet, Gaston, *Histoire de l'Ecole Polytechnique* (Paris : Librairie Polytechnique Baudry & Cie, 1887).

Ponteil, Félix, *Histoire de l'enseignement en France, 1789~1964* (Paris : Sirey, 1966).

Prost, Antoine, *Regards historiques sur l'éducation en France, XIXᵉ~XXᵉ siècles* (Paris : Belin, 2007).

Ribot, Alexandre, *La réforme de l'enseignement secondaire* (Paris : Armand Colin, 1900).

Shinn, Terry, "Des Corps de l'Etat au secteur industriel : genèse de la profession d'ingénieur 1750~1920", *Revue Française de Sociologie*, Vol. 19, No. 1 (janvier~mars 1978).

Shinn, Terry, "The French science faculty system, 1808~1914 : institutional change and research potential", *Historical Studies in the Physical Sciences*, No. 10 (1979).

Shinn, Terry, *Savoir scientifique & pouvoir social. Ecole Polytechnique, 1794~1914* (Paris : Presses de la FNSP, 1980).

문지영 외, 《근대 엔지니어의 탄생》, 에코리브르, 2013.

원윤수·류진현, 《프랑스의 고등교육》, 서울대학교 출판부, 2002.

8장 제3공화국의 식민화 정책과 인도차이나에서의 식민주의 교육

사료

Sarraut, Albert, *Grandeur et servitude coloniales* (Paris : Éditions du Sagittaire, 1931).

연구서와 논문

"Présence France en Asie", *France-Asie*, no. spécial (octobre-novembre-décembre 1956).

Bezançon, Pascale, *Une colonisation éducatrice? l'expérience indochinoise*(1860~1945) (Paris : L'Harmattan, 2002).

Clayton, Thomas, "Restriction or resistance? French colonial educational development in Cambodia", *Education policy analysis archives*, vol. 3, no. 19 (december 1995).

Gaillard, Jean-Michel, *Jules Ferry* (Paris : Fayard, 1989).

Hémery, Daniel, *Hô Chi Minh. De l'Indochine au Vietnam* (Paris : Gallimard, Collection Découverte, 1990).

Kelly, Gail Pardise, *French Colonial Education : Essays On Vietnam and West Africa* (New York : AMS Press, 2000).

Kotovtchikhine, Stéphane, *Paul Bert et l'Instruction publique* (Dijon : Éditions universitaires de Dijon, 2000).

Lebovics, Herman, *True France : the Wars over Cultural Identity, 1900~1945* (Ithaca : Cornell University Press, 1992).

Léon, Antoine, *Colonisation, enseignement et éducation, Etude historique et comparative* (Paris : L'Harmattan, 1991).

Nguyen Van Ky, *La société vietnamienne face à la modernité. Le Tonkin de la fin du XIXe siècle à la seconde guerre mondiale* (Paris : L'Harmattan, Coll. "Recherches Asiatiques", 1995).

Soisson, Jean-Pierre, *Paul Bert, l'idéal républicain* (Bourgogne : Éditions de Bourgogne, 2008).

Trin Van Thao, *Vietnam, du confucianisme au communisme. Un essai d'itinéraire intellectuel* (Paris : L'Harmattan, Coll. "Recherches Asiatiques", 1990).

Trinh Van Thao, *L'Ecole français en Indochine* (Paris : Karthala, Coll. "Hommes et Sociétés", 1995).

9장 전간기의 교원노조와 교육개혁 : 교육 민주화와 교육 모델 논의

사료

"Discours de J. Jaurès", *L'Humanité*, le 7 août 1906.

"Le Manifeste des instituteurs syndicalistes", *L'Humanité*, le 24 novembre 1905.

CGTU, *Bulletin de 3e Congrès national ordinaire*, 26~31 août 1925.

La Voix du Peuple, juin 1927.

L'Humanité, le 28 décembre 1924.

연구서와 논문

Becker, Jean-Jacques et Berstein, Serge, *Victoire et frustrations, 1914~1929* (Paris : Editions du Seuil, 1990).

Bouët, Louis, *Syndicalisme dans l'Enseingnement* (Paris : Librairie de l'Ecole Emancipée, 1924).

Brucy, Guy, *Histoire de la FEN* (Paris : Berlin, 2003).

Dreyfus, Michel, *Histoire de la CGT* (Bruxelles : Editions Complexe, 1995).

Dreyfus, Michel, *Une Histoire d'être ensemble, La MGEN 1946~2006* (Paris : Editions Jacob-Duvernet, 2006).

Girault, Jacques, *Instituteurs, professeurs, Une culture syndicale dans la société française, fin XIXe-XXe siècle* (Paris : Publication de la Sorbonne, 1996).

Le Bars, Loïc, *La Fédération unitaire de l'Enseignement, 1919~1935* (Paris : Syllepse, 2005).

Lefranc, Georges, *Le syndicalisme en France* (Paris : PUF, 1953).

Martin, Roger, *Les instituteurs de l'entre-deux guerres : Idéologie et action syndicale* (Lyon : PUL, 1982).

Mouriaux, René, *La CGT* (Paris : Editions du Seuil, 1982).

Ozouf, Jacques et Ozouf, Mona, *La République des instituteurs* (Paris : Editions du Seuil, 1992).

Pouydesseau, Jeanne Siwek, *Le syndicalisme des foncitonnaires jusqu'à la guerre froide 1848~1948* (Lille : PUL, 1989).

Prost, Antoine, *Education, société et politiques* (Paris : Editions du Seuil, 1997).

Seguy, Jean-Yves, "École unique, démocratisation de l'enseignement et orientation : le rôle des compagnons de l'université nouvelle", *L'orientation scolaire et professionnelle*, 36/3 (2007).

Sicard, Germain, *Enseignement et politique en France de la Révolution à nos jours, t. 1 : de Condorcet à De Gaulle* (Paris : Godefroy de Bouillon, 2010).

김정인, 〈프랑스 제3공화정의 세속화와 국민 형성 : 초등학교 교과서 분석을 중심으로〉, 《서양사연구》 18집, 1995년 11월.

민유기, 〈프랑스 급진공화파의 반교권주의와 1901년 결사법〉, 《프랑스사연구》 27호, 2012년 8월.

사료

France de Bordeaux et du Sud-Ouest, 17 octobre 1941.

Journal Officiel, 11 juillet 1940, 12 mars, 1941.

Ministère de l'intérieur, *Informations générales*, no.1, 8 sept. 1940, no.4, 24 sept. 1940.

"La mission, l'esprit et la règle d'Uriage", Uriage-Documentataion (Document anonyme ronéotypé, s.éd., janvier, 1942).

"Principes de la Révolution du XXe siècle", *Uriage-Documentataion* (Document anonyme ronéotypé, s.éd., printemps, 1942).

Beuve-Méry, Hubert, "Avec les chefs de futurs chefs, dans un château qu'habita Bayard", *Le Figaro*, 25 janiver 1941.

Beuve-Méry, Hubert, "Pour une révolution personnaliste et communautaire", reprint par Bernard Comte, *Une Utopie combattante : L'École des cadres d'Uriage 1940~1942* (Paris : Fayard, 1991).

Emmanuel Mounier, *Révolution personnaliste et communautaire* (Paris : Aubier, 1935).

연구서와 논문

Aron, Robert, *Histoire de Vichy, 1940~1944* (Paris : Fayard, 1954).

Barreau, Jean-Michel, "Abel Bonnard, ministre de l'Éducation nationale sous Vichy, ou l'éducation impossible", *Revue d'histoire moderne et contemporaine*, vol. 43 no. 3 (1996. 3).

Chabrol, Véronique, "L'ambition de Jeune France", Jean-Pierre Rioux (dir.), *La vie culturelle sous Vichy* (Bruxelles : Complexe, 1987).

Charle, Christophe, "Savoir durer : la nationalisation de l'École libre des sciences politiques, 1936~1945", *Actes de la recherche en sciences sociales*, vol. 86 no. 86~87 (1991).

Cointet, Michèle, *L'Église sous Vichy 1940~1945* (Paris : Perrin, 1998).

Duquesne, Jacques, *Les Catholiques français sous l'Occupation* (Paris : B. Grasset, 1966).

Fauré, Christian, *Le projet culturel de Vichy : Folkore et révolution nationale 1940~1944* (Lyon : Presses universitaires de Lyon, 1989).

Favre, Pierre, "Les sciences d'État entre déterminisme et libéralisme, Émile Boutmy (1835~1906) et la création de l'École libre des sciences politiques", *Revue française de sociologie*, vol. 22 no. 3 (1981).

Lapie, Paul. *Pédagogie française* (Paris : Alcan, 1925).

Loubes, Olivier, *Jean Zay : l'inconnu de la République* (Paris : Armand Colin, 2012).

Pétain, Philippe, *Discours aux Français : 17 juin 1940~1920 août 1944* (Édition établie par Jean-Claude Barbas, Paris : Albain Michel, 1989).

Prost, Antoine, *Éducation, Société et Politiques : Une histoire de l'enseignement en France de 1945 à nos jours* (Paris : Seuil, 1997).

Prost, Antoine, *Histoire de l'enseignement en France 1800~1967* (Paris : Armand Colin, 1968).

Vanneuville, Rachel, "La mise en forme savante des sciences politiques. Les usages de la référence allemande dans l'institutionnalisation de l'École libre des sciences politiques à la fin du XIXe siècle", *Politix*, vol. 15 no. 59 (2002).

Yagil, Limore, *L'Homme nouveau et la Révolution nationale de Vichy 1940~1944* (Villeneuved'Ascq : Presses universitaires du Septentrion, 1997).

박지현, 〈비시 정부와 가톨릭교회의 라이시테(1940~1941)〉, 《프랑스사연구》 27호, 2012년 8월.

박지현, 〈비시 정부와 청소년 교육문화 정책〉, 《프랑스사연구》 29호, 2013년 8월.

박지현, 〈비시 프랑스, 프랑스 공화정의 두 얼굴?〉, 《프랑스사연구》 22호, 2010년 2월.

박지현, 《누구를 위한 협력인가-비시 프랑스와 민족혁명》, 책세상, 2004.

박지현, 《비시 프랑스, 잃어버린 역사는 없다》, 서강대출판사, 2013.

사료

Baldi, Jean-François, "La langue arabe en France : quelques pratiques?" *Rencontres* (3~5 Feb. 2011).

Barontini, Alexandrine, "Pratiques et transmission de l'arabe maghrébin en France", *Bulletin de l'observatoire des pratiques linguistiques*, n. 15 (Octobre 2009).

Dufour, Julien, "Langues et Cité : L'arabe en France," *Bulletin de l'observatoire des pratiques linguistiques*, n. 15 (Octobre 2009).

Gastaut, Yvan, *L'immigration et l'opinion en France sous la Ve République* (Paris : Seuil, 2000).

Hargreaves, Alec G., *Immigration, Race and Ethnicity in Contemporary France* (London and New York : Routledge, 1995).

Levallois, Bruno, "L'Enseignement de l'arabe dans l'institution scolaire française", *Bulletin de l'observatoire des pratiques linguistiques*, n. 15 (Octobre 2009).

North, Xavier, "De l'arabe au français : allers-retours et figures de l'échange", *Rencontres* (3~5 Feb. 2011).

Talon, Emmanuelle, "L'arabe, une 《langue de France》 sacrifiée", *Le Monde Diplomatique* (Oct. 2012).

Weil, Patric, *La France et ses étrangers : L'aventure d'une politique de l'immigration 1938~1991* (Paris : Calmann-Lévy, 1991).

《뉴스위크》 1067호, 2013년 3월 11일.

《뉴스위크》 1069호, 2013년 3월 25일.

김진수, 《프랑스의 언어정책》, 부산외대출판부, 2007.

송기형, 〈프랑스어 사용에 관한 2008~2011년도 대의회 보고서 연구 ⑴〉, 《한국프랑스학논집》 79집, 2012년 8월.

송기형, 〈프랑스의 언어정책〉, 《역사비평》 52호, 2000년 8월.

송기형, 〈프랑스의 언어정책과 불어 사용법〉, 《한국프랑스학논집》 27집, 1999.

송기형, 《불란서 대혁명기의 언어정책》, 서울대학교 박사학위 논문, 1989.

심을식, 〈프랑스의 언어정책〉, 《한국프랑스학논집》 38집, 2002.

조홍식, 〈민족국가와 언어의 정치〉, 《국제지역연구》 17권 3호, 2008년 가을.

최애영, 〈하나의 국가, 하나의 국민, 하나의 언어〉, 서울대학교 불어문화권연구소, 《프랑스 하나 그리고 여럿》, 도서 출판 강, 2004.

12장 역사 사용설명서 : 사르코지 대통령과 프랑스 역사

사료

Éléments de décision pour la Maison de l'Histoire de France, Rapport à Monsieur le ministre de la Culture et de la Communication, Jean-François Hebert (avril 2010).

La Maison de l'histoire de France, Rapport au ministre de la Défense, Hervé Lemoine (avril 2008).

Sites susceptibles d'accueillir un musée de l'Histoire de France, Rapport à Madame la ministre de la Culture et de la Communication, Jean-Pierre Rioux (mai 2009).

연구서와 논문

Akalay, A. et al.(étudiants en masters à sciences PO Paris), "Nicolas sarkozy face à l'histoire", *L'Histoire*, No. 375 (mai 2012).

Andrieu, C., Lavabre M.-C. & Tartakowsky D. (dir.), Politique du passé, usages *politiques du passé dans la France contemporaine* (Publications de l'Université de Provence, 2006).

Azéma, J.-P., "Guy Môquet, Sarkozy et le roman national", *L'Histoire*, No. 323 (sept 2007).

Babelon, J.-P., Backouche I., Duclert V. & James-Sarazin A., *Quel musée d'histoire pour la France?* (Armand

Colin, 2011).

Backouche, I. & Duclert V., *Maison de l'histoire de France*, enquête critique (Fondation Jean-Jaurès, 2012).

Bancel, N. & Lebovics, H., "Building the History Museum to Stop History : Nicolas Sarkozy's New Presidential Museum of French History", *French Cultural Studies*, Vol. 22, No. 4 (2011).

Crivello, M., Garcia, P., Offenstadt, N. & Vadelorge, L., *Concurrence des passés, Usages politiques du passé dans la France contemporaine* (Publications de l'Université de Provence, 2006).

De Cock, L. & Picard, E., *La Fabrique scolaire de l'Histoire* (Agone, 2009).

De Cock, L., Madeline, F., Offenstadt, N. & Wahnich, S., *Comment Nicolas Sarkozy écrit l'Histoire de France* (Agone, 2008).

Falaize B., Bonafoux, C. & De Cock-Pierrepont, L., *Mémoires et histoire à l'école de la République : Quels enjeux?* (Armand Colin, 2007).

François, E., "Une trop brève existence", *Le Débat*, No. 175 (mai~juin 2013).

Garcia, P., "Il y avait une fois la France Le Président et l'histoire en France", Dosse, F., Delacroix, Ch. & Garcia, P., *Historicités* (La Découverte, 2009).

Koukoutsaki-Monnier, A., "La construction symbolique de l'identité nationale français dans les discours de la campagne présidentielle de Nicolas Sarkozy", *Communication*, Vol. 28, No. 1 (2001).

Mayaffre, D., *Nicolas Sarkozy, mesure & démesure du discours 2007~2012* (Presses de Sciences PO, 2012).

Noiriel, G., *À quoi sert l'identité nationale?* (Agone, 2007).

Nora, P., "Feu sur la Maison de l'histoire de France", *Le Débat*, No. 175 (mai~juin 2013).

Offenstadt, N., *Histoire bling-bling, le retour du roman national* (Stock, 2009).

Pénicaut, E. & Toscano, G., *Lieux de mémoire, musées d'histoire* (La Documentation française, 2012).

Wirth, L., "Le pouvoir politique et l'enseignement de l'histoire, L'exemple des finalités civiques assignées à cet enseignement en France depuis Jules Ferry", *Histoire@Politique, politique, culture, société*, No. 2 (sept~oct 2007).

찾아보기